中国大众人权观念调查

Survey of the Chinese Public's Ideas on Human Rights

张永和　朱林方　孟庆涛　尚海明　肖武　著

中国人民大学出版社
·北京·

国家社科基金后期资助项目
出版说明

后期资助项目是国家社科基金项目主要类别之一，旨在鼓励广大人文社会科学工作者潜心治学，扎实研究，多出优秀成果，进一步发挥国家社科基金在繁荣发展哲学社会科学中的示范引导作用。后期资助项目主要资助已基本完成且尚未出版的人文社会科学基础研究的优秀学术成果，以资助学术专著为主，也资助少量学术价值较高的资料汇编和学术含量较高的工具书。为扩大后期资助项目的学术影响，促进成果转化，全国哲学社会科学规划办公室按照“统一设计、统一标识、统一版式、形成系列”的总体要求，组织出版国家社科基金后期资助项目成果。

全国哲学社会科学规划办公室

2014 年 7 月

目　录

第一章　问题与方法

第一节　问题缘起与研究综述

从 19 世纪末 20 世纪初人权概念在西学东渐中传入中国，到 21 世纪初我国将“国家尊重和保障人权”条款写入宪法，经历了大约一百年的时间，期间经历了诸多坎坷和波折。新中国成立后，在很长一段时间里，人权曾因被认为是西方资产阶级的口号而受到否定。十一届三中全会以后，改革开放和现代化建设逐步展开，经历了思想解放和体制革新的国人开始重新认识人权的理论和实践。

改革开放 30 余年来，我国在人权保障方面做了大量的工作，民众似乎也从未像今天这样关注自己的人权状况，各个地区、各个领域的人权诉求以各种形式予以表达。在这样的历史背景下，我们有必要去深入思考：作为最重要的人权主体的中国大众，他们有着什么样的人权观念？不同阶层的民众对于他们在政治、经济、社会、文化领域的权利有着怎样的认知，对于他们已经享有和应当享有的权利有什么样的主张？没有调查就没有发言权，想要回答这些重要的问题，我们必须进行一场深入的调查研究。

一、研究概述

在深入调查之前，作为进一步研究的基础，有必要对本研究中几个关键的概念予以说明。

首先是人权与权利。

历史上关于人权的定义有很多，至今尚无一个为所有研究者一致认同的定义。在国内，较为通行的看法有二：其一，认为“人权一词，依其本义，是指每个人都享有或都应该享有的权利"[①]；其二，认为"人权是人按其自然属性和社会本质所应当享有的权利"[②]。对于权利的定义同样也是众说纷纭。在中国目前较为流行的教材中，徐显明在吸收了以往权利概念中的合理因素的基础上，将权利定义为："规定或隐含在法律规范中、实现于法律关系中的主体以相对自由的作为或不作为的方式获得利益的一种手段。"[③] 虽然学者对于人权和权利的概念没有达成共识，但在论及二者的关系时，却大多认为人权与权利有着重要的区别。[④] 但即使如此，也并没有影响到学界以权利的视角来认识人权，因为通过权利去理解人权无疑反映了人类对事物认识的一般规律，这是有利于人们进一步理解人权之内涵的，而且，现代人权理论的构建正是以权利为依托而得以不断完善起来的。此外，同样重要的是，纵览学界关于人权和权利的知识生产和研究惯习，虽然权利在语义上是一个比人权更为广泛的范畴，然而，但凡关于权利的研究却几乎都是在人权这一范畴之下展开的[⑤]，即人们下意识地将权利默认为人的权利。在这样的前提下，本研究将权利观念纳入人权观念的考量范围也可谓遵从惯例使然。

其次是人权观念与人权意识。

根据《现代汉语词典》的解释，意识，指人的头脑对于客观物质世界的反映，是感觉、思维等各种心理过程的总和[⑥]；观念，一指思想意识，二指客观事物在人脑里留下的概括的形象（有时指表象）[⑦]。二者是同义词，表达的都是特定历史条件下人的自身的意识活动对社会存在的一种反映，其区别只是在不同的语言环境下的使用习惯略有不同。因此，我们在

① 夏勇：《人权概念起源》，4 页，北京，中国政法大学出版社，1992。

② 李步云：《走向法治》，404 页，长沙，湖南人民出版社，1998。

③ 转引自张文显：《法理学》，86 页，北京，北京大学出版社，1999。

④ 比如，李步云和陈佑武认为，人权是一种权利，但不是所有权利都是人权。人权与其他种种不同性质的权利在本原、主体、客体及存在形式等方面都存在差异。参见李步云、陈佑武：《论人权和其他权利的差异》，载《河南社会科学》，2007（1）。而钟会兵在梳理、分析权利和人权的源流、涵义的基础上，认为应从涵义、目的价值、蕴涵的理念、产生与存在的时间、内容与法律文本的关系、依据和对应范畴、所涉及的法律关系等七个方面对二者做出区分。参见钟会兵：《权利和人权：源流、涵义与区别》，载《甘肃政法学院学报》，2004（4）。

⑤ 比如，有学者从公民资格的角度去考察非人权范畴的社会权利观念。参见王元华：《非人权范畴的社会权利观念评析——以公民资格理论为主的分析》，载《江西行政学院学报》，2006（2）。

⑥ 参见《现代汉语词典》（第 5 版），1618 页，北京，商务印书馆，2005。

⑦ 参见上书，502 页。

本研究中将人权观念与人权意识、权利观念与权利意识作为同义语使用。

对于人权观念含义的界定，有两种比较典型的观点：一种是认识层次论的进路，认为人权观念是人们关于人权的心理、知识、思想和理论的总和，根据认识程度将人权观念分为人权心理、人权知识和人权理论三种形态。① 一种是知识要素论的进路，认为人权观念就是人的权利观念，是指特定的社会成员对自我“基本权利”的认知、主张和要求，以及对他人认知、主张、要求“基本权利”的评价。②

根据本研究的方法、进路和理论关怀，我们认为知识要素论的观点更为合适。按照这种含义的界定，人权观念就包括三个要素，即人权认知、人权主张和人权要求。人权认知是指对人权主体应该享有的和实际享有的权利的了解和认识，它是人权意识的最低层次。就人权认知而言，又可以分为三个层次：一是充分认知，即对人权主体应该或实际享有权利的充分了解和认识；二是部分认知，即对人权主体应该或实际享有权利的部分了解和认识；三是没有认知，即对人权主体应该或实际享有的权利完全不了解。人权主张是指对人权主体应该享有或实际享有的权利予以主动确认和维护的意识。人权主张可以分为几种情况：一是主动明确人权主体权利内容的意识；二是当人权主体的权利受到侵害时，寻求有效途径予以保护的意识。③ 人权要求是指社会成员根据社会的变化发展主动向社会或政府提出新的权利请求的意识。一般来说，只有在人权观念较为成熟的社会，人权要求才会成为多数人的问题。人权的认知、主张和要求，是一个递进的关系，代表了人权意识由浅入深的层次性。在一个权利导向的社会，人权意识较为发达，这三个层次在很大程度上是统一的。④

---

① 这种观点认为：人权心理是人们关于人权的具体内容、实现程度、法律保障及社会条件等方面的某些感觉、情绪、要求等，是人权观念的低级形态；人权知识与思想是人们关于人权及其相关制度的感性认识与一般认识和见解；人权理论则是人们关于人权及相关制度的概念、内容、本质、特征及发展规律的自觉的、抽象的和深层次的理性认识。参见李步云主编：《人权法学》，79页，北京，高等教育出版社，2005。

② 参见罗晶：《当代中国人权意识研究》，3页，武汉大学法学硕士学位论文，2005。

③ 杰克·唐纳利认为，当一个人的某项权利得到正常运用时，这个人并不会感觉到它的重要性，只有当这项权利在享用的过程中遭到否定时，其“才会足以重视到予以讨论的程度”。克杰·唐纳利把这称为人权“拥有悖论”。参见［美］杰克·唐纳利：《普遍人权的理论与实践》，王浦劬、张文成等译，北京，中国社会科学出版社，2001。

④ 此一人权观念的三要素论，主要参见罗晶：《当代中国人权意识研究》，4页，武汉大学法学硕士学位论文，2005。

二、中国人权观念研究知识生产总览

在正式展开调查研究之前，我们有必要对学术界就该问题的既有研究做一简单梳理，从而知晓在此之前学术界对中国大众人权观念问题的研究重点和关注方式。鉴于人权概念和关于人权的研究的复杂性，我们将人权观念研究的文献梳理为以下几个部分：

（一）人权观念与权利观念

首先，我们采用文献检索的方式，选择了中国学术期刊网络出版总库、中国优秀硕士学位论文全文数据库、中国博士学位论文全文数据库以及中国重要会议论文全文数据库，选定时间段为1979—2014年，分别以“人权观念”和“人权意识”为题名进行模糊搜索，分别检索到80篇和71篇文章。① 其中，以“人权观念”为题名检索到的文献中，中国期刊全文数据库73篇，中国博士学位论文全文数据库1篇，中国优秀硕士学位论文全文数据库6篇，中国重要会议论文全文数据库0篇；以“人权意识”为题名检索到的文献中，中国期刊全文数据库63篇，中国博士学位论文全文数据库0篇，中国优秀硕士学位论文全文数据库6篇，中国重要会议论文全文数据库2篇。

其次，我们同样选择中国学术期刊网络出版总库、中国优秀硕士学位论文全文数据库、中国博士学位论文全文数据库以及中国重要会议论文全文数据库，选定时间段为1979—2014年，分别以“权利观念”和“权利意识”为题名进行模糊搜索，分别检索到139篇和340篇文章。其中，以“权利观念”为题名检索到的文献中，中国期刊全文数据库124篇，中国博士学位论文全文数据库2篇，中国优秀硕士学位论文全文数据库10篇，中国重要会议论文全文数据库3篇；以“权利意识”为题名检索到的文献中，中国期刊全文数据库303篇，中国博士学位论文全文数据库1篇，中国优秀硕士学位论文全文数据库28篇，中国重要会议论文全文数据库8篇。

以上文献尽管所用概念和讨论重心有所不同，但均属于关于人权观念的研究，将这些文章按照时间顺序从1979年到2014年进行排列，我们能够对改革开放30多年来人权观念研究的变化情况有一个直观的了解（见图1—1）。

---

① 我们进行这一检索的最后时间是2014年12月31日，由于不同时间内数据库收入数据的数量会有变化，因此对检索时间做此说明。

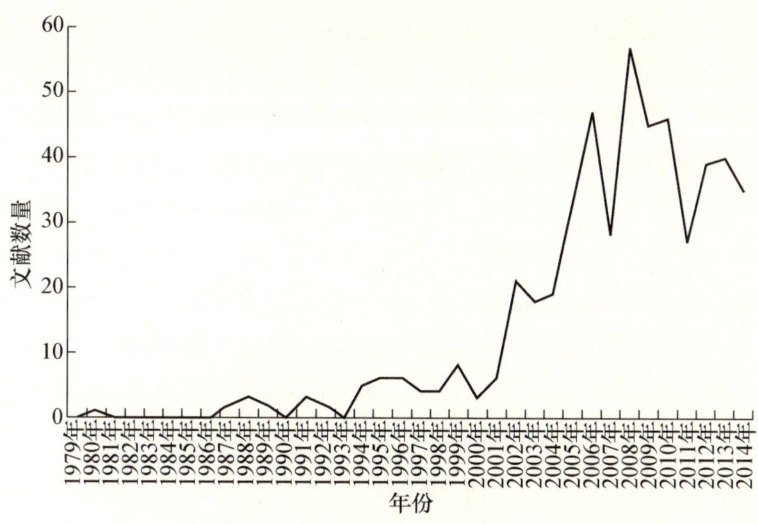

图 1—1　1979—2014 年人权观念研究文献变化曲线

通过对图 1—1 的观察分析我们还可以发现：正如我们所预设的那样，学界对于人权观念的研究与关于权利观念的研究基本呈现出正相关增长的态势。同时，我们可以在这一曲线图中发现几个明显的节点：1988 年，中国关于权利意识的讨论萌发。1991 年 11 月，国务院新闻办公室发表《中国的人权状况》白皮书，这是我国政府发表的第一部人权白皮书，也是我国第一个关于人权问题的官方文件。因此，1991 年之后人权观念和权利观念的研究平稳起步。1994 年，十四大确立市场经济制度之后，人权观念和权利观念的讨论有所升温；1998 年，以“面向二十一世纪的世界人权”为主题，中国人权研究会和中国联合国协会在京召开第一次国际人权研讨会，关于人权观念的讨论逐步增多；2001 年，中国批准《经济、社会及文化权利国际公约》，之后关于具体人权的讨论开始增多；2004 年，中国将“尊重和保护人权”写入宪法，此后关于人权观念的讨论开始激增；2009 年，中国政府第一次发布《国家人权行动计划》，对如何保障公民的各项权利进行逐条说明，引发了关于人权观念和权利观念的进一步讨论。

（二）具体权利与具体权利观念

考虑到在中国人权研究历史中存在一个从一般人权研究到具体人权研究的转向，我们考察人权观念时不能忽视对具体人权的研究。

首先，我们选择中国学术期刊网络出版总库、中国优秀硕士学位论文全文数据库、中国博士学位论文全文数据库以及中国重要会议论文全文数据库，选定时间段为 1979—2014 年，分别以“人身权”“言论自由”“选举权”“信仰自由”“隐私权”“公正审判权”“司法救济权”“迁徙自由”“人格尊严”“知情权”“劳动权”“就业权”“财产权”“社会保障权”“健康权”“受教育权”“环境权”为题名进行模糊搜索，分别检索到的文献量为：人身权 288 篇，言论自由 744 篇，选举权 307 篇，信仰自由 305 篇，隐私权 3 924 篇，公正审判权 74 篇，司法救济权 110 篇，迁徙自由 294 篇，人格尊严 167 篇，知情权 2 266 篇，劳动权 905 篇，就业权 491 篇，财产权 2 087 篇，社会保障权 389 篇，健康权 325 篇，受教育权 894 篇，环境权 2 194 篇。① 对比可知关于各项具体权利的研究状况如图 1—2 所示。

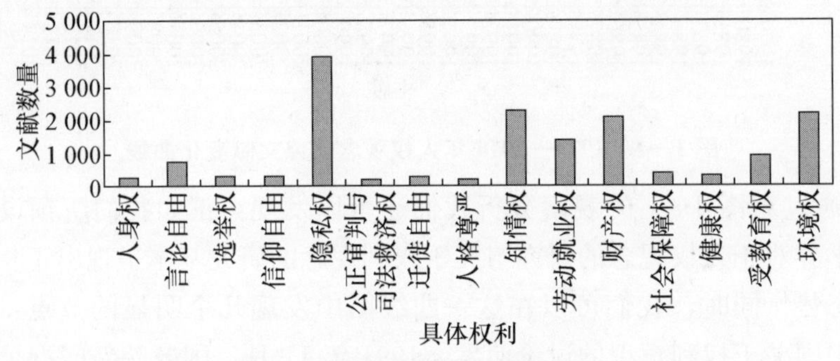

图 1—2　具体权利研究文献情况

其次，上面的检索结果只能体现关于具体权利的一般研究状况，我们还需进一步考察对于具体权利观念的研究情况。我们选择中国学术期刊网络出版总库、中国优秀硕士学位论文全文数据库、中国博士学位论文全文数据库以及中国重要会议论文全文数据库，选定时间段为 1979—2014 年，以“人身权”“言论自由”“选举权”“信仰自由”“隐私权”“公正审判权”“司法救济权”“迁徙自由”“人格尊严”“知情权”“劳动权”“就业权”“财产权”“社会保障权”“健康权”“受教育权”“环境权”等各项具体权利分别与“观念”和“意识”相组合为题名进行模糊搜索，分别检索到文献量为人身权 0 篇，言论自由 5 篇，选举权 4 篇，信仰自由 2 篇，隐私权 10 篇，公正审判权 1 篇，司法救济权 0 篇，迁徙自由 0 篇，人格尊严 2 篇，知情权 6 篇，劳动权 3 篇，就业权 12 篇，财产权 13

① 对于获得公正审判和司法救济的权利以及劳动权和就业权这两对权利，习惯上是放在一起考察和研究的，但为了更为全面地获取相关的研究情况，我们在检索时分开，对于检索结果则合并考察，在图示中前者显示为公正审判与司法救济权，后者显示为劳动就业权。

篇，社会保障权 2 篇，健康权 0 篇，受教育权 1 篇，环境权 10 篇。对比如图 1—3 所示。

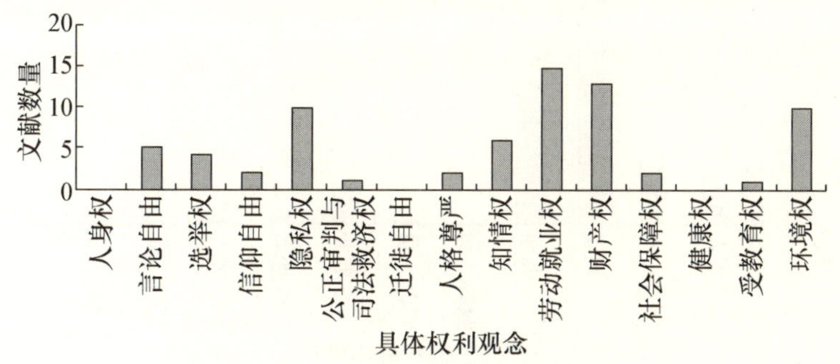

图 1—3　具体权利观念研究文献情况

通过对图 1—3 的观察分析我们可以发现：无论是对于具体权利还是对于具体权利的观念，隐私权、知情权、劳动就业权、财产权的受关注度都比较高，而关于人身权、迁徙自由、获得公正审判和司法救济的权利的研究则相对较少。

（三）特殊群体的权利问题

在所有关于人权的研究中，对于特殊群体的权利的研究都是不可忽略的重要部分。我们选择中国学术期刊网络出版总库、中国优秀硕士学位论文全文数据库、中国博士学位论文全文数据库以及中国重要会议论文全文数据库，选定时间段为 1979—2014 年，以“残疾人”“老年人”“妇女”“儿童”“吸毒人员”“卖淫人员”“罪犯”“同性恋者”“婴儿”“乞讨人员”“流浪人员”“第三者”分别与“权利”和“权益”相组合为题名进行模糊搜索，分别检索到文献量为残疾人 201 篇，老年人 298 篇，妇女 1 101 篇，儿童 542 篇，吸毒人员 1 篇，卖淫人员 5 篇，罪犯 139 篇，同性恋者 26 篇，婴儿 4 篇，乞讨人员 7 篇，流浪人员 32 篇，“第三者” 7 篇（见图 1—4）。

我们可以明显看到，关于妇女、儿童、老年人、残疾人这些传统的需要人道主义保护的群体的权利，学界投入了巨大的学术研究热情，而对罪犯的权利保护研究所引发的广泛的关注和讨论，则折射了人们对人权的认识的深入。但卖淫人员、吸毒人员、流浪乞讨人员、同性恋者、“第三者”，由于群体较小等原因，没有引发过于广泛的研究。

（四）人权教育

由于人权观念具有相对独立性，人权观念的发展对前人的观念意识具

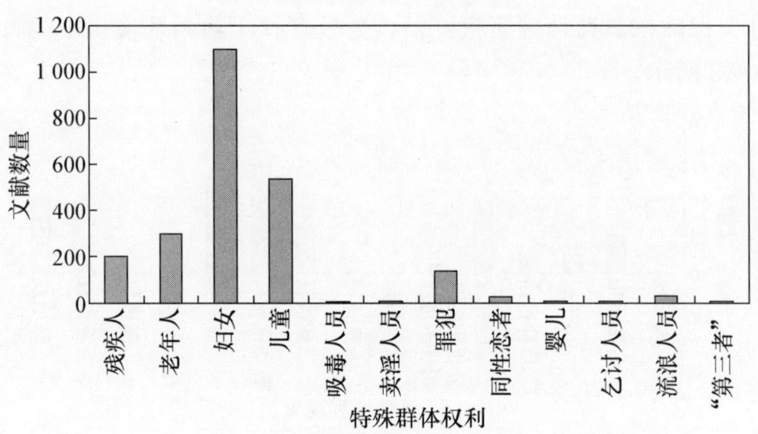

图 1—4　特殊群体权利研究文献情况

有一定的历史继承性。人权观念的形成，除个人在人权实践和现实生活中对于人权及其制度的直接感悟体认外，各种形式的宣传和教育对人权观念的形成和改变也具有重要的作用，因此，对人权观念的研究不可忽略人权教育的作用。

我们选择中国学术期刊网络出版总库、中国优秀硕士学位论文全文数据库、中国博士学位论文全文数据库以及中国重要会议论文全文数据库，选定时间段为 1979—2014 年，以“人权教育”为题名进行模糊搜索，共检索到文献 222 篇。将这些文章按照时间顺序从 1979 年到 2014 年进行排列，我们能够明显看到改革开放 30 多年来人权教育研究的变化情况（见图 1—5）。

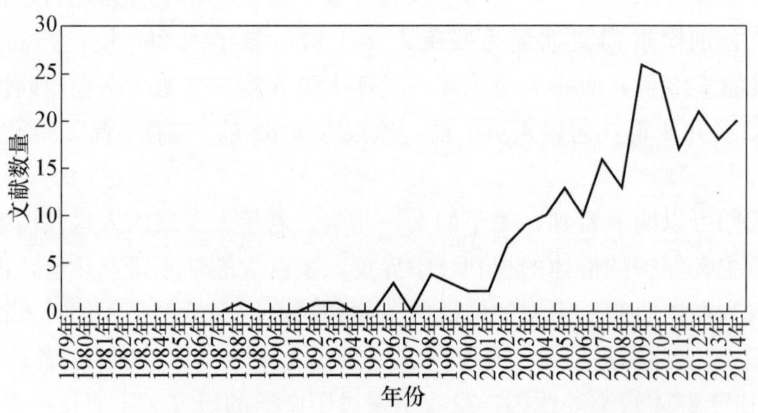

图 1—5　1979—2014 年人权教育研究文献变化曲线

从图1—5中我们可以发现，关于人权教育的研究热度基本是与前文所提到的我国人权的大事记呈现出正相关的态势。而且，2004年3月“国家尊重和保障人权”被载入宪法，此举被视为人权教育发展的契机而引发对其研究的大幅增长；2009年我国发布《国家人权行动计划》，其中明确宣示了国家对于人权教育的责任，对人权教育的研究也随着现实的需要呈现出迅速增长的势头。

此外，我们还检索梳理了人权观念研究的专著情况。在国家图书馆“中文及特藏数据库”中，以“正题名”“主题词”和“所有字段”为检索项，分别以“人权观念”“人权意识”“权利观念”“权利意识”为检索词，共检索到的图书分别为人权观念0本，人权意识0本，权利观念3本，权利意识6本。若以“人权观”“权利观”这样的同义语检索，又检索到人权观11本、权利观5本。

三、中国人权观念研究主题概况

为了明晰此前学界对该问题的研究旨趣，我们将目前国内对于人权观念相关问题的研究大致分为一般人权观念研究、具体人权观念研究、特定群体人权观念研究、特殊群体的人权问题、人权教育问题研究五个方面。分述如下：

（一）一般人权观念研究

在以“人权观念”和“人权意识”为关键词进行检索所得的论文中，绝大部分属于一般意义上的理论形态的人权观念研究。其中又可以分为以下几个部分：

1. 中国的人权观研究

关于中国人权观的研究包括了以下几个方面：

（1）中国传统与中国人权观。① 由于政治体制、法律体系、历史传统

① 对于此一问题的研究可以参见李道刚：《中国传统人权观念再探——一个比较法文化的视角》，载《法制与社会发展》，2005（2）；马振超：《近代中国对人权观念的认知与解读》，载《北京科技大学学报》（社会科学版），2005（1）；陈弘毅：《中国文化传统与现代人权观念》，载《法学》，1999（5）；穆丽霞、刘长欣：《中国儒家文化与现代人权观念的相融与排斥》，载《石油大学学报》（社会科学版），2002（4）；张丽清：《难舍的道德帷幕：近代国人人权观念考论》，中国政法大学法学理论博士论文，2007；杨成铭：《中国历史上的人权意识和人权思想》，载《武汉大学学报》（哲学社会科学版），1999（2）；蒋薇：《中国传统法律文化中的人权意识与现代人权的发展》，载《理论界》，2005（9）；柴荣：《中国传统法律文化中的“人权”因子》，载《社会科学研究》，2008（1）。

的差异，不同国家的人们对人权有着不同的理解，而其中历史文化传统的差异对人权的影响最深刻、最广泛。“因为传统塑造了人们的思想和行为，人的理性思维，道德判断，价值观念和理想追求，都是植根于他们所身处的文化传统中的”①。因此，很多学者将人权放置在特定的文化历史背景下考察。对于中国文化传统与中国人权观念，大多数学者采用了在中国传统文化中探寻人权意识萌芽的路径，但也有部分学者反思“人权”未在中国土壤中孕育出来的原因。

（2）中国人权观念的产生演变过程。② 关于中国人权观念的渊源，学者们共同指向了19世纪末20世纪初的维新思潮。在近代西方思想的启示之下，通过康有为的发现以及严复和谭嗣同各以自己的方式阐明，随后的梁启超将前面的思想相结合，最终诞生了中国的人权概念。有学者认为，新中国成立后，中国的人权观念不断发展演变，其发展演变过程大致如下：

享有一定人权但不言人权→践踏人权且讳言人权→争论人权：由否定到肯定→探讨社会主义人权→形成当代中国的人权观→人权成为中国的政治概念，成为中国政治生活的重要内容，成为中国公民的基本意识→举起人权旗帜，走向世界。③ 中国人权观念的这一发展演变过程同时也是社会变革和进步的反映。

（3）作为我国人权观念的重要组成部分，很多学者对我国所接受的马克思主义人权观念以及中国共产党的人权观念进行了深入的研

① ［美］阿拉斯代尔·麦金太尔：《谁之正义？何种合理性？》，万俊人、吴海针等译，北京，当代中国出版社，1996。

② 参见徐显明：《人权观念在中国的百年历程》，载《社会科学论坛》，2005（3）；陈佑武：《中国人权意识三十年发展回顾》，载《广州大学学报》（社会科学版），2008（7）；石瑛：《现代人权观念发展过程中的四大渊源》，载《中共天津市委党校学报》，2005（4）；杨寄荣：《人权观念的历史演进》，载《中共中央党校学报》，2009（3）；黎晓平：《中国现代人权观念的起源》，载《中国法学》，2005（1）；易联树、吴佩林：《论我国公民权利意识的觉醒与发展》，载《西华师范大学学报》（哲学社会科学版），2005（11）；董正华：《近代中国人权观念的嬗变——观念史研究举隅》，载《史学理论研究》，2012（2）；李君如：《中国的文化变革与人权事业的进步》，载《人权》，2012（2）；彭中礼：《近现代中国文化自觉的法理逻辑演变——从民权到民生的历史变奏》，载《岳麓法学评论》，2012年第7卷。

③ 也有学者总结为：改革开放30年来，中国社会经历了三次大的思想解放运动，在这样的历史背景下，中国当代的人权意识实现了从“人权是资产阶级口号”向“国家尊重和保障人权”的转变，其发展主要有三个阶段，即人权意识的觉醒与徘徊阶段、人权意识的启蒙与传播阶段、2004年人权入宪以来人权意识的弘扬与保障阶段。参见陈佑武：《中国人权意识三十年发展回顾》，载《广州大学学报》（社会科学版），2008（7）。

究。[①] 关于马克思主义人权观念的研究，主要侧重于对人权的历史性的强调，认为人权是历史的产物，并随着社会的发展而不断发展变化，认为西方“天赋人权”等思想是资产阶级人权思想家们提出的一些鼓舞、激励人们去奋斗、去努力，从而争取应有的权利的口号。对于中国共产党人权观念的研究则侧重于揭示中国共产党用宪法保障中国人权的历史传统的延续和进步，以及对某些关键人物的人权思想进行研究。此外，作为官方观点，中国政府在长期的人权实践中形成了中国特色的社会主义人权观。[②]

（4）中国当下人权观念状况研究。关于人权的此一研究主题极少，相关文献主要出现在关于当代中国权利观念与权利意识的研究当中，而内容也较为接近，主要是宽泛地对人权观念的进步与发展情况进行总结，揭示可能阻碍人权观念发展的因素，以及对如何增进人权观念进行探讨。[③]

2. 中西人权观念比较研究[④]

有学者认为，西方国家的天赋人权观念与中国的民本主义人权观，无

① 参见任允正：《马克思列宁主义的人权观与当代意识形态斗争》，载《环球法律评论》，1980（6）；孙强：《马克思主义视野中的人权意识形态问题反思》，载《学术界》，2010（9）；王志洋：《马克思主义的人权观念》，载《江苏市场经济》，2001（11）；胡义成：《反映为马克思主义劳动价值论的工人阶级人权观念及其在当前的重构》，载《海南师院学报》，1994（8）；许静：《中国共产党人权观念的历史演变——以苏维埃宪法大纲和“八二”宪法为例》，载《江西青年职业学院学报》，2008（12）；王兆祥、姜若宁：《既是规律，谈何“改造”?——胡义成先生〈反映为马克思主义的工人阶级人权观念及其在当前的重构〉置疑》，载《海南师院学报》，1996（2）；苗贵山：《世界历史视域中的人权：从特殊走向普遍——基于马克思人权观念的发展》，载《理论探索》，2013（2）；付子堂、崔燕：《〈毛泽东早期文稿〉中的人权观念》，载《毛泽东思想研究》，2012（3）。

② 中国特色社会主义人权观的主要内容体现在以下几个方面：第一，尊重和保障人权是社会主义制度的根本特征，社会主义制度同人权有着本质的一致性。第二，经济、社会、文化权利与公民权利、政治权利是人权体系中两个不可分割的组成部分。第三，生存权和发展权是首要人权。第四，人权是权利和义务的统一。第五，人权是个人权利与集体权利的统一。第六，人权的核心是平等。第七，人权的根本保障是法治。第八，人权的普遍性原则必须同各国国情相结合。第九，人权在本质上是一国内部管辖的事务。参见张晓玲 ：《论中国特色社会主义人权观》，载《北京日报》，2009-05-04。

③ 参见陈福胜：《论中国法治国情对人权司法保障制度完善的促动》，载《学术交流》，2014（11）；潘洪刚、肖霖：《当前我国人权意识与和谐社会构建》，载《理论导刊》，2012（3）。

④ 参见刘海年：《不同文化背景的人权观念》，载《中国法学》，1994（6）；蒙培元：《从中西传统人权观念看人与自然的关系》，载《人权》，2002（9）；刘小林、盖伊·希斯考特：《试论中欧人权观念的差异与认同要素》，载《欧洲》，2000（5）；信春鹰：《东西方人权观念之间的交流和对话——“东亚人权的文化基础”国际研讨会观点综述》，载《社会科学》，1996（10）；耿喜梅：《人权观念的工具理性与我国人权外交的合理选择》，载《河南社会科学》，2004（6）；陈淑荣：《中国与西方的人权观念和状况》，载《石家庄师范专科学校学报》，2000（3）；杨芳：《中西方人权观念比较探析》，载《发展研究》，2011（10）；王发龙：《试论中美人权观念的分歧》，载《社科纵横》（新理论版），2010（9）。

论是在人权的本源、主体、内容还是实现上都有着本质的区别。而且，如果将中国人权观念的理论起点、价值取向、思想路径三个方面与西方人权观念进行比较，将会发现，中国的人权观念虽然源自西方，但由于中西方的历史文化传统和社会历史条件不尽相同，中国人权观念自发轫之日起，就带着与西方迥然不同的本土特性。但是，不能忽视人权普遍性的一面，譬如无论在中国还是西方，都把对平等的共同追求作为人权保障的核心价值。此外，也有学者把中西人权观念的差异与中西外交政策联系起来进行研究。①

3. 人权观念与部门法学

（1）人权观念与宪法学。有学者认为，人是“政治动物”，政治人权是人所固有的、先于宪法而存在的基本人权。它经宪法确认为公民权利后，属于“公权利”范畴，它既对应于自然人的“私权利”，更对应于国家的“公权力”。它是作为与“经济人”相区别的“政治人”的宪法权利，是对国家权力的防卫权、抵抗权、参与权、监督权而设定并发挥作用的。②

（2）人权观念与劳动法学。劳动权是指有劳动能力的公民有获得有报酬的工作并得到相应保障措施的权利。劳动权与人权有着密切的联系，是人权的重要内容之一，在人权中又具体表现为生存权。随着现代社会的发展，人权的思想和观念得到不断的发展。人权概念的内涵从个人的公民权利和政治权利扩大到个人的经济、社会和文化的权利，作为生存权的重要内容的劳动权越来越受到重视。③

（3）人权观念与刑事法学。有学者对人权在刑法中的观念体现和制度安排进行了分析和论证，并从应然和实然的角度提出了进一步完善刑法人权保障机能的建议，认为应把刑法建构成为犯罪人和自由人的大宪章。④也有学者对警察权的行使与人权保障之间的张力以及司法过程中的人权保护进行了探讨。⑤

---

① 参见李清津：《中美人权观念的冲突与中美关系的展开》，载《北京师范大学学报》（社会科学版），1999（7）。

② 参见郭道晖：《政治权利与人权观念》，载《法学》，2003（9）；郭道晖：《人权观念与人权入宪》，载《法学》，2004（4）。

③ 参见林嘉：《劳动法与现代人权观念》，载《法学家》，1999（12）。

④ 参见周雄文：《人权观念的彰显和理性回归——对罪刑法定主义历史嬗变的归结》，载《河北法学》，2007（11）；李震：《人权保护观念下的刑法全球化》，载《公安研究》，2007（4）。

⑤ 参见马念珍：《民警警察意识与人权意识研究》，载《政法学刊》，2007（6）；陈建新：《论公安文明执法的时代性与人权意识的注入》，载《湖南公安高等专科学校学报》，2003（10）。

(4) 人权观念与教育法学。近年来不断出现的高校管理讼案，引起了社会的广泛关注，不少学者对当前高校管理讼案中出现的观念碰撞和权利冲突进行了分析和探讨，认为随着人们人权观念的逐渐增强，高校管理的法治化似已成为一个不以人的意志为转移的发展趋向。①

4. 权利观念与权利意识

在关于权利观念和权利意识的研究中，大量的文献集中于考察国民权利意识的觉醒。包括不同阶层的权利意识研究、不同地域公民的权利意识研究（关于部分群体的权利观念的研究将在下文集中介绍）、权利意识与法治、权利意识与政治、权利意识淡漠的原因分析、如何提高公民的权利意识以及互联网与权利意识的觉醒等。②

（二）具体人权观念研究

人权是一个整体概念，其中包括许多方面的内容。尽管在不同的历史时期和国度其内容有增删变化，但根据现行的各国法律规定及国际法文件，人权仍有公认的基本内容。按人权内容的性质将其划分为政治权利和公民权利以及经济、社会和文化权利，是各国人权理论研究中普遍承认的划分方法。关于人权观念的研究有很多体现在对于具体权利的研究当中，但正如前文文献检索结果所展示的，对于具体权利的研究文献数量巨大，难以从中将与某一权利观念相关的所有文献一一挑出来分析，我们选择关注度最高的文献以及在题名中已经明确了是研究某一权利观念的文献进行分析，亦可收到以点带面、管中窥豹之功。

1. 人身权利观念

我们没有检索到明确研究人身权利观念的文献。而在关于人身权的研究中，学术关注度和用户关注度最高的都是杨立新、王海英、孙博的《人

① 参见秦惠民：《高校管理法治化趋向中的观念碰撞和权利冲突——当前讼案引发的思考》，载《现代大学教育》，2002 (2)。

② 参见赵修义：《主体觉醒和个人权利意识的增长——当代中国社会思潮的观念史考察》，载《华东师范大学学报》（哲学社会科学版），2003 (5)；尹奎杰：《权利观念的限度》，载《法制与社会发展》，2009 (1)；曾坚：《对中国公民权利意识的历史考察及反思》，载《贵州大学学报》（社会科学版），2001 (2)；李臣：《权利意识论》，载《中央政法管理干部学院学报》，1998 (9)；刘月平：《公民权利意识培育与中国民主政治发展》，载《前沿》，2008 (8)；吴斌：《我国公民权利意识现状述评》，载《云南社会科学》，2009 (5)；秦阿琳：《从维权到参与：农民工权利意识的演进》，载《求索》，2014 (9)；谢彦波：《治理现代化背景下公民权利意识及其培育》，载《人民论坛》，2014 (35)；杨异、王续琨：《网络时代下公民权利意识培育问题研究》，载《湖南社会科学》，2013 (4)；熊易寒：《新生代农民工的权利意识》，载《文化纵横》，2012 (1)。

身权的延伸法律保护》(《法学研究》，1995 年第 3 期)，被引用 90 次，被下载 839 次。此文着重探讨在对死者名誉权进行保护达成共识之后，对死者和未出生的胎儿的其他人身权的延伸法律保护问题，阐述了人身权延伸法律保护的理论根据和主要内容。从对生者的人身权保护延伸到对死者和胎儿的人身权保护，这说明对于人身权利的认识和探索已经达到了比较成熟的阶段。

2. 言论自由观念

研究言论自由观念的有两篇文章，一篇探讨在美国宪法第一修正案的框架内关于侵害他人名誉的诽谤言论的界定问题，一篇论证在言论自由方面政府应当扮演的自觉守护者的角色。在学术关注度和用户关注度方面，最高的都是苏力的《〈秋菊打官司〉案、邱氏鼠药案和言论自由》(《法学研究》，1996 年第 3 期)，被引用 231 次，被下载 2 295 次。此文以言论自由为切入点，讨论了权利冲突与权利配置的问题，并且引发了此后大量的关于言论自由的限度、边界以及保护方式等问题的进一步讨论。

3. 选举权观念

直接研究选举权观念的论文有 4 篇。其中 3 篇均是以选举法“四分之一条款”的废除为契机探讨选举权观念的更新和变迁，其中一篇兼论如何切实有序推动农民平等选举权的实现。另外一篇则是在实证调研的基础上，考察两个村庄的农民对他们享有的选举权的认识和行使情况，以及此一状况所揭示的农民权利行使中的利益主导倾向。① 对于选举权，学术关注度最高的是关太兵的《选举权的实现与竞争性选举》(《法商研究》，1998 年第 3 期)，被引用 43 次，提出了竞争性选举是现阶段公民实现选举权的最佳形式的观点；用户关注度最高的是焦洪昌的《选举权的法律保障》(中国政法大学 2005 年博士论文)，被下载 1 278 次，文章针对选举权的法律保障问题，采用法社会学的实证研究方法，通过个案、问卷、访谈等手段对研究对象进行了客观描述，并在分析问题成因的基础上提出了完善的建议和方案。

---

① 该文作者认为，农民并不是不具有利益体验并处于茫然的状态，而是习惯其自身固有的对权利的利益体验模式；由于中国农民的功利性和保守性的心理特征，因而农民往往只注重权利中所体现的现实利益，而其中的法律利益只被视为实现现实利益的手段；于是，农民往往在权利行使中摒弃法律途径而热衷于传统行为方式。参见郑磊：《论农民的权利意识——从利益体验角度的初步审视》，载《浙江社会科学》，2003 (6)。

4. 信仰自由观念

直接研究信仰自由观念的只有一篇论文，倡导保护作为宪法观念的宗教信仰自由。对于信仰自由，学术关注度最高的是马岭的《论我国公民宗教信仰自由的法律限制》(《法律科学》，1999 年第 2 期)，被引用 20 次，此文认为，我国公民宗教信仰自由存在八个方面的法律限制①；用户关注度最高的是程乃胜的《美国宪法与美国宗教信仰自由》(《安徽师范大学学报》，2000 年第 1 期)，被下载 744 次。

5. 隐私权观念

关于隐私权观念的研究有 7 篇文章，考察了从隐私到隐私观念再到隐私权的确立的发展历程，我国隐私权观念的变迁以及隐私权的法律保护问题，此外，媒体应加强对隐私权的保护问题也受到关注。对于隐私权观念，学术关注度最高的是杨立新的《关于隐私权及其法律保护的几个问题》(《人民检察》，2000 年第 1 期)②，被引用 154 次；用户关注度最高的是王秀哲的《隐私权的宪法保护》(苏州大学 2005 年博士论文)，被下载 2 632 次。

6. 公正审判与司法救济权观念

我们没有检索到明确研究公正审判与司法救济权观念的文献。对于公正审判权，学术关注度最高的是熊秋红的《解读公正审判权——从刑事司法角度的考察》(《法学研究》，2001 年第 6 期)，被引用 73 次，文章认为，公正审判权用来保护受刑事指控者免遭不合法、不公正的定罪的重要原则，我国应最大限度地促进现行刑事司法制度与国际标准相协调；用户关注度最高的是张吉喜的《论刑事诉讼中的公正审判权》(西南政法大学 2008 年博士论文)，被下载 916 次，是对于公民获得公正审判的权利的全面研究。对于司法救济权，学术关注度最高的是苗连营的《公民司法救济

---

① 该文作者认为，我国公民宗教信仰自由的法律限制主要表现为以下八个方面：1. 宗教活动不得损害国家和社会的利益，不得制造民族分裂，危害祖国统一；2. 宗教团体和宗教事务不受外国势力的支配；3. 宗教活动不得破坏国家现行政治制度；4. 宗教活动不得破坏社会秩序；5. 宗教活动不得干预国家教育；6. 宗教活动不得侵犯公民的合法权益，不得损害公民的身体健康；7. 宗教团体必须依法进行登记才能进行宗教活动；8. 宗教活动需要在法定的宗教活动场所内进行。

② 该文着力澄清三个问题。问题之一：我国法律不是对隐私权没有作出规定，仅仅是在民法基本法上没有规定隐私权；问题之二：隐私权所保护的隐私，是私人信息、私人活动和私人空间，不能作任意的扩张或者限制的解释；问题之三：隐私权是维护隐私的权利，其核心内容是对自己的隐私依照自己的意志进行支配。

权的入宪问题之研究》(《中国法学》，2004 年第 5 期)，被引用 32 次，文章认为，基于司法救济权本身所固有的特定的宪法含义，只有将其纳入公民宪法权利的体系范畴之内，才能给予强有力的法律保障，也才能给各项具体诉讼法律制度的设计和运作提供最高依据和准则；用户关注度最高的是黎晓武的《司法救济权研究》(苏州大学 2005 年博士论文)，被下载 1 392 次，对司法救济权进行了较为全面的研究。

7. 人格尊严观念

明确研究人格尊严观念的只有两篇，检讨了儒学传统与现代人格尊严观念之间的渊源以及《水浒传》中体现的中国女权意识的崛起。对于人格尊严，学术关注度最高的是林来梵的《人的尊严与人格尊严——兼论中国宪法第 38 条的解释方案》(《浙江社会科学》，2008 年第 3 期)，被引用 38 次；用户关注度最高的是刘志刚的《人格尊严的宪法意义》(《中国法学》，2007 年第 1 期)，被下载 1 181 次。两篇文章均探讨的是关于人格尊严的宪法保护问题。

8. 知情权观念

学界对于知情权观念的研究较多，共有 8 篇文章，主要探讨知情权从一般观念到宪法基本权利的转换、知情权的法典化进程以及引起广泛关注的患者知情权和纳税人知情权的保护问题。对于知情权，学术关注度最高的是斯蒂格利茨的《自由、知情权和公共话语——透明化在公共生活中的作用》(《环球法律评论》，2002 年第 3 期)，被引用 284 次，探讨了信息保密的诱因与后果以及信息公开的理念与制度等问题；用户关注度最高的是林爱珺的《论知情权的法律保障》(复旦大学 2007 年博士论文)，被下载 1 976 次，全面论述知情权的法律保障问题。

9. 劳动就业权观念

关于劳动权观念的明确研究有 4 篇文章，分别探讨了进城务工青年劳动权益意识和维权现状、高职院校女生劳动权益意识以及女职工的劳动权益保障问题。关于就业权观念的直接研究共有 12 篇文献，除去一篇探讨生育保险政策中的社会性别意识与女性平等就业权问题之外，剩下 11 篇全部是研究毕业生的就业权观念，尤其是女性毕业生就业权的保障和维权问题。对于劳动权，学术关注度最高的是冯彦君的《劳动权略论》(《社会科学战线》，2003 年第 1 期)，被引用 171 次，探讨了劳动权的概念和内容、结构以及对劳动权的宣示与保障；用户关注度最高的是薛长礼的《劳动权论》(吉林大学 2006 年博士论文)，被下载 1 515 次，从法哲学的视角，在反思“现代劳动观”及其支配下的劳动权知识基础上，提出并系统研究了“综合劳动观”语境下劳动权的概念、意涵、体系、性质与价值等基本范畴的理论。对于属劳动权题中之义的就业权，学术关注度最高的前两篇是张卫东的《平等就业权初论》(《政治与法律》，2006 年第 4 期）和李雄的《论平等就业权的界定》(《河北法学》，2008 年第 6 期)，分别被下载 46 次和 40 次；用户关注度最高的也是李雄的博士论文《论平等就业权》(西南政法大学 2008 年博士论文)，被下载 2 442 次。可见，对于就业权，就业不平等成为人们关注的重心所在。

10. 财产权观念

明确研究财产权观念的文献有 11 篇，其中 7 篇为从法哲学或法律经济学的角度探讨西方的财产权利观念问题；2 篇探讨企业财产权观念；1 篇从财产权与行政法保护的角度提出了全面财产权观念的观点；1 篇为比较中西财产权观念，认为中西方社会法律文化的巨大差异使人们对待私有财产权的态度迥异，主张在法治建设中须挖掘中国传统文化中的人道精神，结合西方权利文化传统，培植我国财产权正当性的文化土壤。对于财产权，学术关注度最高的是马俊驹和梅夏英的《财产权制度的历史评析和现实思考》(《中国社会科学》，1999 年第 1 期）一文，被引用 263 次，从较为宽泛意义上的财产权的角度，对大陆法系和英美法系的财产权制度进行了考察；用户关注度最高的是刘春田的《知识财产权解析》(《中国社会科学》，2003 年第 4 期）和吴汉东的《论财产权体系——兼论民法典中的“财产权总则”》(《中国法学》，2005 年第 2 期)，分别被下载 2 034 次、2 025 次，知识产权问题是两篇文章共同关注的中心主题。

11. 社会保障权观念

关于社会保障权观念的研究有两篇。认为现代社会保障制度是近代西方工业化的产物，我国经济结构的形成和二元户籍制度的确立使社会保障权基于不同的社会保障制度的安排出现了差别，农民社会保障权被排除在社会保障的范围之外。文章通过对经济实力与建立农民社会保障权悖反的分析、家庭保障论和土地保障论观念的解读，剖析了农民社会保障权无法实现的错误观念。对于社会保障权，学术关注度最高的是罗志先的《当前农民工社会保障权现状、缺失原因及其对策思考》(《中共中央党校学报》，2005 年第 11 期)，被引用 66 次，对当前农民工社会保障权的现状进行了分析，并在此基础上提出了缺失的原因和相应的对策；用户关注度最高的是张姝的《社会保障权论》(吉林大学 2005 年博士论文),被下载 1 671 次,用法理学的方法,系统地分析论证了作为人权的社会保障权的理论基础和实现机制。

12. 健康权观念

对于生存之本的健康权似乎没有太多争议,关于健康权观念的三篇文章都是倡导性质的,或者倡导增强法制观念保护学生生命健康权,或者倡导以职业病防治法维护劳动者健康权益,或者从医院角度强调健康权意识。对于健康权,学术关注度最高的是杜承铭和谢敏贤的《论健康权的宪法权利属性及实现》(《河北法学》,2007 年第 1 期),被引用 30 次,认为我国宪法应把健康权作为公民基本权利明文宣示并增加程序条款等内容,宪政实践中应协调其与相关权利的关系,采取微观层面上的措施将法定健康权转化为实有的健康权,倚重司法审查来赋予直接效力等;用户关注度最高的是孙晓云的《国际人权法视域下的健康权保护研究》(西南政法大学 2008 年博士论文),被下载 928 次,文章在综合运用国际政治经济学中的权力结构理论、实证分析、比较分析等方法的基础上,注重从文本主义到功能主义,从基本理论到解决各种现实问题,通过健康权保护基本范畴的分析建立健康权保护的理论根据,进而从世界、区域和国家三个层面对健康权保护进行系统分析和阐释,并立足于我国现实,提出了构建我国健康权保护制度的具体构想。

13. 受教育权利观念

关于受教育权利观念的研究只有一篇,认为在缺乏受教育权利观念传统的中国,有效保障受教育权必须以转变现有受教育观念为基础,从受教育者立场出发,确保受教育者的最大利益,充分认识受教育权的福利属性,走向福利教育。对于受教育权,学术关注度最高的是温辉的《受教育权可诉性研究》(《行政法学研究》,2000 年第 9 期),被引用 107 次,对公民的受教育权在受到侵害时是否可以诉讼以及如何诉讼进行了深入研究;用户关注度最高的是范履冰的《受教育权法律救济制度研究》(西南大学 2006 年博士论文),被下载 1 497 次,文章通过对大量教育法律纠纷案例的统计分析,初步揭示我国受教育权法律救济制度存在的问题及原因,然后以受教育权作为研究的逻辑起点,系统深入地分析了受教育权的可诉性以及受教育权法律关系的性质,最后对如何使受教育权从法律上非人格的“抽象的权利”“休眠的权利”变成富有生命力的“活的权利”“行动的权利”提出了建议。

14. 环境权观念

关于环境权观念的研究共有四篇，分别探讨了如何通过扩展环境权益而提高环境意识、维权意识、社会工作增权理论视野中的环境保护意识，以及对公众环境司法维权中百姓信“访”不信“法”的意识进行的调查，但这里所指司法环境并非我们所探讨的人权中的环境权。对于环境权，学术关注度和用户关注度最高的都是吕忠梅的《论公民环境权》(《法学研究》，1995 年第 11 期）和《再论公民环境权》(《法学研究》，2000 年第 11 期)，分别被引用 243 次、306 次，被下载 1 774 次、2 135 次，前者着重探讨环境权的理论基础，后者着重分析环境权的内容。

（三）特定群体人权观念研究

无论一般人权观念的研究，还是具体人权观念的研究，其中大部分都是在宏观层面所作的理论形态的研究，现实形态的描述性和解释性研究非常匮乏，而且，这种整体性的分析并不区分群体，往往使人权主体中特定群体的声音得不到应有的彰显。部分学者认识到了这一问题，对大众中的某一或者某些群体的人权观念进行了深入的研究，按照研究群体的不同，分述如下：

1. 学生群体的人权观念研究

有学者认为，现代大学生的权利意识状况是公民意识的重要指示器，因此，在所有明确权利主体的人权观念研究中，关于学生群体尤其是大学生群体的人权观念的研究占了大部分，这些研究大多采用了问卷调查等实证方法，研究内容和结论大致可以总结如下①：

(1) 几乎所有的研究都一致认为，近年来当代大学生呈现出的一个显著特征就是权利观念的不断增强，特别关注与自己切身利益攸关的权利，重视维权，重视平等权、评奖学金的公正评价权、宿舍隐私权等。

(2) 大学生的权利观念也存在很多问题。譬如说，对应尽的义务和责任认识不清，享受权利和承担责任的能力相对较弱，缺乏明确的权利认知，权力本位观严重，缺乏坚定的法律信仰，主动行使权利意识不强，等等。

(3) 对于出现这些问题的种种原因，学者大多从传统文化、社会环

---

① 参见朱永涛：《大学生权利意识的实证分析》，载《苏州科技学院学报》(社会科学版)，2008 (4)；孙晓媛：《当代大学生权利意识现状评析》，载《广西社会科学》，2003 (2)；郑莉佳：《当代中国大学生权利意识研究》，西南师范大学硕士学位论文，2005；等等。

境、高等学校教育背景等方面寻求问题的根源，并在此基础上对如何增强大学生权利意识提出对策建议。

2. 农民群体的人权观念研究

在贫富差距逐渐扩大的形势下，农民群体的弱势地位越发凸显，因此，对农民群体的人权观念的研究也引起了不少学者的关注。这一研究可以分为以下三个层面：

（1）土地问题与农民权利观念研究。土地流转以及失地农民进行的土地维权中最能体现农民的权利意识。有学者考察了土地承包中农民的土地权利归属、行使及保护意识，发现土地承包中农民具有一定的权利意识，但总体上农民的权利意识状况不容乐观，认为这与农民自身因素（年龄、文化层次等）、地区经济发展状况、地方政府及法院能否发挥积极作用有关。① 有学者通过对某一具体地区失地农民的土地维权活动进行实证研究，展示了他们的权利意识和社会抗争行为方式的演变，分析了当代中国农民在转型时期，基于自身权利意识而衍生出来的社会行为的破坏性和建设性。②

（2）农民政治人权观念研究。学者们认为，由于当前中国农民政治人权缺乏，使其对自己政治人权意识存在主人翁角色认识不清、基本权利意识淡薄、民主意识不高、政治行为抵触情绪、政治理想价值观保守等观念，造成农民实现自主人权内驱动力不足。③ 也有学者从利益体验的角度

① 参见李斌、连宏萍：《征地政策、权利意识与政府工作策略的调整——基于C市QY社区失地农民的调查》，载《探索与争鸣》，2008（4）；梁亚荣、张梦琳：《土地承包中农民权利意识的审视——基于江苏省的实证研究》，载《中国农村观察》，2007（5）；阙祥才、种道平：《农村土地流转中的农民权利意识研究》，载《湖北社会科学》，2005（6）。

② 文章认为，农民因土地权利意识演变而发生相应变化的社会抗争行为的过程大体经历了以下几个阶段：欣然接受政府征地政策阶段，非理性地、无序地、自发地维护自己土地权利阶段，利用村民会议行使自己权利阶段，司法维权的自觉阶段，最后是选出农民代表为农民维权的阶段。失地农民在以上不同阶段所采取的维权形式不尽相同，从大吵大嚷、谩骂领导、签字联名、集体上访，到懂得利用村民会议行使自己手中的投票表决权来决定土地的去留。文章认为，农民精英代表上访中央，这个艰难的经历是村民维权方式脱壳蜕变的过渡阶段。经历了这个阶段的洗礼，农民们不仅懂得了通过法律来维护自己的权益，也知道借助国家人民代表大会这个平台，行使自己手中的选举权，选举自己信得过的代表来为自己表达、争取权利。失地农民整个维权的演变过程从自发到自觉、从无知到有知、从不讲理到讲法律，他们的权利法律意识在不断地进步，并慢慢地走向成熟。作者认为这一过程在某种程度上体现了中国农民从臣民意识到现代公民意识的转变，折射了中国农民权利意识的觉醒和社会文明进步的趋势。参见刘戌文：《当代中国失地农民的权利意识和社会抗争——福建厦门霞阳村调查》，厦门大学硕士学位论文，2008。

③ 参见唐杰：《当前中国农民政治人权意识分析》，载《长春工业大学学报》（社会科学版），2006（3）。

以选举权为切入点考察农民的权利意识，认为农民的权利意识固然可谓淡薄，但其要因不在于其在权利行使过程中缺乏利益体验，而在于没有进入对利益的妥当体验模式，为此甚至产生具有病态特征的权利意识。然而，借助外力“提高”农民权利意识不是问题解决的出路，因为作为权利主体的农民自身才是其权利意识增进的主体，而国家的恰当作用则在于对其权利意识的生长进行正确的利益诱导。①

（3）农村妇女权利观念研究。有学者通过对婚姻自主权、生育权、家庭事务决策权、财产权等体现妇女婚姻家庭地位权利的调查，对照法律赋予妇女的权利，提出了农村妇女婚姻家庭权利意识的缺乏是影响其婚姻家庭地位的重要因素的观点，并就如何培养、唤起和维护她们的权利意识进行了思考。②

3．企业工人和农民工的人权观念研究

对于工人的权利观念研究，可以分为一般企业工人和农民工两个部分。

（1）对于一般企业工人的权利观念，有学者结合中国改革开放和社会转型 30 年进行总结，认为伴随企业制度改革的一步步深入，企业工人权利意识也开始显现、萌芽和发展，并对工人权利意识的发展变化阶段和特点进行总结③，认为市场化、法制化、全球化和网络化既是工人权利意识提升的原因，也是其不断提升的外部环境。

（2）对于农民工的权利观念，有学者认为，目前农民工的权利意识有如下特点：1）诉讼意识逐步提升；2）渴望享受城市人的权利；3）有较强的财产权意识；4）对政府的赋权特别敏感而对自然权利的感知不足。④也有学者在对上海农民工进行实证调查后发现，新生代农民工⑤缺乏农村

① 参见郑磊：《论农民的权利意识——从利益体验角度的初步审视》，载《浙江社会科学》，2003（6）。

② 参见王彩芳：《农村妇女的婚姻家庭地位与权利意识》，载《中国农村观察》，2007（4）。

③ 有学者认为，工人权利意识的发展变化大致经历了三个发展阶段。第一个阶段（1978—1992 年），是工人权利意识的“显化”阶段。第二个阶段（1993—2002 年），是工人权利意识的渐进发展阶段。第三个阶段（2003 年以来），是工人权利意识的快速提升阶段。工人权利意识的发育状况呈现出四个特点：一是多数工人具有较强的利益意识。二是部分工人具有较强的法律意识。三是部分工人具有较强的参与意识和集体行动意识。四是工人具有较强的自我意识和主体意识。参见林燕玲：《中国工人权利意识的发育状况及其原因分析》，载《中国劳动关系学院学报》，2010（2）；冯同庆、林燕玲、苏映红：《改革 30 年来国有企业工人权利意识的发展轨迹及其特征》，载《中国证券期货》，2009（2）。

④ 参见马箭、李斌：《农民工权利意识与社会阶层关系的和谐》，载《求索》，2007（2）。

⑤ 所谓的“新生代农民工”，主要是指出生于 1980 年代以后，从农村地区流出，来到城市工作，暂时居住半年以上，未取得当地户籍的青少年。

生活的体验，他们对于生活满意程度的参照主要是城市居民的生活，强烈地要求权利地位的垂直上升。他们更多地把进城务工看作寻求个人发展的途径，不仅注重工资待遇，而且注重自身技能的提高和权利的实现。当被问及个人权利是来自政府的规定、法律的赋予还是与生俱来时，大约五成的新生代农民工认为是与生俱来的，四分之一左右认为是法律赋予的。作者认为，对于新生代农民工而言，最稀缺的资源是权利，要真正改善他们的境遇，最有效的途径是赋权或者说培力（empowerment），因为他们不是弱者（the weak），而只是处于不利位置的弱势者（the disadvantaged）。①

4. 纳税人的权利观念研究

纳税人的权利观念是纳税人权利的重要方面。有学者认为，改革开放以来，我国纳税人权利意识在一定程度上明显增强，但是与西方纳税人的权利意识相比仍存在着巨大的反差。在我国税收领域内，过分强调纳税人的义务，忽视了纳税人权利意识的培养，甚至在司法实践中纳税人的权益经常受到侵害。故而，首先，对于国家而言，应在立法、执法、司法三个法制环节进行调整，从而改变我国长期由税务机关管理的局面，树立全新的服务型税收理念，建立全新的税收法律关系；其次，对于社会而言，不仅要动员纳税人自身力量，形成纳税人监督体制，而且要加强权利意识的宣传教育；最后，对于纳税人个人而言，则要加强对税法信仰的情感，同时仍要加强文化素质的提高。②

5. 人大代表的人权观念研究

人大代表代表人民行使国家权力，因此，他们的人权观念状况在一定程度上反映了一个国家的总体人权观念状况。有学者曾选择以北京市的区人大代表为样本，深入考察了人大代表的人权观念。调查结论认为，北京市的区人大代表的公民权利意识较高，多数人（70%以上）都能对公民的权利作出正确的判断，其中对公民的人身自由和财产权的认识尤高（90%以上的人都对与此有关的问题作了正确回答）。此外，北京市的区人大代

---

① 作者认为，所谓向农民工赋权，首先是要赋予他们团结权和结社权，让他们拥有“结社力量”；“结社力量”的形成会强化农民工的“结构力量”，国家也要通过立法、行政监管等手段来平衡和调节劳资关系，避免劳动力的过度商品化，从制度层面保障农民工在劳动力市场和生产过程中具有讨价还价的能力（bargaining power）。参见熊易寒：《新生代农民工的权利意识》，载《文化纵横》，2012（1）。

② 参见徐小菲：《中美纳税人权利意识比较研究》，华中师范大学硕士学位论文，2009。

表对公民权利的不同认识有较高的年龄差异和文化差异。一般来说，年龄越大，文化程度越低，对公民权利的认识发生错误的可能性也就越大；反之，年龄越小，文化程度越高，对公民权利的认识发生错误的可能性也就越小。①

6. 部分地区民众的人权观念研究

地域也是考量人权观念的重要因素，不同地域的民众对人权可能持有不同的认知、主张和要求。有学者选择以首都公民为样本，考察各个层次的首都公民在经济、政治、文化等生活领域各有什么样的权利认知与主张，这些权利认知与主张在社会实践中是怎样表现的；与非首都公民比较，首都公民的权利意识有哪些主要特点，等等。② 也有学者以湖北城市居民为样本，将湖北省最低生活保障制度的实施情况与湖北省公民权利意识状况结合起来调查分析，考察他们的人权观念。③

（四）特殊群体的人权问题

一般认为，健全的人权保障应当包括两个内在的维度，一是权利的平等保护，一是弱势群体权利的特殊保护。因为特殊情况特殊对待正是平等的题中之义。我国关于特殊群体的人权问题的研究主要集中在以下三个方面：

1. 是否需要对特殊群体的人权予以特殊保护

所谓特殊保护，即对某些社会成员给予更为特殊的权利或权利保护。人权的主体是平等指向所有人的，但是也不能忽略由于各种客观原因产生的为数众多的弱势群体以及他们根本无法实现权利的状况。譬如残疾人、老年人、妇女、儿童、生态脆弱地区的贫困人口和灾民、下岗失业人员和

① 参见胡杰：《北京市区人大代表的政治动机和公民权利意识调查》，载《政治学研究》，1988（3）。

② 经过调查，该学者发现首都公民权利意识有几个主要特征：1. 大多数首都公民从现实的利益和需要出发理解社会权利。2. 多数首都公民认同首都的特殊权益，并把这种公共权利与个人权益联系起来。3. 当个人权益未得到有效实现时，人们大多归结为社会的原因。4. 自己的权益直接受到侵害时，人们采取的行为方式呈多样性。5. 在自己或他人的权利可能受到侵害的情况下，采取明哲保身态度的比较普遍。参见孙美堂：《首都公民权利意识分析研究》，载《中国政法大学学报》，2012（1）。

③ 该学者以最低生活保障为切入点调查发现：1. 湖北省公民不认为对于生活困难的人给予救助是政府的法定义务。2.《城市居民最低生活保障条例》在湖北不是广为人知。3. 湖北省领取保障金的公民很重面子和不愿意公开自己享受低保待遇的事情。4. 湖北省普通公民对最低生活保障制度的了解很少。5. 湖北省公民主张权利的意识也很薄弱，救济途径同样以找机关领导与信访为主。参见林莉红、常晓云、严彩艳：《从最低生活保障制度实施情况看湖北城市居民权利意识现状》，载《湖北社会科学》，2004（1）。

农民工等。对于这一问题，大多数学者倾向于肯定对特殊群体的人权予以特殊保护的必要性。① 一方面，他们梳理关于平等的思想资源，论证特殊保护的平等观之正当性②；另一方面，他们也指出现实中有碍平等实现的种种因素，力图证明特殊保护的必要性③。此外，在实践中，我国也认同应当对某些社会成员给予更为特殊的权利或权利保护，不但以官方文件的形式认可，并且在人权行动中大力推行。④

2. 哪些群体的人权需要特殊保护

我国制定的《国家人权行动计划（2009—2010 年）》中单列的特殊群体有少数民族、妇女、儿童、老年人、残疾人、被羁押者和农民。而在学界的研究中，这些群体的范围更为广泛，如上面文献检索结果所显示的，除了残疾人、老年人、妇女、儿童、罪犯外，吸毒人员、卖淫者、同性恋者、婴儿、乞讨人员、流浪人员、“第三者”、精神病人、艾滋病人、乙肝病毒携带者等都受到了不同程度的关注。不过，其中关于“第三者”的权利问题在学界产生了较大的争议。对于“第三者”⑤ 的权利，一方面，有

---

① 当然也有例外，例如，夏光志在《权利平等是最大的公平——也谈对公平问题的看法》一文中提出：“只要切实保障了‘参与各方在规则权上的平均或相等’，实际上就实现了公平本身。也就是说，保障人们追求公平的权利的平等，才是最大的公平”。参见夏光志：《权利平等是最大的公平——也谈对公平问题的看法》，载《学习时报》，2006-09-05。

② 有学者梳理思想史上关于权利平等与特殊保护的争论后总结认为：第一，应当区分两种意义上的特殊保护，一种是封建社会存在的那种对强势群体的特殊保护，它是我们常说的“特权”；另一种是现代社会出现的对弱势群体的特殊保护，它是对权利平等原则的重要补充。第二，在现代社会的公平理念中，权利平等与对弱势群体的特殊保护是不可缺少的两极。没有权利平等，就会形成以特权为导向的公平理念，而那是封建等级社会的基本原则；没有对弱势群体的特殊保护，就会失去社会合作的和谐前提，从而重蹈马克思所批判的资本主义社会发展早期那种社会冲突尖锐化的覆辙。第三，我们所要建立的公平标准，应当平衡权利平等与特殊保护的关系，确定二者关系的平衡之点，即我们所说的“公平之度”。参见常健、符晓薇：《公共政策的公平之度：权利平等与特殊保护》，载《文史哲》，2009（3）。

③ 一方面，在现实中存在着各种形式的歧视，另一方面，在现实生活中，人在智力、体力、出生环境方面的差别是不可避免的，这就决定了同样的权利并不能给所有人带来同样的利益或保障。平等作为现代法治的一种基本价值理念，必然要求某些情况下对权利进行特殊分配，对弱势群体的实际利益进行必要的补偿，做到“不同情况不同对待”，通过对弱势群体的倾斜性保护，达到维护其实质性利益的目的。参见常健、刘坤：《论人权的平等保护与特殊保护》，载《人权》，2009（3）。

④ 中国政府在 1991 年发布的《中国人权状况白皮书》中就开始对残疾人、少数民族、受羁押的人的人权状况予以特别关注，此后，在《国家人权行动计划》中也强调对少数民族、妇女、儿童、老年人和残疾人、被羁押者的权利的特别保障。

⑤ 关于什么是“第三者”，目前的立法中尚无明确规定。作为一个社会学概念，一般认为它指的是介入他人婚姻，与夫妇中一方有婚外性关系的人。

不少的学者认为，“第三者”破坏他人婚姻关系的行为属于侵权行为，并力图构建一套“第三者”侵害婚姻关系的民事责任体系，对破坏他人婚姻关系的“第三者”施以惩罚①；另一方面，也有学者认为，以法律惩罚“第三者”不符合现代立法的价值取向，追究“第三者”的法律责任缺乏理论支撑，又缺乏现实基础②。目前理论上所提出的配偶权，以及由此生发出来的同居义务、贞操义务均无法诠释“第三者”的法律责任。从现实来看，“第三者”问题广泛而且复杂，“第三者”概念模糊难以界定，其程序也具有不可操作性。因此，“第三者”问题由道德调整是较为现实的选择。③ 也有学者对司法实践中一些法官以“社会公德”或善良风俗为依据不予保护“第三者”的权利的现象提出批评。④

3. 如何对特殊群体的人权予以特殊保护

对于如何对特殊群体的人权予以特殊保护，学者们一般从两个方面进行论述。其一，在原则上，人权特殊保护的主体应有限制。在我国当今社会，普遍承认的特殊保护的人权主体主要指残疾人、老年人、妇女、儿童、生态脆弱地区的贫困人口、灾民、城市流浪人员、城市下岗失业人员和农民工等弱势群体。同时，特殊保护应被限制在合理的范围之内，是一种合理的保护，而不是袪除了法定义务或责任的特权保护。对弱势群体权利特殊保护的目的仅仅是要通过合理补偿的原则消除由于现实生活的不平等所造成的过大贫富差距，避免严重的两极分化，而不是对弱势群体赋予特权或是对其他人构成“反向歧视”。⑤ 其二，在方式上，大多数学者都将目光投向了法律，认为应当以法律的形式强化对特殊群体的保护。

（五）人权教育问题研究

在《1995—2004 年联合国人权教育十年行动计划》中，人权教育被定义为“努力开展培训、传播和信息交流，目的是通过传授知识及技能和

① 参见石春玲、张迎秀：《婚姻家庭法应当明确规定第三者的民事责任》，载《当代法学》，1998（6）；李志红：《第三者侵害婚姻关系民事责任研究》，山西大学硕士学位论文，2007；林锋：《第三者侵害配偶权损害赔偿问题研究》，厦门大学硕士学位论文，2006；林雅：《论婚姻法中的第三者责任》，载《政法学刊》，2008（4）。

② 参见杨光：《以法律惩罚“第三者”的立法价值评价》，载《当代法学》，2000（5）。

③ 参见周安平：《性爱与婚姻的困惑——“第三者”民事责任的理论与现实之探讨》，载《现代法学》，2001（1）。

④ 参见韩秀义、何欣、安建须：《第三者之权利与公序良俗》，载《陕西经贸学院学报》，2002（4）。

⑤ 参见常健、刘坤：《论人权的平等保护与特殊保护》，载《人权》，2009（3）。

塑造态度，建立普遍的人权文化”。随着人权教育对人权观念的培育和塑造作用成为共识，学界对人权教育的研究也越来越多。经过对现有文献的梳理，中国大陆的人权教育研究大致可分为三个方面：人权教育的内容，人权教育的方式，人权教育的意义。

1. 人权教育的内容

学者们在《世界人权教育方案》的基础上一致认为，人权教育基本内容在于传授人权的知识、技能和态度，进一步强化对人权和基本自由的尊重，以期在世界范围内建立普遍的人权文化。立足于此，有学者从功能的角度将人权教育内容分为：人权常识、人权理论和人权价值观。也有学者认为，学校人权教育的核心内容应当是人权的法定权利，即国际国内关于人权方面的法律法规；人权教育的具体内容则包括《世界人权教育方案》指出的知识和技能、情感与态度以及行为与习惯三方面。①

2. 人权教育的方式

学者们认为，人权教育的开展主要有三大载体：学校、大众传媒和非政府组织。主张通过课程设计和教学传授、日常生活的渗透来保证人权教育。根据内容的难易程度以及儿童身心发展的规律，将人权教育核心知识点安排在不同的年龄段，结合不同的课程，采取多种教学策略进行传授。在中小学教育阶段要在相关课程中渗透人权教育的内容，在大学阶段要开设专门的人权课程，要针对公权力机关及其工作人员进行专门的人权教育。此外，也要整合社会资源，发挥大众媒体的作用。《国家人权行动计划（2009—2010年）》将人权教育的对象分为中小学生、高中生、大学生、普通大众、公职人员等5种，对于不同的对象，人权教育的目标和方式有所不同。

3. 人权教育的意义

有学者提出要“认真对待人权教育”，指出我国人权教育的薄弱现状将制约国家的民主与法治建设，影响社会的人权状况。其认为，人权教育的普及和人权观念的提升有着直接的联系，教育对提升人权具有重要的作用，人权教育是提升农村社会人权状态的基本途径之一，是实现依法治国和民主政治的有效途径。也有学者认为，人权教育有助于人民了解人权条约赋予他们的各项权利，并监督政府根据人权条约所承担的义务，从而充分实现人权。

---

① 参见孙建：《试论我国中小学人权教育研究综述》，载《黑河学刊》，2009（9）。

四、分析与评价

根据我们对中国人权观念问题相关资料的搜集和分析，学界有关中国大众人权观念问题的研究应该说基本涉及了问题的方方面面，只是比较杂乱，不成系统，以至于没有形成一个成体系的、成熟的问题域。同时，许多研究流于空泛，没有对当下的现实状况予以足够重视。这说明，学界关于中国大众人权观念问题的研究还远远不够。具体分析如下：

（一）研究内容

1. 偏重于理论研究，现实关怀不够

在以“人权观念”和“人权意识”为关键词进行检索所得的论文中，绝大部分属于一般意义上的理论形态的人权观念研究。如，从中国传统文化资源中寻找人权观念的思想，将中国与美国、欧洲等西方世界的人权观念进行对比，探讨马克思主义理论对中国人权观念的影响，等等。学者们倾向于将人权观念当做一个概念来分析，当做一个理论命题来探本索源，唯独不将其视为一个需要回到生息在这片土地上的人们中间去考察的现实问题。因此，关于中国当下人权观念状况这一主题的研究非常少见，偶尔有几篇文献，内容也较为接近，主要是宽泛地对人权观念的进步与发展情况进行总结，揭示可能阻碍人权观念发展的因素，以及对如何增进人权观念进行探讨。

2. 偏重于一般性探讨，具体研究不足

人权是抽象的，也是具体的，在考察一般人权的同时，还要大力研究人权的各项具体内容。在关于人权观念的研究中，主要是一般性的探讨，如关于人权观、人权意识、权利观、权利意识的一般性的考察，而对于人权的内容，即各项具体权利观念的研究就相对较少了，而且，在这很少的一部分关于具体权利观念的研究中，也有大部分是理论性的分析而非现实性的考察。

3. 偏重于抽象概括，导致权利主体的失语

依照人权主体的不同，可以将人权分为个人人权与集体人权。个人人权是基于个人之上的、每一个人都应享有的人权，其权利主体是个人。集体人权是相对于个人人权而言的某一类人所应享有的人权，其权利主体是某一类特殊社会群体，或某一民族，或某一国家。个人人权是传统意义与传统观念上的人权。即使是现时代，个人人权仍然是人权的主要形式。可见，个人是最重要的人权主体，对于人权观念的研究必须建基于对个人观

念的考察。然而，很多学者似乎总是把人权观念当做一个可以抽象、分析、概括的概念，而极少去关心作为最重要的人权主体的个人，去考察他们对于人权究竟有些什么观念。因此，虽然关于人权观念的研究已有不少成果，但尴尬的是，作为最重要的人权主体的个人却几乎处于失语状态。

（二）研究方法

1. 偏重于形而上的分析，缺乏实证的研究

如上文所述，由于大部分学者将研究主题限定在人权观念的概念，因此，他们更多关心的是人权观念的理论形态，因而，在研究方法上就更注重形而上的分析、概括，而不重视实证研究。因此，他们所凭借的研究资料多为前人著作、媒体报道甚至公共政策文件等二手文献，缺乏对权利主体的实证调研。只有很少的一部分学者采用了实证的研究方法对所考查的群体的人权观念予以揭示。

2. 既有的实证研究中存在的问题

首先，实证研究类的文章数量很少。对于一般性的人权观念与人权意识，我们在检索中没有发现采用实证方法研究的文献。对于具体权利观念的研究中也没有这样的文章。只有在对于权利观念尤其是关于权利意识的研究中，存在一些采用实证方法研究的文章，主要是针对某些特定的群体进行考察，了解他们的权利意识。

其次，选择的样本比较粗糙。以大学生人权观念研究为例，某一题目为《大学生权利意识现状调查与分析》的文章，其调查区域却只局限于某一个城市，且只发放了问卷 250 份，收回有效问卷 193 份。想要考察的母体如此之大，实际研究的样本却如此之小，这样的悬殊很容易导致统计偏差，很难从中得出可靠的、有说服力的结论。

再次，研究内容不够全面。人权包含了许多具体的内容，人权的主体遍及所有的人，但在这些原本就为数不多的实证研究当中，研究的具体权利内容和所针对的主体都非常集中：在权利主体方面，主要是针对大学生、农民和农民工的观念进行研究；在权利内容方面，主要是一般性地研究大学生的权利意识、农民工的维权意识以及农民关于土地的权利观念。而对人大代表、患者、读者等群体的权利观念研究都只是在个别篇章中有所涉及。其他更多的主体和更多的权利内容都缺乏深入的研究。

充分认识权利，才能实现权利。人权观念的研究与人权理论的构建

和人权保障的推进休戚相关。人权的主体是人，对于人权观念的研究必须建基于对现实的人的实际考察。把人权观念当做一个可以抽象、分析、概括的概念而不去探究民众的实际认识，会导致人权主体的失语。因此，要想全面考察中国大众人权观念的现实样态，还须直面民众，对他们的人权认知、人权主张和人权要求做多角度、大范围的调查研究。

第二节　研究设计与样本分布

2009 年 4 月，国务院授权国务院新闻办公室发布了《国家人权行动计划（2009—2010 年）》，内容涉及经济、社会和文化权利，公民权利与政治权利，少数人的权利，特殊群体的权利，人权教育和国际人权等六大方面。这是中国政府制定的第一个以人权为主题的国家规划，是全面推进中国人权事业发展的阶段性政策文件，是中国政府落实尊重和保障人权这一宪法原则，积极推动科学发展，促进社会和谐的重大举措，是中国政府在人权领域做出的庄严承诺。

2011 年 7 月，国务院新闻办公室针对《国家人权行动计划（2009—2010 年）》的执行情况发布了一份评估报告，这份报告认为：全国人民的人权意识显著提高，总体生活伴随着国民经济和社会发展水平的提高得到明显改善，经济、社会和文化权利保障得到全面加强，公民权利和政治权利的保障更加有效，少数民族、妇女、儿童、老年人和残疾人的权利得到有力保障，国际人权领域交流与合作进一步深入开展，伴随着中国特色社会主义法律体系的形成，全国各领域人权保障的总体水平在制度化、法治化的轨道上全面推进。

2012 年 6 月，国务院新闻办公室又发布了《国家人权行动计划（2012—2015 年）》，这一计划开篇再次确认了《国家人权行动计划（2009—2010 年）》所取得的成绩，并重申坚持以人为本，落实“国家尊重和保障人权”的宪法原则，继续在原来确定的人权六大方面做出努力，使每一个社会成员生活得更有尊严、更加幸福。

由此看来，国家强调的人权保障是从每一个个体出发，不仅在物质生活上着力实现权利和利益，也要在精神生活上积极提升归属感和认同感。那么，在这样一种人权实施状况和人权观念状况的国家话语之下，作为主体的公民是如何认识人权的呢？他们有着怎样的主张和要求？

一、研究主题与研究目的

根据前文对已有学术研究的总结，目前少有对人权观念的实证研究，对中国大众这样一个群体的人权观念的实证研究尚属首次。我们确立以“中国大众人权观念”为本研究的主题，是希望能够考察中国大众对于人权是怎样认识的，并验证大众是否切实感受到了自己在人权方面受到尊重和保障。具体而言，本次调研的目的在于考察以下几个方面的问题：

1. 大众对当前自身的人权状况有怎样的认知和评价。

2. 大众对其已有或应有的权利有着怎样的要求和主张。

3. 大众对具体的权利是怎样的观念。这些具体权利存在一种怎样的重要性排序。

4. 影响大众人权观念的因素有哪些。

5. 大众接受人权教育的状况如何（包括对人权知识的获取方式，以及对人权的法律保护的认识状况）。

6. 大众对于少数人的权利、特殊群体及特定群体的权利保护持怎样的态度。

7. 不同身份的主体的一般人权观念是怎样的，对具体权利的观念又是怎样的。这些不同身份的主体之间存在多大的差异性，以及是否存在共识。

前文我们已对现有学术研究进行了总结，目前没有针对中国大众这样一个群体的人权观念的实证研究，我们的工作在国内尚属首次。这是一项艰难的工作，但对人权的观念进行研究又非常必要和有意义。通过这样一种调研，可以消解人权理论探讨中的一些怀疑，或者增进一些确信，可以有助于我们辨别更加细致研究人权理论的可行性方面，突出当前及以后研究的侧重点。我们的目的是通过测量，描述人权的观念状况，并不是尝试说明这些观念是如何形成的，所以，我们的研究是一种描述性研究。

确定了研究目的之后，我们把这一主题内含的意义提炼为“大众”“人权”“观念”三个关键词，我们将围绕这三个方面，基于我们对主题所做的分解，对研究总体、分析单位、时间维度、是否需要抽样等问题加以确定，并选择资料收集方法、资料处理方法、分析方法等。

我们所要了解的是当下大众对于人权的观念状况，“大众”这一关键词指引我们确认以个体作为分析单位，描述中国大众这一个群体中的个体行为如何发生。虽然我们也考察某一群体的观念，但并不以群体作为分析单位，因为个体被赋予了社会群体成员的特性，我们可以注意一些个体特征，如性别、年龄、民族等，然后把这些描述个体的特征结合起来，组成一个群体的整体形象，这种通过个体信息来概化个体的集合，可以有效避免区位谬误。另外，在时间维度方面，我们确定做一个截面研究。前文已经述及，我们的研究目的是一种描述性的，我们也不追问这些观念的由来，理由并不仅仅在于截面研究是描述性研究的惯常方法，而更在于时间因素往往影响到对研究发现的概化。在当代，我们对于观念的研究都极不统一，社会变动较不稳定，我们并无法确保这样一种描述能否代表五年前或五年后的情形。所以，我们只针对当前这一个时间节点研究大众对于人权的观念。

就“人权”而言，它最简单的定义就是人的权利，其内容十分广泛和丰富，主要包括人身人格权利，政治权利和经济、社会、文化权利，在这几类之下还可以细分出具体的权利；它也有不同的存在形态，如应有权利、法定权利、实有权利。结合现有的理论研究，我们本次考察的人权维度主要集中在法律规范中规定的人权。首先是基于《宪法》第三十三条“国家尊重和保障人权”的考察，大众是否切实感受到了自己的人权得到尊重和保障？有怎样的认识？存在什么主张？还有什么要求？然后是对具体的宪法、法律及国家机关规范文本中所规定的人权的观念，包括对个人自由和尊严、生命健康权利、选举权与被选举权、言论自由、隐私权、劳动权、宗教信仰等权利的具体感受。当然，还包括对获知这些人权信息的来源，以及不同的人对于自身人权相关状况和对自身以外的主体的人权相关状况的看法。

而就“观念”而言，它最早源于希腊的“观看”和“理解”，在西方15世纪就用该词表达事物和价值的理想类型，也指人对事物形态外观之认识；17世纪后涉及构思过程。① 这样一来，观念就可能是多样性的。因此，更加需要确立不同的指标来展开研究、评价。对于人权的一般性认识，我们确定了人权具体内容的重要性选择、人权的具体主体的确认以及

① 参见［英］雷蒙·威廉士：《关键词：文化与社会的词汇》，刘建基译，167页，台北，巨流图书公司，2003。

人权应当得到实质平等还是形式平等的保护作为指标。对于人权的具体方面的认识，在财产权方面，我们确定土地和房屋的征收作为指标；受教育权方面，我们确认国家教育政策、教育投入和教育质量的评价为指标；宗教信仰自由方面，我们确认政府是否参与直接干涉作为指标；言论自由方面，确认表达内容、表达方式、表达对象、表达程度作为指标；以医疗卫生状况作为健康权的指标；以建设污染环境的工厂是否征求意见作为环境权的指标；以人大代表选举作为选举权的指标；以是否废除死刑、卖淫者游街作为违法犯罪者权利的指标；以社会保障条件程度作为劳动权的指标；以当前户籍制度的存废作为迁徙权的指标；以安居保障作为国家权利对人权保障的评判指标；以法院的审判作为司法公正权利的指标；以政府信息公开、政府监控通讯作为公权力行使与人权保障关系的指标；以人权知识获得渠道、大众对我国法律中人权规定和加入人权公约的了解情况作为人权教育状况的指标。

二、总体与抽样

研究总体就是我们从中得到结论的群体。一般而言，我们很难对总体的所有成员进行研究，也很难对所有成员进行各种观察。所以，社会研究的一个首要问题就是决定观察什么和不观察什么。对于一项具体的社会调查来说，选择能够代表调查总体的一部分调查对象，是必须解决的首要问题之一。抽样就是选择观察对象的过程，一般我们所说的“调查”，实际上指的是“抽样调查”，即对取之于某个总体的一部分个体所进行的调查。①

总体是构成它的所有元素的集合。② 我们此次调研的目标总体指向所有的具有中华人民共和国国籍、目前居住在国内、未被剥夺或限制人身自由的公民，这是一个数目巨大的群体，对于这样一个庞大、多样的群体，应当采用概率抽样的方法。概率抽样与非概率抽样是抽样的两种类型，前者使总体中的每一个体都有一个已知不为零的被选机会进入样本，后者则主要是依据研究者的主观意愿、判断或是否方便等因素来抽取对象③，这两者最本质的区别在于研究者的主观因素对研究的影响程度不同。

概率抽样，所有的大型调查都利用这一方法。而非概率抽样主要是根

① 参见风笑天：《社会调查原理与方法》，32页，北京，首都经济贸易大学出版社，2008。

② 参见上书，33页。

③ 参见上书，36页。

据具体的调研目的选择使用，往往作为前测。考虑到我们的研究主题是大众人权观念，我国大众这一群体分布地域广泛，这些地域在自然条件、经济状况、文化底蕴等方面差异极大，而且观念本身就是一个多元、难有定论的问题，我们选择概率抽样是合理的。

概率抽样所内含的基本理念在于：要想对总体进行有效的描述，从该总体中抽样出来的样本必须包含总体的各种差异性特征。这就要求样本具有代表性。对于社会调查来说，当选出的样本的各种集合特征大体接近于总体的集合特征时，样本就具有代表性。

就我们的调查而言，我们针对调研对象设计了 9 个自变量，涉及：性别、年龄、民族、政治面貌、受教育水平、个人年收入、宗教信仰、户籍、职业。变量的选择与样本比例如下：

1. 性别

性别差异的存在使得性别作为变量成为可能。性别差异主要是指由于生物与社会原因，两性之间在心理特征及个性倾向性方面的差异，而更普遍的研究还涉及性别角色的社会化等诸多问题。有关性别差异的假设在许多研究报告中都有所呈现，尽管这是一个备受争议的领域，但在过去的几十年里，研究者们还是已经探察了许多人格变量的性别差异。因而，性别可能成为影响中国大众人权观念的因素。

根据对性别的统计结果可以看出，男性占 52%、女性占 48%。男性仍然高于女性比例，相差 4 个百分点，这主要跟男性在社会事务上的活跃性要稍强于女性有关（见表 1—1）。

表 1—1　　性别变量的样本构成

性别	男		女	
	7 577 人	52.0%	6 990 人	48.0%
总数（N=14 567）				

2. 年龄

一切存在着的，都是历史的。“中国人今天的生活环境是以往全部历史共同作用的结果。传统不仅仅是一个历史上曾经存在的过去，同时还是个历史地存在的现在。因此，我们不但可以在以往的历史中追寻传统，而且可以在当下生活的折射里发现传统。”① 因此，若要对现在进行较为全

① 梁治平：《法辨：中国法的过去、现在和未来》，3 页，贵阳，贵州人民出版社，1992。

面而深刻的认识，必须要从较为开阔的、历时性的宏观视角予以观察。年龄是历史时间与历史观念的积淀，虽然对受访者信息的采集是同时进行的，但不同年龄阶段的受访者身上承载的多重历史在共时性的条件下为我们提供了进行类历时性比较的可能。

表 1—2 是年龄的统计表格，其中 18 岁以下的占 9.1%、19～29 岁的占 45%、30～39 岁的占 18.8%、40～49 岁的占 17.3%、50～59 岁的占 6.1%、60 岁以上的占 3.7%。由于发放问卷的主体主要是学生，故而问卷的受访对象集中在 19～29 岁的年轻人一块，对数据的客观性与普遍性会有一定的影响，但是具体对于人权的态度我们将在报告后面的数据分析一块予以解答。

表 1—2　　年龄变量的样本构成

年龄	18 岁以下		19～29 岁		30～39 岁		40～49 岁		50～59 岁		60 岁以上	
	1 333 人	9.1%	6 582 人	45.0%	2 741 人	18.8%	2 527 人	17.3%	887 人	6.1%	548 人	3.7%
总数（N=14 618）												

3. 民族

中国是一个多民族的国家，各民族之间在民族经济状况、民族政治文明程度、民族文化样态、民族人口结构、民族综合素质等领域存在一定的差异，而多样性的民族文化共生共存在中国的大部分地区是一种普遍现象。民族多样性作为多民族社会的一个关键特征，反映了社会群体内成员间的民族差异。民族多样性研究的基本假设是民族多样性能够影响群体过程和群体效能，以及群体成员的情感回应和需求，因而，以民族为变量进行研究具有重要的理论意义和现实意义。

从表 1—3 中我们可以看出，汉族占 90.7%、少数民族占 9.3%，中国虽然是一个多民族的国家，但是在人口比例上面汉族人占绝大多数，且少数民族的汉化程度也逐渐提高，所以少数民族的选项对于我们的研究来说是相当有意思的。

表 1—3　　民族变量的样本构成

民族	汉族		少数民族	
	13 251 人	90.7%	1 353 人	9.3%
总数（N=14 604）				

4. 政治面貌

政治身份与立场会影响社会和个人的价值取向与行为方式，因而，政治面貌可能会作为个体社会认同的一部分而存在并影响个体对权利诸问题的评价。在中国，“政治面貌”是当前政治身份中不可忽视的一部分。因此，我们选择政治面貌作为变量之一考察党员群体与民主党派、共青团员、群众等其他政治面貌群体对人权的认知是否存在差异。

政治面貌一题，我们可以得出群众占 43.8%、共青团员占 35.7%、中共党员占 19.6%、民主党派成员占 0.9%（见表 1—4）。考察各种不同政治面貌的大众人权，可以在目前中国政治氛围较为和谐的背景之下，了解各种不同党派与群众之间的态度的差别。

表 1—4　　政治面貌变量的样本构成

政治面貌	群众		共青团员		中共党员		民主党派成员	
	6 404 人	43.8%	5 220 人	35.7%	2 865 人	19.6%	128 人	0.9%
总数（N=14 617）								

5. 受教育水平

文化程度与观念意识是密切相关的，如布尔迪约的理论所显示的，文化资本的积累能够再生产出社会层级。在现代社会中，教育使人获得进入现代性社会的通行证，教育的多少、文化符号拥有量的差别，将人划分为具有不同学识和能力的群体和个体。① 相应地，文化资本的差异当然也能再生产出不同的观念阶层。因此，受访者的受教育水平也是可能影响其人群观念的重要变量。

受教育水平一题我们主要考虑了未受教育至高等教育的所有人群，小学及以下占 7.7%，初中占 19.4%，高中或中专占 26.8%，本科或大专占 40.3%，硕士占 5.3%，博士占 0.5%（见表 1—5），受教育水平的不同导致他们接触人权的途径会有所差别。我们将关注受教育程度的不同对民众人权观念的影响。

表 1—5　　受教育水平变量的样本构成

教育	小学及以下		初中		高中或中专		本科或大专		硕士		博士	
	1 114 人	7.7%	2 829 人	19.4%	3 903 人	26.8%	5 858 人	40.3%	768 人	5.3%	78 人	0.5%
总数（N=14 550）												

① 参见［法］布尔迪约、帕斯隆：《再生产——一种教育系统理论的要点》，邢克超译，12～88 页，北京，商务印书馆，2002。

6. 个人年收入

收入水平是最为常见的变量之一。收入指通过体力或脑力劳动所获得的收益。水平是对不同收入情况进行表征而使用的专业术语。在统计学中，水平是指具体的、可操作的不同等级或状态。此处的收入水平表示在一年内，个人所取得的收入的数量标准。收入水平是动态的，并非一成不变。但是在一定的时期内，收入水平可看做是不变的，正是因为这一特征，个人年收入才能按照不同的划分标准划归到不同的收入水平当中。为了避免极值对数据统计产生偏差，我们将个人年收入分为六个收入水平等级。

个人年收入一题中，2 000 元以下的人占 32%、2 000～5 000 元的占 14.1%、5 000～1 万元的占 11.3%、1 万～3 万元的占 24.1%、3 万～8 万元的占 14.6%、8 万元以上的占 3.9%（见表 1—6）。曾经有学者提及，人权状况跟一个人的经济水平相关，经济能力会直接影响到大众对人权的理解，以及人权在各个经济能力人群中的关系。而在此需要说明的一点是，因为在年龄表格部分我们也予以说明了受访对象中学生比较多，因此在 2 000 元以下的人群比例较高也存在这一个方面的影响。

表 1—6　　个人年收入变量的样本构成

收入	2 000 元以下		2 000～5 000 元		5 000～1 万元		1 万～3 万元		3 万～8 万元		8 万元以上	
	4 246 人	32.0%	1 867 人	14.1%	1 506 人	11.3%	3 199 人	24.1%	1 941 人	14.6%	522 人	3.9%
总数（N=13 281）												

7. 宗教信仰

宗教信仰与权利观念的确存在着复杂而密切的联系。从一般意义上讲，权利观念本身就是一种社会意识，而宗教信仰则是一种超越性的意识，信奉某种特定宗教的人们对所信仰的神圣对象由崇拜认同而产生坚定不移的信念及全身心地皈依，这种强有力的意识难以避免地会对权利意识产生影响。因此，我们以有无宗教信仰作为考察大众人权观念的变量之一。

宗教信仰在我国是一个不太主流的话题，因为中国地大物博，且信仰泛化，并且信仰的目的和方法也是各种各样，而在表 1—7 中我们也可以看出来没有宗教信仰的人占 85.3%、有宗教信仰的占 14.7%，这一项比例的差距是相当大的，对于我们考察我国的信仰现状具有相当大的参考价值。

表 1—7　　宗教信仰变量的样本构成

宗教信仰	没有		有	
	12 315 人	85.3%	2 125 人	14.7%
总数（N=14 440）				

8. 户籍

就我国目前的国情来说，一方面我国存在着极为严格的城乡户籍划分，城市在各方面都享有比农村优越的条件；另一方面则是随着经济的发展需要，城乡之间的流动也十分频繁，且这种流动更多地表现为单向性，即从农村向城市。因而，城乡差异就成为考察大众人群观念的重要因素。

户籍问题牵涉我国的迁徙自由以及近几年我们国家的户籍改革制度，此题将关注我国的农村人口与城镇人口的比例，其中农村人口占 45.8%、城镇人口占 54.2%（见表 1—8）。

表 1—8　　户籍变量的样本构成

户籍	农村		城镇	
	6 663 人	45.8%	7 898 人	54.2%
总数（N=14 561）				

9. 职业

职业指人们从事的相对稳定的、有收入的、专门类别的工作。它是对人们的生活方式、经济状况、文化水平、行为模式、思想情操的综合所映，也是一个人的权利、义务、职责的体现，进而是一个人社会地位的一般性表征。也可以说，职业是人的社会角度的一个极为重要的方面。把职业看成社会角色体系有利于我们更深入地把握职业的心理层面，社会进步、科学技术的发展通过职业组织转变成为形形色色的职业角色，又通过职业角色引导人们进行社会。同时，人们在从事职业的过程中，也通过职业角色运用社会提供的资源尽可能充分地发展自己，满足自己从物质生活到精神生活的各种需要。可以说，一个职业是一种社会等级，一种身份或准身份，一种生存状态，一种社区乃至社会的组织方式，一种文化模式乃至心理结构。因此，职业也是可能对人权观念构成影响的重要因素。

对于职业的划分，课题组的成员进行过多次讨论。学界对职业的划分具有多重标准，我们无法进行完全穷尽，因此选项中只是尽可能地周全，其中务农人员占 10.8%，务工人员占 13.4%，企业员工占 15.1%，公职人员——包括公务员、事业单位人员以及国有企业人员占16.2%，学生占29%，经商人员占6.3%，离退休人员占2.6%，无业失业人员占2.1%，还有其他职业占4.5%（见表1—9）。我们尽量在职业的划分上囊括目前社会上主要的几种职业，而对于我们无法一一列明的职业只好在“其他”中予以标注。不同的职业对于权利的诉求肯定截然不同，因此我们将此题与后面的具体权利相结合，来探讨各种权利的现状。

表1—9　　职业变量的样本构成

职业	务农者	务工者	企业员工	公职人员	学生	经商者	离退休者	无业失业者	其他
	1 578人	1 960人	2 216人	2 365人	4 241人	921人	379人	312人	662人
	10.8%	13.4%	15.1%	16.2%	29.0%	6.3%	2.6%	2.1%	4.5%
总数（N=14 634）									

由上面的表格可以看出，我们通过概率抽样方法最后确认的样本与国家人口普查的数据基本吻合。因此，可以认为样本具有代表性。

虽然社会研究者在统计中使用的主要是简单随机抽样（SRS），但我们的这个概率抽样结果并不是据此而得出，我们是依据SRS的原理进行的多级整群抽样，这种方法其实就是一直重复两个基本步骤：列表名册和抽样。做出这种选择是因为我们无法获得一个完整的名单形成抽样框，但我们可以获得国家的行政区划名单，各行政单位辖区内市、县、街道、门牌等信息。这样处理效率很高，但是效率的代价是样本精确度的降低。权衡之下，我们选择了这种方法，但是增加了样本容量和提高样本要素的同质性。

本次调查坚持严格采用建立在科学概率抽样基础上的大规模问卷调查方法，通过采访员问卷面访的方式，获取全国样本范围内公民个体的数据，问卷设计好后我们首先进行试发，然后进一步进行修改，同时，我们也对采访员进行了培训并提出要求。此次调查的受访人确定为14～70岁、具有中华人民共和国国籍、拥有固定住所的居民。

本次调查采用异比分层、多阶段、等概率的方式抽取样本。初级抽样单位（primary sampling units，PSU）为县级行政单位（四个直辖市以市为初级抽样单位），抽样框采用《全国分县市人口统计资料（2010）》中的县级行政单位名单及户数资料；次级抽样单位（secondary sampling units，SSU）为乡镇/街道，抽样框采用行政区划网站及《2010中国建制镇基本情况统计资料》中的相关数据。

此次调查，按照误差率小于5%的精度要求，设计抽选出20 000个样本，实际抽到15 579个样本，最后有效采访15 211个样本，有效率为97.6%。

抽样范围覆盖了全国东中西部及东北地区①共30个省、自治区、直辖市（港、澳、台及海南除外）的125个城市，最终有效访问的各省、自治区、直辖市样本情况如表1—10所示。

表1—10　问卷发放地点及数量

西部					
四川省	重庆市	贵州省	云南省	陕西省	甘肃省
1 558份	3 588份	23份	308份	519份	800份
青海省	内蒙古自治区	广西壮族自治区	新疆维吾尔自治区	宁夏回族自治区	西藏自治区
53份	150份	323份	175份	73份	132份
中部					
湖南省	湖北省	山西省	安徽省	江西省	河南省
447份	261份	209份	1 168份	387份	1 189份
东部及东北地区					
北京市	天津市	上海市	江苏省	浙江省	山东省
75份	94份	163份	364份	160份	1 328份
福建省	广东省	黑龙江省	吉林省	辽宁省	河北省
742份	325份	201份	53份	136份	207份

三、人权问卷的设计

1. 前期准备工作

人权问卷设计之初，课题组成员主要总结了以下几点注意事项：注意问卷体例的设计；问题的顺序、相倚问题的设计、问题的简洁性和通俗性；选项的穷尽性和互斥性，考虑在不分卷的情况下问题的涵盖性；考虑怎样化解由于受众多样而可能导致的信息收集不准确的问题；注意选择

① 根据中华人民共和国国家统计局网站对我国东、中、西部和东北地区划分的描述，我国可以划分为四大地区。东部包括北京、天津、河北、上海、江苏、浙江、福建、山东、广东和海南。中部包括山西、安徽、江西、河南、湖北和湖南。西部包括内蒙古、广西、重庆、四川、贵州、云南、西藏、陕西、甘肃、青海、宁夏和新疆。东北包括辽宁、吉林和黑龙江。见 http://www.stats.gov.cn/tjzs/t20110613_402731597.htm，最后访问时间：2013-1-21。

式、填空式、表格式问题结合；多选、单选结合；要有一道开放性问题等。因此，我们按照总分的结构就以下内容设计了问题：财产权、安全权、教育权、宗教自由、医疗卫生、言论自由、环境问题、选举权、参政议政、特殊主体的权利（包括吸毒者、性工作者、同性恋者、流浪人员等）、弱势群体的权利保护问题、就业保障、尊严、自由、司法、知情权、隐私权等。通过对以上问题的综合考虑，形成了大众人权观念调查问卷。

2. 问卷设计的基本结构

在设计问卷之前，我们首先对研究假设进行操作化，使研究假设中提出的命题具体化、量化，对社会现象的分析从定性、定量两个方面进行，避免了对社会现象的分析的片面性，使调查研究得以进行。同时，社会现象的分析是建立在量的基础上，使定性分析即结论建立在科学的基础上，而不是一种主观的臆断。研究假设的操作化步骤主要分为四步：（1）明确概念的确切含义。（2）进行探索性研究，确定概念操作化的框架。（3）对概念或命题进行分解。所谓分解，就是将整体分解为部分，将复杂的事物或命题分解为简单的要素，然后对各个部分或要素进行研究的一种方法。（4）确定命题的评价体系。就是指在设计操作化框架中，确定各部分或各因素在整体框架中所占的地位或权重，也就是把命题分解为若干部分或若干因素之后还须确定每一部分或因素在整体中所占的地位。

本次人权问卷，题名为“中国大众人权观念调查”，共有 35 个题目，其中 33 个选择题、1 个填空题、1 个开放题，选择题中有 27 个单选题、6 个多选题，27 个单选题中有 9 个涉及的是受访样本的基本信息。第 10 题至第 34 题均是有关人权的问题，全卷结构是按照“抽象人权—具体人权”即总分的结构展开的。其中第 10 题关注的是几大人权的排序问题，第 11 题是关于平等的问题，第 12 题是特殊群体的权利保障问题，第 13 题到第 15 题关注财产权，第 16 题是考察受教育权，第 17 题是考察宗教信仰自由，第 18 题是关注医疗卫生问题，第 19 题到第 20 题是考察言论自由权，第 21 题关注环境权，第 22 题关注选举与被选举权，第 23 题到第 25 题分别关注的是罪犯、卖淫人员、劳动者的权利问题。第 26 题到第 31 题主要关注的是民众在权利保障方面对国家行为的态度，其中包括知情权、公正审判与司法救济权、尊严、基本生活水准权、隐私权等。第 32 题到第 34 题关注的是大众对于人权知识的获取以及基本了解情况。当然，为了避免客观题对大众选择的局限性，我们将通过单选题与多选题交叉、封闭性选择与开放性选择项结合，以及后期的交叉分析来避免客观题与大众主观观念之间可能存在的隔阂。

3. 问卷的数据分析

我们利用 SPSS 数据统计软件对问卷调查的结果进行分析。数据的分析过程分三个步骤：数据输入、数据分析和数据整理。

第一步，分成三个小组，每组由组长牵头，平均每个组员录入 800～1 000 份问卷。输入过程中，遵循以下原则：第一，部分单选题不能多选的却多选，按此题缺失来处理；第二，一些题目为单选题，但由于大部分被调查对象在填写时当成多选，在输入数据时，也按照缺失处理；第三，第 18 题单选题处打印为多选，仍然按照单选题处理；第四，第 33 题、第 34 题按照多选题处理；第五，年龄按照 18 岁以下、19～29 岁、30～39 岁、40～49 岁、50～59 岁、60 岁以上六个阶段将填空题第二题予以划分。

第二步，数据的分析是严格按照 SPSS 的操作规程进行的，经过测算输出的结果不存在误差。

第三步，我们把输出的数据按照便于查找和使用的方式进行了整理，建立数据资料库。

以上是受访大众的基本情况介绍，本次调研采用 SPSS 软件，通过将其与问卷中关注的各项具体权利交叉分析来获取信息。而具体的人权观念现状我们将在报告的具体分析中一一向读者呈现。

第二章　中国大众人权知识状况

第一节　人权知识的普及程度及方式

大众人权观念中最直观的是对人权的基本认知，即关于“人权是什么”的答案和想法。2004 年，我国把“尊重和保障人权”写入宪法，在法律上首次使用了人权概念，将人权保障提升到宪法的高度，开启了以法治保障人权的新时代，标志着法治发展和人权保障进入了新的阶段。这不仅表明了国家尊重和保障人权的义务，也是对人权教育和知识普及工作的重要推动。但中国地域辽阔、人口众多，自上而下的教育和宣传不仅需要广度和深度，也始终面临着各种不平衡。在此次问卷调查中，我们主要从人权的相关知识、人权内涵的基本认识着眼，考察大众关于人权的认知程度以及人权知识的普及方式。

一、人权知识的基本普及状况

为了考察人权知识的普及方式和普及渠道，我们设计了“您关于人权的知识是从哪里获得的”这一多选题，调查结果如图 2—1 所示。

通过图 2—1 可以看到，在人权知识的获取途径这一问题上，最主要的媒介或活动是“广播电视”，所占比例为 47.9%，其余依次为：“报刊书籍”（41.1%）、“课堂教育”（30.3%）、“网络”（29.8%）、“普法宣传”（26.6%）和“从他人那里获得”（15.6%），表示自己从未知晓人权概念及知识的大众仅占 6.9%。可见，人权理念和人权知识已经在全社会范围内通过各种途径得到了传播和普及，而这其中，借助媒体发挥的作用大于学校教育起到的作用，进一步而言，传统媒体的作用大于新兴媒体，专业教育的作用大于普法活动。

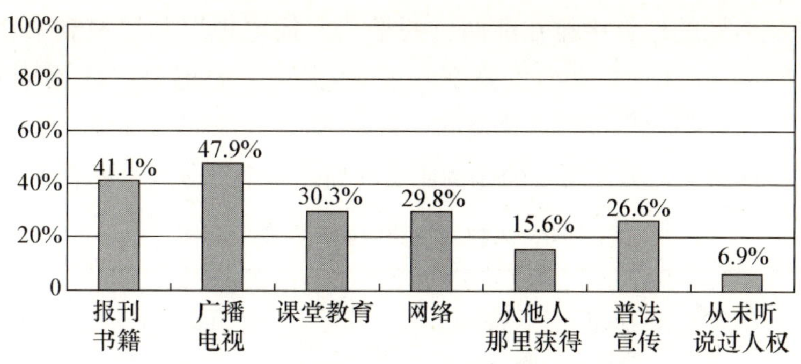

图 2—1　您关于人权的知识是从哪里获得的

资料来源："中国大众人权观念调查研究"数据库，卷 A33。

"您关于人权的知识是从哪里获得的"这一多选题的统计结果中，仍有 6.9%的人选择了"从未听说过人权"这一选项，对"从未听说过人权"这一选项的数据进行进一步分析可以从另一个角度呈现人权知识普及的状况。依据经济发展水平与地理位置等因素，我国大陆区域整体上可划分为东部、中部和西部三大经济地区。我们按省份对问卷进行了东中西的地域划分，并将其与"从未听说过人权"这一选项进行了交叉分析。

数据分析结果显示，在被调查对象中，东部地区和西部地区均有占其各自总数 6.2%的人对人权缺乏基本的认知，表示从未听说过人权，低于全国总体的平均值 6.9%，而中部地区的这一比例则是 9.0%，高出全国平均值两个左右的百分点。东部和西部从未听说过人权的人数比例要低于中部地区（见表 2—1）。

表 2—1　地域与"从未听说过人权"交叉分析

地域	单位和百分比	从未听说过人权		
		选择	未选	合计
东部地区	（人）	221	3 364	3 585
	（%）	6.2	93.8	100
中部地区	（人）	347	3 494	3 841
	（%）	9.0	90.9	100
西部地区	（人）	428	6 489	6 917
	（%）	6.2	93.8	100

资料来源："中国大众人权观念调查研究"数据库，卷 A33。

二、人权知识普及状况认知的影响因素

以性别为变量进行考察，男女对于人权知识获得途径的选择存在一定

的差异。男性的选择中排在前两位的是“广播电视”和“报刊书籍”，各占 46.7%和 40.0%；女性的选择中排在前两位的也是“广播电视”和“报刊书籍”，但比男性的占比略高，分别为 49.3%和 42.4%；在“从未听说”这一选项上，男性所占的比例比女性高 1.4 个百分点（见表 2—2）。

表 2—2　　性别与“人权知识获得途径”交叉分析

性别	单位和百分比	人权知识获得途径						
		报刊书籍	广播电视	课堂	网络	从他人那里获得	普法宣传	从未听说
男	（人）	2 996	3 498	1 978	2 227	1 154	2 003	568
	（%）	40.0	46.7	26.4	29.7	15.4	26.8	7.6
女	（人）	2 927	3 405	2 394	2 055	1 096	1 837	426
	（%）	42.4	49.3	34.6	29.7	15.9	26.6	6.2

资料来源：“中国大众人权观念调查研究”数据库，卷 A1；A33。

从年龄的角度看，不同年龄阶段的人的人权知识获取途径存在较大差别。18 岁以下群体的选择中占比最高的是“课堂”，为 55.0%，比排在第二位的“报刊书籍”高出近 10 个百分点；19～29 岁的人中选择最多的是“报刊书籍”，占 47.2%；30 岁及以上的受访者均认为获得人权知识的最主要途径是“广播电视”，所占比例分别为 55.4%、58.3%、60.4%和 60.3%，远远高于其他选项的比例；同时，在“从未听说”这一选项上，从 19 岁开始，随着年龄段的增加，选择比例在逐步增高（见表 2—3）。

表 2—3　　年龄与“人权知识获得途径”交叉分析

年龄	单位和百分比	人权知识获得途径						
		报刊书籍	广播电视	课堂	网络	从他人那里获得	普法宣传	从未听说
18 岁以下	（人）	573	528	692	427	171	295	70
	（%）	45.5	42.0	55.0	33.9	13.6	23.4	5.3
19～29 岁	（人）	2 938	2 924	2 842	2 521	1 129	1 740	311
	（%）	47.2	47.0	45.7	40.5	18.1	28.0	4.8
30～39 岁	（人）	1 048	1 391	465	775	404	754	218
	（%）	41.8	55.4	18.5	30.9	16.1	30.1	8.0
40～49 岁	（人）	899	1 336	277	445	327	702	215
	（%）	39.2	58.3	12.1	19.4	14.3	30.6	8.6
50～59 岁	（人）	310	473	75	101	124	230	99
	（%）	39.6	60.4	9.6	12.9	15.8	29.4	11.3
60 岁以上	（人）	185	279	35	37	101	118	82
	（%）	40.0	60.3	7.6	8.0	21.8	25.5	15.2

资料来源：“中国大众人权观念调查研究”数据库，卷 A2；A33。

以民族为变量进行分析，数据显示，汉族和少数民族的选择存在明显的差异。汉族和少数民族受访者的选择中排在前两位的都是“广播电视”和“报刊书籍”，但汉族对“广播电视”的选择比例要高于少数民族，少数民族对“报刊书籍”的选择要略高于汉族。在“课堂”“网络”“从他人那里获得”“普法宣传”这四个选项上，少数民族所占的比例均要高于汉族。汉族在“从未听说”这一项上的选择比例比少数民族高 1 个百分点（见表 2—4）。

表 2—4　民族与“人权知识获得途径”交叉分析

民族	单位和百分比	人权知识获得途径						
		报刊书籍	广播电视	课堂	网络	从他人那里获得	普法宣传	从未听说
汉族	（人）	5 367	6 319	3 899	3 859	2 011	3 430	921
	（%）	41.0	48.3	29.8	29.5	15.4	26.2	7.0
少数民族	（人）	574	576	483	443	242	424	80
	（%）	42.9	43.0	36.1	33.1	18.1	31.7	6.0

资料来源：“中国大众人权观念调查研究”数据库，卷 A3；A33。

以政治面貌为变量进行考察，不同政治面貌的群体获取人权知识的途径存在一定的差别。群众中选择比例最高的“广播电视”，为 44.2%；共青团员的最主要人权知识来源于课堂，占 48.6%；中共党员的选择中“报刊书籍”和“广播电视”远远高于其他选项，分别占 55.3% 和 51.7%；民主党派获取人权知识的最主要途径也是“报刊书籍”，为 52%。在“从未听说”这一选项上，共青团员和中共党员所占的比例要低于群众和民主党派，中共党员和共青团员的比例在 5%以下，而民主党派和群众所占的比例都超过了 10%（见表 2—5）。

表 2—5　政治面貌与“人权知识获得途径”交叉分析

政治面貌	单位和百分比	人权知识获得途径						
		报刊书籍	广播电视	课堂	网络	从他人那里获得	普法宣传	从未听说
群众	（人）	1 915	3 130	939	1 270	958	1 348	708
	（%）	30.2	44.2	14.8	20.1	15.1	21.3	11.2
共青团员	（人）	2 402	2 279	2 509	1 918	849	1 403	193
	（%）	46.5	44.2	48.6	37.2	16.5	27.2	3.7
中共党员	（人）	1 566	1 465	904	1 086	414	1 057	79
	（%）	55.3	51.7	31.9	38.3	14.6	37.3	2.8
民主党派	（人）	66	56	39	47	29	34	16
	（%）	52.0	44.1	30.7	37.0	22.8	26.8	12.6

资料来源：“中国大众人权观念调查研究”数据库，卷 A4；A33。

从受教育水平来看，不同的教育程度对人权知识获取途径的选择产生了影响。学历为小学及以下、初中、高中或中专的人的选择中排在第一位的都是“广播电视”，所占的比例分别为 46.5%、48.3%和 46.0%，并且远高于对其他选项的选择。学历为本科或大专、硕士以及博士的受访者获取人权知识的最主要途径都是“报刊书籍”，均在五成以上，但是他们对广播电视、课堂以及网络的选择也都在 40%以上。在“从未听说”这一项上，学历为小学及以下和初中的人的选择超过了 10%，其他教育水平的人的选择都在 10%以下（见表 2—6）。

表 2—6　受教育水平与“人权知识获得途径”交叉分析

学历	单位和百分比	人权知识获得途径						
		报刊书籍	广播电视	课堂	网络	从他人那里获得	普法宣传	从未听说
小学及以下	（人）	185	512	85	73	213	177	207
	（%）	16.8	46.5	7.7	6.6	19.3	16.1	18.8
初中	（人）	657	1 349	383	371	417	550	321
	（%）	23.5	48.3	13.7	13.3	14.9	19.7	11.5
高中或中专	（人）	1 422	1 777	1 023	977	497	931	250
	（%）	36.8	46.0	26.5	25.3	12.9	24.1	6.5
本科或大专	（人）	3 126	2 850	2 387	2 444	950	1 917	186
	（%）	54.0	49.2	41.2	42.2	16.4	33.1	3.2
硕士	（人）	480	350	464	391	131	226	17
	（%）	63.1	46.0	61.0	51.4	17.2	29.7	2.2
博士	（人）	46	38	32	37	15	22	7
	（%）	59.0	48.7	41.0	47.4	19.2	28.2	9.0

资料来源：“中国大众人权观念调查研究”数据库，卷 A5；A33。

以个人年收入为变量进行考察，收入在 2 000 元以下的群体获取人权知识的主要途径是“报刊书籍”“广播电视”以及“课堂”；收入在 2 000～5 000 元、5 000 元到 1 万元以及 1 万～3 万元的群体选择最多的都是“广播电视”，其所占的比例远高于其他选项；3 万～8 万元的收入群体中选择比例最高的也是“广播电视”，但它与排在第二位的“报刊书籍”之间的差距较小；收入为 8 万元以上的群体的选择中，排在第一、二位的分别是“报刊书籍”和“广播电视”，二者各占 48.6%和 47.7%。在“从未听说”这一项上，5 000 元到 1 万元之间的收入群体所占比例在 10%以上，其他都在 10%以下（见表 2—7）。

表 2—7　　个人年收入与“人权知识获得途径”交叉分析

收入	单位和百分比	人权知识获得途径						
		报刊书籍	广播电视	课堂	网络	从他人那里获得	普法宣传	从未听说
2 000元以下	(人)	1 824	1 826	1 825	1 427	733	1 074	241
	(%)	43.4	43.5	43.4	34.0	17.5	25.6	5.7
2 000～5 000元	(人)	686	888	455	457	273	521	117
	(%)	37.5	48.5	24.8	25.0	14.9	28.5	6.4
5 000～1万元	(人)	447	718	243	293	242	352	152
	(%)	30.1	48.4	16.4	19.8	16.3	23.7	10.2
1万～3万元	(人)	1 189	1 651	594	795	463	821	256
	(%)	37.5	52.1	18.7	25.1	14.6	25.9	8.1
3万～8万元	(人)	899	994	435	679	252	553	123
	(%)	46.7	51.6	22.6	35.3	13.1	28.7	6.4
8万元以上	(人)	250	245	147	201	76	145	41
	(%)	48.6	47.7	28.6	39.1	14.8	28.2	8.0

资料来源：“中国大众人权观念调查研究”数据库，卷 A6；A33。

从宗教信仰的角度看，有无宗教信仰者对人权知识获取途径的选择存在差异。在“报刊书籍”“广播电视”“课堂”以及“网络”这四项上，没有宗教信仰的人所选的比例要高于有宗教信仰的人，在“从他人那里获得”“普法宣传”以及“从未听说”这三项上，没有宗教信仰的人所占的比例要低于有宗教信仰的人。同时，有宗教信仰和没有宗教信仰的受访者中，选择比例最高的都是“广播电视”（见表 2—8）。

表 2—8　　宗教信仰与“人权知识获得途径”交叉分析

宗教信仰	单位和百分比	人权知识获得途径						
		报刊书籍	广播电视	课堂	网络	从他人那里获得	普法宣传	从未听说
没有	(人)	5 085	5 947	3 733	3 677	1 855	3 211	822
	(%)	41.7	48.8	30.6	30.2	15.2	26.4	6.7
有	(人)	820	908	639	609	379	594	156
	(%)	39.2	43.4	30.5	29.1	18.1	28.4	7.4

资料来源：“中国大众人权观念调查研究”数据库，卷 A7；A33。

以户籍为变量进行考察，在“从未听说”这一项上，农村户口的人所占的比例要比城镇户口的人高出一半左右。在列出的获取途径中，除了

“从他人那里获得”这一项上农村户籍的人所占的比例比城镇户籍的人高之外，其他选项上城镇户口的人的选择比例都要高于农村户籍的人口。不同户籍的人的选择中排在一二位的都是“广播电视”和“报刊书籍”，在“广播电视”这一项上二者的比例相差不大，但在“报刊书籍”这一项上城镇户籍的人要高 12.3 个百分点。同时，在通过网络途径获取人权知识这一选项上，城镇户籍的人要比农村户籍的人高 11.3 个百分点（见表 2—9）。

表 2—9　　户籍与“人权知识获得途径”交叉分析

户籍	单位和百分比	人权知识获得途径						
		报刊书籍	广播电视	课堂	网络	从他人那里获得	普法宣传	从未听说
农村	（人）	2 279	3 080	1 920	1 561	1 049	1 535	612
	（%）	34.6	46.8	29.2	23.7	15.9	23.3	9.3
城镇	（人）	3 664	3 845	2 465	2 730	1 182	2 302	381
	（%）	46.9	49.3	31.6	35.0	15.1	29.5	4.9

资料来源：“中国大众人权观念调查研究”数据库，卷 A8；A33。

以职业为变量进行考察，不同职业群体对人权知识获取途径的选择存在明显的差别。务农者、务工者、企业员工、经商、离退休人员以及无业失业者的选择中，排在第一位的均是“广播电视”；公职人员的选择中占比最高的是“报刊书籍”；学生的选择中，获取人权知识的首要途径是“课堂”，所占比例接近 6 成，同时，“报刊书籍”在学生的选择中所占的比例也较高，超过了 50%。在“从未听说”这一选项上，务农人员所占的比例最高，其次是务工人员，二者都超过了 10%，选择比例最低的是公职人员，为 2.3%，比务农人员低 14.2 个百分点（见表 2—10）。

表 2—10　　职业与“人权知识获得途径”交叉分析

知识获得途径	单位和百分比	职业								
		务农者	务工者	企业员工	公职人员	学生	经商者	离退休者	无业失业者	其他
报刊书籍	（人）	307	484	918	1 303	2 148	314	154	69	254
	（%）	19.7	25.0	41.9	55.7	51.1	34.6	41.7	22.5	39.0
广播电视	（人）	737	948	1 091	1 206	1 858	457	204	146	294
	（%）	47.4	48.9	49.7	51.5	44.2	50.4	55.3	47.6	45.1

续前表

知识获得途径	单位和百分比	职业								
		务农者	务工者	企业员工	公职人员	学生	经商者	离退休者	无业失业者	其他
课堂上	（人）	152	274	572	636	2 404	129	25	37	161
	（%）	9.8	14.1	26.1	27.2	57.2	14.2	6.8	12.1	24.7
网络	（人）	139	326	734	887	1 705	242	42	54	186
	（%）	8.9	16.8	33.5	37.9	40.6	26.7	11.4	17.6	28.5
从他人那里获得	（人）	253	311	334	319	707	122	55	50	104
	（%）	16.3	16.0	15.2	13.6	16.8	13.5	14.9	16.3	16.0
普法宣传	（人）	295	377	592	897	1 144	209	106	63	170
	（%）	19.0	19.4	27.0	38.3	27.2	23.0	28.7	20.5	26.1
从未听说	（人）	257	198	133	54	146	85	29	27	65
	（%）	16.5	10.2	6.1	2.3	3.5	9.4	7.9	8.8	10.0

资料来源："中国大众人权观念调查研究"数据库，卷 A9；A33。

三、小结

民众对于人权的认知离不开国家对人权知识的普及，开展人权宣传和教育是国家尊重和保障人权的重要议题之一。《国家人权行动计划（2012—2015 年）》明确指出要广泛开展各种形式的人权教育和培训，在全社会传播人权理念，普及人权知识。我们对大众人权知识的获取途径进行了调查，数据分析显示，除了极少数人没有听说过人权以外，九成以上的受访者通过报刊书籍、广播电视、课堂、网络、他人以及普法宣传等途径获取了人权知识，其中尤以广播电视为最主要的获取媒介。同时，通过对受访者的地域分析，我们发现东部地区和西部地区从未听说过人权的人数要少于中部地区。

此外，我们以数据为依托，重点分析了人权知识获取途径在性别、年龄、民族、政治面貌等因素上的表现。结果显示，这些因素对人权知识获取途径的选择存在不同程度的影响。首先，在从未听说过人权这一选项的选择上，男性要多于女性，汉族多于少数民族，有宗教信仰的人多于没有宗教信仰的人，农村户籍的人多于城市户籍的人，务农人员多于其他职业群体，并且从 19～29 岁年龄段开始，随着年龄的增加，选择比例在逐步增高。其次，在已列出的人权知识获取途径上，整体而言，广播电视和报刊书籍是头两位的选择，其所占的比例要远远高于其他途径，但性别、年龄、民族、宗教信仰、户籍、受教育程度、收入、政治面貌以及职业等因素都对受访者的具体选择产生了或轻或重的影响。再次，网络等传播媒介对于受教育程度较高者、企业员工、公职人员、学生等获取人权知识具有较大作用，但对于受教育程度较低者、务农务工人员的作用较小。

从1991年中国政府发布首部人权白皮书，到2004年“国家尊重和保障人权”被写入宪法，再到2014年在全面推进依法治国中全面尊重和保障人权，国家对人权保护的力度不断加大，民众对人权的认识不断加深，我国的人权状况不断改进，走出了一条适合中国国情的人权发展道路。但人权保障没有最好，只有更好。我国人权保障方面还存在着不少问题，从政府官员到普通民众，对人权的认识有待进一步深化，从立法、执法到司法，对人权的保障力度有待进一步加强，同时，对人权理念和知识的普及有待进一步拓展。人权保障状况是衡量一个国家法治程度的重要标志，未来应当加强对人权知识的宣传和普及力度，加强对人权的保障力度，用法治为人权保驾护航，促进人的全面发展。

第二节　人权法律及其普及状况

一、大众关于宪法保护人权的认识

现代宪法的三原则是人权、民主和法治，宪法是一张写着人民权利的纸，对人权最有力和根本性的保障来自宪法。宪法作为人民权利保证书，是政府的构成基础。宪法的产生就是人权法律化的结果。虽然各国对人权的理解存在差异，但把保障人权作为宪法的基本内容和宪政的最终目的及根本任务，在各民主国家都是一致的。2004年，中国开始从立法层面全面构建人权保护制度，“国家尊重和保障人权”被正式载入宪法修正案，第一次把“人权”写入《中华人民共和国宪法》。

“人权”入宪为人权得到更全面的保障和更广泛的实现提供了新的坚实基础和有利契机。是否充分了解并理解现行宪法、法律关于人权保护的规定，关系着能否拥有清晰而深刻的人权观念与权利意识，影响着民众对待人权的态度、思维方式与行为模式。因此，我们在调查中设置了“我国宪法中是否有人权保障的规定”一题，考察大众关于人权宪法保障的认知状况。

如图 2—2 所示，对于我国宪法中是否有人权保障相关规定的认知情况，有 58.8%的民众持肯定态度，有 6.9%的人持否定态度；有 34.3%的人表示自己没有这方面的认识。其实，在宪法中，除去载明“国家尊重和保障人权”之外，还有诸多具体人权保障的规定，比如：言论自由、宗教信仰自由、受教育权、劳动权等。得出这一结论的最大可能性是，大众在抽象“人权”概念和具体的权利之间不能正确地关联，影响了他们对该问题的判断。

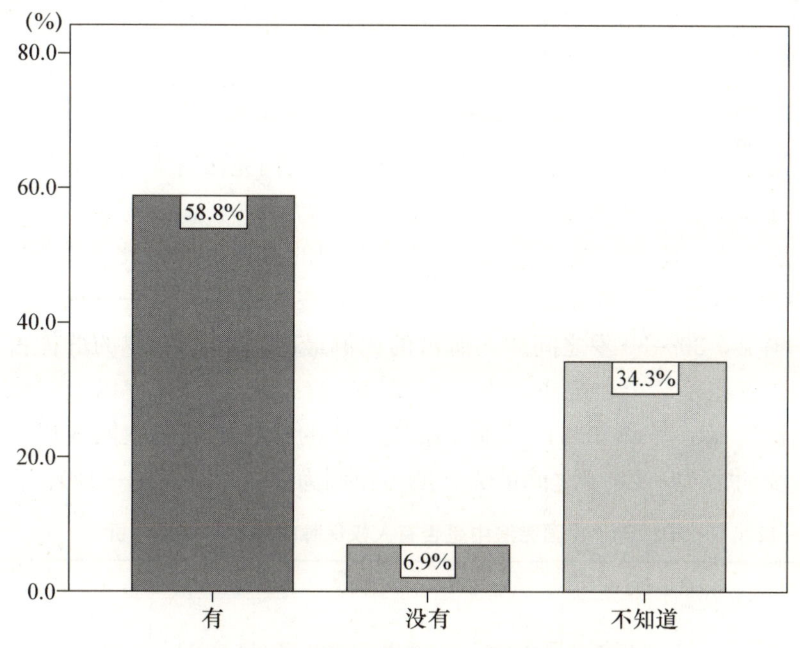

图 2—2　我国宪法中是否有人权保障的规定

资料来源：“中国大众人权观念调查研究”数据库，卷 A32。

二、大众关于宪法保护人权认知的影响因素

以性别为变量进行考察，男女在“我国宪法中是否有人权保障的规定”上的回答存在明显的差异。59.8%的男性知道我国宪法有人权保障的规定，女性中选“有”的比例为 57.7%，比男性低 2.1 个百分点；在“没有”这一选项上，男性所占的比例为 7.6%，女性为 5.9%，女性比男性低 1.7 个百分点；同时，分别有 32.7%和 36.3%的男性和女性选择了“不知道”，即超过三成的受访者表示不知道我国宪法是否有人权保障的规

定（见表2—11）。卡方检验显示，不同性别对是否知道我国宪法有人权保障规定的选择存在显著的差异（$x^2=30.468$，$df=2$，$p<0.01$）。

表2—11　　性别与“我国宪法中是否有人权保障的规定”交叉分析

性别	单位和百分比	我国宪法是否有人权保障的规定			合计
		有	没有	不知道	
男	（人）	4 411	560	2 411	7 382
	（%）	59.8	7.6	32.7	100.0
女	（人）	3 930	405	2 475	6 810
	（%）	57.7	5.9	36.3	100.0
合计	（人）	8 341	965	4 886	14 192
	（%）	58.8	6.8	34.4	100.0

资料来源：“中国大众人权观念调查研究”数据库，卷A1；A32。

从年龄的角度看，不同年龄段的人对于我国宪法有无人权保障规定的选择存在极为显著的差异（$x^2=81.746$，$df=10$，$p<0.01$）。在“有”这一选项上，选择最多的是19～29岁之间的群体，所占比例为61.7%，60岁以上的人所占比例最少，为50.2%；在认为我国宪法没有人权保障这一项上，30～39岁之间的人所占的比例最高，40～49岁的群体占比最低，二者相差2个百分点；在“不知道”这一项上，60岁以上群体的选择比例最高，占43.6%，其他年龄段群体的选择比例都在四成以下，选择最少的是19～29岁之间的人，所占比例为31%（见表2—12）。

表2—12　　年龄与“我国宪法中是否有人权保障的规定”交叉分析

	单位和百分比	年龄						合计
		18岁以下	19～29岁	30～39岁	40～49岁	50～59岁	60岁以上	
有	（人）	731	3 954	1 525	1 420	473	268	8 371
	（%）	55.9	61.7	57.1	57.9	54.9	50.2	58.8
没有	（人）	80	468	209	141	51	33	982
	（%）	6.1	7.3	7.8	5.8	5.9	6.2	6.9
不知道	（人）	496	1 989	939	891	337	233	4 885
	（%）	37.9	31.0	35.1	36.3	39.1	43.6	34.3
合计	（人）	1 307	6 411	2 673	2 452	861	534	14 238
	（%）	100.0	100.0	100.0	100.0	100.0	100.0	100.0

资料来源：“中国大众人权观念调查研究”数据库，卷A2；A32。

以民族为变量进行分析，汉族和少数民族对于我国宪法有无人权保障规定的选择存在显著的差异（$x^2=17.860$，$df=2$，$p<0.01$）。汉族受访

者中有 59%的人选择了宪法中有人权保障的规定，比少数民族高出 3.5 个百分点；少数民族中有 9.6%的认为宪法中没有人权保障的规定，比汉族高出 3 个百分点；在“不知道”这一项上，二者的选择差距较小，分别为 34.4%和 33.9%（见表 2—13）。

表 2—13　　民族与“我国宪法中是否有人权保障的规定”交叉分析

民族	单位和百分比	我国宪法是否有人权保障的规定			合计
		有	没有	不知道	
汉族	（人）	7 618	846	4 444	12 908
	（%）	59.0	6.6	34.4	100.0
少数民族	（人）	746	127	447	1 320
	（%）	56.5	9.6	33.9	100.0
合计	（人）	8 364	973	4 891	14 228
	（%）	58.8	6.8	34.4	100.0

资料来源：“中国大众人权观念调查研究”数据库，卷 A3；A32。

以政治面貌为变量进行考察，不同政治面貌的群体对宪法有无人权保障规定的选择存在极其显著的差异（$x^2=656.486$，$df=6$，$p<0.01$）。在“有”这一选项上，所占比例由高到低的群体依次是中共党员、共青团员、民主党派成员和群众，中共党员和群众所占比例之间相差 25.3 个百分点；在我国宪法没有人权保障这一项上，民主党派成员所占的比例最高，为 11.8%，比选择最少的共青团员高 5.4 个百分点；在“不知道”这一选项上，选择最多和最少的分别是群众和中共党员，二者之间相差 25.8 个百分点（见表 2—14）。

表 2—14　　政治面貌与“我国宪法中是否有人权保障的规定”交叉分析

	单位和百分比	政治面貌				合计
		群众	共青团员	中共党员	民主党派成员	
有	（人）	3 017	3 210	2 063	79	8 369
	（%）	48.4	63.2	73.7	62.2	58.8
没有	（人）	431	323	206	15	975
	（%）	6.9	6.4	7.4	11.8	6.8
不知道	（人）	2 786	1 550	530	33	4 899
	（%）	44.7	30.5	18.9	26.0	34.4
合计	（人）	6 234	5 083	2 799	127	14 243
	（%）	100.0	100.0	100.0	100.0	100.0

资料来源：“中国大众人权观念调查研究”数据库，卷 A4；A32。

从受教育水平看，卡方检验显示，受教育程度不同的人对于我国宪法有无人权保障规定的选择存在极其显著的差异（$x^2=928.331$，$df=10$，$p<0.01$）。在“有”这一选项上，随着受教育程度的提高，各主体的选择比例在增加（博士除外），占比最高和最低的分别是硕士和小学及以下的受教育群体，二者之间相差近50个百分点；在“没有”这一项上，选择最多和最少的分别是学历为小学及以下和本科或大专的受教育者，两者相差4.4个百分点；对于“不知道”这一选项，随着受教育程度的提高，各主体的选择比例在降低（博士除外），选择最多和最少的分别是学历为小学及以下和硕士的受教育者，二者相差43.8个百分点。值得一提的是，在认为宪法有人权保障和不知道宪法有人权保障这两项上，受访者的选择都与学历的高低之间呈现出一定的关联，但学历最高的博士并未在“有”这一项中占比最高，也未在“不知道”中占比最低（见表2—15）。

表2—15　受教育水平与“我国宪法中是否有人权保障的规定”交叉分析

	单位和百分比	受教育水平						合计
		小学及以下	初中	高中或中专	本科或大专	硕士	博士	
有	（人）	367	1 256	2 122	3 938	608	56	8 347
	（%）	33.7	45.9	55.8	68.9	80.1	72.7	58.9
没有	（人）	109	184	287	318	56	6	960
	（%）	10.0	6.7	7.5	5.6	7.4	7.8	6.8
不知道	（人）	612	1 298	1 397	1 456	95	15	4 873
	（%）	56.3	47.4	36.7	25.5	12.5	19.5	34.4
合计	（人）	1 088	2 738	3 806	5 712	759	77	14 180
	（%）	100.0	100.0	100.0	100.0	100.0	100.0	100.0

资料来源：“中国大众人权观念调查研究”数据库，卷A5；A32。

以个人年收入为变量进行考察，不同收入群体对于我国宪法有无人权保障规定的选择存在极其显著的差异（$x^2=115.710$，$df=10$，$p<0.01$）。在认可我国宪法有人权保障相关规定这一选项上，选择最多的是收入为8万元以上的人，占65.7%，选择最少的是收入在5 000元到1万元区间的人，所占比例为52.6%；在“没有”这一选项上，各收入群体所占比例都在10%以下，比例最高的是收入为2 000～5 000元区间的人，为8.9%；在不知道我国宪法有无人权保障规定这一选项上，收入为8万元以上的群体所占比例为26.3%，在所有受访者中所占比例最低，其他群体的人数都在三成以上，选择最多的是收入在1万～3万元区间的人，接近四成（见表2—16）。

表 2—16　　个人年收入与“我国宪法有无人权保障的规定”交叉分析

	单位和百分比	个人收入						合计
		2 000 元以下	2 000～5 000 元	5 000～1 万元	1 万～3 万元	3 万～8 万元	8 万元以上	
有	（人）	2 460	1 062	761	1 739	1 209	335	7 566
	（%）	59.5	58.6	52.6	55.6	63.5	65.7	58.5
没有	（人）	317	162	125	159	123	41	927
	（%）	7.7	8.9	8.6	5.1	6.5	8.0	7.2
不知道	（人）	1 359	589	560	1 228	571	134	4 441
	（%）	32.9	32.5	38.7	39.3	30.0	26.3	34.3
合计	（人）	4 136	1 813	1 446	3 126	1 903	510	12 934
	（%）	100.0	100.0	100.0	100.0	100.0	100.0	100.0

资料来源：“中国大众人权观念调查研究”数据库，卷 A6；A32。

从宗教信仰的角度看，有无宗教信仰者对于我国宪法有无人权保障规定的选择存在一定的差异。没有宗教信仰的人中有 59.3%的人选择了我国宪法有人权保障的规定，比有宗教信仰的人高 3.4 个百分点；在“没有”和“不知道”这两项上，有宗教信仰的群体比没有宗教信仰的群体的选择比例分别高 2.1 个百分点和 1.3 个百分点（见表 2—17）。卡方检验也显示，有无宗教信仰者对于我国宪法有无人权保障规定的选择存在显著的差异（$x^2=15.965$，$df=2$，$p<0.01$）。

表 2—17　　宗教信仰与“我国宪法有无人权保障的规定”交叉分析

	单位和百分比	我国宪法是否有人权保障的规定			合计
		有	没有	不知道	
无宗教信仰	（人）	7 129	780	4 106	12 015
	（%）	59.3	6.5	34.2	100.0
有宗教信仰	（人）	1 149	177	729	2 055
	（%）	55.9	8.6	35.5	100.0
合计	（人）	8 278	957	4 835	14 070
	（%）	58.8	6.8	34.4	100.0

资料来源：“中国大众人权观念调查研究”数据库，卷 A7；A32。

以户籍为变量进行考察，不同户籍者对于我国宪法有无人权保障规定的选择存在极其显著的差异（$x^2=231.322$，$df=2$，$p<0.01$）。在承认我国宪法有人权保障规定这一选项上，农村和城镇户籍的人所占的比例分别为 52.6%和 64.3%，二者相差 11.7 个百分点；对于“没有”这一选项，不同户籍群体的选择较接近，仅相差 0.3 个百分点；40.9%的农村户

籍受访者不知道我国宪法是否有人权保障的规定，比城镇户籍的人高出12.1个百分点（见表2—18）。

表2—18　　户籍与“我国宪法中是否有人权保障的规定”交叉分析

	单位和百分比	我国宪法是否有人权保障的规定			合计
		有	没有	不知道	
农村	（人）	3 415	427	2 654	6 496
	（%）	52.6	6.6	40.9	100.0
城镇	（人）	4 939	534	2 214	7 687
	（%）	64.3	6.9	28.8	100.0
合计	（人）	8 354	961	4 868	14 183
	（%）	58.9	6.8	34.3	100.0

资料来源：“中国大众人权观念调查研究”数据库，卷A8；A32。

以职业为变量进行考察，卡方检验显示，不同职业的受访者对于我国宪法有无人权保障规定的选择存在极其显著的差异（$x^2=646.727$，$df=16$，$p<0.01$）。公职人员在认为我国宪法有人权保障规定这一选项上所占的比例最高，为73.2%，比选择占比最低的务农人员高出31.8个百分点；务农人员除在国家宪法有人权保障规定这一项上所占的比例最低之外，在“没有”和“不知道”这两项上所占的比例均为最高，分别为10.2%和48.4%；公职人员和学生在国家宪法没有人权保障规定这一项上所占的比例最低，均为5.6%；同时，在“不知道”这一项上选择最少的是国家公职人员，为21.1%，比占比最高的务农人员低27.3个百分点（见表2—19）。

表2—19　　职业与“知不知道我国宪法中是否有人权保障的规定”交叉分析

	单位和百分比	职业									合计
		务农者	务工者	企业员工	公职人员	学生	经商者	离退休者	无业失业者	其他	
有	（人）	633	864	1 316	1 697	2 692	468	219	144	349	8 382
	（%）	41.4	45.5	60.8	73.2	65.0	52.7	59.5	47.2	54.0	58.8
没有	（人）	156	158	148	130	233	70	23	24	40	982
	（%）	10.2	8.3	6.8	5.6	5.6	7.9	6.3	7.9	6.2	6.9
不知道	（人）	740	877	702	490	1 216	350	126	137	257	4 895
	（%）	48.4	46.2	32.4	21.1	29.4	39.4	34.2	44.9	39.8	34.3
合计	（人）	1 529	1 899	2 166	2 317	4 141	888	368	305	646	14 259
	（%）	100.0	100.0	100.0	100.0	100.0	100.0	100.0	100.0	100.0	100.0

资料来源：“中国大众人权观念调查研究”数据库，卷A9；A32。

三、大众对国际人权公约的了解情况

2011 年 9 月 8 日，中国人权研究会、社会科学文献出版社联合在京召开“2011 年《人权蓝皮书》发布会”，正式发布了第一本人权蓝皮书《中国人权事业发展报告 NO.1（2011）》（社会科学文献出版社）。根据蓝皮书最新的统计，中国已参加 27 项国际人权条约。其中，中国已经加入并正式批准的国际人权公约包括：《经济、社会及文化权利国际公约》《关于战俘待遇之日内瓦公约》《男女工人同工同酬公约》《禁止酷刑和其他残忍、不人道或有辱人格的待遇或处罚公约》《就业政策公约》《消除对妇女一切形式歧视公约》《关于难民地位的公约》等。距今较近加入的国际人权公约，是 2009 年 12 月 26 日加入的《〈联合国打击跨国有组织犯罪公约〉关于预防、禁止和惩治贩运人口特别是妇女和儿童行为的补充议定书》。

我们就大众对于国际人权公约的了解程度展开了调查。本次调查中选取考察的国际人权公约包括：（1）联合国人权体系中的“国际人权两公约”（《公民权利和政治权利国际公约》和《经济、社会及文化权利国际公约》）；（2）其他核心人权公约中的《禁止酷刑和其他残忍、不人道或有辱人格的待遇或处罚公约》；（3）有关就业的《就业政策公约》；（4）有关男女薪酬的《男女工人同工同酬公约》；（5）二战结束后中国加入的《关于战俘待遇之日内瓦公约》。

通过调查，民众对这几项国际人权公约的了解情况如下：

在设置的选择中，将近一半的被调查者（共 7 171 人，即占总人数的 49.9%）对国际人权公约完全不知道。在调查的过程中，大部分被调查对象对这一题的正确答案都没有把握。大众对“国际人权两公约”，即《公民权利和政治权利国际公约》《经济、社会及文化权利国际公约》的了解度较高，而对其他人权公约并不熟悉。整体而言，国际人权公约相关知识的普及程度不太乐观（见表 2—20）。

表 2—20　　您知道中国加入了哪些国际人权公约

	频率（人）	个案百分比（%）
《公民权利和政治权利国际公约》	4 334	30.2
《经济、社会及文化权利国际公约》	3 126	21.8
《关于战俘待遇之日内瓦公约》	2 604	18.1

续前表

	频率（人）	个案百分比（%）
《禁止酷刑和其他残忍、不人道或有辱人格的待遇或处罚公约》	2 106	14.7
《就业政策公约》	1 344	9.4
《男女工人同工同酬公约》	1 813	12.6
我都不知道	7 171	49.9

资料来源："中国大众人权观念调查研究"数据库，卷 A34。

对于 6 项考察的国际人权公约，我们不论公约的权利内容，只对大众了解国际人权公约的数量进行频次统计。数据显示，在 6 项考察的国际人权公约中，不了解的人占了近 50%，了解 1 项的人占两成左右，知道 2 项的人有一成左右，了解 3 项及以上的人均在 10%以下（见表 2—21）。显然，两个列表反映出的结果，在这个问题上是一致的。

表 2—21　　中国加入的国际人权公约，您了解多少项

	不了解	1 项	2 项	3 项	4 项	5 项	6 项
人数（人）	7 129	3 329	1 794	1 059	553	218	322
百分比（%）	49.5	23.1	12.5	7.4	3.8	1.5	2.2

资料来源："中国大众人权观念调查研究"数据库，卷 A34。

总体而言，国内公众对这些国际人权公约的了解还很有限，在"您知道中国加入了哪些国际人权公约"这一多选题中，有 49.9%的人选择了"我都不知道"。民众了解的国际公约中，除了《公民权利和政治权利国际公约》所占比例超过 30%以外，对其他选项的选择率都低于 30%。

四、小结

2004 年 3 月 14 日十届全国人大二次会议通过的宪法修正案中增加了"国家尊重和保障人权"的规定，至此，法治和人权在宪法层面实现了正式融合，人权保障被提升到宪法的高度，开启了国家尊重和保障人权的新局面。同时，作为一个负责任的大国，中国在将人权的普遍性与中国的实际相结合，不断开拓中国特色人权道路的同时，始终注重践行国际人权公约的相关内容，注重促进国际人权交流与合作，致力于推动世界人权的发展。我们以宪法中的人权保障以及中国加入的部分国际人权公约为题，对大众的了解情况进行了考察，调查结果显示，在人权宪法保障层面，约六成左右的民众知道我国宪法中有人权保障的相关规定；国际人权公约方面，约五成的受访者表示对列出的国际人权公约都不了解，在了解的国际人权公约中，以《公民权利和政治权利国际公约》以及《经济、社会及文化权利国际公约》为主。

同时，我们通过数据，着重分析了大众对宪法有无人权保障规定的了解程度在性别、年龄、民族、政治面貌等因素上的表现。结果显示，这些因素对大众的选择存在不同程度的影响。首先，在认可我国宪法有人权保障规定这一项的选择上，男性多于女性，汉族多于少数民族，城镇户籍的人多于农村户籍的人，无宗教信仰者多于有宗教信仰者，中共党员多于其他政治面貌群体。其次，针对宪法没有人权保障规定这一选项，从选择频率看，男性比女性多，少数民族比汉族多，有宗教信仰者比无宗教信仰者多，城镇户籍人口比农村户籍人口多，民主党派成员比其他政治面貌群体多。再次，不了解我国宪法是否有人权保障规定的比例在三成以上，具体选择上，女性多于男性，汉族多于少数民族，有宗教信仰者多于无宗教信仰者，农村户籍人口多于城镇户籍人口，群众多于其他政治面貌群体。又次，受教育水平对大众的选择存在明显的影响，表现在除博士之外的受教育者中，随着受教育程度的提高，选择宪法有人权保障规定的人数比例在提高，选择“不知道”的比例在降低。最后，职业对受访者选择的突出影响表现在公职人员和务农务工人员的选择差异极大。

保障人权是宪法的重要价值使命，我国宪法明确规定了人权保障问题，《中共中央关于全面推进依法治国若干重大问题的决定》指出坚持依法治国首先要坚持依宪治国，并规定在每年的宪法日要开展宪法教育，弘扬宪法精神。面对四成左右的受访者认为我国宪法中没有人权保障规定或者对此不清楚的现实，未来要加大法治宣传力度，使全社会从宪法意识的层面加强对人权重要性的认识。同时，要加大对国际人权公约相关内容的宣传力度。

第三章　中国大众人权平等与特殊保护观念

健全的人权保障包括两个内在的维度，一是权利的平等保护，一是弱势群体权利的特殊保护。这两者之间遵循着不同的原则，但又相互联系、相互制约。[①] 人人享有平等权利、受到平等对待的原则是人权概念的基石，由每个人生而平等的人的尊严衍生而来。平等不仅仅要求形式平等，还要求实质平等；既要求同等情况同等对待，又要求不同情况不同对待。因此，特殊群体基于其特殊性，本身应该获得法律上的特别保护，这是人权平等的应有之义。然而，我们的调查结果显示，中国大众对于这同一问题的两面表现出了一种略显自相矛盾的心态。

第一节　大众的人权平等观念

平等是人权的本质属性和基本内容。平等之与人权就如灵魂之于生命，舍平等而言人权者未见，舍平等则人权必毁。[②] 人权意味着实质意义上的权利平等。人权发展的历史，不仅是人权内容的扩张史，更是不断追求权利平等的历史。纵观各国人权历史的发展，对平等的追求推动着人权运动的不断发展和人权理念的完善，而人权的发展也促进着人与人之间平等权利的实现。人权运动的历史，不仅是人权内容的扩张史，而且也是追求权利平等的历史。平等权作为人权的一项基本内容 ，既体现了人权的基本价值和内在要求，又体现了法治社会中平等的法律原则，它不仅是人

---

① 参见常健、刘坤：《论人权的平等保护与特殊保护》，载《人权》，2009（3）。

② 参见闫国智：《现代法律中的平等——平等的主体条件、法律平等的本体及价值》，载《法学论坛》，2003（5）。

类渴望得到尊重和表达自身尊严的一项道德性权利，更是人类追求公平和实现幸福的基础。平等权作为一项普遍性的人权，必然要求得到法律的平等保护及社会的平等对待。

一、大众关于人权平等的一般性认识

针对中国大众关于人权主体和权利平等保护的认识，我们在问卷中设计了题目“您认为个人权利应当得到怎样的尊重和保障”（见表3—1），直接考察大众关于人权主体平等的观念。

表3—1　您认为个人权利应当得到怎样的尊重和保障

	频率（人）	百分比（%）
所有人的权利都应当得到平等对待	9 862	71.9
大多数人的权利应当得到平等对待	2 464	18.0
应当根据每个人的社会地位对他们的权利予以不同程度的对待	579	4.2
应当根据每个人的社会贡献对他们的权利予以不同程度的对待	810	5.9
合计	13 715	100

资料来源：“中国大众人权观念调查研究”数据库，卷A11。

结果显示，在四个选项中，选择“所有人的权利都应当得到平等对待”的占总数的71.9%，有18%的人选了“大多数人的权利应当得到平等对待”，4.2%的人选择“应当根据每个人的社会地位对他们的权利予以不同程度的对待”，还有5.9%的人选择了“应当根据每个人的社会贡献对他们的权利予以不同程度的对待”。虽然选择“所有人的权利都应当得到平等对待”的人占据了绝对多数，说明法律面前人人平等的观念已然统治了大多数人的头脑，然而，将近30%的人选择其他选项，表明相当一部分民众并不认同这一平等理念。

二、大众人权平等观念的影响因素

个人权利应当受到怎样的对待？为什么不同的人会持有不同的理念？不同类型的群体会选择如何对待他人权利？平等对待，还是要考虑每个人的社会地位与社会贡献？对这些问题的回答必须诉诸影响大众人权平等观念的各项变量。

性别因素对大众人权平等观念的影响：

以性别为变量考察，数据显示，认为所有人的权利都应当得到平等对待的受访者中，女性比男性高出两个百分点；认为大多数人的权利应当得到平等对待的受访者中，男性比女性高出 1.7 个百分点；认为应当根据每个人的社会地位对他们的权利予以不同程度的对待的受访者中，男性比女性高 0.4 个百分点；认为应当根据每个人的社会贡献对他们的权利予以不同程度的对待的受访者中，女性比男性高 0.1 个百分点（见表 3—2）。可见，男女之间对于权利应当受到怎样的对待这一问题分歧不大，只是略有差异。不过，卡方检验显示，不同性别的受访者对于“您认为个人权利应当得到怎样的尊重和保障”的回答之间的差异仍然具有一定的显著性（$x^2=8.422$，$df=3$，$p<0.05$）。

表 3—2　性别与“您认为个人权利应当得到怎样的尊重和保障”交叉分析

	单位和百分比	您认为个人权利应当得到怎样的尊重和保障				
		所有人的权利都应当得到平等对待	大多数人的权利应当得到平等对待	应当根据每个人的社会地位对他们的权利予以不同程度的对待	应当根据每个人的社会贡献对他们的权利予以不同程度的对待	合计
男	（人）	5 010	1 319	311	412	7 052
	（%）	71.0	18.7	4.4	5.8	100.0
女	（人）	4 712	1 100	258	384	6 454
	（%）	73.0	17.0	4.0	5.9	100.0
合计	（人）	9 722	2 419	569	796	13 506
	（%）	72.0	17.9	4.2	5.9	100.0

资料来源：“中国大众人权观念调查研究”数据库，卷 A1；A11。

年龄因素对大众人权平等观念的影响：

将年龄与“您认为个人权利应当得到怎样的尊重和保障”进行交叉分析显示，不同年龄段的受访者对于应当如何对待个人权利的回答存在极其显著的差异（$x^2=114.995$，$df=15$，$p<0.01$）。在选择“所有人的权利都应当得到平等对待”的比例中，由 18 岁以下、19～29 岁、30～39 岁、40～49 岁依次递增，40～49 岁群体达到最高值 76.2%，而 40～49 岁、50～59 岁、60 岁以上依次递减，60 岁以上群体达到最低值 61.8%，二者比例相差 14.4 个百分点（见表 3—3）。未成年人中主张

应当根据每个人的社会贡献对他们的权利予以不同程度的对待的占比在各年龄段中较大，老年人中主张应当根据每个人的社会地位对他们的权利予以不同程度的对待的占比在各年龄段中较大。

表 3—3　　年龄与“您认为个人权利应当得到怎样的尊重和保障”交叉分析

	单位和百分比	年龄						合计
		18 岁以下	19～29 岁	30～39 岁	40～49 岁	50～59 岁	60 岁以上	
所有人的权利都应当得到平等对待	(人)	823	4 315	1 888	1 809	585	311	9 731
	(%)	67.0	71.4	73.3	76.2	71.0	61.8	71.8
大多数人的权利应当得到平等对待	(人)	224	1 107	443	375	162	132	2 443
	(%)	18.2	18.3	17.2	15.8	19.7	26.2	18.0
应当根据每个人的社会地位对他们的权利予以不同程度的对待	(人)	57	271	107	71	30	38	574
	(%)	4.6	4.5	4.2	3.0	3.6	7.6	4.2
应当根据每个人的社会贡献对他们的权利予以不同程度的对待	(人)	125	350	138	118	47	22	800
	(%)	10.2	5.8	5.4	5.0	5.7	4.4	5.9
合计	(人)	1 229	6 043	2 576	2 373	824	503	13 548
	(%)	100.0	100.0	100.0	100.0	100.0	100.0	100.0

资料来源：“中国大众人权观念调查研究”数据库，卷 A2；A11。

民族因素对大众人权平等观念的影响：

以民族为变量考察，数据显示，不同民族的受访者对于“您认为个人权利应当得到怎样的尊重和保障”的回答之间具有显著差异（x^2=28.663，df=3，p<0.01）。认为所有人的权利都应当得到平等对待的受访者中，汉族比少数民族高出 6.8 个百分点；而在认为大多数人的权利应当得到平等对待、认为应当根据每个人的社会地位对他们的权利予以不同程度的对待和认为应当根据每个人的社会贡献对他们的权利予以不同程度的对待的受访者中，汉族均低于少数民族。可见，相较于少数民族而言，汉族受访者更倾向于主张对每个人的权利都平等对待（见表 3—4）。

表 3—4　民族与“您认为个人权利应当得到怎样的尊重和保障”交叉分析

	单位和百分比	您认为个人权利应当得到怎样的尊重和保障				
		所有人的权利都应当得到平等对待	大多数人的权利应当得到平等对待	应当根据每个人的社会地位对他们的权利予以不同程度的对待	应当根据每个人的社会贡献对他们的权利予以不同程度的对待	合计
汉族	（人）	8 951	2 147	507	730	12 335
	（%）	72.6	17.4	4.1	5.9	100.0
少数民族	（人）	792	270	68	73	1 203
	（%）	65.8	22.4	5.7	6.1	100.0
合计	（人）	9 743	2 417	575	803	13 538
	（%）	72.0	17.9	4.2	5.9	100.0

资料来源：“中国大众人权观念调查研究”数据库，卷 A3；A11。

政治面貌因素对大众人权平等观念的影响：

从政治面貌的角度考察，相关分析显示，不同政治面貌的受访者对于“您认为个人权利应当得到怎样的尊重和保障”的回答存在极其显著的差异（$x^2=26.595$，$df=9$，$p<0.01$）。数据显示，认为所有人的权利都应当得到平等对待的，比例最高的是中共党员，占 73.2%，其余依次为群众、共青团员、民主党派成员；认为大多数人的权利应当得到平等对待的，比例最高的是民主党派成员，占 19.5%，其余依次为中共党员、共青团员、群众；认为应当根据每个人的社会地位对他们的权利予以不同程度的对待的，比例较高的是民主党派成员，其余依次为共青团员、群众、中共党员；认为应当根据每个人的社会贡献对他们的权利予以不同程度的对待的，比例较高的是共青团员，其余依次为群众、民主党派成员、中共党员。可见，相较而言，政治面貌为中共党员的受访者更倾向于主张每个人的权利应平等对待（见表 3—5）。

表 3—5　政治面貌与“您认为个人权利应当得到怎样的尊重和保障”交叉分析

	单位和百分比	您认为个人权利应当得到怎样的尊重和保障				
		所有人的权利都应当得到平等对待	大多数人的权利应当得到平等对待	应当根据每个人的社会地位对他们的权利予以不同程度的对待	应当根据每个人的社会贡献对他们的权利予以不同程度的对待	合计
群众	（人）	4 400	1 041	256	346	6 043
	（%）	72.8	17.2	4.2	5.7	100.0

续前表

	单位和百分比	您认为个人权利应当得到怎样的尊重和保障				
		所有人的权利都应当得到平等对待	大多数人的权利应当得到平等对待	应当根据每个人的社会地位对他们的权利予以不同程度的对待	应当根据每个人的社会贡献对他们的权利予以不同程度的对待	合计
共青团员	(人)	3 339	861	207	331	4 738
	(%)	70.5	18.2	4.4	7.0	100.0
中共党员	(人)	1 943	495	97	119	2 654
	(%)	73.2	18.7	3.7	4.5	100.0
民主党派成员	(人)	82.0	23.0	6.0	7.0	118.0
	(%)	69.5	19.5	5.1	5.9	100.0
合计	(人)	9 764	2 420	566	803	13 553
	(%)	72.0	17.9	4.2	5.9	100.0

资料来源："中国大众人权观念调查研究"数据库，卷 A4；A11。

受教育水平因素对大众人权平等观念的影响：

从文化程度的角度考察，相关分析显示，不同学历的受访者对于"您认为个人权利应当得到怎样的尊重和保障"的回答存在极其显著的差异（$x^2=66.951$，$df=15$，$p<0.01$）。以大学教育程度为分界点，接受过大学教育的受访者选择所有人的权利都应当得到平等对待的比例均高于没有接受过大学教育的。而主张大多数人的权利应当得到平等对待的比例，则表现出随着学历提高而递减的趋势（见表 3—6）。

表 3—6　受教育水平与"您认为个人权利应当得到怎样的尊重和保障"交叉分析

	单位和百分比	小学及以下	初中	高中或中专	本科或大专	硕士	博士
所有人的权利都应当得到平等对待	(人)	666	1 911	2 569	3 977	527	51
	(%)	63.4	72.1	70.7	74.0	73.7	73.9
大多数人的权利应当得到平等对待	(人)	253	486	652	898	118	10
	(%)	24.1	18.3	17.9	16.7	16.5	14.5
应当根据每个人的社会地位对他们的权利予以不同程度的对待	(人)	61	113	160	201	35	4
	(%)	5.8	4.3	4.4	3.7	4.9	5.8

续前表

	单位和百分比	小学及以下	初中	高中或中专	本科或大专	硕士	博士
应当根据每个人的社会贡献对他们的权利予以不同程度的对待	(人)	70	139	255	296	35	4
	(%)	6.7	5.2	7.0	5.5	4.9	5.8
合计	(人)	1 050	2 649	3 636	5 372	715	69
	(%)	100.0	100.0	100.0	100.0	100.0	100.0

资料来源："中国大众人权观念调查研究"数据库，卷 A5；A11。

收入因素对大众人权平等观念的影响：

从收入水平的角度考察，相关分析显示，不同年收入的受访者对于"您认为个人权利应当得到怎样的尊重和保障"的回答存在极其显著的差异($x^2=44.202, df=15$，$p<0.01$)。选择"所有人的权利都应当得到平等对待"选项的比例最高的是收入在 3 万～8 万元区间的群体，为 74.7%，随后依次是 1 万～3 万元（73.7%）、8 万元以上（73.5%）、2 000 元以下（72%），比例最低的是收入在 5 000 元到 1 万元区间的群体，选择比例为 67.1%。较之其他收入群体，收入在 8 万元以上的群体选择"所有人的权利都应当得到平等对待""应当根据每个人的社会地位对他们的权利予以不同程度的对待"以及"应当根据每个人的社会贡献对他们的权利予以不同程度的对待"，其所占比例都偏高，且高于平均值（见表 3—7）。

表 3—7　个人年收入与"您认为个人权利应当得到怎样的尊重和保障"交叉分析

	单位和百分比	2 000 元以下	2 000～5 000 元	5 000～1 万元	1 万～3 万元	3 万～8 万元	8 万元以上
所有人的权利都应当得到平等对待	(人)	2 813	1 197	948	2 199	1 383	361
	(%)	72.0	70.3	67.1	73.7	74.7	73.5
大多数人的权利应当得到平等对待	(人)	688	337	315	517	303	71
	(%)	17.6	19.8	22.3	17.3	16.4	14.5
应当根据每个人的社会地位对他们的权利予以不同程度的对待	(人)	169	78	68	107	68	23
	(%)	4.3	4.6	4.8	3.6	3.7	4.7

续前表

	单位和百分比	2 000 元以下	2 000～5 000 元	5 000～1 万元	1 万～3 万元	3 万～8 万元	8 万元以上
应当根据每个人的社会贡献对他们的权利予以不同程度的对待	(人)	239	91	81	162	98	36
	(%)	6.1	5.3	5.7	5.4	5.3	7.3
合计	(人)	3 909	1 703	1 412	2 985	1 852	491
	(%)	100	100	100	100	100	100

资料来源："中国大众人权观念调查研究"数据库，卷 A6；A11。

宗教信仰因素对大众人权平等观念的影响：

从宗教信仰的角度考察，相关分析显示，有无宗教信仰者对于"您认为个人权利应当得到怎样的尊重和保障"的回答存在极其显著的差异（$\chi^2=41.219$，$df=3$，$p<0.01$）。引入宗教信仰的因素考察，统计数据显示，认为所有人的权利都应当得到平等对待的受访者中，无宗教信仰者比有宗教信仰者高出 6.6 个百分点，而在认为大多数人的权利应当得到平等对待、认为应当根据每个人的社会地位对他们的权利予以不同程度的对待和认为应当根据每个人的社会贡献对他们的权利予以不同程度的对待的受访者中，无宗教信仰者均低于有宗教信仰者。可见，相较于有宗教信仰者而言，无宗教信仰的受访者更倾向于主张对每个人的权利都应平等对待（见表 3—8）。

表 3—8　宗教信仰与"您认为个人权利应当得到怎样的尊重和保障"交叉分析

	单位和百分比	您认为个人权利应当得到怎样的尊重和保障				
		所有人的权利都应当得到平等对待	大多数人的权利应当得到平等对待	应当根据每个人的社会地位对他们的权利予以不同程度的对待	应当根据每个人的社会贡献对他们的权利予以不同程度的对待	合计
没有	(人)	8 376	1 961	458	675	11 470
	(%)	73.0	17.1	4.0	5.9	100.0
有	(人)	1 271	412	111	121	1 915
	(%)	66.4	21.5	5.8	6.3	100.0
合计	(人)	9 647	2 373	569	796	13 385
	(%)	72.1	17.7	4.3	5.9	100.0

资料来源："中国大众人权观念调查研究"数据库，卷 A7；A11。

户籍因素对大众人权平等观念的影响：

从城乡差别的角度考察，相关分析显示，不同户籍的受访者对于"您认为个人权利应当得到怎样的尊重和保障”的回答存在显著的差异（$x^2=13.142$，$df=3$，$p<0.01$）。考察户籍因素的影响，如表3—9所示，认为所有人的权利都应当得到平等对待的受访者中，城镇居民的比例略高于农村居民；认为大多数人的权利应当得到平等对待的受访者中，农村居民与城镇居民比例基本相当；认为应当根据每个人的社会地位对他们的权利予以不同程度的对待和认为应当根据每个人的社会贡献对他们的权利予以不同程度的对待的受访者中，城镇居民的比例均低于农村居民。可见，相较于农村居民而言，城镇户籍的受访者更倾向于主张对每个人的权利都应平等对待。

表3—9 户籍与“您认为个人权利应当得到怎样的尊重和保障”交叉分析

	单位和百分比	您认为个人权利应当得到怎样的尊重和保障				
		所有人的权利都应当得到平等对待	大多数人的权利应当得到平等对待	应当根据每个人的社会地位对他们的权利予以不同程度的对待	应当根据每个人的社会贡献对他们的权利予以不同程度的对待	合计
农村	（人）	4 415	1 083	290	401	6 189
	（%）	71.3	17.5	4.7	6.5	100.0
城镇	（人）	5 343	1 285	280	399	7 307
	（%）	73.1	17.6	3.8	5.5	100.0
合计	（人）	9 758	2 368	570	800	13 496
	（%）	72.3	17.5	4.2	5.9	100.0

资料来源：“中国大众人权观念调查研究”数据库，卷A8；A11。

职业因素对大众人权平等观念的影响：

从职业的角度考察，相关分析显示，不同职业的受访者对于“您认为个人权利应当得到怎样的尊重和保障”的回答存在极其显著的差异（$x^2=82.779$，$df=24$，$p<0.01$）。选择“所有人的权利都应当得到平等对待”的比例从高到低依次是公职人员、其他、企业员工、经商者、务工者、学生、务农者、无业失业者、离退休者。公职人员职业群体选择比例为75.8%，离退休群体选择比例为67.5%，低于公职人员8.3个百分点，其他职业群体选择比例相差不大。无业失业者更倾向于主张应当根据每个人的社会地位对他们的权利予以不同程度的对待，学生、商人和其他职业受访者更倾向于主张应当根据每个人的社会贡献对他们的权利予以不同程度的对待（见表3—10）。

表 3—10　职业与“您认为个人权利应当得到怎样的尊重和保障”交叉分析

	单位和百分比	职业									合计
		务农者	务工者	企业员工	公职人员	学生	经商者	离退休者	无业失业者	其他	
所有人的权利都应当得到平等对待	（人）	1 042	1 324	1 484	1 666	2 748	638	239	194	449	9 784
	（%）	70.5	72.2	72.9	75.8	70.8	72.3	67.5	66.9	73.1	72.1
大多数人的权利应当得到平等对待	（人）	271	354	361	362	690	141	81	57	94	2 411
	（%）	18.3	19.3	17.7	16.5	17.8	16.0	22.9	19.7	15.3	17.8
应当根据每个人的社会地位对他们的权利予以不同程度的对待	（人）	78	74	88	59	168	41	21	23	22	574
	（%）	5.3	4.0	4.3	2.7	4.3	4.6	5.9	7.9	3.6	4.2
应当根据每个人的社会贡献对他们的权利予以不同程度的对待	（人）	88	83	102	112	278	63	13	16	49	804
	（%）	5.9	4.5	5.0	5.1	7.2	7.1	3.7	5.5	8.0	5.9
合计	（人）	1 479	1 835	2 035	2 199	3 884	883	354	290	614	13 573
	（%）	100.0	100.0	100.0	100.0	100.0	100.0	100.0	100.0	100.0	100.0

资料来源：“中国大众人权观念调查研究”数据库，卷 A9；A11。

三、大众人权平等观念的内在矛盾

通过“您认为个人权利应当得到怎样的尊重和保障”的考察可知，绝大多数被调查对象了解并认同人权是一种普遍性存在的权利，在一般意义上持平等的人权保护观念。接下来，我们进一步考察大众关于一些具体群体的权利的平等保护意识。

如图3—1显示，在我们所列举的十类具体人权保护对象中，选择妇女儿童的人比例最高，占总数的89.5%，其次是老年人82.8%，残疾人80.4%，婴儿64.5%，乞讨、流浪人员45.4%。选择比例较低的依次是“第三者”14.4%、卖淫人员14.6%、吸毒人员15.6%、罪犯17.6%、同性恋者22.7%。只有10%左右的受访者选择了所有被列举的对象。这与我们在问题“您认为个人权利应当得到怎样的尊重和保障”中得出的民众中有71.9%认识到人权主体具有普遍性、所有人都是平等地受人权保护的结论有所差异。

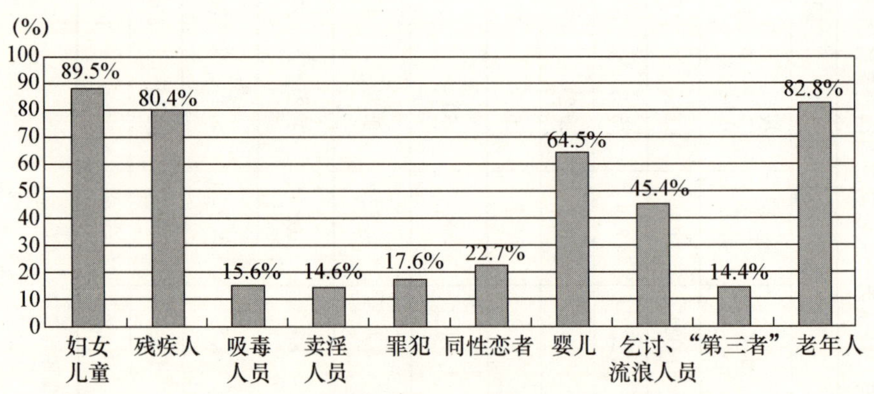

图3—1 您认为哪些人的权利应当得到保护

资料来源：“中国大众人权观念调查研究”数据库，卷A12。

将“您认为哪些人的权利应当得到保护”与“您认为个人权利应当得到怎样的尊重和保障”两个问题进行交叉分析，结果表明：在“所有人的权利都应当得到平等对待”的交叉重合比例中，比例较高的群体分别是妇女儿童92.1%、老年人85.5%、残疾人82.5%。而其他七类群体选择比例均低于71.9%，依次为：婴儿67.2%，乞讨、流浪人员47.8%，同性恋者24.4%，罪犯19.1%，吸毒人员16.5%，“第三者”15.8%，卖淫人员15.7%。其中被选率最低的为卖淫人员，不到平均值71.9%的四分之一。更为让人诧异的是，即使是在上一个问题中选择了“所有人的权利都应当得到平等对待”的人，在回答本问题时仍然有很大一部分转而不认可所有候选群体的权利都应该得到保护。比如，交叉分析的结果显示，在第一题中选择了“所有人的权利都应当得到平等对待”的受访者在第二题中有84.2%没有选择“第三者”这一选项（见表3—11）。

表3—11 “您认为哪些人的权利应当得到保护”与“您认为个人权利应当得到怎样的尊重和保障”交叉分析

	单位和百分比	您认为个人权利应当得到怎样的尊重和保障			
		所有人的权利都应当得到平等对待	大多数人的权利应当得到平等对待	应当根据每个人的社会地位对他们的权利予以不同程度的对待	应当根据每个人的社会贡献对他们的权利予以不同程度的对待
妇女儿童	（人）	9 065	2 018	453	693
	（%）	92.1	82.1	78.4	85.8
残疾人	（人）	8 119	1 814	409	634
	（%）	82.5	73.8	70.8	78.5
吸毒人员	（人）	1 626	358	64	102
	（%）	16.5	14.6	11.1	12.6
卖淫人员	（人）	1 550	298	69	93
	（%）	15.7	12.1	11.9	11.5
罪犯	（人）	1 880	375	73	103
	（%）	19.1	15.3	12.6	12.7
同性恋者	（人）	2 405	474	98	152
	（%）	24.4	19.3	17.0	18.8
婴儿	（人）	6 611	1 400	306	482
	（%）	67.2	57.0	52.9	59.7
乞讨、流浪人员	（人）	4 704	962	210	345
	（%）	47.8	39.2	36.3	42.7
“第三者”	（人）	1 553	294	53	97
	（%）	15.8	12.0	9.2	12.0
老年人	（人）	8 414	1 830	422	665
	（%）	85.5	74.5	73.0	82.3

资料来源：“中国大众人权观念调查研究”数据库，卷A11；A12。

四、小结

一般意义上的人权平等思想在大众观念中基本形成，人权平等观在一定程度上超越了性别、年龄、受教育水平、经济收入等个人条件的限制。但这种平等观念也有其脆弱的一面，受传统道德观念的影响，道德判断经常僭越于法权评价之上，民众心中的道德否认有时会盖过其并不坚定的平等观念。

平等是一种价值观念，传统文化深嵌入人们的脑海之中，潜移默化地影响着人们的行为规范和思维方式，因此，不同的社会历史传统会造就不同的平等观。在中国的传统文化中，诸如崇尚权威、集体本位、义务至上等影响深远的观念对大众的平等观有很大影响。一成左右的民众认为是否平等对待应视其社会地位和社会贡献而定，从这一极富中国特色的选择中不难窥见我国文化中崇尚权威等传统对现代人的平等观念依然施加着的巨大的影响力。

所谓人权，依其本义，是指每个人都享有或都应该享有的权利。因此，所有人都应享有人之为人的基本权利，都应得到平等的保护。但对于“第三者”、卖淫人员、吸毒人员、同性恋者、罪犯这些不容于一般道德观念或者受到法律负面评价的群体，绝大多数的受访者直接将其排除出了权利应受保护的范围。更为让人诧异的是，即使是之前选择了“所有人的权利都应当得到平等对待”的人，后来仍然有很大一部分人转而不认可所有候选群体的权利都应该得到保护。这种前后矛盾的现象可能是出于受访者的理解偏差，但也在一定程度上说明了道德评价对民众的平等观念的影响。在大众观念的较浅层面，人权平等的理念得以确立，在没有具体指向的时候大部分人都能坚持人人平等的一般观念，但在其观念深处，道德判断经常僭越于法权评价之上，压倒原本就脆弱的平等观念，因此，在针对有争议的具体群体时，民众心中的道德否认很容易就盖过其并不坚定的平等观念。

观念不可避免地是特定文化的多棱镜折射的结果。现代意义上的平等观念是西方启蒙运动的产物，人人生而平等、天赋人权的意识三百年来在西方得到不断的强化、发展和实现。而在中国，民众的集体记忆中携带着20多个世纪的帝王等级统治，对权威的服从几乎成为集体无意识，而帝王统治结束后的政治生活不过百年，自西方植入的现代平等观念只是生根发芽却远未根深叶茂。此外，传统道德观念尤其是道德和法律混同的观念至今仍然发挥着难以忽视的影响力，使得道德判断经常僭越于法权评价之上，从而肢解掉现代人原本就脆弱的平等观念。

第二节　大众的特殊群体权利保护观念

人权的主体是指所有的人，当然包括由于各种客观原因产生的为数众多的弱势群体，譬如残疾人、老年人、妇女、儿童、生态脆弱地区的贫困人口和灾民、下岗失业人员和农民工等。表象上权利的平等保护表现为要求以同一个标准去面对所有的人，给所有的人同等的对待，然而这仅仅是一种形式上的平等，这种平等抽离了个体的身份、年龄、天赋、受教育程度、财富、社会关系等具体因素而赋予了公民平等的法律地位和人格，给予了同等的在社会中寻求发展的机会，但是地位和机会的平等并不能保证产生结果的平等。一方面，在现实中存在着各种形式的歧视，另一方面，在现实生活中，人在智力、体力、出生环境上的差别是不可避免的，这就决定了同样的权利并不能给所有人带来同样的利益或保障。因此，形式上的权利平等保护固然重要，甚至是不可或缺，但仅此尚不足够。单纯保障这种形式上的平等并不排斥具体法律和政策的区别对待。平等作为现代法治的一种基本价值理念，必然要求某些情况下对权利进行特殊分配，对弱势群体的实际利益进行必要的补偿，做到“不同情况不同对待”，通过对弱势群体的倾斜性保护，达到维护其实质性利益的目的。

传统的特殊群体一般指的是我们平常所说的自然弱势群体，他们更多是基于生理上的特殊状况而需要特殊保护，即“公民中由于生理或体能原因，其权利和一切合法权益受到特殊保护与特殊对待的一部分人，包括妇女、未成年人、老年人、残疾人等”①。广义上的特殊群体还包括由于违反法律规定、职业不光彩或道德上处于劣势等原因，权利往往被忽视的特殊人群。

一、民众对特殊群体的权利认知

为了考察中国大众对特殊群体的权利保护意识，我们列举了十类不同

① 余少祥：《法律语境中弱势群体概念建构分析》，载《中国法学》，2009（3）。

人群。其中，妇女儿童，老年人，残疾人，乞讨、流浪人员属于我们通常所说的社会弱势群体；婴儿属于儿童，但因其人格特质容易被忽略，因而单列。而同性恋者、罪犯、吸毒人员、卖淫人员、“第三者”则属于因受到法律或道德风俗的否定性评价而被主流社会、主流人群、主流意识形态、主流文化所排斥、所不包容的边缘群体。在问题“您认为哪些人的权利应当得到保护”中，以上十类人群权利被认可情况如表3—12所示：

表3—12　　您认为哪些人的权利应当得到保护

	妇女儿童	老年人	残疾人	婴儿	乞讨、流浪人员	同性恋者	罪犯	吸毒人员	卖淫人员	“第三者”
频次（人）	13 206	12 212	11 859	9 516	6 693	3 347	2 590	2 305	2 150	2 124
百分比（%）	89.5	82.8	80.4	64.5	45.4	22.7	17.6	15.6	14.6	14.4

资料来源：“中国大众人权观念调查研究”数据库，卷A12。

妇女儿童、婴儿、残疾人、老年人等生理弱势群体一直是人道主义保护的传统范畴，其权利受认可度较高，比例都在八成以上。但是，大众对婴儿的权利存在认识上的欠缺，只有64.5%的民众认为应该对婴儿的权利进行保护。

大众对罪犯、卖淫者、吸毒者和同性恋者这四类群体的人权认可度偏低，在14.6%～22.7%区间；数据显示，大众对“第三者”的人权认可度最低，仅仅有14.4%的受访者认为应该对“第三者”进行人权保护，在我们问卷涉及的十类特殊群体中排最后一位。

通过考察大众对不同的特殊群体的人权态度，我们发现：首先，对于妇女、儿童、老年人、残疾人这些传统的生理意义上的弱势群体的权利，大众有着极高的认可度；其次，对于违反法律规定、从事不光彩职业或道德上处于劣势的群体，大众对他们的权利认可度则很低，尤其是“第三者”和卖淫人员，作为在道德上的过错者，大众对他们的权利漠视程度甚至超越了罪犯，表现出极端的不认同。

二、民众对各特殊群体权利认知的影响因素

（一）妇女儿童

妇女儿童是弱势群体，为更好地保护妇女儿童权益，我国专门出台了

《中华人民共和国妇女权益保护法》和《中华人民共和国未成年人保护法》。妇女儿童权益保障不仅是衡量一个社会法治建设的成熟程度的指标，更是人权建设的内在要求。对于这一群体的权利，中国大众持何种态度呢？我们分别以性别、年龄、民族、政治面貌、受教育水平、个人年收入、宗教信仰、户籍、职业为自变量予以考察。

性别对大众关于妇女儿童权利保护观念的影响：

将性别与"您认为哪些人的权利应当得到保护"进行交叉分析，结果表明，男性与女性对妇女儿童的权利认知差异较小。男性选择妇女儿童的权利应当得到保护的比例为88%，女性为91.3%，女性对妇女儿童的权利认同度略高于男性（见表3—13）。不过，卡方检验显示，不同性别的受访者对于妇女儿童权利保护的认可度之间的这一微弱差异仍然具有显著性（$x^2=41.539$，$df=1$，$p<0.01$）。

表3—13　性别与"您认为哪些人的权利应当得到保护"交叉分析（妇女儿童）

	单位和百分比	妇女儿童		
		选择	未选	合计
男	（人）	6 653	906	7 559
	（%）	88.0	12.0	100.0
女	（人）	6 367	608	6 975
	（%）	91.3	8.7	100.0
合计	（人）	13 020	1 514	14 534
	（%）	89.6	10.4	100.0

资料来源："中国大众人权观念调查研究"数据库，卷A1；A12。

年龄对大众关于妇女儿童权利保护观念的影响：

从年龄的角度考察，将年龄与"您认为哪些人的权利应当得到保护"进行交叉分析，显示不同年龄段的受访者对于妇女儿童权利保护的认可度之间存在极其显著的差异（$x^2=29.587$，$df=5$，$p<0.01$）。30～59岁年龄段的群体选择妇女儿童的权利应当得到保护的比例较高，均达到90%以上；30岁以下的年轻人群体和60岁以上的老年人群体则相对低一些，在85%与90%之间（见表3—14）。

表 3—14 年龄与“您认为哪些人的权利应当得到保护”交叉分析（妇女儿童）

	单位和百分比	年龄						合计
		18 岁以下	19～29 岁	30～39 岁	40～49 岁	50～59 岁	60 岁以上	
选择	（人）	1 147	5 890	2 469	2 281	800	468	13 055
	（%）	86.3	89.6	90.3	90.6	90.5	85.6	89.5
未选	（人）	182	683	265	237	84	79	1 530
	（%）	13.7	10.4	9.7	9.4	9.5	14.4	10.5
合计	（人）	1 329	6 573	2 734	2 518	884	547	14 585
	（%）	100.0	100.0	100.0	100.0	100.0	100.0	100.0

资料来源：“中国大众人权观念调查研究”数据库，卷 A2；A12。

民族对大众关于妇女儿童权利保护观念的影响：

将民族与“您认为哪些人的权利应当得到保护”进行交叉分析，结果表明，汉族选择妇女儿童的权利应当得到保护的比例为 89.6%，少数民族为 89.2%，民族因素对妇女儿童的权利认知差异影响微乎其微，不同民族民众对妇女儿童的权利保护均有较高的认可度（见表 3—15）。而且，卡方检验显示，不同民族的受访者对于妇女儿童权利保护的认可度之间的差异不具有显著性（$x^2=0.249$，$df=1$，$p>0.05$）。

表 3—15 民族与“您认为哪些人的权利应当得到保护”交叉分析（妇女儿童）

	单位和百分比	妇女儿童		
		选择	未选	合计
汉族	（人）	11 847	1 372	13 219
	（%）	89.6	10.4	100.0
少数民族	（人）	1 204	146	1 350
	（%）	89.2	10.8	100.0
合计	（人）	13 051	1 518	14 569
	（%）	89.6	10.4	100.0

资料来源：“中国大众人权观念调查研究”数据库，卷 A3；A12。

政治面貌对大众关于妇女儿童权利保护观念的影响：

从政治面貌的角度考察，相关分析显示，不同政治面貌的受访者在“您认为哪些人的权利应当得到保护”问题上对妇女儿童的态度存在极其显著的差异（$x^2=42.147$，$df=3$，$p<0.01$）。民主党派成员选择妇女儿童的权利应当得到保护的比例最低，为 74.8%，中共党员、共青团员的比例较高，

分别为 90.9%、90.1%，群众的比例为 88.7%。中共党员和民主党派成员之间对妇女儿童的权利认知存在较大差距，约差 16 个百分点（见表 3—16）。

表 3—16　　政治面貌与“您认为哪些人的权利应当得到保护”交叉分析（妇女儿童）

	单位和百分比	政治面貌				合计
		群众	共青团员	中共党员	民主党派成员	
选择	（人）	5 663	4 693	2 598	95	13 049
	（%）	88.7	90.1	90.9	74.8	89.5
未选	（人）	725	517	259	32	1 533
	（%）	11.3	9.9	9.1	25.2	10.5
合计	（人）	6 388	5 210	2 857	127	14 582
	（%）	100.0	100.0	100.0	100.0	100.0

资料来源：“中国大众人权观念调查研究”数据库，卷 A4；A12。

受教育水平对大众关于妇女儿童权利保护观念的影响：

从文化程度的角度考察，相关分析显示，不同学历的受访者在“您认为哪些人的权利应当得到保护”问题上对妇女儿童的态度存在极其显著的差异（$x^2=181.855$，$df=5$，$p<0.01$）。受教育水平不同的群体对妇女儿童的权利认知选择比例大致呈现为一个抛物线的特征，选择妇女儿童的权利应当得到保护的比例随受教育水平的逐级提升而增长，小学及以下的受访者选择妇女儿童的比例最低，为 84.1%，本科或大专学历的受访者选择妇女儿童的比例达到最高值，为 93.1%，硕士和博士群体选择妇女儿童的比例略微下降（见表 3—17）。

表 3—17　　受教育水平与“您认为哪些人的权利应当得到保护”交叉分析（妇女儿童）

	单位和百分比	受教育水平						合计
		小学及以下	初中	高中或中专	本科或大专	硕士	博士	
选择	（人）	934	2 408	3 448	5 442	703	67	13 002
	（%）	84.1	85.2	88.6	93.1	91.9	85.9	89.6
未选	（人）	176	419	445	402	62	11	1 515
	（%）	15.9	14.8	11.4	6.9	8.1	14.1	10.4
合计	（人）	1 110	2 827	3 893	5 844	765	78	14 517
	（%）	100.0	100.0	100.0	100.0	100.0	100.0	100.0

资料来源：“中国大众人权观念调查研究”数据库，卷 A5；A12。

个人年收入对大众关于妇女儿童权利保护观念的影响：

将个人年收入与“您认为哪些人的权利应当得到保护”进行交叉分析，结果表明，不同收入阶层的民众对妇女儿童的权利认知差异不大。个人年收入为1万元至8万元的群体选择妇女儿童的权利应当得到保护的比例较高，为90%以上；收入为1万元以下、8万元以上的较为接近，均低于90%（见表3—18）。不过，卡方检验显示，不同收入水平的受访者在“您认为哪些人的权利应当得到保护”问题上对妇女儿童的态度存在的差异具有显著性($x^2=47.878$，$df=5$，$p<0.01$)。

表3—18 个人年收入与“您认为哪些人的权利应当得到保护”交叉分析（妇女儿童）

	单位和百分比	个人年收入						合计
		2 000元以下	2 000～5 000元	5 000～1万元	1万～3万元	3万～8万元	8万元以上	
选择	（人）	3 750	1 634	1 313	2 924	1 784	462	11 867
	（%）	88.4	87.8	87.4	91.6	92.1	89.0	89.6
未选	（人）	490	227	190	268	152	57	1 384
	（%）	11.6	12.2	12.6	8.4	7.9	11.0	10.4
合计	（人）	4 240	1 861	1 503	3 192	1 936	519	13 251
	（%）	100.0	100.0	100.0	100.0	100.0	100.0	100.0

资料来源：“中国大众人权观念调查研究”数据库，卷A6；A12。

宗教信仰对大众关于妇女儿童权利保护观念的影响：

将宗教信仰与“您认为哪些人的权利应当得到保护”进行交叉分析，结果表明，宗教信仰的有无对妇女儿童的权利认知差异影响不大。没有宗教信仰的群体选择妇女儿童的权利应当得到保护的比例为90.3%；有宗教信仰的则为85.9%，约低4个百分点（见表3—19）。不过，卡方检验显示，有宗教信仰与无宗教信仰的受访者在“您认为哪些人的权利应当得到保护”问题上对妇女儿童的态度存在的差异具有显著性（$x^2=39.027$，$df=1$，$p<0.01$）。

表3—19 宗教信仰与“您认为哪些人的权利应当得到保护”交叉分析（妇女儿童）

	单位和百分比	妇女儿童		
		选择	未选	合计
没有	（人）	11 103	1 187	12 290
	（%）	90.3	9.7	100.0

续前表

	单位和百分比	妇女儿童		
		选择	未选	合计
有	(人)	1 817	299	2 116
	(%)	85.9	14.1	100.0
合计	(人)	12 920	1 486	14 406
	(%)	89.7	10.3	100.0

资料来源："中国大众人权观念调查研究"数据库，卷 A7；A12。

城乡差别对大众关于妇女儿童权利保护观念的影响：

从城乡差别的角度考察，将户籍与"您认为哪些人的权利应当得到保护"进行交叉分析，结果表明，户籍因素对妇女儿童的权利认知差异影响较小。城镇户籍的群体选择妇女儿童的权利应当得到保护的比例为 90.9%，农村户籍的为 88.2%，二者相差 2.7 个百分点（见表 3—20）。不过，卡方检验显示，不同户籍的受访者在"您认为哪些人的权利应当得到保护"问题上对妇女儿童的态度存在的差异具有显著性（$x^2=27.978$，$df=1$，$p<0.01$）。

表 3—20　户籍与"您认为哪些人的权利应当得到保护"交叉分析（妇女儿童）

	单位和百分比	妇女儿童		
		选择	未选	合计
农村	(人)	5 867	786	6 653
	(%)	88.2	11.8	100.0
城镇	(人)	7 156	719	7 875
	(%)	90.9	9.1	100.0
合计	(人)	13 023	1 505	14 528
	(%)	89.6	10.4	100.0

资料来源："中国大众人权观念调查研究"数据库，卷 A8；A12。

职业对大众关于妇女儿童权利保护观念的影响：

从职业的角度考察，相关分析显示，不同职业的受访者在"您认为哪些人的权利应当得到保护"问题上对妇女儿童的态度存在极其显著的差异（$x^2=126.394$，$df=8$，$p<0.01$）。将职业与"您认为哪些人的权利应当得到保护"进行交叉分析，结果表明，不同职业者对妇女儿童的权利认知存在差异，且表现为三个阶层：企业员工、公职人员、学生、经商者这些群体选择妇女儿童的权利应当得到保护的比例均为 90%以上，其中公职人员达到最高比例 93%；其次是务工和离退休群体，选择妇女儿童的权

利应当得到保护的比例在85%～90%区间；最后是务农与无业失业者，选择妇女儿童的权利应当得到保护的比例在85%以下（见表3—21）。

表3—21　职业与“您认为哪些人的权利应当得到保护”交叉分析（妇女儿童）

	单位和百分比	职业									合计
		务农者	务工者	企业员工	公职人员	学生	经商者	离退休者	无业失业者	其他	
选择	（人）	1 320	1 728	2 008	2 193	3 843	828	327	255	578	13 080
	（%）	83.9	88.3	90.9	93.0	90.8	90.3	86.3	81.7	87.8	89.6
未选	（人）	254	230	202	165	391	89	52	57	80	1 520
	（%）	16.1	11.7	9.1	7.0	9.2	9.7	13.7	18.3	12.2	10.4
合计	（人）	1 574	1 958	2 210	2 358	4 234	917	379	312	658	14 600
	（%）	100.0	100.0	100.0	100.0	100.0	100.0	100.0	100.0	100.0	100.0

资料来源：“中国大众人权观念调查研究”数据库，卷A9；A12。

（二）残疾人

根据《中华人民共和国残疾人保障法》第二条的规定，残疾人是指在心理、生理、人体结构上，某种组织、功能丧失或者不正常，全部或者部分丧失以正常方式从事某种活动能力的人。残疾人包括视力残疾、听力残疾、言语残疾、肢体残疾、智力残疾、精神残疾、多重残疾和其他残疾的人。2006年12月13日，第61届联大通过了《残疾人权利公约》（Convention of the Rights of Persons with Disabilities）。公约核心是确保残疾人享有与健全人相同的权利，并以正式公民的身份生活，从而在获得同等机会的情况下，为社会做出宝贵贡献。公约涵括了残疾人应享的各项权利，如：享有平等、不受歧视和在法律面前平等的权利；享有健康、就业、受教育和无障碍环境的权利；享有参与政治和文化生活的权利等。中国已于2008年批准了该公约。对于这一群体的权利，中国大众的态度如何，我们分别以性别、年龄、民族、政治面貌、受教育水平、个人年收入、宗教信仰、户籍、职业为自变量予以考察。

性别对大众关于残疾人权利保护观念的影响：

将性别与“您认为哪些人的权利应当得到保护”进行交叉分析，结果表明，男性与女性对于残疾人的权利认知差异不大，男性选择残疾人的权利应当得到保护的比例为78.9%，女性为82.2%，女性对残疾人的权利认同度略高于男性（见表3—22）。不过，卡方检验相关分析显示，不同性别的受访者在“您认为哪些人的权利应当得到保护”中对残疾人的态度之间的差异具有显著性（$x^2=24.922$，$df=1$，$p<0.01$）。

表 3—22　　性别与“您认为哪些人的权利应当得到保护”交叉分析（残疾人）

	单位和百分比	残疾人		
		选择	未选	合计
男	（人）	5 965	1 597	7 562
	（%）	78.9	21.1	100.0
女	（人）	5 732	1 244	6 976
	（%）	82.2	17.8	100.0
合计	（人）	11 697	2 841	14 538
	（%）	80.5	19.5	100.0

资料来源：“中国大众人权观念调查研究”数据库，卷 A1；A12。

年龄对大众关于残疾人权利保护观念的影响：

将年龄与“您认为哪些人的权利应当得到保护”进行交叉分析，结果表明，不同年龄的受访者在“您认为哪些人的权利应当得到保护”问题上对残疾人的态度之间存在极其显著的差异（$x^2=101.296$，$df=5$，$p<0.01$）。30 岁这一年龄节点是对残疾人的权利认知发生改变的分水岭。30 岁以下年龄段的选择残疾人的权利应当得到保护的比例均为 80%以上，而 30 岁以上到 60 岁之间基本上处于 77%的选择比例形态，60 岁以上受访者的选择比例则降低至 71.4%（见表 3—23）。

表 3—23　　年龄与“您认为哪些人的权利应当得到保护”交叉分析（残疾人）

	单位和百分比	年龄						合计
		18 岁以下	19～29 岁	30～39 岁	40～49 岁	50～59 岁	60 岁以上	
选择	（人）	1 098	5 482	2 118	1 955	684	392	11 729
	（%）	82.6	83.4	77.4	77.6	77.4	71.5	80.4
未选	（人）	232	1 092	618	563	200	156	2 861
	（%）	17.4	16.6	22.6	22.4	22.6	28.5	19.6
合计	（人）	1 330	6 574	2 736	2 518	884	548	14 590
	（%）	100.0	100.0	100.0	100.0	100.0	100.0	100.0

资料来源：“中国大众人权观念调查研究”数据库，卷 A2；A12。

民族对大众关于残疾人权利保护观念的影响：

将民族与“您认为哪些人的权利应当得到保护”进行交叉分析，结果表明，汉族选择残疾人的权利应当得到保护的比例为 80.4%，少数民族为 80.3%，民族因素对于残疾人的权利认知差异几乎没有影响（见表 3—24）。同时，卡方检验表明，不同民族的受访者在“您认为哪些人的权利应当得到保护”问题上对残疾人的态度之间的差别不具有显著性（$x^2=0.011$，$df=1$，$p>0.05$）。

表 3—24　　民族与“您认为哪些人的权利应当得到保护”交叉分析（残疾人）

	单位和百分比	残疾人		
		选择	未选	合计
汉族	（人）	10 635	2 588	13 223
	（%）	80.4	19.6	100.0
少数民族	（人）	1 085	266	1 351
	（%）	80.3	19.7	100.0
合计	（人）	11 720	2 854	14 574
	（%）	80.4	19.6	100.0

资料来源：“中国大众人权观念调查研究”数据库，卷 A3；A12。

政治面貌对大众关于残疾人权利保护观念的影响：

将政治面貌与“您认为哪些人的权利应当得到保护”进行交叉分析，结果表明，不同政治面貌的受访者在“您认为哪些人的权利应当得到保护”问题上对残疾人的态度之间存在显著的差异（$x^2=108.488$，$df=3$，$p<0.01$）。共青团员选择残疾人的权利应当得到保护的比例最高，为 84.1%，其余依次为中共党员 82.0%、群众 76.9%、民主党派成员 70.1%。共青团员和民主党派成员对残疾人的权利认知差距达到了 14 个百分点（见表 3—25）。

表 3—25　　政治面貌与“您认为哪些人的权利应当得到保护”交叉分析（残疾人）

	单位和百分比	政治面貌				合计
		群众	共青团员	中共党员	民主党派成员	
选择	（人）	4 915	4 386	2 344	89	11 734
	（%）	76.9	84.1	82.0	70.1	80.4
未选	（人）	1 474	827	514	38	2 853
	（%）	23.1	15.9	18.0	29.9	19.6
合计	（人）	6 389	5 213	2 858	127	14 587
	（%）	100.0	100.0	100.0	100.0	100.0

资料来源：“中国大众人权观念调查研究”数据库，卷 A4；A12。

受教育水平对大众关于残疾人权利保护观念的影响：

将受教育水平与“您认为哪些人的权利应当得到保护”进行交叉分析，结果表明，不同学历的受访者在“您认为哪些人的权利应当得到保护”问题上对残疾人的态度之间存在显著的差异（$x^2=273.487$，$df=5$，$p<0.01$）。受教育水平不同的群体对残疾人的权利认知选择比例大致呈现为一个抛物线的趋势。选择残疾人的权利应当得到保护的比例随受教育水平的逐级提升而增长，小学及以下的受访者选择残疾人的比例最低，为68.1%，到本科或大专这一学历水平时达到最高值，为85.8%，硕士和博士受访者选择残疾人的比例略微下降（见表3—26）。

表3—26 受教育水平与“您认为哪些人的权利应当得到保护”交叉分析（残疾人）

	单位和百分比	受教育水平						合计
		小学及以下	初中	高中或中专	本科或大专	硕士	博士	
选择	（人）	757	2 133	3 078	5 016	648	60	11 692
	（%）	68.1	75.5	79.0	85.8	84.7	76.9	80.5
未选	（人）	354	694	816	830	117	18	2 829
	（%）	31.9	24.5	21.0	14.2	15.3	23.1	19.5
合计	（人）	1 111	2 827	3 894	5 846	765	78	14 521
	（%）	100.0	100.0	100.0	100.0	100.0	100.0	100.0

资料来源：“中国大众人权观念调查研究”数据库，卷A5；A12。

个人年收入对大众关于残疾人权利保护观念的影响：

将个人年收入与“您认为哪些人的权利应当得到保护”进行交叉分析，结果表明，个人年收入不同的受访者在“您认为哪些人的权利应当得到保护”问题上对残疾人的态度之间存在显著的差异（$x^2=59.511$，$df=5$，$p<0.01$）。个人年收入为1万元以上的群体选择残疾人的权利应当得到保护的比例较高，均为80%以上，且逐级递增；收入为2 000元至1万元的，均在70%～80%区间；值得注意的是，收入为2 000元以下的，比例达到了81.5%（见表3—27）。

表3—27 个人年收入与“您认为哪些人的权利应当得到保护”交叉分析（残疾人）

	单位和百分比	个人年收入						合计
		2 000元以下	2 000～5 000元	5 000～1万元	1万～3万元	3万～8万元	8万元以上	
选择	（人）	3 456	1 420	1 126	2 571	1 600	434	10 607
	（%）	81.5	76.3	74.9	80.5	82.6	83.6	80.0

续前表

	单位和百分比	个人年收入						合计
		2 000 元以下	2 000～5 000 元	5 000～1 万元	1 万～3 万元	3 万～8 万元	8 万元以上	
未选	（人）	786	442	377	623	336	85	2 649
	（%）	18.5	23.7	25.1	19.5	17.4	16.4	20.0
合计	（人）	4 242	1 862	1 503	3 194	1 936	519	13 256
	（%）	100.0	100.0	100.0	100.0	100.0	100.0	100.0

资料来源："中国大众人权观念调查研究"数据库，卷 A6；A12。

有无宗教信仰对大众关于残疾人权利保护观念的影响：

将宗教信仰与"您认为哪些人的权利应当得到保护"进行交叉分析，结果表明，有宗教信仰和无宗教信仰的受访者在"您认为哪些人的权利应当得到保护"问题上对残疾人的态度之间存在显著的差异（$x^2=30.161$，$df=1$，$p<0.01$）。没有宗教信仰的群体选择残疾人的权利应当得到保护的比例较高，为 81.5%；有宗教信仰的，则为 76.4%，约低于没有宗教信仰的群体 5 个百分点（见表 3—28）。

表 3—28　宗教信仰与"您认为哪些人的权利应当得到保护"交叉分析（残疾人）

	单位和百分比	残疾人		
		选择	未选	合计
没有	（人）	10 017	2 277	12 294
	（%）	81.5	18.5	100.0
有	（人）	1 617	500	2 117
	（%）	76.4	23.6	100.0
合计	（人）	11 634	2 777	14 411
	（%）	80.7	19.3	100.0

资料来源："中国大众人权观念调查研究"数据库，卷 A7；A12。

城乡差别对大众关于残疾人权利保护观念的影响：

将户籍与"您认为哪些人的权利应当得到保护"进行交叉分析，结果表明，城镇户籍的群体选择残疾人的权利应当得到保护的比例为 80.7%，农村户籍的为 80.6%，户籍因素对于残疾人的权利认知差异影响非常微弱（见表 3—29）。且卡方检验显示，城镇与农村的受访者在"您认为哪些人的权利应当得到保护"问题上对残疾人的态度之间的差异不具有显著性（$x^2=0.032$，$df=1$，$p>0.05$）。

表 3—29　户籍与“您认为哪些人的权利应当得到保护”交叉分析（残疾人）

	单位和百分比	残疾人		
		选择	未选	合计
农村	（人）	5 365	1 289	6 654
	（%）	80.6	19.4	100.0
城镇	（人）	6 362	1 517	7 879
	（%）	80.7	19.3	100.0
合计	（人）	11 727	2 806	14 533
	（%）	80.7	19.3	100.0

资料来源：“中国大众人权观念调查研究”数据库，卷 A8；A12。

职业对大众关于残疾人权利保护观念的影响：

将职业与“您认为哪些人的权利应当得到保护”进行交叉分析，结果表明，不同职业的受访者在“您认为哪些人的权利应当得到保护”问题上对残疾人的态度之间存在显著的差异（$x^2=214.677$，$df=8$，$p<0.01$）。不同职业群体之间对残疾人的权利认知存在明显分化，务工者、经商者、务农者、离退休者、无业失业者的依次递减，均在70%～80%区间，无业失业者比例最低为71.8%；而企业员工、公职人员、学生这些群体选择残疾人的权利应当得到保护的比例均为80%以上，其中学生这一群体达到最高比例86.2%（见表3—30）。

表 3—30　职业与“您认为哪些人的权利应当得到保护”交叉分析（残疾人）

	单位和百分比	职业									合计
		务农者	务工者	企业员工	公职人员	学生	经商者	离退休者	无业失业者	其他	
选择	（人）	1 149	1 514	1 808	1 931	3 651	685	275	224	518	11 755
	（%）	73.0	77.2	81.8	81.9	86.2	74.7	72.6	71.8	78.7	80.5
未选	（人）	426	446	402	428	584	232	104	88	140	2 850
	（%）	27.0	22.8	18.2	18.1	13.8	25.3	27.4	28.2	21.3	19.5
合计	（人）	1 575	1 960	2 210	2 359	4 235	917	379	312	658	14 605
	（%）	100.0	100.0	100.0	100.0	100.0	100.0	100.0	100.0	100.0	100.0

资料来源：“中国大众人权观念调查研究”数据库，卷 A9；A12。

（三）老年人

按照国际规定，65 周岁以上的人确定为老年人；在中国，60 周岁以上的公民为老年人。随着社会老龄化的日益加重，中国的老年人越来越多，所占人口比例也越来越高。国家统计局发布的 2014 年国民经济和社会发展统计公报数据显示，2014 年年末我国 60 周岁及以上人口数为 21 242 万人，占总人口比重为 15.5%；65 周岁及以上人口数为 13 755 万人，占比 10.1%，首次突破 10%。我国专门制定了《中华人民共和国老年人权益保障法》，保障老年人在家庭赡养与扶养、社会保障、社会服务、社会优待、宜居环境、参与社会发展等领域的权益。对于这一群体的权利，中国大众的态度如何，我们分别以性别、年龄、民族、政治面貌、受教育水平、个人年收入、宗教信仰、户籍、职业为自变量予以考察。

性别对大众关于老年人权利保护观念的影响：

将性别与“您认为哪些人的权利应当得到保护”进行交叉分析，结果表明，男性与女性对于老年人的权利认知差异不大，男性选择老年人的权利应当得到保护的比例为 81.5%，女性为 84.2%，女性对老年人的权利认知略高于男性（见表 3—31）。不过，卡方检验相关分析显示，不同性别的受访者在“您认为哪些人的权利应当得到保护”问题上对老年人的态度之间的差异仍然具有显著性（$x^2=18.632$，$df=1$，$p<0.01$）。

表 3—31　性别与“您认为哪些人的权利应当得到保护”交叉分析（老年人）

	单位和百分比	老年人		
		选择	未选	合计
男	（人）	6 162	1 397	7 559
	（%）	81.5	18.5	100.0
女	（人）	5 872	1 100	6 972
	（%）	84.2	15.8	100.0
合计	（人）	12 034	2 497	14 531
	（%）	82.8	17.2	100.0

资料来源：“中国大众人权观念调查研究”数据库，卷 A1；A12。

年龄对大众关于老年人权利保护观念的影响：

将年龄与“您认为哪些人的权利应当得到保护”进行交叉分析，结果表明，不同年龄的受访者在“您认为哪些人的权利应当得到保护”问题上对老年人的态度之间存在极其显著的差异（$x^2=55.423$，$df=5$，

$p<0.01$)。30～39 岁年龄段选择老年人的权利应当得到保护的比例是最低的，为 80.9%；18 岁以下、19～29 岁年龄段的分别为 82.1%、81.8%，呈递减趋势；而 40～49 岁、50～59 岁、60 岁以上则逐级递增，60 岁以上的老年人群体选择老年人的权利应当受到保护的比例达到最高值，为 90.3%（见表 3—32)。

表 3—32　　年龄与“您认为哪些人的权利应当得到保护”交叉分析（老年人）

	单位和百分比	年龄						合计
		18 岁以下	19～29 岁	30～39 岁	40～49 岁	50～59 岁	60 岁以上	
选择	（人）	1 091	5 379	2 210	2 111	782	495	12 068
	（%）	82.1	81.8	80.9	83.9	88.5	90.3	82.7
未选	（人）	238	1 195	522	406	102	53	2 516
	（%）	17.9	18.2	19.1	16.1	11.5	9.7	17.3
合计	（人）	1 329	6 574	2 732	2 517	884	548	14 584
	（%）	100.0	100.0	100.0	100.0	100.0	100.0	100.0

资料来源：“中国大众人权观念调查研究”数据库，卷 A2；A12。

民族对大众关于老年人权利保护观念的影响：

将民族与“您认为哪些人的权利应当得到保护”进行交叉分析，结果表明，民族因素对于老年人的权利认知差异影响不大。汉族选择老年人的权利应当得到保护的比例为 82.7%，少数民族为 83.8%，约高于汉族 1 个百分点（见表 3—33)。同时，卡方检验表明，不同民族的受访者在“您认为哪些人的权利应当得到保护”问题上对老年人的态度之间的差别不具有显著性（$x^2=1.036, df=1$，$p>0.05$)。

表 3—33　　民族与“您认为哪些人的权利应当得到保护”交叉分析（老年人）

	单位和百分比	老年人		
		选择	未选	合计
汉族	（人）	10 937	2 281	13 218
	（%）	82.7	17.3	100.0
少数民族	（人）	1 131	218	1 349
	（%）	83.8	16.2	100.0
合计	（人）	12 068	2 499	14 567
	（%）	82.8	17.2	100.0

资料来源：“中国大众人权观念调查研究”数据库，卷 A1；A12。

政治面貌对大众关于老年人权利保护观念的影响：

将政治面貌与“您认为哪些人的权利应当得到保护”进行交叉分析，结果表明，不同政治面貌的受访者在“您认为哪些人的权利应当得到保护”问题上对老年人的态度之间存在显著的差异（$x^2=15.102$，$df=3$，$p<0.01$）。中共党员、共青团员、群众对选择老年人的权利应当得到保护的比例逐级递减，但均在80%以上；民主党派受访者选择老年人的权利应当得到保护的比例为72.4%，低于中共党员12个百分点（见表3—34）。

表3—34　　政治面貌与“您认为哪些人的权利应当得到保护”交叉分析（老年人）

	单位和百分比	政治面貌				合计
		群众	共青团员	中共党员	民主党派成员	
选择	（人）	5 273	4 310	2 412	92	12 087
	（%）	82.6	82.7	84.4	72.4	82.9
未选	（人）	1 114	899	445	35	2 493
	（%）	17.4	17.3	15.6	27.6	17.1
合计	（人）	6 387	5 209	2 857	127	14 580
	（%）	100.0	100.0	100.0	100.0	100.0

资料来源：“中国大众人权观念调查研究”数据库，卷A4；A12。

受教育水平对大众关于老年人权利保护观念的影响：

将受教育水平与“您认为哪些人的权利应当得到保护”进行交叉分析，结果表明，不同学历的受访者在“您认为哪些人的权利应当得到保护”问题上对老年人的态度之间存在显著的差异（$x^2=37.455$，$df=5$，$p<0.01$）。受教育水平不同的群体对老年人的权利认知选择比例呈现为一个抛物线。除硕士和博士群体外，选择老年人的权利应当得到保护的比例随受教育水平的逐级提升而增长，小学及以下的受访者选择老年人的比例最低，为80.1%，本科或大专的受访者选择老年人的比例达到最高值，为84.8%，硕士和博士受访者选择老年人的比例略微降低（见表3—35）。

表3—35　　受教育水平与“您认为哪些人的权利应当得到保护”交叉分析（老年人）

	单位和百分比	受教育水平						合计
		小学及以下	初中	高中或中专	本科或大专	硕士	博士	
选择	（人）	890	2 266	3 223	4 954	641	61	12 035
	（%）	80.1	80.2	82.8	84.8	83.8	78.2	82.9

续前表

	单位和百分比	受教育水平						合计
		小学及以下	初中	高中或中专	本科或大专	硕士	博士	
未选	（人）	221	561	669	889	124	17	2 481
	（%）	19.9	19.8	17.2	15.2	16.2	21.8	17.1
合计	（人）	1 111	2 827	3 892	5 843	765	78	14 516
	（%）	100.0	100.0	100.0	100.0	100.0	100.0	100.0

资料来源："中国大众人权观念调查研究"数据库，卷 A5；A12。

个人年收入对大众关于老年人权利保护观念的影响：

将个人年收入与"您认为哪些人的权利应当得到保护"进行交叉分析，结果表明，个人年收入不同的受访者在"您认为哪些人的权利应当得到保护"问题上对老年人的态度之间存在显著的差异（$x^2=57.280$，$df=5$，$p<0.01$）。个人年收入为 1 万元以上的群体选择老年人的权利应当得到保护的比例较高，均达到了 82%以上；收入在 3 万～8 万元区间的群体比例最高，为 86.3%；在收入为 1 万元以下的群体中，选择老年人权利应受保护的比例，收入在 2 000 元以下的高于收入在 2 000～5 000 元区间的，后者又高于收入在 5 000 元到 1 万元的（见表 3—36）。

表 3—36　　个人年收入与"您认为哪些人的权利应当得到保护"交叉分析（老年人）

	单位和百分比	个人年收入						合计
		2 000 元以下	2 000～5 000 元	5 000～1 万元	1 万～3 万元	3 万～8 万元	8 万元以上	
选择	（人）	3 466	1 499	1 174	2 707	1 670	426	10 942
	（%）	81.8	80.5	78.1	84.8	86.3	82.1	82.6
未选	（人）	771	363	329	486	266	93	2 308
	（%）	18.2	19.5	21.9	15.2	13.7	17.9	17.4
合计	（人）	4 237	1 862	1 503	3 193	1 936	519	13 250
	（%）	100.0	100.0	100.0	100.0	100.0	100.0	100.0

资料来源："中国大众人权观念调查研究"数据库，卷 A6；A12。

有无宗教信仰对大众关于老年人权利保护观念的影响：

将宗教信仰与"您认为哪些人的权利应当得到保护"进行交叉分析，结果表明，有宗教信仰和无宗教信仰的受访者在"您认为哪些人的权利应当得到保护"问题上对老年人的态度之间存在显著的差异（$x^2=20.895$，$df=1$,$p<0.01$）。没有宗教信仰的群体选择老年人的权利应当得到保护

的比例较高，为 83.7%；有宗教信仰的，则为 79.7%，约低于没有宗教信仰的群体 4 个百分点（见表 3—37）。

表 3—37 宗教信仰与“您认为哪些人的权利应当得到保护”交叉分析（老年人）

	单位和百分比	老年人		
		选择	未选	合计
没有	（人）	10 286	2 003	12 289
	（%）	83.7	16.3	100.0
有	（人）	1 685	430	2 115
	（%）	79.7	20.3	100.0
合计	（人）	11 971	2 433	14 404
	（%）	83.1	16.9	100.0

资料来源：“中国大众人权观念调查研究”数据库，卷 A7；A12。

城乡差别对大众关于老年人权利保护观念的影响：

将户籍与“您认为哪些人的权利应当得到保护”进行交叉分析，结果表明，城镇户籍的群体选择老年人的权利应当得到保护的比例与农村户籍的仅相差 0.7 个百分点，户籍因素对于老年人的权利认知差异影响很小（见表 3—38）。且卡方检验显示，城镇与农村的受访者在“您认为哪些人的权利应当得到保护”问题上对老年人的态度之间的差异不具有显著性（$x^2=1.174$，$df=1$，$p>0.05$）。

表 3—38 户籍与“您认为哪些人的权利应当得到保护”交叉分析（老年人）

	单位和百分比	老年人		
		选择	未选	合计
农村	（人）	5 502	1 150	6 652
	（%）	82.7	17.3	100.0
城镇	（人）	6 566	1 308	7 874
	（%）	83.4	16.6	100.0
合计	（人）	12 068	2 458	14 526
	（%）	83.1	16.9	100.0

资料来源：“中国大众人权观念调查研究”数据库，卷 A8；A12。

职业对大众关于老年人权利保护观念的影响：

将职业与“您认为哪些人的权利应当得到保护”进行交叉分析，结果表明，不同职业的受访者在“您认为哪些人的权利应当得到保护”问题上对老年人的态度之间存在显著的差异（$x^2=43.355$，$df=8$，$p<0.01$）。离退休群体选择老年人的权利应当得到保护的比例最高，为89.4%；其他群体选择比例逐级递减，依次为公职人员、学生、企业员工、无业失业者、务工者、经商者；务农群体比例最低为79.4%（见表3—39）。

表3—39　职业与“您认为哪些人的权利应当得到保护”交叉分析（老年人）

	单位和百分比	职业									合计
		务农者	务工者	企业员工	公职人员	学生	经商者	离退休者	无业失业者	其他	
选择	（人）	1 246	1 590	1 839	1 994	3 563	743	339	258	529	12 101
	（%）	79.4	81.2	83.2	84.5	84.1	81.0	89.4	82.7	80.4	82.9
未选	（人）	323	369	371	365	672	174	40	54	129	2 497
	（%）	20.6	18.8	16.8	15.5	15.9	19.0	10.6	17.3	19.6	17.1
合计	（人）	1 569	1 959	2 210	2 359	4 235	917	379	312	658	14 598
	（%）	100.0	100.0	100.0	100.0	100.0	100.0	100.0	100.0	100.0	100.0

资料来源：“中国大众人权观念调查研究”数据库，卷A9；A12。

（四）婴儿

婴儿同样也是儿童，只不过一般是指小于1周岁的儿童。因为婴儿太过弱小，几乎无法拥有独立的意识和行为，对于其权利的保护，有可能存在模糊认识和错误观念，因此，我们将婴儿单独列出予以考察。对于婴儿的权利，中国大众的态度如何，我们分别以性别、年龄、民族、政治面貌、受教育水平、个人年收入、宗教信仰、户籍、职业为自变量予以考察。

性别对大众关于婴儿权利保护观念的影响：

将性别与“您认为哪些人的权利应当得到保护”进行交叉分析，结果表明，男性与女性对婴儿的权利认知有所差异。男性选择婴儿的权利应当得到保护的比例为61.6%，女性选择婴儿的比例为67.9%，二者相差6.3个百分点，相对于男性而言，女性更倾向于认同婴儿的权利（见表3—40）。同时，卡方检验相关分析显示，不同性别的受访者在“您认为哪些人的权利应当得到保护”问题上对婴儿的态度之间的差异具有显著性（$x^2=64.240$，$df=1$，$p<0.01$）。

表 3—40　性别与“您认为哪些人的权利应当得到保护”交叉分析（婴儿）

	单位和百分比	婴儿		
		选择	未选	合计
男	（人）	4 656	2 906	7 562
	（%）	61.6	38.4	100.0
女	（人）	4 739	2 237	6 976
	（%）	67.9	32.1	100.0
合计	（人）	9 395	5 143	14 538
	（%）	64.6	35.4	100.0

资料来源：“中国大众人权观念调查研究”数据库，卷 A1；A12。

年龄对大众关于婴儿权利保护观念的影响：

将年龄与“您认为哪些人的权利应当得到保护”进行交叉分析，结果表明，不同年龄的受访者在“您认为哪些人的权利应当得到保护”问题上对婴儿的态度之间存在极其显著的差异（$x^2=107.997$，$df=5$，$p<0.01$）。60 岁以上的老年人受访者对婴儿权利的认可度最低，选择婴儿权利应受保护的比例仅为 55.8%，对婴儿权利认可度最高的是 30 岁以下的年轻人群体，选择婴儿的权利应当得到保护的比例均在 68%以上，两个极值之间相差约 12 个百分点。40 岁到 60 岁之间的中年群体受访者选择婴儿权利应受保护的比例低于年轻人，高于老年人（见表 3—41）。

表 3—41　年龄与“您认为哪些人的权利应当得到保护”交叉分析（婴儿）

	单位和百分比	年龄						合计
		18 岁以下	19～29 岁	30～39 岁	40～49 岁	50～59 岁	60 岁以上	
选择	（人）	907	4 477	1 703	1 483	541	306	9 417
	（%）	68.2	68.1	62.2	58.9	61.2	55.8	64.5
未选	（人）	423	2 097	1 033	1 035	343	242	5 173
	（%）	31.8	31.9	37.8	41.1	38.8	44.2	35.5
合计	（人）	1 330	6 574	2 736	2 518	884	548	14 590
	（%）	100.0	100.0	100.0	100.0	100.0	100.0	100.0

资料来源：“中国大众人权观念调查研究”数据库，卷 A2；A12。

民族对大众关于婴儿权利保护观念的影响：

将民族与“您认为哪些人的权利应当得到保护”进行交叉分析，结果表明，少数民族受访者对婴儿权利的认可度略高于汉族，汉族与少数民族选择婴儿的权利应当得到保护的比例仅相差 1.2 个百分点，民族因素对婴儿权利认可度的影响不大（见表 3—42）。同时，卡方检验表明，不同民族的受访者在“您认为哪些人的权利应当得到保护”问题上对婴儿的态度之间的差别不具有显著性（$x^2=0.686$，$df=1$，$p>0.05$）。

表 3—42　民族与“您认为哪些人的权利应当得到保护”交叉分析（婴儿）

	单位和百分比	婴儿		
		选择	未选	合计
汉族	（人）	8 532	4 691	13 223
	（%）	64.5	35.5	100.0
少数民族	（人）	887	464	1 351
	（%）	65.7	34.3	100.0
合计	（人）	9 419	5 155	14 574
	（%）	64.6	35.4	100.0

资料来源：“中国大众人权观念调查研究”数据库，卷 A3；A12。

政治面貌对大众关于婴儿权利保护观念的影响：

将政治面貌与“您认为哪些人的权利应当得到保护”进行交叉分析，结果表明，不同政治面貌的受访者在“您认为哪些人的权利应当得到保护”问题上对婴儿的态度之间存在显著的差异（$x^2=83.943$，$df=3$，$p<0.01$）。政治面貌为共青团员的受访者选择婴儿的权利应当得到保护的比例最高，为 69%，其余依次为中共党员 64.7%、民主党派成员 61.4%、群众 60.9%（见表 3—43）。

表 3—43　政治面貌与“您认为哪些人的权利应当得到保护”交叉分析（婴儿）

	单位和百分比	政治面貌				合计
		群众	共青团员	中共党员	民主党派成员	
选择	（人）	3 890	3 599	1 848	78	9 415
	（%）	60.9	69.0	64.7	61.4	64.5
未选	（人）	2 499	1 614	1 010	49	5 172
	（%）	39.1	31.0	35.3	38.6	35.5
合计	（人）	6 389	5 213	2 858	127	14 587
	（%）	100.0	100.0	100.0	100.0	100.0

资料来源：“中国大众人权观念调查研究”数据库，卷 A4；A12。

受教育水平对大众关于婴儿权利保护观念的影响：

将受教育水平与“您认为哪些人的权利应当得到保护”进行交叉分析，结果表明，不同学历的受访者在“您认为哪些人的权利应当得到保护”问题上对婴儿的态度之间存在显著的差异（$x^2=212.621$，$df=5$，$p<0.01$）。文化程度与对婴儿权利的保护意识之间呈正相关，受教育水平由低到高者对婴儿权利的认可度大致呈现为一个逐渐提升的趋势。选择婴儿的权利应当得到保护的比例最低的是小学及以下的受访者，为54.0%，随受教育水平的逐级提升而增长，硕士学历的受访者选择婴儿权利的比例达到最高值，为71.2%（见表3—44）。

表3—44　受教育水平与“您认为哪些人的权利应当得到保护”交叉分析（婴儿）

	单位和百分比	受教育水平						合计
		小学及以下	初中	高中或中专	本科或大专	硕士	博士	
选择	（人）	600	1 632	2 449	4 102	545	54	9 382
	（%）	54.0	57.7	62.9	70.2	71.2	69.2	64.6
未选	（人）	511	1 195	1 445	1 744	220	24	5 139
	（%）	46.0	42.3	37.1	29.8	28.8	30.8	35.4
合计	（人）	1 111	2 827	3 894	5 846	765	78	14 521
	（%）	100.0	100.0	100.0	100.0	100.0	100.0	100.0

资料来源：“中国大众人权观念调查研究”数据库，卷A5；A12。

个人年收入对大众关于婴儿权利保护观念的影响：

将个人年收入与“您认为哪些人的权利应当得到保护”进行交叉分析，结果表明，个人年收入不同的受访者在“您认为哪些人的权利应当得到保护”问题上对婴儿的态度之间存在显著的差异（$x^2=54.668$，$df=5$，$p<0.01$）。个人年收入在2 000元到1万元区间的受访者群体选择婴儿的权利应当得到保护的比例均为59.0%，随着个人年收入水平的提高，对婴儿权利的认可度也逐级递增。不过，收入为2 000元以下的受访者选择婴儿权利的比例达到了66.2%（见表3—45）。

表3—45　个人年收入与“您认为哪些人的权利应当得到保护”交叉分析（婴儿）

	单位和百分比	个人年收入						合计
		2 000元以下	2 000～5 000元	5 000～1万元	1万～3万元	3万～8万元	8万元以上	
选择	（人）	2 809	1 098	887	2 058	1 292	349	8 493
	（%）	66.2	59.0	59.0	64.4	66.7	67.2	64.1

续前表

	单位和百分比	个人收入						合计
		2 000 元以下	2 000～5 000 元	5 000～1 万元	1 万～3 万元	3 万～8 万元	8 万元以上	
未选	（人）	1 433	764	616	1 136	644	170	4 763
	（%）	33.8	41.0	41.0	35.6	33.3	32.8	35.9
合计	（人）	4 242	1 862	1 503	3 194	1 936	519	13 256
	（%）	100.0	100.0	100.0	100.0	100.0	100.0	100.0

资料来源："中国大众人权观念调查研究"数据库，卷 A6；A12。

有无宗教信仰对大众关于婴儿权利保护观念的影响：

将宗教信仰与"您认为哪些人的权利应当得到保护"进行交叉分析，结果表明，有宗教信仰和无宗教信仰的受访者在"您认为哪些人的权利应当得到保护"问题上对婴儿的态度之间存在显著的差异（$x^2=7.521$，$df=1$，$p<0.01$）。没有宗教信仰的群体选择婴儿的权利应当得到保护的比例较高，为 65.3%；有宗教信仰的选择婴儿的比例为 62.2%，比没有宗教信仰的受访者低约 3 个百分点（见表 3—46）。

表 3—46　宗教信仰与"您认为哪些人的权利应当得到保护"交叉分析（婴儿）

	单位和百分比	婴儿		
		选择	未选	合计
没有	（人）	8 027	4 267	12 294
	（%）	65.3	34.7	100.0
有	（人）	1 317	800	2 117
	（%）	62.2	37.8	100.0
合计	（人）	9 344	5 067	14 411
	（%）	64.8	35.2	100.0

资料来源："中国大众人权观念调查研究"数据库，卷 A7；A12。

城乡差别对大众关于婴儿权利保护观念的影响：

将户籍与"您认为哪些人的权利应当得到保护"进行交叉分析，结果表明，户籍因素对于婴儿的权利认知差异影响不大。城镇户籍的群体选择婴儿的权利应当得到保护的比例为 66%，农村户籍的受访者选择婴儿的权利应当得到保护的比例为 63.3%，二者相差 2.7 个百分点（见表 3—47）。不过，卡方检验显示，城镇户籍与农村户籍的受访者在"您认为哪些人的权利应当得到保护"问题上对婴儿的态度之间的差异仍然具有显著性（$x^2=11.634$，$df=1$，$p<0.01$）。

表 3—47　户籍与"您认为哪些人的权利应当得到保护"交叉分析（婴儿）

	单位和百分比	婴儿		
		选择	未选	合计
农村	（人）	4 211	2 443	6 654
	（%）	63.3	36.7	100.0
城镇	（人）	5 200	2 679	7 879
	（%）	66.0	34.0	100.0
合计	（人）	9 411	5 122	14 533
	（%）	64.8	35.2	100.0

资料来源："中国大众人权观念调查研究"数据库，卷 A8；A12。

职业对大众关于婴儿权利保护观念的影响：

将职业与"您认为哪些人的权利应当得到保护"进行交叉分析，结果表明，不同职业的受访者在"您认为哪些人的权利应当得到保护"问题上对婴儿的态度之间存在显著的差异（$x^2=213.832$，$df=8$，$p<0.01$）。不同职业群体之间对婴儿的权利认知存在明显分化，学生受访者群体选择婴儿权利应受保护的比例最高，达到 71.7%，职业为公职人员、企业员工、务工者、经商者的受访者对婴儿权利的认可度依次递减，在 60%～70%区间，离退休者、务农者、无业失业者选择婴儿的比例较低，均在 60%以下（见表 3—48）。

表 3—48　职业与"您认为哪些人的权利应当得到保护"交叉分析（婴儿）

	单位和百分比	职业									合计
		务农者	务工者	企业员工	公职人员	学生	经商者	离退休者	无业失业者	其他	
选择	（人）	864	1 204	1 391	1 593	3 036	558	224	165	395	9 430
	（%）	54.9	61.4	62.9	67.5	71.7	60.9	59.1	52.9	60.0	64.6
未选	（人）	711	756	819	766	1 199	359	155	147	263	5 175
	（%）	45.1	38.6	37.1	32.5	28.3	39.1	40.9	47.1	40.0	35.4
合计	（人）	1 575	1 960	2 210	2 359	4 235	917	379	312	658	14 605
	（%）	100.0	100.0	100.0	100.0	100.0	100.0	100.0	100.0	100.0	100.0

资料来源："中国大众人权观念调查研究"数据库，卷 A9；A12。

（五）罪犯

罪犯的概念，有广义和狭义两种理解。广义上的罪犯是指“实施了危害社会的行为，触犯了刑法的规定，经过人民法院依法审理与裁判，认为其行为已经构成犯罪并给予一定刑罚处罚或免于刑罚处罚之人”；而狭义上的罪犯是指“实施了危害社会的行为，经过人民法院依法审判被判处有期徒刑、无期徒刑、死刑缓期两年执行的被剥夺自由的刑罚，并交付监狱执行刑罚之人”。所谓罪犯权利，是指“罪犯依照法律规定享有的以及司法行政机关包括监狱部门根据矫正罪犯需要而授予的实现某种愿望或利益的可能性”。罪犯首先是作为一个“人”存在，且罪犯具有公民资格；我国宪法规定，我国公民是具有中华人民共和国国籍的自然人，罪犯虽然受到刑罚处罚，但其公民资格并没有被剥夺，罪犯作为公民仍然具有宪法和法律所赋予的权利和义务。罪犯未被依法剥夺与限制的权利不受侵犯，国家和社会应提供条件使其得以实现。对于罪犯的权利，中国大众的态度如何，我们分别以性别、年龄、民族、政治面貌、受教育水平、个人年收入、宗教信仰、户籍、职业为自变量予以考察。

性别对大众关于罪犯权利保护观念的影响：

将性别与“您认为哪些人的权利应当得到保护”进行交叉分析，结果表明，男性与女性对罪犯的权利认知差异不大，男性受访者选择罪犯的权利应当得到保护的比例为18.7%，女性为16.5%，相较于女性而言，男性更倾向于保护罪犯的权利（见表3—49）。卡方检验显示，不同性别的受访者在“您认为哪些人的权利应当得到保护”问题上对罪犯的态度之间的差异具有显著性（$x^2=11.977$，$df=1$，$p<0.01$）。

表3—49　性别与“您认为哪些人的权利应当得到保护”交叉分析（罪犯）

	单位和百分比	罪犯		
		选择	未选	合计
男	（人）	1 411	6 151	7 562
	（%）	18.7	81.3	100.0
女	（人）	1 149	5 827	6 976
	（%）	16.5	83.5	100.0
合计	（人）	2 560	11 978	14 538
	（%）	17.6	82.4	100.0

资料来源：“中国大众人权观念调查研究”数据库，卷A1；A12。

年龄对大众关于罪犯权利保护观念的影响：

将年龄与“您认为哪些人的权利应当得到保护”进行交叉分析，结果表明，不同年龄的受访者在“您认为哪些人的权利应当得到保护”问题上对罪犯的态度之间存在极其显著的差异（$x^2=315.912$，$df=5$，$p<0.01$）。年龄在19～29岁之间的受访者群体选择罪犯的权利应该受到保护的比例最高，为23.2%，其次是未满18周岁的未成年受访者，为18.6%。在成年的受访者当中，随着年龄的增长对罪犯权利的认可度逐渐降低，只有8.2%的60岁以上的老人认同罪犯的权利应受保护（见表3—50）。

表3—50　　年龄与“您认为哪些人的权利应当得到保护”交叉分析（罪犯）

	单位和百分比	年龄						合计
		18岁以下	19～29岁	30～39岁	40～49岁	50～59岁	60岁以上	
选择	（人）	247	1 527	391	267	91	45	2 568
	（%）	18.6	23.2	14.3	10.6	10.3	8.2	17.6
未选	（人）	1 083	5 047	2 345	2 251	793	503	12 022
	（%）	81.4	76.8	85.7	89.4	89.7	91.8	82.4
合计	（人）	1 330	6 574	2 736	2 518	884	548	14 590
	（%）	100.0	100.0	100.0	100.0	100.0	100.0	100.0

资料来源：“中国大众人权观念调查研究”数据库，卷A2；A12。

民族对大众关于罪犯权利保护观念的影响：

将民族与“您认为哪些人的权利应当得到保护”进行交叉分析，结果表明，汉族受访者与少数民族受访者选择罪犯的权利应当得到保护的比例仅相差0.4个百分点，民族因素对于对罪犯权利认可度的影响不大（见表3—51）。同时，卡方检验表明，不同民族的受访者在“您认为哪些人的权利应当得到保护”问题上对罪犯的态度之间的差别不具有显著性（$x^2=0.105$，$df=1,p>0.05$）。

表3—51　　民族与“您认为哪些人的权利应当得到保护”交叉分析（罪犯）

	单位和百分比	罪犯		
		选择	未选	合计
汉族	（人）	2 337	10 886	13 223
	（%）	17.7	82.3	100.0

续前表

	单位和百分比	罪犯		
		选择	未选	合计
少数民族	(人)	234	1 117	1 351
	(%)	17.3	82.7	100.0
合计	(人)	2 571	12 003	14 574
	(%)	17.6	82.4	100.0

资料来源："中国大众人权观念调查研究"数据库，卷 A3；A12。

政治面貌对大众关于罪犯权利保护观念的影响：

将政治面貌与"您认为哪些人的权利应当得到保护"进行交叉分析，结果表明，不同政治面貌的受访者在"您认为哪些人的权利应当得到保护"问题上对罪犯的态度之间存在显著的差异（$x^2=333.572$，$df=3$，$p<0.01$）。在各种政治面貌中，选择罪犯的权利应受保护的受访者比例最高的是民主党派成员，为 30.7%，比例最低的是群众，为 11.3%，共青团员和中共党员介于二者之间，分别为 21.1%和 24.8%（见表 3—52）。

表 3—52　政治面貌与"您认为哪些人的权利应当得到保护"交叉分析（罪犯）

	单位和百分比	政治面貌				合计
		群众	共青团员	中共党员	民主党派成员	
选择	(人)	724	1 101	708	39	2 572
	(%)	11.3	21.1	24.8	30.7	17.6
未选	(人)	5 665	4 112	2 150	88	12 015
	(%)	88.7	78.9	75.2	69.3	82.4
合计	(人)	6 389	5 213	2 858	127	14 587
	(%)	100.0	100.0	100.0	100.0	100.0

资料来源："中国大众人权观念调查研究"数据库，卷 A4；A12。

受教育水平对大众关于罪犯权利保护观念的影响：

将受教育水平与"您认为哪些人的权利应当得到保护"进行交叉分析，结果表明，不同学历的受访者在"您认为哪些人的权利应当得到保护"问题上对罪犯的态度之间存在显著的差异（$x^2=1016.981$，$df=5$，$p<0.01$）。文化程度与对罪犯权利的保护意识之间基本呈正相关关系，受教育水平由低到高者对罪犯权利的认可度大致呈现为一个逐渐提升的趋势。选择罪犯的权利应当得到保护的比例最低的是小学及以下的受访者，仅有 6.3%，随受教育水平的提升，选择罪犯权利应受保护的比例逐渐提高

(博士学历者除外)，硕士学历的受访者选择罪犯权利应当得到保护的比例达到最高值，为 46.4%，两个极值之间相差约 40 个百分点（见表 3—53)。

表 3—53 受教育水平与“您认为哪些人的权利应当得到保护”交叉分析（罪犯）

	单位和百分比	受教育水平						合计
		小学及以下	初中	高中或中专	本科或大专	硕士	博士	
选择	(人)	70	216	470	1 422	355	31	2 564
	(%)	6.3	7.6	12.1	24.3	46.4	39.7	17.7
未选	(人)	1 041	2 611	3 424	4 424	410	47	11 957
	(%)	93.7	92.4	87.9	75.7	53.6	60.3	82.3
合计	(人)	1 111	2 827	3 894	5 846	765	78	14 521
	(%)	100.0	100.0	100.0	100.0	100.0	100.0	100.0

资料来源：“中国大众人权观念调查研究”数据库，卷 A5；A12。

个人年收入对大众关于罪犯权利保护观念的影响：

将个人年收入与“您认为哪些人的权利应当得到保护”进行交叉分析，结果表明，个人年收入不同的受访者在“您认为哪些人的权利应当得到保护”问题上对罪犯的态度之间存在显著的差异（$x^2=197.474$，$df=5$，$p<0.01$）。个人年收入为 8 万元以上的受访者群体选择罪犯的权利应当得到保护的比例最高，为 23.5%。个人年收入在 5 000 元以上的受访者群体中，随着收入的提高，对罪犯权利的认可度也逐渐提高，值得注意的是，收入为2 000 元以下的，比例达到了 21.4%，而收入在 2 000～5 000 元区间的受访者选择罪犯的比例也有 13.9%（见表 3—54)。

表 3—54 个人年收入与“您认为哪些人的权利应当得到保护”交叉分析（罪犯）

	单位和百分比	个人年收入						合计
		2 000 元以下	2 000～5 000 元	5 000～1 万元	1 万～3 万元	3 万～8 万元	8 万元以上	
选择	(人)	908	258	155	422	425	122	2 290
	(%)	21.4	13.9	10.3	13.2	22.0	23.5	17.3
未选	(人)	3 334	1 604	1 348	2 772	1 511	397	10 966
	(%)	78.6	86.1	89.7	86.8	78.0	76.5	82.7
合计	(人)	4 242	1 862	1 503	3 194	1 936	519	13 256
	(%)	100.0	100.0	100.0	100.0	100.0	100.0	100.0

资料来源：“中国大众人权观念调查研究”数据库，卷 A6；A12。

有无宗教信仰对大众关于罪犯权利保护观念的影响：

将宗教信仰与“您认为哪些人的权利应当得到保护”进行交叉分析，结果表明，有宗教信仰和无宗教信仰的受访者在“您认为哪些人的权利应当得到保护”问题上对罪犯的态度之间存在一定程度的差异（$x^2=4.180$，$df=1$，$p<0.05$）。没有宗教信仰的受访者选择罪犯的权利应当得到保护的比例较高，为18%；有宗教信仰的受访者为16.2%，约低于没有宗教信仰的群体1.8个百分点（见表3—55）。

表3—55　宗教信仰与“您认为哪些人的权利应当得到保护”交叉分析（罪犯）

	单位和百分比	罪犯		
		选择	未选	合计
没有	（人）	2 218	10 076	12 294
	（%）	18.0	82.0	100.0
有	（人）	343	1 774	2 117
	（%）	16.2	83.8	100.0
合计	（人）	2 561	11 850	14 411
	（%）	17.8	82.2	100.0

资料来源：“中国大众人权观念调查研究”数据库，卷A7；A12。

城乡差别对大众关于罪犯权利保护观念的影响：

将户籍与“您认为哪些人的权利应当得到保护”进行交叉分析，结果表明，户籍因素对于罪犯的权利认知有所影响，城镇户籍的受访者选择罪犯的权利应当得到保护的比例为21.1%，农村户籍为13.6%，低于城镇户籍约7个百分点（见表3—56）。同时，卡方检验显示，城镇户籍与农村户籍的受访者在“您认为哪些人的权利应当得到保护”问题上对罪犯的态度之间的差异仍然具有显著性（$x^2=140.737$，$df=1$，$p<0.01$）。

表3—56　户籍与“您认为哪些人的权利应当得到保护”交叉分析（罪犯）

	单位和百分比	罪犯		
		选择	未选	合计
农村	（人）	904	5 750	6 654
	（%）	13.6	86.4	100.0

续前表

	单位和百分比	罪犯		
		选择	未选	合计
城镇	（人）	1 664	6 215	7 879
	（%）	21.1	78.9	100.0
合计	（人）	2 568	11 965	14 533
	（%）	17.7	82.3	100.0

资料来源："中国大众人权观念调查研究"数据库，卷 A8；A12。

职业对大众关于罪犯权利保护观念的影响：

将职业与"您认为哪些人的权利应当得到保护"进行交叉分析，结果表明，不同职业的受访者在"您认为哪些人的权利应当得到保护"问题上对罪犯的态度之间存在显著的差异（$x^2=507.464$，$df=8$，$p<0.01$）。不同职业群体之间对罪犯的权利认知存在明显分化，公职人员、学生这两类受访者群体选择罪犯的权利应当得到保护的比例较高，高于平均值，其中，学生受访者达到最高比例，为 26.4%，企业、经商、离退休、无业失业的受访者选择罪犯权利应受保护的比例则介于 10%与 20%之间，务工、务农的受访者对罪犯权利认可度较低，均在 10%以下（见表 3—57）。

表 3—57　职业与"您认为哪些人的权利应当得到保护"交叉分析（罪犯）

	单位和百分比	职业									合计
		务农者	务工者	企业员工	公职人员	学生	经商者	离退休者	无业失业者	其他	
选择	（人）	116	188	380	503	1 120	111	42	33	78	2 571
	（%）	7.4	9.6	17.2	21.3	26.4	12.1	11.1	10.6	11.9	17.6
未选	（人）	1 459	1 772	1 830	1 856	3 115	806	337	279	580	12 034
	（%）	92.6	90.4	82.8	78.7	73.6	87.9	88.9	89.4	88.1	82.4
合计	（人）	1 575	1 960	2 210	2 359	4 235	917	379	312	658	14 605
	（%）	100.0	100.0	100.0	100.0	100.0	100.0	100.0	100.0	100.0	100.0

资料来源："中国大众人权观念调查研究"数据库，卷 A9；A12。

（六）吸毒人员

根据我国禁毒法的规定，吸毒行为在我国不是犯罪，吸毒成瘾者往往被理解为是"特殊的病人"，被认为是社会学意义上的弱势群体。我国禁毒法明确了对吸毒成瘾者权利的保障态度，为保障吸毒成瘾者权利提供了制度可能性。对吸毒成瘾者权利的强调，一般并非是要求对其如同少数民族、妇女、儿童那样进行特别保障和特别立法，而是恢复其在宪法、法律上享有的，但现实中却往往被忽视或被损害的公民的基本权利。因为，吸毒者容易受到不规范的执法与随意盘问、传唤，或受到辅助警力滥用的伤害，被随意搜查人身、没收个人财产，以及无休止的尿检对人格尊严、名誉的伤害等。对于吸毒者的权利，中国大众的态度如何，我们分别以性别、年龄、民族、政治面貌、受教育水平、个人年收入、宗教信仰、户籍、职业为自变量予以考察。

性别对大众关于吸毒人员保护观念的影响：

将性别与“您认为哪些人的权利应当得到保护”进行交叉分析，结果表明，男性与女性对吸毒人员的权利认知略有差异。男性选择吸毒人员的权利应当得到保护的比例为 16.6%，女性选择的比例为 14.6%，二者相差 2 个百分点，相对于女性而言，男性更倾向于认同吸毒人员的权利（见表 3—58）。同时，卡方检验相关分析显示，不同性别的受访者在“您认为哪些人的权利应当得到保护”问题上对吸毒人员的态度之间的差异具有显著性（$x^2=10.979$，$df=1$，$p<0.01$）。

表 3—58　　性别与“您认为哪些人的权利应当得到保护”交叉分析（吸毒人员）

	单位和百分比	吸毒人员		
		选择	未选	合计
男	（人）	1 258	6 304	7 562
	（%）	16.6	83.4	100.0
女	（人）	1 021	5 955	6 976
	（%）	14.6	85.4	100.0
合计	（人）	2 279	12 259	14 538
	（%）	15.7	84.3	100.0

资料来源：“中国大众人权观念调查研究”数据库，卷 A1；A12。

年龄对大众关于吸毒人员权利保护观念的影响：

将年龄与“您认为哪些人的权利应当得到保护”进行交叉分析，结果表明，不同年龄的受访者在“您认为哪些人的权利应当得到保护”问题上对吸毒人员的态度之间存在极其显著的差异（$x^2=268.591$，$df=5$，$p<0.01$）。19～29 岁的受访者群体对吸毒人员权利的认可度最高，选择吸毒人员权利应受保护的比例为 20.6%，对吸毒人员权利认可度最低的是 60 岁以上的老年人受访者群体，选择吸毒人员权利应当得到保护的比例仅有

8.4%，两个极值之间相差约 12 个百分点。一个基本的趋势是，年轻人对吸毒人员权利的认可度普遍高于年长者；除 18 岁以下的群体外，年龄越长者，越倾向于不认可保护吸毒人员的权利（见表 3—59）。

表 3—59 年龄与“您认为哪些人的权利应当得到保护”交叉分析（吸毒人员）

	单位和百分比	年龄						合计
		18 岁以下	19～29 岁	30～39 岁	40～49 岁	50～59 岁	60 岁以上	
选择	（人）	217	1 355	365	231	76	46	2 290
	（%）	16.3	20.6	13.3	9.2	8.6	8.4	15.7
未选	（人）	1 113	5 219	2 371	2 287	808	502	12 300
	（%）	83.7	79.4	86.7	90.8	91.4	91.6	84.3
合计	（人）	1 330	6 574	2 736	2 518	884	548	14 590
	（%）	100.0	100.0	100.0	100.0	100.0	100.0	100.0

资料来源：“中国大众人权观念调查研究”数据库，卷 A2；A12。

民族对大众关于吸毒人员权利保护观念的影响：

将民族与“您认为哪些人的权利应当得到保护”进行交叉分析，结果表明，汉族受访者对吸毒人员权利的认可度略微高于少数民族受访者，汉族与少数民族选择吸毒人员的权利应当得到保护的比例仅相差 0.6 个百分点，民族因素对吸毒人员权利认可度的影响不大（见表 3—60）。同时，卡方检验表明，不同民族的受访者在“您认为哪些人的权利应当得到保护”问题上对吸毒人员的态度之间的差别不具有显著性（$x^2=0.368$，$df=1$，$p>0.05$）。

表 3—60 民族与“您认为哪些人的权利应当得到保护”交叉分析（吸毒人员）

	单位和百分比	吸毒人员		
		选择	未选	合计
汉族	（人）	2 080	11 143	13 223
	（%）	15.7	84.3	100.0
少数民族	（人）	204	1 147	1 351
	（%）	15.1	84.9	100.0
合计	（人）	2 284	12 290	14 574
	（%）	15.7	84.3	100.0

资料来源：“中国大众人权观念调查研究”数据库，卷 A3；A12。

政治面貌对大众关于吸毒人员权利保护观念的影响：

将政治面貌与“您认为哪些人的权利应当得到保护”进行交叉分析，结果表明，不同政治面貌的受访者在“您认为哪些人的权利应当得到保护”问题上对吸毒人员的态度之间存在显著的差异（$x^2=297.265$，$df=3$，$p<0.01$）。政治面貌为民主党派的受访者选择吸毒人员的权利应当得到保护的比例最高，为28.3%，其余依次为中共党员21.4%、共青团员19.3%、群众9.9%（见表3—61）。

表3—61　政治面貌与“您认为哪些人的权利应当得到保护”交叉分析（吸毒人员）

	单位和百分比	政治面貌				合计
		群众	共青团员	中共党员	民主党派成员	
选择	（人）	634	1 004	612	36	2 286
	（%）	9.9	19.3	21.4	28.3	15.7
未选	（人）	5 755	4 209	2 246	91	12 301
	（%）	90.1	80.7	78.6	71.7	84.3
合计	（人）	6 389	5 213	2 858	127	14 587
	（%）	100.0	100.0	100.0	100.0	100.0

资料来源：“中国大众人权观念调查研究”数据库，卷A4；A12。

受教育水平对大众关于吸毒人员权利保护观念的影响：

将受教育水平与“您认为哪些人的权利应当得到保护”进行交叉分析，结果表明，不同学历的受访者在“您认为哪些人的权利应当得到保护”问题上对吸毒人员的态度之间存在显著的差异（$x^2=798.973$，$df=5$，$p<0.01$）。文化程度与对吸毒人员权利的保护意识之间大致呈正相关，受教育水平由低到高者对吸毒人员权利的认可度大致呈现为一个逐渐提升的趋势。小学及以下和初中学历的受访者选择吸毒人员的权利应当得到保护的比例较低，仅为6.8%和6.4%；随受教育水平的逐级提升而增长，硕士学历的受访者选择吸毒人员权利的比例达到最高值，为37.4%（见表3—62）。

表3—62　受教育水平与“您认为哪些人的权利应当得到保护”交叉分析（吸毒人员）

	单位和百分比	受教育水平						合计
		小学及以下	初中	高中或中专	本科或大专	硕士	博士	
选择	（人）	76	182	412	1 292	286	26	2 274
	（%）	6.8	6.4	10.6	22.1	37.4	33.3	15.7

续前表

	单位和百分比	受教育水平						合计
		小学及以下	初中	高中或中专	本科或大专	硕士	博士	
未选	(人)	1 035	2 645	3 482	4 554	479	52	12 247
	(%)	93.2	93.6	89.4	77.9	62.6	66.7	84.3
合计	(人)	1 111	2 827	3 894	5 846	765	78	14 521
	(%)	100.0	100.0	100.0	100.0	100.0	100.0	100.0

资料来源："中国大众人权观念调查研究"数据库，卷 A5；A12。

个人年收入对大众关于吸毒人员权利保护观念的影响：

将个人年收入与"您认为哪些人的权利应当得到保护"进行交叉分析，结果表明，个人年收入不同的受访者在"您认为哪些人的权利应当得到保护"问题上对吸毒人员的态度之间存在显著的差异（$x^2=194.684$，$df=5$，$p<0.01$）。个人年收入在 8 万元以上的受访者群体选择吸毒人员的权利应当得到保护的比例最高，为 24.7%；收入在 5 000 元以上的群体中，随着个人年收入水平的下降，对吸毒人员权利的认可度也逐渐下降。不过，收入为 2 000 元以下的受访者选择吸毒人员权利的比例达到了 19.3%，收入为 5 000 元到 1 万元的受访者选择吸毒人员权利的比例最低，为 9.4%（见表 3—63）。

表 3—63　　个人年收入与"您认为哪些人的权利应当得到保护"交叉分析（吸毒人员）

	单位和百分比	个人年收入						合计
		2 000 元以下	2 000～5 000 元	5 000～1 万元	1 万～3 万元	3 万～8 万元	8 万元以上	
选择	(人)	819	212	142	387	373	128	2 061
	(%)	19.3	11.4	9.4	12.1	19.3	24.7	15.5
未选	(人)	3 423	1 650	1 361	2 807	1 563	391	11 195
	(%)	80.7	88.6	90.6	87.9	80.7	75.3	84.5
合计	(人)	4 242	1 862	1 503	3 194	1 936	519	13 256
	(%)	100.0	100.0	100.0	100.0	100.0	100.0	100.0

资料来源："中国大众人权观念调查研究"数据库，卷 A6；A12。

有无宗教信仰对大众关于吸毒人员权利保护观念的影响：

将宗教信仰与"您认为哪些人的权利应当得到保护"进行交叉分析，结果表明，没有宗教信仰的群体选择吸毒人员的权利应当得到保护的比例为 15.8%，有宗教信仰的选择的比例为 15.1%，二者仅相差 0.7 个百分点，有没有宗教信仰对是否认同吸毒人员的权利几乎没有影响（见表

3—64)。同时，卡方检验显示，宗教信仰因素在“您认为哪些人的权利应当得到保护”问题上对吸毒人员的态度之间的差异不具有显著性(x^2=0.755，df=1，p>0.05)。

表 3—64　　宗教信仰与“您认为哪些人的权利应当得到保护”交叉分析（吸毒人员）

	单位和百分比	吸毒人员		
		选择	未选	合计
没有	(人)	1 944	10 350	12 294
	(%)	15.8	84.2	100.0
有	(人)	319	1 798	2 117
	(%)	15.1	84.9	100.0
合计	(人)	2 263	12 148	14 411
	(%)	15.7	84.3	100.0

资料来源：“中国大众人权观念调查研究”数据库，卷 A7；A12。

城乡差别对大众关于吸毒人员权利保护观念的影响：

将户籍与“您认为哪些人的权利应当得到保护”进行交叉分析，结果表明，户籍因素对于吸毒人员的权利认知有所影响。城镇户籍的群体选择吸毒人员的权利应当得到保护的比例为 18.9%，农村户籍的受访者选择的比例为 11.7%，二者相差 7.2 个百分点（见表 3—65）。同时，卡方检验显示，城镇户籍与农村户籍的受访者在“您认为哪些人的权利应当得到保护”问题上对吸毒人员的态度之间的差异具有显著性(x^2=144.030，df=1，p<0.01)。

表 3—65　　户籍与“您认为哪些人的权利应当得到保护”交叉分析（吸毒人员）

	单位和百分比	吸毒人员		
		选择	未选	合计
农村	(人)	776	5 878	6 654
	(%)	11.7	88.3	100.0
城镇	(人)	1 490	6 389	7 879
	(%)	18.9	81.1	100.0
合计	(人)	2 266	12 267	14 533
	(%)	15.6	84.4	100.0

资料来源：“中国大众人权观念调查研究”数据库，卷 A8；A12。

职业对大众关于吸毒人员权利保护观念的影响：

将职业与“您认为哪些人的权利应当得到保护”进行交叉分析，结果表明，不同职业的受访者在“您认为哪些人的权利应当得到保护”问题上对吸毒人员的态度之间存在显著的差异（$x^2=463.031$，$df=8$，$p<0.01$）。不同职业群体之间对吸毒人员的权利认知存在明显分化，学生受访者群体选择吸毒人员权利应受保护的比例最高，达到23.1%，其次为公职人员和企业员工，均在平均值15.6%以上，再次是经商、离退休、无业失业者、务工和务农的受访者，均低于平均值，选择吸毒人员权利应受保护的比例最低的是务农的受访者，仅有6.0%（见表3—66）。

表3—66　职业与“您认为哪些人的权利应当得到保护”交叉分析（吸毒人员）

	单位和百分比	职业									合计
		务农者	务工者	企业员工	公职人员	学生	经商者	离退休者	无业失业者	其他	
选择	（人）	95	160	353	467	979	92	34	26	72	2 278
	（%）	6.0	8.2	16.0	19.8	23.1	10.0	9.0	8.3	10.9	15.6
未选	（人）	1 480	1 800	1 857	1 892	3 256	825	345	286	586	12 327
	（%）	94.0	91.8	84.0	80.2	76.9	90.0	91.0	91.7	89.1	84.4
合计	（人）	1 575	1 960	2 210	2 359	4 235	917	379	312	658	14 605
	（%）	100.0	100.0	100.0	100.0	100.0	100.0	100.0	100.0	100.0	100.0

资料来源：“中国大众人权观念调查研究”数据库，卷A9；A12。

（七）同性恋者

同性恋者，一般是指对异性人士不能做出性反应，却在性爱、心理、情感上被自己同性别的人所吸引的人。同性恋现象在人类社会自古有之，长期以来被误认为是病态的，不为人们所理解和接受。由于在性取向上属于少数人，同性恋群体容易受到歧视以及其他不公平对待，属于弱势群体。如何确定同性恋者的法律地位和享有的权利？在基本人权方面，同性恋者是否应和他人一样享有自由权、平等权、人格权等？在婚姻家庭方面，其婚姻权利是否同样受到法律的支持和保护？等等，都是有待解决的问题。对于这样一类群体的权利，中国大众的态度如何，我们分别以性别、年龄、民族、政治面貌、受教育水平、个人年收入、宗教信仰、户籍、职业为自变量予以考察。

性别对大众关于同性恋者权利保护观念的影响：

将性别与“您认为哪些人的权利应当得到保护”进行交叉分析，结果表明，男性与女性对同性恋者的权利认知有所差异。男性选择同性恋者的权利应当得到保护的比例为 21.0%，女性选择同性恋者的权利应当得到保护的比例为 24.7%，男性低于女性 3.7 个百分点，这说明相对于男性而言，女性更倾向于认同同性恋者的权利（见表 3—67）。同时，卡方检验相关分析显示，不同性别的受访者在“您认为哪些人的权利应当得到保护”问题上对同性恋者的态度之间的差异具有显著性（$x^2=29.085$，$df=1$，$p<0.01$）。

表 3—67 性别与“您认为哪些人的权利应当得到保护”交叉分析（同性恋者）

	单位和百分比	同性恋者		
		选择	未选	合计
男	（人）	1 587	5 975	7 562
	（%）	21.0	79.0	100.0
女	（人）	1 726	5 250	6 976
	（%）	24.7	75.3	100.0
合计	（人）	3 313	11 225	14 538
	（%）	22.8	77.2	100.0

资料来源：“中国大众人权观念调查研究”数据库，卷 A1；A12。

年龄对大众关于同性恋者权利保护观念的影响：

将年龄与“您认为哪些人的权利应当得到保护”进行交叉分析，结果表明，不同年龄的受访者在“您认为哪些人的权利应当得到保护”问题上对同性恋者的态度之间存在显著的差异（$x^2=744.666$，$df=5$，$p<0.01$）。民众对同性恋者权利的认可度与其年龄之间有着典型的相关性，年轻人倾向于认同同性恋者的权利，年龄越长，越倾向于不认同同性恋者的权利。60 岁以上的老年人受访者对同性恋者权利的认可度最低，选择同性恋者权利应受保护的比例仅为 8.9%，对同性恋者权利认可度最高的是 30 岁以下的年轻人群体，选择同性恋者的权利应当得到保护的比例均为 31.3%，两个极值之间相差约 20 多个百分点（见表 3—68）。

表 3—68 年龄与“您认为哪些人的权利应当得到保护”交叉分析（同性恋者）

	单位和百分比	年龄						合计
		18 岁以下	19～29 岁	30～39 岁	40～49 岁	50～59 岁	60 岁以上	
选择	（人）	416	2 058	440	278	82	49	3 323
	（%）	31.3	31.3	16.1	11.0	9.3	8.9	22.8

续前表

	单位和百分比	年龄						合计
		18岁以下	19～29岁	30～39岁	40～49岁	50～59岁	60岁以上	
未选	（人）	914	4 516	2 296	2 240	802	499	11 267
	（%）	68.7	68.7	83.9	89.0	90.7	91.1	77.2
合计	（人）	1 330	6 574	2 736	2 518	884	548	14 590
	（%）	100.0	100.0	100.0	100.0	100.0	100.0	100.0

资料来源："中国大众人权观念调查研究"数据库，卷A2；A12。

民族对大众关于同性恋者权利保护观念的影响：

将民族与"您认为哪些人的权利应当得到保护"进行交叉分析，结果表明，汉族与少数民族选择同性恋者的权利应当得到保护的比例相差3.7个百分点，少数民族受访者对同性恋者权利的认可度略高于汉族（见表3—69）。同时，卡方检验表明，不同民族的受访者在"您认为哪些人的权利应当得到保护"问题上对同性恋者的态度之间的差别具有显著性（$x^2=9.573$，$df=1$，$p<0.01$）。

表3—69　民族与"您认为哪些人的权利应当得到保护"交叉分析（同性恋者）

	单位和百分比	同性恋者		
		选择	未选	合计
汉族	（人）	2 965	10 258	13 223
	（%）	22.4	77.6	100.0
少数民族	（人）	353	998	1 351
	（%）	26.1	73.9	100.0
合计	（人）	3 318	11 256	14 574
	（%）	22.8	77.2	100.0

资料来源："中国大众人权观念调查研究"数据库，卷A3；A12。

政治面貌对大众关于同性恋者权利保护观念的影响：

将政治面貌与"您认为哪些人的权利应当得到保护"进行交叉分析，结果表明，不同政治面貌的受访者在"您认为哪些人的权利应当得到保护"问题上对同性恋者的态度之间存在显著的差异（$x^2=638.576$，$df=3$，$p<0.01$）。政治面貌为民主党派的受访者选择同性恋者的权利应当得到保护的比例最高，为36.2%，其余依次为共青团员31.8%、中共党员27.6%、群众13.0%（见表3—70）。

表 3—70　政治面貌与“您认为哪些人的权利应当得到保护”交叉分析（同性恋者）

	单位和百分比	政治面貌				合计
		群众	共青团员	中共党员	民主党派成员	
选择	（人）	831	1 657	790	46	3 324
	（%）	13.0	31.8	27.6	36.2	22.8
未选	（人）	5 558	3 556	2 068	81	11 263
	（%）	87.0	68.2	72.4	63.8	77.2
合计	（人）	6 389	5 213	2 858	127	14 587
	（%）	100.0	100.0	100.0	100.0	100.0

资料来源：“中国大众人权观念调查研究”数据库，卷 A4；A12。

受教育水平对大众关于同性恋者权利保护观念的影响：

将受教育水平与“您认为哪些人的权利应当得到保护”进行交叉分析，结果表明，不同学历的受访者在“您认为哪些人的权利应当得到保护”问题上对同性恋者的态度之间存在显著的差异（$x^2=1\ 326.517$，$df=5$，$p<0.01$）。文化程度与对同性恋者权利的保护意识之间呈正相关，受教育水平由低到高者对同性恋者权利的认可度大致呈现为一个逐渐提升的趋势。选择同性恋者的权利应当得到保护的比例最低的是小学及以下的受访者，仅有 6.3%；除博士学历群体外，随受教育水平的逐级提升而逐级增长，硕士学历的受访者选择同性恋者权利应当得到保护的比例达到最高值，为 49.2%（见表 3—71）。

表 3—71　受教育水平与“您认为哪些人的权利应当得到保护”交叉分析（同性恋者）

	单位和百分比	受教育水平						合计
		小学及以下	初中	高中或中专	本科或大专	硕士	博士	
选择	（人）	70	223	645	1 958	376	38	3 310
	（%）	6.3	7.9	16.6	33.5	49.2	48.7	22.8
未选	（人）	1 041	2 604	3 249	3 888	389	40	11 211
	（%）	93.7	92.1	83.4	66.5	50.8	51.3	77.2
合计	（人）	1 111	2 827	3 894	5 846	765	78	14 521
	（%）	100.0	100.0	100.0	100.0	100.0	100.0	100.0

资料来源：“中国大众人权观念调查研究”数据库，卷 A5；A12。

个人年收入对大众关于同性恋者权利保护观念的影响：

将个人年收入与“您认为哪些人的权利应当得到保护”进行交叉分析，结果表明，个人年收入不同的受访者在“您认为哪些人的权利应当得到保护”问题上对同性恋者的态度之间存在显著的差异（$x^2=377.981$，$df=5$，$p<0.01$）。个人年收入在 3 万～8 万元和 8 万元以上的较高收入受访者群体选择同性恋者的权利应当得到保护的比例较高，均超过平均值 21.9%，个人年收入在 2 000 元到 3 万元之间的受访者对同性恋者权利的认可度低于平均值。不过，收入为 2 000 元以下的受访者选择认可同性恋者权利的比例达到了 29.8%（见表 3—72）。

表 3—72　个人年收入与“您认为哪些人的权利应当得到保护”交叉分析（同性恋者）

	单位和百分比	个人年收入						合计
		2 000 元以下	2 000～5 000 元	5 000～1 万元	1 万～3 万元	3 万～8 万元	8 万元以上	
选择	（人）	1 264	286	172	533	503	145	2 903
	（%）	29.8	15.4	11.4	16.7	26.0	27.9	21.9
未选	（人）	2 978	1 576	1 331	2 661	1 433	374	10 353
	（%）	70.2	84.6	88.6	83.3	74.0	72.1	78.1
合计	（人）	4 242	1 862	1 503	3 194	1 936	519	13 256
	（%）	100.0	100.0	100.0	100.0	100.0	100.0	100.0

资料来源：“中国大众人权观念调查研究”数据库，卷 A6；A12。

有无宗教信仰对大众关于同性恋者权利保护观念的影响：

将宗教信仰与“您认为哪些人的权利应当得到保护”进行交叉分析，结果表明，有宗教信仰和无宗教信仰的受访者在“您认为哪些人的权利应当得到保护”问题上对同性恋者的态度之间存在一定程度的差异（$x^2=4.646$，$df=1$，$p<0.05$）。没有宗教信仰的群体选择同性恋者的权利应当得到保护的比例较高，为 23.2%，有宗教信仰的选择同性恋者的权利应当得到保护的比例为 21.1%，比没有宗教信仰的受访者低约 2 个百分点（见表 3—73）。

表 3—73　宗教信仰与“您认为哪些人的权利应当得到保护”交叉分析（同性恋者）

	单位和百分比	同性恋者		
		选择	未选	合计
没有	（人）	2 858	9 436	12 294
	（%）	23.2	76.8	100.0
有	（人）	447	1 670	2 117
	（%）	21.1	78.9	100.0
合计	（人）	3 305	11 106	14 411
	（%）	22.9	77.1	100.0

资料来源：“中国大众人权观念调查研究”数据库，卷 A7；A12。

城乡差别对大众关于同性恋者权利保护观念的影响：

将户籍与“您认为哪些人的权利应当得到保护”进行交叉分析，结果表明，户籍因素对于同性恋者的权利认知影响很大。城镇户籍的群体选择同性恋者的权利应当得到保护的比例为27.4%，农村户籍的受访者选择同性恋者的权利应当得到保护的比例仅为17.5%，二者相差近10个百分点（见表3—74）。同时，卡方检验显示，城镇户籍与农村户籍的受访者在“您认为哪些人的权利应当得到保护”问题上对同性恋者的态度之间的差异具有显著性（$x^2=201.765$，$df=1$，$p<0.01$）。

表3—74　户籍与“您认为哪些人的权利应当得到保护”交叉分析（同性恋者）

	单位和百分比	同性恋者		
		选择	未选	合计
农村	（人）	1 164	5 490	6 654
	（%）	17.5	82.5	100.0
城镇	（人）	2 161	5 718	7 879
	（%）	27.4	72.6	100.0
合计	（人）	3 325	11 208	14 533
	（%）	22.9	77.1	100.0

资料来源：“中国大众人权观念调查研究”数据库，卷A8；A12。

职业对大众关于同性恋者权利保护观念的影响：

将职业与“您认为哪些人的权利应当得到保护”进行交叉分析，结果表明，不同职业的受访者在“您认为哪些人的权利应当得到保护”问题上对同性恋者的态度之间存在显著的差异（$x^2=984.813$，$df=8$，$p<0.01$）。不同职业群体之间对同性恋者的权利认知存在明显分化，学生受访者群体选择同性恋者权利应受保护的比例最高，达到37.6%，其次为公职人员，仅此二者对同性恋者权利的认可度高于平均值，企业员工、经商者、离退休者、务工者对同性恋者权利的认可度依次递减，均低于平均值，务农、无业失业的受访者选择同性恋者的比例最低，均在10%以下（见表3—75）。

表3—75　职业与“您认为哪些人的权利应当得到保护”交叉分析（同性恋者）

	单位和百分比	职业									合计
		务农者	务工者	企业员工	公职人员	学生	经商者	离退休者	无业失业者	其他	
选择	（人）	147	205	477	596	1 593	138	41	29	102	3 328
	（%）	9.3	10.5	21.6	25.3	37.6	15.0	10.8	9.3	15.5	22.8

续前表

	单位和百分比	职业									合计
		务农者	务工者	企业员工	公职人员	学生	经商者	离退休者	无业失业者	其他	
未选	(人)	1 428	1 755	1 733	1 763	2 642	779	338	283	556	11 277
	(%)	90.7	89.5	78.4	74.7	62.4	85.0	89.2	90.7	84.5	77.2
合计	(人)	1 575	1 960	2 210	2 359	4 235	917	379	312	658	14 605
	(%)	100.0	100.0	100.0	100.0	100.0	100.0	100.0	100.0	100.0	100.0

资料来源："中国大众人权观念调查研究"数据库，卷 A9；A12。

(八) 乞讨、流浪人员

按照《城市生活无着的流浪乞讨人员救助管理办法实施细则》的界定，"流浪乞讨人员"是指因自身无力解决食宿，无亲友投靠，又不享受城市最低生活保障或者农村五保供养，正在城市流浪乞讨度日的人员。乞讨和流浪人员或是由于自身能力、自然或社会因素影响，其生存状态、生活质量和生存环境低于所在社会一般民众，又或者是由于制度、法律、政策等缺失，使其基本权利得不到所在社会体制的保障，而被弱化、容易受到伤害，是典型的弱势群体。对于这样一类群体的权利，中国大众的态度如何，我们分别以性别、年龄、民族、政治面貌、受教育水平、个人年收入、宗教信仰、户籍、职业为自变量予以考察。

性别对大众关于乞讨、流浪人员权利保护观念的影响：

将性别与"您认为哪些人的权利应当得到保护"进行交叉分析，结果表明，男性与女性对乞讨、流浪人员的权利认知略有差异。男性选择乞讨、流浪人员的权利应当得到保护的比例为 44.7%，女性选择的比例为 46.3%，二者相差 1.6 个百分点（见表 3—76）。同时，卡方检验显示，不同性别的受访者在"您认为哪些人的权利应当得到保护"问题上对乞讨、流浪人员的态度之间的差异具有一定的显著性（$x^2=3.908$，$df=1$，$p<0.05$）。

表 3—76 性别与"您认为哪些人的权利应当得到保护"交叉分析（乞讨、流浪人员）

	单位和百分比	乞讨、流浪人员		
		选择	未选	合计
男	(人)	3 381	4 181	7 562
	(%)	44.7	55.3	100.0

续前表

	单位和百分比	乞讨、流浪人员		
		选择	未选	合计
女	(人)	3 233	3 743	6 976
	(%)	46.3	53.7	100.0
合计	(人)	6 614	7 924	14 538
	(%)	45.5	54.5	100.0

资料来源："中国大众人权观念调查研究"数据库，卷 A1；A12。

年龄对大众关于乞讨、流浪人员权利保护观念的影响：

将年龄与"您认为哪些人的权利应当得到保护"进行交叉分析，结果表明，不同年龄的受访者在"您认为哪些人的权利应当得到保护"问题上对乞讨、流浪人员的态度之间存在显著的差异（$x^2=488.127$，$df=5$，$p<0.01$）。年龄与对乞讨、流浪人员权利认可度的关系基本表现为年龄越长的受访者对乞讨、流浪人员权利的认可度越低的态势。60 岁以上的老年人受访者对乞讨、流浪人员权利的认可度最低，选择乞讨、流浪人员权利应受保护的比例仅为 32.5%，对乞讨、流浪人员权利认可度最高的是 18 岁以下的未成年人受访者，选择乞讨、流浪人员的权利应当得到保护的比例达到 56.8%，两个极值之间相差约 24 个百分点。一个例外是，50 岁到 59 岁之间的受访者选择乞讨、流浪人员权利应受保护的比例略高于更为年轻的 40 岁到 49 岁的受访者（见表 3—77）。

表 3—77　　年龄与"您认为哪些人的权利应当得到保护"交叉分析（乞讨、流浪人员）

	单位和百分比	年龄						合计
		18 岁以下	19～29 岁	30～39 岁	40～49 岁	50～59 岁	60 岁以上	
选择	(人)	755	3 474	1 060	842	307	178	6 616
	(%)	56.8	52.8	38.7	33.4	34.7	32.5	45.3
未选	(人)	575	3 100	1 676	1 676	577	370	7 974
	(%)	43.2	47.2	61.3	66.6	65.3	67.5	54.7
合计	(人)	1 330	6 574	2 736	2 518	884	548	14 590
	(%)	100.0	100.0	100.0	100.0	100.0	100.0	100.0

资料来源："中国大众人权观念调查研究"数据库，卷 A2；A12。

民族对大众关于乞讨、流浪人员权利保护观念的影响：

将民族与"您认为哪些人的权利应当得到保护"进行交叉分析，结果表明，少数民族受访者对乞讨、流浪人员权利的认可度略高于汉族，汉族与少数民族选择乞讨、流浪人员的权利应当得到保护的比例仅相差 4 个百分点，民族因素对于对乞讨、流浪人员权利认可度的影响并不大（见表 3—78）。不过，卡方检验表明，不同民族的受访者在“您认为哪些人的权利应当得到保护”问题上对乞讨、流浪人员的态度之间的差别具有显著性（$x^2=7.676$，$df=1$，$p<0.01$）。

表 3—78　民族与“您认为哪些人的权利应当得到保护”交叉分析（乞讨、流浪人员）

	单位和百分比	乞讨、流浪人员		
		选择	未选	合计
汉族	（人）	5 968	7 255	13 223
	（%）	45.1	54.9	100.0
少数民族	（人）	663	688	1 351
	（%）	49.1	50.9	100.0
合计	（人）	6 631	7 943	14 574
	（%）	45.5	54.5	100.0

资料来源：“中国大众人权观念调查研究”数据库，卷 A3；A12。

政治面貌对大众关于乞讨、流浪人员权利保护观念的影响：

将政治面貌与“您认为哪些人的权利应当得到保护”进行交叉分析，结果表明，不同政治面貌的受访者在“您认为哪些人的权利应当得到保护”问题上对乞讨、流浪人员的态度之间存在显著的差异（$x^2=348.937$，$df=3$，$p<0.01$）。政治面貌为共青团员的受访者选择乞讨、流浪人员的权利应当得到保护的比例最高，为 54.9%，其次是中共党员，比例为 46.5%，均高于平均值 45.6%，而政治面貌为民主党派成员和群众的受访者选择乞讨、流浪人员的权利应当得到保护的比例则低于平均值（见表 3—79）。

表 3—79　政治面貌与“您认为哪些人的权利应当得到保护”交叉分析（乞讨、流浪人员）

	单位和百分比	政治面貌				合计
		群众	共青团员	中共党员	民主党派成员	
选择	（人）	2 399	2 861	1 328	57	6 645
	（%）	37.5	54.9	46.5	44.9	45.6
未选	（人）	3 990	2 352	1 530	70	7 942
	（%）	62.5	45.1	53.5	55.1	54.4
合计	（人）	6 389	5 213	2 858	127	14 587
	（%）	100.0	100.0	100.0	100.0	100.0

资料来源：“中国大众人权观念调查研究”数据库，卷 A4；A12。

受教育水平对大众关于乞讨、流浪人员权利保护观念的影响：

将受教育水平与“您认为哪些人的权利应当得到保护”进行交叉分析，结果表明，不同学历的受访者在“您认为哪些人的权利应当得到保护”问题上对乞讨、流浪人员的态度之间存在显著的差异（$x^2=452.834$，$df=5$，$p<0.01$）。文化程度与对乞讨、流浪人员权利的保护意识之间呈正相关，受教育水平由低到高者对乞讨、流浪人员权利的认可度也呈现为一个逐渐提升的趋势。选择乞讨、流浪人员的权利应当得到保护的比例最低的是小学及以下的受访者，为 30.1%；随受教育水平的逐级提升而增长，博士学历的受访者选择乞讨、流浪人员权利应当得到保护的比例达到最高值，为 60.3%，两个极值之间相差约 30 个百分点（见表 3—80）。

表 3—80　受教育水平与“您认为哪些人的权利应当得到保护”交叉分析（乞讨、流浪人员）

	单位和百分比	受教育水平						合计
		小学及以下	初中	高中或中专	本科或大专	硕士	博士	
选择	（人）	334	984	1 692	3 123	450	47	6 630
	（%）	30.1	34.8	43.5	53.4	58.8	60.3	45.7
未选	（人）	777	1 843	2 202	2 723	315	31	7 891
	（%）	69.9	65.2	56.5	46.6	41.2	39.7	54.3
合计	（人）	1 111	2 827	3 894	5 846	765	78	14 521
	（%）	100.0	100.0	100.0	100.0	100.0	100.0	100.0

资料来源：“中国大众人权观念调查研究”数据库，卷 A5；A12。

个人年收入对大众关于乞讨、流浪人员权利保护观念的影响：

将个人年收入与“您认为哪些人的权利应当得到保护”进行交叉分析，结果表明，个人年收入不同的受访者在“您认为哪些人的权利应当得到保护”问题上对乞讨、流浪人员的态度之间存在显著的差异（$x^2=178.866$，$df=5$，$p<0.01$）。个人年收入在 3 万元以上的受访者群体选择乞讨、流浪人员的权利应当得到保护的比例较高，均高于平均值 44.6%，个人年收入在 5 000 元到 1 万元、1 万到 3 万元、3 万到 8 万元和 8 万元以上的受访者对乞讨、流浪人员权利的认可度逐渐提升。不过，收入为 2 000 元以下的受访者选择乞讨、流浪人员权利的比例是最高的，达到了 51.2%（见表 3—81）。

表 3—81　　个人年收入与“您认为哪些人的权利应当得到保护”交叉分析（乞讨、流浪人员）

	单位和百分比	个人年收入						合计
		2 000 元以下	2 000～5 000 元	5 000～1 万元	1 万～3 万元	3 万～8 万元	8 万元以上	
选择	（人）	2 171	705	542	1 318	909	262	5 907
	（%）	51.2	37.9	36.1	41.3	47.0	50.5	44.6
未选	（人）	2 071	1 157	961	1 876	1 027	257	7 349
	（%）	48.8	62.1	63.9	58.7	53.0	49.5	55.4
合计	（人）	4 242	1 862	1 503	3 194	1 936	519	13 256
	（%）	100.0	100.0	100.0	100.0	100.0	100.0	100.0

资料来源：“中国大众人权观念调查研究”数据库，卷 A6；A12。

有无宗教信仰对大众关于乞讨、流浪人员权利保护观念的影响：

将宗教信仰与“您认为哪些人的权利应当得到保护”进行交叉分析，结果表明，没有宗教信仰的受访者选择乞讨、流浪人员的权利应当得到保护的比例略高，为 45.9%；有宗教信仰的受访者选择乞讨、流浪人员的权利应当得到保护的比例为 44.5%，仅比没有宗教信仰的受访者低 1.4 个百分点（见表 3—82）。同时，卡方检验显示，有宗教信仰和无宗教信仰的受访者在“您认为哪些人的权利应当得到保护”问题上对乞讨、流浪人员的态度之间不存在显著的差异（$x^2=1.501$，$df=1$，$p>0.05$）。

表 3—82　　宗教信仰与“您认为哪些人的权利应当得到保护”交叉分析（乞讨、流浪人员）

	单位和百分比	乞讨、流浪人员		
		选择	未选	合计
没有	（人）	5 647	6 647	12 294
	（%）	45.9	54.1	100.0
有	（人）	942	1 175	2 117
	（%）	44.5	55.5	100.0
合计	（人）	6 589	7 822	14 411
	（%）	45.7	54.3	100.0

资料来源：“中国大众人权观念调查研究”数据库，卷 A7；A12。

城乡差别对大众关于乞讨、流浪人员权利保护观念的影响：

将户籍与“您认为哪些人的权利应当得到保护”进行交叉分析，结果表明，户籍因素对于乞讨、流浪人员的权利认知影响差异不大。城镇户籍的群体选择乞讨、流浪人员的权利应当得到保护的比例为 46.6%，农村户籍的受访者选择乞讨、流浪人员的比例为 44.2%，二者仅相差 2.4 个百分点（见表 3—83）。不过，卡方检验显示，城镇户籍与农村户籍的受访者在“您认为哪些人的权利应当得到保护”问题上对乞讨、流浪人员的态度之间的差异仍然具有显著性（$x^2=8.543$，$df=1$，$p<0.01$）。

表 3—83　户籍与“您认为哪些人的权利应当得到保护”交叉分析（乞讨、流浪人员）

	单位和百分比	乞讨、流浪人员		
		选择	未选	合计
农村	（人）	2 939	3 715	6 654
	（%）	44.2	55.8	100.0
城镇	（人）	3 671	4 208	7 879
	（%）	46.6	53.4	100.0
合计	（人）	6 610	7 923	14 533
	（%）	45.5	54.5	100.0

资料来源：“中国大众人权观念调查研究”数据库，卷 A8；A12。

职业对大众关于乞讨、流浪人员权利保护观念的影响：

将职业与“您认为哪些人的权利应当得到保护”进行交叉分析，结果表明，不同职业的受访者在“您认为哪些人的权利应当得到保护”问题上对乞讨、流浪人员的态度之间存在显著的差异（$x^2=647.122$，$df=8$，$p<0.01$）。不同职业群体之间对乞讨、流浪人员的权利认知存在明显分化，学生受访者群体选择乞讨、流浪人员权利应受保护的比例最高，达到 60.4%，其次是公职人员，为 46.0%，均高于平均值 45.5%；企业员工、经商者、务工者、务农者对乞讨、流浪人员权利的认可度依次递减，无业失业的受访者选择乞讨、流浪人员权利应受保护的比例最低，仅有 31.1%（见表 3—84）。

表 3—84　职业与“您认为哪些人的权利应当得到保护”交叉分析（乞讨、流浪人员）

	单位和百分比	职业									合计
		务农者	务工者	企业员工	公职人员	学生	经商者	离退休者	无业失业者	其他	
选择	（人）	506	695	964	1 084	2 556	351	128	97	265	6 646
	（%）	32.1	35.5	43.6	46.0	60.4	38.3	33.8	31.1	40.3	45.5

续前表

	单位和百分比	职业									合计
		务农者	务工者	企业员工	公职人员	学生	经商者	离退休者	无业失业者	其他	
未选	(人)	1 069	1 265	1 246	1 275	1 679	566	251	215	393	7 959
	(%)	67.9	64.5	56.4	54.0	39.6	61.7	66.2	68.9	59.7	54.5
合计	(人)	1 575	1 960	2 210	2 359	4 235	917	379	312	658	14 605
	(%)	100.0	100.0	100.0	100.0	100.0	100.0	100.0	100.0	100.0	100.0

资料来源："中国大众人权观念调查研究"数据库，卷 A9；A12。

（九）卖淫人员

卖淫一般是指为获取物质报酬（金钱、礼物等），以交换的方式有代价地或有接受代价之约地与不固定的对象发生的性行为。卖淫人员又称为性工作者，是对从事以有偿性服务为特征的这一类人员的统称。卖淫人员在中国一直是备受道德谴责、游离于主流社会之外的灰色职业，由于地位的特殊，导致他们的权利常常被侵害，其人格尊严、隐私和人身权益、财产权益的保障存在缺失和脆弱，属于法律上的弱势群体。对于这样一类群体的权利，中国大众的态度如何，我们分别以性别、年龄、民族、政治面貌、受教育水平、个人年收入、宗教信仰、户籍、职业为自变量予以考察。

性别对大众关于卖淫人员权利保护观念的影响：

将性别与"您认为哪些人的权利应当得到保护"进行交叉分析，结果表明，男性与女性对卖淫人员的权利认知有所差异。男性选择卖淫人员的权利应当得到保护的比例为 16.3%，女性选择卖淫人员的权利应当得到保护的比例为 12.8%，二者相差 3.5 个百分点，相对于女性而言，男性更倾向于认同卖淫人员的权利（见表 3—85）。同时，卡方检验相关分析显示，不同性别的受访者在"您认为哪些人的权利应当得到保护"问题上对卖淫人员的态度之间的差异具有显著性（$x^2=34.524$，$df=1$，$p<0.01$）。

表 3—85　性别与"您认为哪些人的权利应当得到保护"交叉分析（卖淫人员）

	单位和百分比	卖淫人员		
		选择	未选	合计
男	(人)	1 232	6 330	7 562
	(%)	16.3	83.7	100.0

续前表

	单位和百分比	卖淫人员		
		选择	未选	合计
女	（人）	896	6 080	6 976
	（%）	12.8	87.2	100.0
合计	（人）	2 128	12 410	14 538
	（%）	14.6	85.4	100.0

资料来源："中国大众人权观念调查研究"数据库，卷 A1；A12。

年龄对大众关于卖淫人员权利保护观念的影响：

将年龄与"您认为哪些人的权利应当得到保护"进行交叉分析，结果表明，不同年龄的受访者在"您认为哪些人的权利应当得到保护"问题上对卖淫人员的态度之间存在极其显著的差异（$x^2=325.603$，$df=5$，$p<0.01$）。年龄与对卖淫人员权利认可度之间的关系表现为，相较于年长者，年轻人更倾向于认同卖淫人员的权利。60 岁以上的老年人受访者对卖淫人员权利的认可度最低，选择卖淫人员权利应受保护的比例仅为 6.0%，对卖淫人员权利认可度最高的是 19～29 岁的年轻人群体，选择卖淫人员的权利应当得到保护的比例为 19.9%，两个极值之间相差约 14 个百分点（见表 3—86）。

表 3—86 年龄与"您认为哪些人的权利应当得到保护"交叉分析（卖淫人员）

	单位和百分比	年龄						合计
		18 岁以下	19～29 岁	30～39 岁	40～49 岁	50～59 岁	60 岁以上	
选择	（人）	209	1 310	308	198	75	33	2 133
	（%）	15.7	19.9	11.3	7.9	8.5	6.0	14.6
未选	（人）	1 121	5 264	2 428	2 320	809	515	12 457
	（%）	84.3	80.1	88.7	92.1	91.5	94.0	85.4
合计	（人）	1 330	6 574	2 736	2 518	884	548	14 590
	（%）	100.0	100.0	100.0	100.0	100.0	100.0	100.0

资料来源："中国大众人权观念调查研究"数据库，卷 A2；A12。

民族对大众关于卖淫人员权利保护观念的影响：

将民族与"您认为哪些人的权利应当得到保护"进行交叉分析，结果表明，汉族受访者对卖淫人员权利的认可度略高于少数民族，汉族与少数民族选择卖淫人员的权利应当得到保护的比例仅相差 1.2 个百分点，民族因素对卖淫人员权利认可度的影响不大（见表 3—87）。同时，卡方检验表明，不同民族的受访者在"您认为哪些人的权利应当得到保护"问题上对卖淫人员的态度之间的差别不具有显著性（$x^2=1.382$，$df=1$，$p>0.05$）。

表 3—87 民族与“您认为哪些人的权利应当得到保护”交叉分析（卖淫人员）

	单位和百分比	卖淫人员		
		选择	未选	合计
汉族	(人)	1 948	11 275	13 223
	(%)	14.7	85.3	100.0
少数民族	(人)	183	1 168	1 351
	(%)	13.5	86.5	100.0
合计	(人)	2 131	12 443	14 574
	(%)	14.6	85.4	100.0

资料来源：“中国大众人权观念调查研究”数据库，卷 A3；A12。

政治面貌对大众关于卖淫人员权利保护观念的影响：

将政治面貌与“您认为哪些人的权利应当得到保护”进行交叉分析，结果表明，不同政治面貌的受访者在“您认为哪些人的权利应当得到保护”问题上对卖淫人员的态度之间存在显著的差异（$x^2=361.182$，$df=3$，$p<0.01$）。政治面貌为民主党派成员的受访者选择卖淫人员的权利应当得到保护的比例最高，为 33.9%，其次为中共党员和共青团员，分别为 20.5%、18.2%，群众受访者选择卖淫人员权利应受保护的比例最低，仅有 8.6%（见表 3—88）。

表 3—88 政治面貌与“您认为哪些人的权利应当得到保护”交叉分析（卖淫人员）

	单位和百分比	政治面貌				合计
		群众	共青团员	中共党员	民主党派成员	
选择	(人)	547	951	587	43	2 128
	(%)	8.6	18.2	20.5	33.9	14.6
未选	(人)	5 842	4 262	2 271	84	12 459
	(%)	91.4	81.8	79.5	66.1	85.4
合计	(人)	6 389	5 213	2 858	127	14 587
	(%)	100.0	100.0	100.0	100.0	100.0

资料来源：“中国大众人权观念调查研究”数据库，卷 A4；A12。

受教育水平对大众关于卖淫人员权利保护观念的影响：

将受教育水平与“您认为哪些人的权利应当得到保护”进行交叉分析，结果表明，不同学历的受访者在“您认为哪些人的权利应当得到保护”问题上对卖淫人员的态度之间存在显著的差异（$x^2=989.966$，$df=5$，

$p<0.01$)。文化程度与对卖淫人员权利的保护意识之间基本呈正相关，受教育水平由低到高者对卖淫人员权利的认可度大致呈现为一个逐渐提升的趋势。选择卖淫人员的权利应当得到保护的比例较低的是初中和小学及以下的受访者，均在5.0%左右，随受教育水平的逐级提升而增长，博士学历的受访者选择卖淫人员权利应当得到保护的比例达到最高值，为39.7%（见表3—89）。

表3—89　受教育水平与“您认为哪些人的权利应当得到保护”交叉分析（卖淫人员）

	单位和百分比	受教育水平						合计
		小学及以下	初中	高中或中专	本科或大专	硕士	博士	
选择	（人）	55	137	364	1 238	298	31	2 123
	（%）	5.0	4.8	9.3	21.2	39.0	39.7	14.6
未选	（人）	1 056	2 690	3 530	4 608	467	47	12 398
	（%）	95.0	95.2	90.7	78.8	61.0	60.3	85.4
合计	（人）	1 111	2 827	3 894	5 846	765	78	14 521
	（%）	100.0	100.0	100.0	100.0	100.0	100.0	100.0

资料来源：“中国大众人权观念调查研究”数据库，卷A5；A12。

个人年收入对大众关于卖淫人员权利保护观念的影响：

将个人年收入与“您认为哪些人的权利应当得到保护”进行交叉分析，结果表明，个人年收入不同的受访者在“您认为哪些人的权利应当得到保护”问题上对卖淫人员的态度之间存在显著的差异（$x^2=233.720$，$df=5$，$p<0.01$)。个人年收入在3万元以上的受访者群体选择卖淫人员的权利应当得到保护的比例较高，个人年收入为5 000元到1万元、1万～3万元、3万～8万元、8万元以上的受访者对卖淫人员权利的认可度逐渐提高，不过，收入为2 000元以下的受访者选择卖淫人员权利应当得到保护的比例达到了18.5%，收入在2 000～5 000元区间的受访者选择卖淫人员权利应当得到保护的比例略高于收入在5 000元到1万元区间的受访者（见表3—90）。

表3—90　个人年收入与“您认为哪些人的权利应当得到保护”交叉分析（卖淫人员）

	单位和百分比	个人年收入						合计
		2 000元以下	2 000～5 000元	5 000～1万元	1万～3万元	3万～8万元	8万元以上	
选择	（人）	785	184	123	339	362	120	1 913
	（%）	18.5	9.9	8.2	10.6	18.7	23.1	14.4

续前表

	单位和百分比	个人年收入						合计
		2 000 元以下	2 000～5 000 元	5 000～1 万元	1 万～3 万元	3 万～8 万元	8 万元以上	
未选	(人)	3 457	1 678	1 380	2 855	1 574	399	11 343
	(%)	81.5	90.1	91.8	89.4	81.3	76.9	85.6
合计	(人)	4 242	1 862	1 503	3 194	1 936	519	13 256
	(%)	100.0	100.0	100.0	100.0	100.0	100.0	100.0

资料来源："中国大众人权观念调查研究"数据库，卷 A6；A12。

有无宗教信仰对大众关于卖淫人员权利保护观念的影响：

将宗教信仰与"您认为哪些人的权利应当得到保护"进行交叉分析，结果表明，没有宗教信仰的群体选择卖淫人员的权利应当得到保护的比例略高，为 14.7%；有宗教信仰的选择的比例为 13.8%，比没有宗教信仰的受访者低不到 1 个百分点。由此可见，宗教信仰因素对卖淫人员权利的认可度没有太大影响（见表 3—91）。同时，卡方检验也显示，有宗教信仰和无宗教信仰的受访者在"您认为哪些人的权利应当得到保护"问题上对卖淫人员的态度之间不存在显著的差异（$x^2=1.068$，$df=1$，$p>0.05$）。

表 3—91　　宗教信仰与"您认为哪些人的权利应当得到保护"交叉分析（卖淫人员）

	单位和百分比	卖淫人员		
		选择	未选	合计
没有	(人)	1 807	10 487	12 294
	(%)	14.7	85.3	100.0
有	(人)	293	1 824	2 117
	(%)	13.8	86.2	100.0
合计	(人)	2 100	12 311	14 411
	(%)	14.6	85.4	100.0

资料来源："中国大众人权观念调查研究"数据库，卷 A7；A12。

城乡差别对大众关于卖淫人员权利保护观念的影响：

将户籍与"您认为哪些人的权利应当得到保护"进行交叉分析，结果表明，户籍因素对于卖淫人员的权利认知有所影响。城镇户籍的群体选择卖淫人员的权利应当得到保护的比例为 17.7%，农村户籍的受访者选择卖淫人员权利应当得到保护的比例为 10.5%，二者相差 7.2 个百分点（见表 3—92）。同时，卡方检验显示，城镇户籍与农村户籍的受访者在"您认为哪些人的权利应当得到保护"问题上对卖淫人员的态度之间的差异具有显著性（x^2＝151.909，df＝1，p＜0.01）。

表 3—92　　户籍与“您认为哪些人的权利应当得到保护”交叉分析（卖淫人员）

	单位和百分比	卖淫人员		
		选择	未选	合计
农村	（人）	700	5 954	6 654
	（%）	10.5	89.5	100.0
城镇	（人）	1 397	6 482	7 879
	（%）	17.7	82.3	100.0
合计	（人）	2 097	12 436	14 533
	（%）	14.4	85.6	100.0

资料来源：“中国大众人权观念调查研究”数据库，卷 A8；A12。

职业对大众关于卖淫人员权利保护观念的影响：

将职业与“您认为哪些人的权利应当得到保护”进行交叉分析，结果表明，不同职业的受访者在“您认为哪些人的权利应当得到保护”问题上对卖淫人员的态度之间存在显著的差异（x^2＝545.369，df＝8，p＜0.01）。不同职业群体之间对卖淫人员的权利认知存在明显分化，学生受访者群体选择卖淫人员权利应受保护的比例最高，达到 22.6%，其次为公职人员，为 19.1%，均高于平均值 14.5%，企业员工、经商者、离退休者、无业失业者、务工者对卖淫人员权利的认可度依次递减，务农的受访者选择的比例最低，仅有 4.9%（见表 3—93）。

表 3—93　　职业与“您认为哪些人的权利应当得到保护”交叉分析（卖淫人员）

	单位和百分比	职业									合计
		务农者	务工者	企业员工	公职人员	学生	经商者	离退休者	无业失业者	其他	
选择	（人）	77	121	313	451	955	82	32	21	70	2 122
	（%）	4.9	6.2	14.2	19.1	22.6	8.9	8.4	6.7	10.6	14.5
未选	（人）	1 498	1 839	1 897	1 908	3 280	835	347	291	588	12 483
	（%）	95.1	93.8	85.8	80.9	77.4	91.1	91.6	93.3	89.4	85.5
合计	（人）	1 575	1 960	2 210	2 359	4 235	917	379	312	658	14 605
	（%）	100.0	100.0	100.0	100.0	100.0	100.0	100.0	100.0	100.0	100.0

资料来源：“中国大众人权观念调查研究”数据库，卷 A9；A12。

（十）“第三者”

学理上的“第三者”是指由于过错而与有配偶者进行性行为，侵害了对方配偶的合法权益且造成了损害后果的人，或虽然没有与一方发生性关系，但是与一方配偶的故意行为足以对另一方配偶造成影响，从而妨害了他人正常婚姻关系的人。① 1984 年最高人民法院召开全国第四次民事审判会议，最后形成了最高人民法院《关于贯彻执行民事政策法律若干问题的意见》，它第一次在法规中明确规定了“第三者”的概念和“第三者介入”的概念。“第三者”插足他人婚姻家庭可能导致很多危害，因而备受社会谴责。对于这样一类群体的权利，中国大众的态度如何，我们分别以性别、年龄、民族、政治面貌、受教育水平、个人年收入、宗教信仰、户籍、职业为自变量予以考察。

性别对大众关于“第三者”权利保护观念的影响：

将性别与“您认为哪些人的权利应当得到保护”进行交叉分析，结果表明，男性与女性对“第三者”的权利认知略有差异。男性选择“第三者”的权利应当得到保护的比例为 15.3%，女性选择“第三者”权利应受保护的比例为 13.6%，二者相差 1.7 个百分点，相对于女性而言，男性更倾向于认同“第三者”的权利（见表 3—94）。同时，卡方检验显示，不同性别的受访者在“您认为哪些人的权利应当得到保护”问题上对“第三者”的态度之间的差异具有显著性（$x^2=9.138$，$df=1$，$p<0.01$）。

表 3—94　　性别与“您认为哪些人的权利应当得到保护”交叉分析（“第三者”）

	单位和百分比	“第三者”		
		选择	未选	合计
男	（人）	1 159	6 403	7 562
	（%）	15.3	84.7	100.0
女	（人）	946	6 030	6 976
	（%）	13.6	86.4	100.0
合计	（人）	2 105	12 433	14 538
	（%）	14.5	85.5	100.0

资料来源：“中国大众人权观念调查研究”数据库，卷 A1；A12。

年龄对大众关于“第三者”权利保护观念的影响：

将年龄与“您认为哪些人的权利应当得到保护”进行交叉分析，结果表明，不同年龄的受访者在“您认为哪些人的权利应当得到保护”问题上对“第三者”的态度之间存在极其显著的差异（$x^2=267.255$，$df=5$，

① 参见熊利、刘国普：《第三者界定的法社会学思考》，载《法制与经济》，2007（7）。

$p<0.01$）。年龄与对“第三者”权利认可度的关系大致表现为：年龄越长者越倾向于不认同“第三者”的权利。60 岁以上的老年人受访者对“第三者”权利的认可度最低，选择“第三者”权利应受保护的比例仅为 7.1%，对“第三者”权利认可度最高的是 19～29 岁的年轻人群体，选择“第三者”的权利应当得到保护的比例为 19%，两个极值之间相差约 12 个百分点（见表 3—95）。

表 3—95　年龄与“您认为哪些人的权利应当得到保护”交叉分析（“第三者”）

	单位和百分比	年龄						合计
		18 岁以下	19～29 岁	30～39 岁	40～49 岁	50～59 岁	60 岁以上	
选择	（人）	225	1 251	321	204	73	39	2 113
	（%）	16.9	19.0	11.7	8.1	8.3	7.1	14.5
未选	（人）	1 105	5 323	2 415	2 314	811	509	12 477
	（%）	83.1	81.0	88.3	91.9	91.7	92.9	85.5
合计	（人）	1 330	6 574	2 736	2 518	884	548	14 590
	（%）	100.0	100.0	100.0	100.0	100.0	100.0	100.0

资料来源：“中国大众人权观念调查研究”数据库，卷 A2；A12。

民族对大众关于“第三者”权利保护观念的影响：

将民族与“您认为哪些人的权利应当得到保护”进行交叉分析，结果表明，少数民族受访者对“第三者”权利的认可度略高于汉族，汉族与少数民族选择“第三者”的权利应当得到保护的比例仅相差 0.3 个百分点，民族因素对“第三者”权利认可度的影响不大（见表 3—96）。同时，卡方检验表明，不同民族的受访者在“您认为哪些人的权利应当得到保护”问题上对“第三者”的态度之间的差别不具有显著性（$x^2=0.107$，$df=1$，$p>0.05$）。

表 3—96　民族与“您认为哪些人的权利应当得到保护”交叉分析（“第三者”）

	单位和百分比	“第三者”		
		选择	未选	合计
汉族	（人）	1 914	11 309	13 223
	（%）	14.5	85.5	100.0
少数民族	（人）	200	1 151	1 351
	（%）	14.8	85.2	100.0
合计	（人）	2 114	12 460	14 574
	（%）	14.5	85.5	100.0

资料来源：“中国大众人权观念调查研究”数据库，卷 A3；A12。

政治面貌对大众关于“第三者”权利保护观念的影响：

将政治面貌与“您认为哪些人的权利应当得到保护”进行交叉分析，结果表明，不同政治面貌的受访者在“您认为哪些人的权利应当得到保护”问题上对“第三者”的态度之间存在显著的差异（$x^2=285.978$，$df=3$，$p<0.01$）。政治面貌为民主党派成员的受访者选择“第三者”的权利应当得到保护的比例最高，占受访者人数的近三分之一，其余依次为中共党员18.5%、共青团员18.4%、群众9.1%（见表3—97）。

表3—97　政治面貌与“您认为哪些人的权利应当得到保护”交叉分析（“第三者”）

	单位和百分比	政治面貌				合计
		群众	共青团员	中共党员	民主党派成员	
选择	（人）	580	960	529	41	2 110
	（%）	9.1	18.4	18.5	32.3	14.5
未选	（人）	5 809	4 253	2 329	86	12 477
	（%）	90.9	81.6	81.5	67.7	85.5
合计	（人）	6 389	5 213	2 858	127	14 587
	（%）	100.0	100.0	100.0	100.0	100.0

资料来源：“中国大众人权观念调查研究”数据库，卷A4；A12。

受教育水平对大众关于“第三者”权利保护观念的影响：

将受教育水平与“您认为哪些人的权利应当得到保护”进行交叉分析，结果表明，不同学历的受访者在“您认为哪些人的权利应当得到保护”问题上对“第三者”的态度之间存在显著的差异（$x^2=720.922$，$df=5$，$p<0.01$）。文化程度与对“第三者”权利的保护意识之间基本呈正相关，受教育水平由低到高者对“第三者”权利的认可度大致呈现为一个逐渐提升的趋势。选择“第三者”的权利应当得到保护的比例较低的是初中和小学及以下的受访者，都在5%左右，随受教育水平的逐级提升而增长，博士学历的受访者选择“第三者”权利应当得到保护的比例达到最高值，为37.2%（见表3—98）。

表3—98　受教育水平与“您认为哪些人的权利应当得到保护”交叉分析（“第三者”）

	单位和百分比	受教育水平						合计
		小学及以下	初中	高中或中专	本科或大专	硕士	博士	
选择	（人）	61	151	405	1 195	249	29	2 090
	（%）	5.5	5.3	10.4	20.4	32.5	37.2	14.4

续前表

	单位和百分比	受教育水平						合计
		小学及以下	初中	高中或中专	本科或大专	硕士	博士	
未选	（人）	1 050	2 676	3 489	4 651	516	49	12 431
	（%）	94.5	94.7	89.6	79.6	67.5	62.8	85.6
合计	（人）	1 111	2 827	3 894	5 846	765	78	14 521
	（%）	100.0	100.0	100.0	100.0	100.0	100.0	100.0

资料来源："中国大众人权观念调查研究"数据库，卷 A5；A12。

个人年收入对大众关于"第三者"权利保护观念的影响：

将个人年收入与"您认为哪些人的权利应当得到保护"进行交叉分析，结果表明，个人年收入不同的受访者在"您认为哪些人的权利应当得到保护"问题上对"第三者"的态度之间存在显著的差异（$x^2=222.032$，$df=5$，$p<0.01$）。在个人年收入为 5 000 元到 1 万元、1 万～3 万元、3 万～8 万元和 8 万元以上的受访者中，随着个人年收入水平的提高，对"第三者"权利的认可度也逐渐提升。不过，收入为 2 000 元以下的受访者选择"第三者"权利应当得到保护的比例达到了 18.6%，而收入在 5 000 元到 1 万元区间的受访者选择"第三者"权利应当得到保护的比例低于收入在 2 000 到 5 000 元区间的（见表 3—99）。

表 3—99　　个人年收入与"您认为哪些人的权利应当得到保护"交叉分析（"第三者"）

	单位和百分比	个人年收入						合计
		2 000 元以下	2 000～5 000 元	5 000～1 万元	1 万～3 万元	3 万～8 万元	8 万元以上	
选择	（人）	789	199	115	338	355	113	1 909
	（%）	18.6	10.7	7.7	10.6	18.3	21.8	14.4
未选	（人）	3 453	1 663	1 388	2 856	1 581	406	11 347
	（%）	81.4	89.3	92.3	89.4	81.7	78.2	85.6
合计	（人）	4 242	1 862	1 503	3 194	1 936	519	13 256
	（%）	100.0	100.0	100.0	100.0	100.0	100.0	100.0

资料来源："中国大众人权观念调查研究"数据库，卷 A6；A12。

有无宗教信仰对大众关于"第三者"权利保护观念的影响：

将宗教信仰与"您认为哪些人的权利应当得到保护"进行交叉分析，结果表明，没有宗教信仰的受访者选择"第三者"的权利应当得到保护的比例较高，为 14.6%，有宗教信仰的受访者选择"第三者"的权利应受保护的比例则为 13.9%，二者仅相差 0.7 个百分点，民众宗教信仰的有无与其对"第三者”的权利认可度关系不大（见表3—100）。同时，卡方检验显示，有宗教信仰和无宗教信仰的受访者在“您认为哪些人的权利应当得到保护”问题上对“第三者”的态度之间不存在显著的差异（$x^2=0.774$，$df=1$，$p>0.05$）。

表3—100　　宗教信仰与“您认为哪些人的权利应当得到保护”交叉分析（“第三者”）

	单位和百分比	第三者		
		选择	未选	合计
没有	（人）	1 797	10 497	12 294
	（%）	14.6	85.4	100.0
有	（人）	294	1 823	2 117
	（%）	13.9	86.1	100.0
合计	（人）	2 091	12 320	14 411
	（%）	14.5	85.5	100.0

资料来源：“中国大众人权观念调查研究”数据库，卷A7；A12。

城乡差别对大众关于“第三者”权利保护观念的影响：

将户籍与“您认为哪些人的权利应当得到保护”进行交叉分析，结果表明，户籍因素对于“第三者”的权利认知有所影响。城镇户籍的群体选择“第三者”的权利应当得到保护的比例为17.4%，农村户籍的受访者选择“第三者”的权利应当得到保护的比例为11.0%，二者相差6.4个百分点（见表3—101）。卡方检验显示，城镇户籍与农村户籍的受访者在“您认为哪些人的权利应当得到保护”问题上对“第三者”的态度之间的差异具有显著性（$x^2=117.141$，$df=1$，$p<0.01$）。

表3—101　　户籍与“您认为哪些人的权利应当得到保护”交叉分析（“第三者”）

	单位和百分比	“第三者”		
		选择	未选	合计
农村	（人）	735	5 919	6 654
	（%）	11.0	89.0	100.0
城镇	（人）	1 370	6 509	7 879
	（%）	17.4	82.6	100.0
合计	（人）	2 105	12 428	14 533
	（%）	14.5	85.5	100.0

资料来源：“中国大众人权观念调查研究”数据库，卷A8；A12。

职业对大众关于“第三者”权利保护观念的影响：

将职业与“您认为哪些人的权利应当得到保护”进行交叉分析，结果表明，不同职业的受访者在“您认为哪些人的权利应当得到保护”问题上对“第三者”的态度之间存在显著的差异（$x^2=373.687$，$df=8$，$p<0.01$）。不同职业群体之间对“第三者”的权利认知存在明显分化，学生受访者群体选择“第三者”权利应受保护的比例最高，达到21.7%，其次是公职人员，为16.7%，二者均高于平均值14.4%，企业员工、经商者、务农者、务工者、离退休者对“第三者”权利的认可度依次递减，均低于平均值，无业失业的受访者选择“第三者”权利应受保护的比例最低，仅有5.8%（见表3—102）。

表3—102 职业与“您认为哪些人的权利应当得到保护”交叉分析（第三者）

	单位和百分比	职业									合计
		务农者	务工者	企业员工	公职人员	学生	经商者	离退休者	无业失业者	其他	
选择	(人)	127	148	297	395	921	104	28	18	67	2 105
	(%)	8.1	7.6	13.4	16.7	21.7	11.3	7.4	5.8	10.2	14.4
未选	(人)	1 448	1 812	1 913	1 964	3 314	813	351	294	591	12 500
	(%)	91.9	92.4	86.6	83.3	78.3	88.7	92.6	94.2	89.8	85.6
合计	(人)	1 575	1 960	2 210	2 359	4 235	917	379	312	658	14 605
	(%)	100.0	100.0	100.0	100.0	100.0	100.0	100.0	100.0	100.0	100.0

资料来源：“中国大众人权观念调查研究”数据库，卷A9；A12。

三、典型影响因素的纵向比较

综观各项交叉分析结果，年龄、受教育水平、职业、个人年收入四个因素对民众的人权观念影响普遍较为显著，且与按照这四个因素分别进行的阶层和阶段划分比对，呈现出了明显的变化趋势。以下以这四个典型影响因素为轴线，纵向观察这四个影响因素在大众对于各类型特殊权利保护的观念影响方面的区别。

（一）年龄因素

年龄是影响民众权利观念的一个重要因素，在很大程度上呈现出一种趋势，即年龄越大的群体中认可某些特殊群体的权利应受到保护的比例越低，这较明显地体现在对包括“第三者”，卖淫人员，吸毒人员，罪犯，同性恋者，乞讨、流浪人员等群体的选择中。一般而言，19～29岁的受访者对这些特殊群体的权利认可度最高，而60岁以上的老年人对这些特殊群体的权利认可度最低。

纵向比较，在我们所列举的十类特殊群体中，各个年龄段对其权利认可度如下：

18 岁以下的民众对十类特殊群体的权利的认可度由高到低依次为：妇女儿童 86.3%，残疾人 82.6%，老年人 82.1%，婴儿 68.2%，乞讨、流浪人员 56.8%，同性恋者 31.3%，罪犯 18.6%，“第三者”16.9%，吸毒人员 16.3%，卖淫人员 15.7%。

19～29 岁的民众对十类特殊群体的权利的认可度由高到低依次为：妇女儿童 89.6%，残疾人 83.4%，老年人 81.8%，婴儿 68.1%，乞讨、流浪人员 52.8%，同性恋者 31.3%，罪犯 23.2%，吸毒人员 20.6%，卖淫人员 19.9%，“第三者” 19.0%。

30～39 岁的民众对十类特殊群体的权利的认可度由高到低依次为：妇女儿童 90.3%，老年人 80.9%，残疾人 77.4%，婴儿 62.2%，乞讨、流浪人员 38.7%，同性恋者 16.1%，罪犯 14.3%，吸毒人员 13.3%，“第三者” 11.7%，卖淫人员 11.3%。

40～49 岁的民众对十类特殊群体的权利的认可度由高到低依次为：妇女儿童 90.6%，老年人 83.9%，残疾人 77.6%，婴儿 58.9%，乞讨、流浪人员 33.4%，同性恋者 11.0%，罪犯 10.6%，吸毒人员 9.2%，“第三者” 8.1%，卖淫人员 7.9%。

50～59 岁的民众对十类特殊群体的权利的认可度由高到低依次为：妇女儿童 90.5%，老年人 88.5%，残疾人 77.4%，婴儿 61.2%，乞讨、流浪人员 34.7%，罪犯 10.3%，同性恋者 9.3%，吸毒人员 8.6%，卖淫人员 8.5%，“第三者” 8.3%。

60 岁以上的民众对十类特殊群体的权利的认可度由高到低依次为：老年人 90.3%，妇女儿童 85.6%，残疾人 71.5%，婴儿 55.8%，乞讨、流浪人员 32.5%，同性恋者 8.9%，吸毒人员 8.4%，罪犯 8.2%，“第三者” 7.1%，卖淫人员 6.0%。

（二）受教育水平因素

不同的受教育水平对特殊群体的权利保护观念的影响体现的主要规律是，往往受教育水平越高的群体，选择认可特殊群体的权利应该受保护的比例也越高。受教育水平与每个群体的选择概率在总体上呈现一种正相关的联系，在硕士和博士学历之间的差异不明显也没有固定增减的规律，但由于硕士和博士均属于我国的高学历水平且博士学历样本十分稀少，所占总体比例只有 0.5%，因此这一例外并不影响大致规律的得出。这种正相关在被选率较低的群体中体现得更为明显，而对诸如妇女儿童、老年人等权利被认可程度较高的群体，不同受教育水平的群体之间的差异较小。可见受教育水平的差异在大众对一些由纯粹生理上的弱势造成的特殊群体的权利保护观念上的影响较小。

纵向比较，在我们所列举的十类特殊群体中，不同受教育水平的民众对其权利认可度如下：

小学及以下文化程度的民众对十类特殊群体的权利的认可度由高到低依次为：妇女儿童 84.1%，老年人 80.1%，残疾人 68.1%，婴儿 54.0%，乞讨、流浪人员 30.1%，吸毒人员 6.8%，罪犯 6.3%，同性恋者 6.3%，“第三者” 5.5%，卖淫人员 5.0%。

初中文化程度的民众对十类特殊群体的权利的认可度由高到低依次为：妇女儿童 85.2%，老年人 80.2%，残疾人 75.5%，婴儿 57.7%，乞讨、流浪人员 34.8%，同性恋者 7.9%，罪犯 7.6%，吸毒人员 6.4%，“第三者” 5.3%，卖淫人员 4.8%。

高中或中专文化程度的民众对十类特殊群体的权利的认可度由高到低依次为：妇女儿童 88.6%，老年人 82.8%，残疾人 79.0%，婴儿 62.9%，乞讨、流浪人员 43.5%，同性恋者 16.6%，罪犯 12.1%，吸毒人员 10.6%，“第三者” 10.4%，卖淫人员 9.3%。

本科或大专文化程度的民众对十类特殊群体的权利的认可度由高到低依次为：妇女儿童 93.1%，残疾人 85.8%，老年人 84.8%，婴儿 70.2%，乞讨、流浪人员 53.4%，同性恋者 33.5%，罪犯 24.3%，吸毒人员 22.1%，卖淫人员 21.2%，“第三者” 20.4%。

硕士文化程度的民众对十类特殊群体的权利的认可度由高到低依次为：妇女儿童 91.9%，残疾人 84.7%，老年人 83.8%，婴儿 71.2%，乞讨、流浪人员 58.8%，同性恋者 49.2%，罪犯 46.4%，卖淫人员 39.0%，吸毒人员 37.4%，“第三者” 32.5%。

博士文化程度的民众对十类特殊群体的权利的认可度由高到低依次为：妇女儿童 85.9%，老年人 78.2%，残疾人 76.9%，婴儿 69.2%，乞讨、流浪人员 60.3%，同性恋者 48.7%，卖淫人员 39.7%，罪犯 39.7%，“第三者” 37.2%，吸毒人员 33.3%。

（三）职业因素

通过对不同职业者对于特殊群体权利保护观念的交叉分析我们发现，在不同职业人群中，对特殊群体权利认可度最高的是学生、公职人员和企业员工，在针对具体的不同的特殊群体时三者之间比例高低排序或有变化，但在多次横向比较中均是最高的三类，公职人员、企业员工和学生三个群体体现出对特殊群体较强的平等保护意识。

在不同职业群体中，选择第三者的权利应该受到保护的比例最高的前三位分别是学生 21.7%、公职人员 16.7%和企业员工 13.4%；选择卖淫人员的权利应受保护的比例最高的前三位依次是学生 22.6%、公职人员 19.1%和企业员工 14.2%；选择吸毒人员的权利应受到保护的比例最高的群体依次是学生 23.1%、公职人员 19.8%和企业员工 16.0%；选择罪犯的权利应受到保护的比例最高的群体依次是学生 26.4%、公职人员 21.3%和企业员工 17.2%；选择同性恋者的权利应受到保护的比例最高的群体依次是学生 37.6%、公职人员 25.3%和企业员工 21.6%。对余下各个群体权利是否应受保护的选择，只有在对老年人权利保护的选择中，选择比例最高的群体是离退休人员 89.4%，次之才是公职人员、学生和企业员工，这个结果与被调查对象和选项本身重合有很大联系。

（四）收入因素

纵向比较，在我们所列举的十类特殊群体中，各个收入水平阶层对其权利认可度如下：

收入在 2 000 元以下的民众对十类特殊群体的权利的认可度由高到低依次为：妇女儿童 88.4%，老年人 81.8%，残疾人 81.5%，婴儿 66.2%，乞讨、流浪人员 51.2%，同性恋者 29.8%，罪犯 21.4%，吸毒人员 19.3%，“第三者” 18.6%，卖淫人员 18.5%。需要指出的一点是，收入在 2 000 元以下的群体中很大一部分受访者是学生，而学生群体对十类特殊群体的权利的认同度较高，因此，也影响了收入在 2 000 元以下的民众对十类特殊群体的权利的认同度的整体比例。

收入在 2 000～5 000 元区间的民众对十类特殊群体的权利的认可度由高到低依次为：妇女儿童 87.8%，老年人 80.5%，残疾人 76.3%，婴儿 59.0%，乞讨、流浪人员 37.9%，同性恋者 15.4%，罪犯 13.9%，吸毒人员 11.4%，“第三者” 10.7%，卖淫人员 9.9%。

收入在 5 000 元到 1 万元区间的民众对十类特殊群体的权利的认可度由高到低依次为：妇女儿童 87.4%，老年人 78.1%，残疾人 74.9%，婴儿 59.0%，乞讨、流浪人员 36.1%，同性恋者 11.4%，罪犯 10.3%，吸毒人员 9.4%，卖淫人员 8.2%，“第三者” 7.7%。

收入在 1 万～3 万元区间的民众对十类特殊群体的权利的认可度由高

到低依次为：妇女儿童 91.6%，老年人 84.8%，残疾人 80.5%，婴儿 64.4%，乞讨、流浪人员 41.3%，同性恋者 16.7%，罪犯 13.2%，吸毒人员 12.1%，“第三者”10.6%，卖淫人员 10.6%。

收入在 3 万～8 万元区间的民众对十类特殊群体的权利的认可度由高到低依次为：妇女儿童 92.1%，老年人 86.3%，残疾人 82.6%，婴儿 66.7%，乞讨、流浪人员 47.0%，同性恋者 26.0%，罪犯 22.0%，吸毒人员 19.3%，卖淫人员 18.7%，“第三者”18.3%。

收入在 8 万元以上的民众对十类特殊群体的权利的认可度由高到低依次为：妇女儿童 89.0%，残疾人 83.6%，老年人 82.1%，婴儿 67.2%，乞讨、流浪人员 50.5%，同性恋者 27.9%，吸毒人员 24.7%，罪犯 23.5%，卖淫人员 23.1%，“第三者”21.8%。

四、小结

一般认为，健全的人权保障应当包括两个内在的维度，一是权利的平等保护，一是弱势群体权利的特殊保护。所谓特殊保护，即对某些社会成员给予更为特殊的权利或权利保护。人权的主体是平等指向所有人的，但是也不能忽略由于各种客观原因产生的为数众多的弱势群体以及他们根本无法实现权利的状况。特殊情况特殊对待正是平等的题中之义。一方面，对特殊群体的人权予以特殊保护是正当的，在现代社会的公平理念中，权利平等与对弱势群体的特殊保护是不可缺少的两极。没有权利平等，就会形成以特权为导向的公平理念；没有对弱势群体的特殊保护，就会失去社会合作的和谐前提。另一方面，对特殊群体的人权予以特殊保护也是必要的，因为在现实生活中，人在智力、体力、出生环境上的差别是不可避免的，同时，又存在着各种形式的歧视，这就决定了同样的权利并不能给所有人带来同样的利益或保障，平等作为现代法治的一种基本价值理念，必然要求某些情况下对权利进行特殊分配，对弱势群体的实际利益进行必要的补偿。因此，在现实社会中，面对复杂情况，如果不加区别地对待不同类型的人，过分强调平等保护，就会走向我们在人权保护上设立平等原则所追求的价值的反面。正如日本法学家东京大学教授阿部照哉所言：“毫无差别对待往往会变成假平等，反之，即使有差别对待，如果这个差别对待具有合理根据的话，那么，就可以视为合理的差别对待，并不违反平等的原则。”①

① ［日］阿部照哉：《“在法律之下的平等”保障的效果》，载《法学译丛》，1983（2）。

哪些群体的人权需要特殊保护是大众人权观念中争议和差异最大的问题。我国制定的《国家人权行动计划（2009—2010年）》中单列的特殊群体有少数民族、妇女、儿童、老年人、残疾人、被羁押者和农民。而在学界的研究中，这些群体的范围更为广泛，如上面文献检索结果所显示的，除了残疾人、老年人、妇女、儿童、罪犯外，吸毒人员、卖淫者、同性恋者、婴儿、乞讨人员、流浪人员、"第三者"、精神病人、艾滋病人、乙肝病毒携带者等都受到了不同程度的关注。而通过考察大众对不同的特殊群体的人权态度，我们发现：首先，对于妇女、儿童、老年人、残疾人这些传统的生理意义上的弱势群体的权利，大众有着极高的认可度；其次，对于违反法律规定、从事不光彩职业或道德上处于劣势的群体，大众对他们的权利认可度则很低，尤其是"第三者"和卖淫人员，作为在道德上的过错者，大众对他们的权利漠视程度甚至超越了罪犯，表现出极端的不认同。

对于如何对特殊群体的人权予以特殊保护，其一，在原则上，人权特殊保护的主体应有限制。在我国当今社会，普遍承认的特殊保护的人权主体主要指残疾人、老年人、妇女、儿童、生态脆弱地区的贫困人口、灾民、城市流浪人员、城市下岗失业人员和农民工等弱势群体。其二，特殊保护应被限制在合理的范围之内，是一种合理的保护，而不是祛除了法定义务或责任的特权保护。对弱势群体权利特殊保护的目的仅仅是要通过合理补偿的原则消除由于现实生活的不平等所造成的过大贫富差距，避免严重的两极分化，而不是对弱势群体赋予特权或是对其他人构成"反向歧视"。

同时，根据调查发现，大众对不同特殊群体的权利认可度有所不同，对于不同的特殊群体，特殊保护的方向与方式也应有所不同。传统的特殊群体一般指的是我们平常所说的自然弱势群体，他们更多是基于生理上的特殊状况而需要特殊保护，即"公民中由于生理或体能原因，其权利和一切合法权益受到特殊保护与特殊对待的一部分人，包括妇女、未成年人、老年人、残疾人等"。广义上的特殊群体还包括由于违反法律规定、职业不光彩或道德上处于劣势等原因，权利往往被忽视的特殊人群。大众对这两类群体的权利保护态度存在很大差异，就权利保障而言，前者最需要的是政策、法律的特殊保护，甚至是倾斜性的保护，而后者需要的则是政策、法律的正常的、非歧视的保护。

第四章　中国大众公民权利和政治权利观念

公民权利和政治权利是以“知情权、参与权、表达权、监督权为核心”[①] 的权利，是社会成员参与和影响社会政治生活从而得以在社会的政治生活领域实现人的内在需要的权利。我国公民的政治权利主要有四大类：一是选举与被选举权；二是公民言论、出版、集会、结社、游行、示威自由的权利；三是担任国家机关职务的权利；四是担任国有公司、企业、事业单位和人民团体领导的权利。对公民权利和政治权利的保障是我国人权建设的重要组成部分。

第一节　选举权与被选举权观念

选举权是参与选举的资格与前提。我国学术话语中的“选举权”一般仅指公民在公共权力领域中所享有的选举权，即公民选举国家代议机关代表和某些国家公职人员的权利。对于公民在公共权力领域中的选举权，一般有广义与狭义两种界定。就狭义的选举权而言，它是指公民以书面或非书面的方法选举国家代议机关代表和其他公职人员的权能。学者在论及时，一般将“选举权”与“被选举权”并列视为两种各自独立的权利。[②] 亦有学者在广义上理解选举权，即选举权的概念涵括被选举权，是指公民依照法定的程序和方法参与代议机关代表和其他公职人员选举的权能。[③] 本书除特别说明或分类研究外，所谓选举权皆是广义的概念。

---

① 董云虎、常健主编：《中国人权建设 60 年》，74 页，南昌，江西人民出版社，2009。

② 如韩大元教授即持此论。参见董和平、韩大元、李树忠：《宪法学》，353 页，北京，法律出版社，2001 。

③ 参见许志雄等：《现代宪法论》，223 页，台北，元照出版公司，1999。

选举权与被选举权这一对权利与人民主权联系最为密切，直接关系到人民当家做主能否实现。我们设计了一个对比性题目与一个针对性题目来认识大众有关选举权与被选举权的观念：一是“您认为哪些方面的权利最为重要”，考察这对权利在民众观念中所处的地位；二是“您有没有参加过人大代表选举”，通过现实生活中民众的参与热情来具体认识这对权利与民众的切实关联。

一、民众对选举权与被选举权的定位

如图 4—1 显示，在我们所列举的八类具体权利中，只有 39.4％的民众选择了“选举权与被选举权”，既远远低于“个人自由和尊严”“生命健康权”，也低于“社会保障权”“劳动权”和“言论自由”，重要性位列八类权利中的第六位。

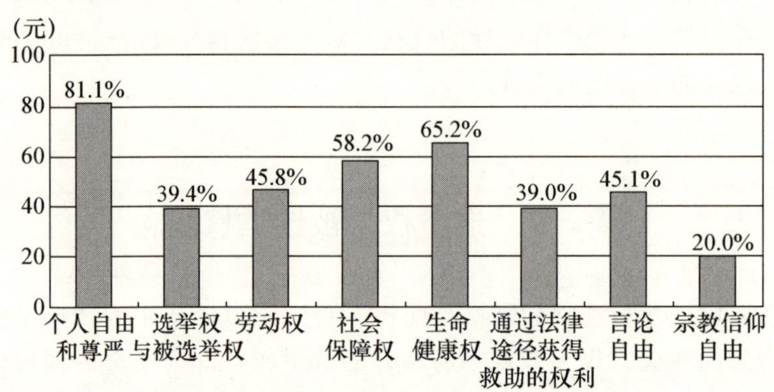

图 4—1 “您认为哪些方面的权利最为重要”调查结果

资料来源：“中国大众人权观念调查研究”数据库，卷 A10。

二、民众对选举权与被选举权定位的影响因素

通过性别与“您认为哪些方面的权利最为重要”的交叉分析，我们发现，男性与女性对选举权与被选举权的重要程度的定位存在差异，对于“您认为哪些方面的权利最为重要”，男性选择选举权的比例为 41.4％，女性为 37.3％，女性对选举权重要性的评价略低于男性（见表 4—1）。但是卡方检验结果显示，不同性别的受访者对于“您认为哪些方面的权利最为重要”的回答存在极其显著的差异（$x^2=25.601$，$df=1$，$p<0.01$）。

表 4—1　性别与“您认为哪些方面的权利最为重要”交叉分析（选举权与被选举权）

	单位和百分比	选举权与被选举权		
		选择	未选	合计
男	（人）	3 131	4 439	7 570
	（%）	41.4	58.6	100.0
女	（人）	2 601	4 380	6 981
	（%）	37.3	62.7	100.0
合计	（人）	5 732	8 819	14 551
	（%）	39.4	60.6	100.0

资料来源：“中国大众人权观念调查研究”数据库，卷 A1；A10。

从年龄的角度考察，相关分析显示，不同年龄段的受访者对于“您认为哪些方面的权利最为重要”的回答存在极其显著的差异（$x^2=42.764$，$df=5$，$p<0.01$）。通过年龄与“您认为哪些方面的权利最为重要”的交叉分析，我们发现，在 18 岁以下到 60 岁以上的六个年龄段中，选择选举权与被选举权的比例最高的是 19～29 岁的年轻人群体，选择比例为 42.2%，比例最低的是 18 岁以下的未成年人群体，选择比例仅为 36.3%（见表 4—2）。

表 4—2　年龄与“您认为哪些方面的权利最为重要”交叉分析（选举权与被选举权）

	单位和百分比	年龄						合计
		18 岁以下	19～29 岁	30～39 岁	40～49 岁	50～59 岁	60 岁以上	
选择	（人）	484	2 779	1 041	917	323	209	5 753
	（%）	36.3	42.2	38.0	36.4	36.5	38.2	39.4
未选	（人）	848	3 800	1 699	1 604	561	338	8 850
	（%）	63.7	57.8	62.0	63.6	63.5	61.8	60.6
合计	（人）	1 332	6 579	2 740	2 521	884	547	14 603
	（%）	100.0	100.0	100.0	100.0	100.0	100.0	100.0

资料来源：“中国大众人权观念调查研究”数据库，卷 A2；A10。

汉族与少数民族对选举权与被选举权的重要性的评价略有差异，汉族民众选择选举权与被选举权的比例为 38.9%，少数民族选择选举权与被选举权的比例为 43.4%，比汉族高出 4.5 个百分点，少数民族民众对选举权与被选举权的重要性的评价高于汉族民众（见表 4—3）。但是卡方检验结果显示，汉族与少数民族受访者对于“您认为哪些方面的权利最为重要”的回答存在极其显著的差异（$x^2=10.422$，$df=1$，$p<0.01$）。

表 4—3 民族与“您认为哪些方面的权利最为重要”交叉分析（选举权与被选举权）

	单位和百分比	选举权与被选举权		
		选择	未选	合计
汉族	（人）	5 146	8 088	13 234
	（%）	38.9	61.1	100.0
少数民族	（人）	587	766	1 353
	（%）	43.4	56.6	100.0
合计	（人）	5 733	8 854	14 587
	（%）	39.3	60.7	100.0

资料来源：“中国大众人权观念调查研究”数据库，卷 A3；A10。

从政治面貌的角度考察，相关分析显示，不同政治面貌的受访者对于“您认为哪些方面的权利最为重要”的回答存在极其显著的差异（$x^2=387.916$，$df=3$，$p<0.01$）。通过政治面貌与“您认为哪些方面的权利最为重要”的交叉分析，我们发现，不同政治面貌的民众对选举权与被选举权的定位存在很大差异。一般群众选择选举权与被选举权的比例为 31.1%，共青团员选择选举权与被选举权的比例为 42.5%，中共党员选择选举权与被选举权的比例为 51.3%，民主党派成员选择选举权与被选举权的比例为 55.5%，对选举权与被选举权的重要性评价最高的民主党派成员同对选举权与被选举权评价最低的一般群众之间相差约 24 个百分点（见表 4—4）。

表 4—4 政治面貌与“您认为哪些方面的权利最为重要”交叉分析（选举权与被选举权）

	单位和百分比	政治面貌				合计
		群众	共青团员	中共党员	民主党派成员	
选择	（人）	1 992	2 216	1 468	71	5 747
	（%）	31.1	42.5	51.3	55.5	39.4
未选	（人）	4 404	3 003	1 391	57	8 855
	（%）	68.9	57.5	48.7	44.5	60.6
合计	（人）	6 396	5 219	2 859	128	14 602
	（%）	100.0	100.0	100.0	100.0	100.0

资料来源：“中国大众人权观念调查研究”数据库，卷 A4；A10。

从受教育水平的角度考察，相关分析显示，不同受教育层次的受访者对于“您认为哪些方面的权利最为重要”的回答存在极其显著的差异（$x^2=450.978$，$df=5$，$p<0.01$）。通过受教育水平与“您认为哪些方面

的权利最为重要”的交叉分析，我们发现，不同文化程度的民众对选举权与被选举权的重要性的评价差别很大，小学及以下文化程度的民众选择选举权与被选举权的比例最低，仅为 26.3%，博士学历的民众选择选举权与被选举权的比例最高，达到 55.1%，文化程度的由低到高与对选举权与被选举权重要性评价的由低到高基本呈现出正相关的态势（见表 4—5）。

表 4—5　受教育水平与“您认为哪些方面的权利最重要”交叉分析（选举权与被选举权）

	单位和百分比	受教育水平						合计
		小学及以下	初中	高中或中专	本科或大专	硕士	博士	
选择	（人）	292	786	1 423	2 799	359	43	5 702
	（%）	26.3	27.9	36.5	47.8	46.7	55.1	39.2
未选	（人）	820	2 036	2 476	3 056	409	35	8 832
	（%）	73.7	72.1	63.5	52.2	53.3	44.9	60.8
合计	（人）	1 112	2 822	3 899	5 855	768	78	14 534
	（%）	100.0	100.0	100.0	100.0	100.0	100.0	100.0

资料来源：“中国大众人权观念调查研究”数据库，卷 A5；A10。

从个人年收入的角度考察，相关分析显示，不同收入的受访者对于“您认为哪些方面的权利最为重要”的回答存在极其显著的差异（$x^2=45.707$，$df=5$，$p<0.01$）。通过个人年收入与“您认为哪些方面的权利最为重要”的交叉分析，我们发现，不同收入阶层的民众对选举权与被选举权重要性的认识有所差异，且表现为三个阶层：收入在 3 万元以上的较高收入阶层对选举权与被选举权的评价较高，在 42%以上；收入在 5 000 元以下的低收入阶层对选举权与被选举权的评价略低，有 40%左右；选择选举权与被选举权的比例最低的是中间收入阶层，即个人收入在 5 000 元到 3 万元区间的这一群体，仅有 35%左右（见表 4—6）。

表 4—6　个人年收入与“您认为哪些方面的权利最为重要”交叉分析（选举权与被选举权）

	单位和百分比	个人年收入						合计
		2 000 元以下	2 000～5 000 元	5 000～1 万元	1 万～3 万元	3 万～8 万元	8 万元以上	
选择	（人）	1 720	756	528	1 130	818	226	5 178
	（%）	40.5	40.6	35.1	35.4	42.1	43.4	39.0
未选	（人）	2 523	1 107	975	2 066	1 123	295	8 089
	（%）	59.5	59.4	64.9	64.6	57.9	56.6	61.0

续前表

	单位和百分比	个人年收入						合计
		2 000 元以下	2 000～5 000 元	5 000～1 万元	1 万～3 万元	3 万～8 万元	8 万元以上	
合计	（人）	4 243	1 863	1 503	3 196	1 941	521	13 267
	（%）	100.0	100.0	100.0	100.0	100.0	100.0	100.0

资料来源："中国大众人权观念调查研究"数据库，卷 A6；A10。

通过宗教信仰与"您认为哪些方面的权利最为重要"的交叉分析，我们发现，信教者和不信教者选择选举权与被选举权的比例仅相差 0.2 个百分点，有无宗教信仰的民众对选举权与被选举权的评价几乎没有差异（见表 4—7）。卡方检验结果亦显示，有宗教信仰与没有宗教信仰的受访者对于"您认为哪些方面的权利最为重要"的回答不存在显著的差异（$x^2=0.021$，$df=1$，$p>0.05$）。

表 4—7　　宗教信仰与"您认为哪些方面的权利最为重要"交叉分析（选举权与被选举权）

	单位和百分比	选举权与被选举权		
		选择	未选	合计
没有	（人）	4 871	7 430	12 301
	（%）	39.6	60.4	100.0
有	（人）	845	1 280	2 125
	（%）	39.8	60.2	100.0
合计	（人）	5 716	8 710	14 426
	（%）	39.6	60.4	100.0

资料来源："中国大众人权观念调查研究"数据库，卷 A7；A10。

从户籍的角度考察，相关分析显示，不同户籍的受访者对于"您认为哪些方面的权利最为重要"的回答存在极其显著的差异（$x^2=149.687$，$df=1$，$p<0.01$）。通过户籍与"您认为哪些方面的权利最为重要"的交叉分析，我们发现，城乡二元户籍制度下，农村居民与城镇居民对选举权与被选举权的重要性的评价有很大差异，农村居民选择选举权与被选举权的比例为 34%，而城镇居民选择选举权与被选举权的比例有 44%，城镇居民比农村居民高出 10 个百分点，城镇居民更重视选举权与被选举权（见表 4—8）。

表 4—8　　户籍与"您认为哪些方面的权利最为重要"交叉分析（选举权与被选举权）

	单位和百分比	选举权与被选举权		
		选择	未选	合计
农村	（人）	2 264	4 389	6 653
	（%）	34.0	66.0	100.0
城镇	（人）	3 471	4 421	7 892
	（%）	44.0	56.0	100.0
合计	（人）	5 735	8 810	14 545
	（%）	39.4	60.6	100.0

资料来源："中国大众人权观念调查研究"数据库，卷 A8；A10。

从职业的角度考察，相关分析显示，不同职业的受访者对于"您认为哪些方面的权利最为重要"的回答存在极其显著的差异（$x^2=386.204$，$df=8$，$p<0.01$）。通过职业因素与"您认为哪些方面的权利最为重要"的交叉分析，我们发现，不同职业群体之间对选举权与被选举权的认识存在较大差异，选择选举权与被选举权比例最低的是生活境遇最差的无业失业者群体，仅有 25%，选择选举权与被选举权比例最高的职业群体是公职人员，有 48.9%。总体而言，无业失业者、经商者和务农务工人员认为选举权与被选举权是重要的人权的比例较低，而公职人员、学生和企业员工选择的比例较高（见表 4—9）。

表 4—9　　职业与"您认为哪些方面的权利最为重要"交叉分析（选举权与被选举权）

	单位和百分比	职业									合计
		务农者	务工者	企业员工	公职人员	学生	经商者	离退休者	无业失业者	其他	
选择	（人）	478	580	958	1 154	1 897	256	143	78	201	5 745
	（%）	30.4	29.7	43.3	48.9	44.7	27.8	37.7	25.0	30.4	39.3
未选	（人）	1 095	1 376	1 257	1 207	2 344	664	236	234	460	8 873
	（%）	69.6	70.3	56.7	51.1	55.3	72.2	62.3	75.0	69.6	60.7
合计	（人）	1 573	1 956	2 215	2 361	4 241	920	379	312	661	14 618
	（%）	100.0	100.0	100.0	100.0	100.0	100.0	100.0	100.0	100.0	100.0

资料来源："中国大众人权观念调查研究"数据库，卷 A9；A10。

三、民众参加过选举的比例

我们并未在选项中限定参加选举的届次，无论何时参加过人大代表选举的都可以肯定作答，但如图 4—2 所示，参加过人大代表选举的民众仅占 44.4%，不及一半。可想而知，如果限定参加选举的届次，可能比例还更低。

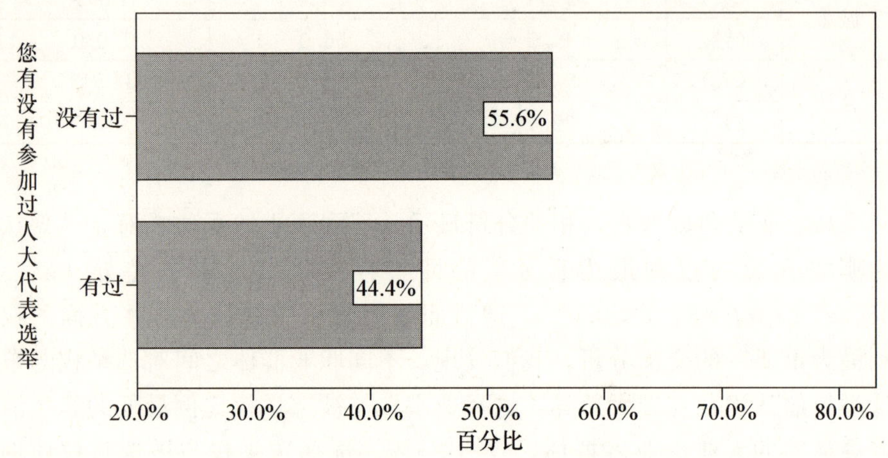

图 4—2　“您有没有参加过人大代表选举”调查结果

资料来源：“中国大众人权观念调查研究”数据库，卷 A22。

四、民众参加选举的影响因素

引入性别这一变量我们发现，在受访者中，有 45.7%的男性民众表示自己参加过人大代表选举，有 42.8%的女性表示自己参加过人大代表选举。男性和女性在人大代表参选率上差别不大（见表 4—10）。卡方检验结果亦显示，不同性别的受访者对于“您有没有参加过人大代表选举”的回答不存在极其显著的差异（x^2=11.707，df=1，p=0.01）。

表 4—10　　性别与“您有没有参加过人大代表选举”交叉分析

	单位和百分比	您有没有参加过人大代表选举		
		有过	没有	合计
男	（人）	3 408	4 056	7 464
	（%）	45.7	54.3	100.0

续前表

	单位和百分比	您有没有参加过人大代表选举		
		有过	没有	合计
女	(人)	2 942	3 929	6 871
	(%)	42.8	57.2	100.0
合计	(人)	6 350	7 985	14 335
	(%)	44.3	55.7	100.0

资料来源："中国大众人权观念调查研究"数据库，卷 A1；A22。

从年龄的角度考察，相关分析显示，不同年龄段的受访者对于"您有没有参加过人大代表选举"的回答存在极其显著的差异（$x^2=516.160$，$df=5$，$p<0.01$）。通过年龄因素与"您有没有参加过人大代表选举"的交叉分析，我们发现，不同年龄段的民众的参选率存在较大差异，参选率由低到高与年龄由低到高表现为正相关。我国宪法规定，未满 18 周岁的公民不享有选举权与被选举权。因此，表 4—11 中所示 18 岁以下的民众有 21.4%表示自己参加过人大代表选举应为误选，他们所参加的或许是其他形式的选举而非人大代表选举。

表 4—11　年龄与"您有没有参加过人大代表选举"交叉分析

	单位和百分比	年龄						合计
		18 岁以下	19～29 岁	30～39 岁	40～49 岁	50～59 岁	60 岁以上	
有过	(人)	282	2 673	1 283	1 303	516	326	6 383
	(%)	21.4	41.3	47.5	52.5	59.2	60.3	44.4
没有	(人)	1 034	3 801	1 417	1 179	355	215	8 001
	(%)	78.6	58.7	52.5	47.5	40.8	39.7	55.6
合计	(人)	1 316	6 474	2 700	2 482	871	541	14 384
	(%)	100.0	100.0	100.0	100.0	100.0	100.0	100.0

资料来源："中国大众人权观念调查研究"数据库，卷 A2；A22。

汉族与少数民族在人大代表参选率方面差别不大，汉族民众选择参加过人大代表选举的比例为 44.0%，其他少数民族选择参加过人大代表选举的比例为 46.5%，少数民族高出汉族 2.5 个百分点（见表 4—12）。卡方检验结果亦显示，汉族与少数民族的受访者对于"您有没有参加过人大代表选举"的回答不存在显著的差异（$x^2=3.076$，$df=1$，$p>0.05$）。

表 4—12 民族与“您有没有参加过人大代表选举”交叉分析

	单位和百分比	您有没有参加过人大代表选举		
		有过	没有	合计
汉族	(人)	5 742	7 298	13 040
	(%)	44.0	56.0	100.0
少数民族	(人)	619	711	1 330
	(%)	46.5	53.5	100.0
合计	(人)	6 361	8 009	14 370
	(%)	44.3	55.7	100.0

资料来源：“中国大众人权观念调查研究”数据库，卷 A3；A22。

从政治面貌的角度考察，相关分析显示，不同政治面貌的受访者对于“您有没有参加过人大代表选举”的回答存在极其显著的差异（$x^2=705.320$，$df=3$，$p<0.01$）。不同政治面貌的民众的参选率差别很大，一般群众和共青团员中有 38.8%表示自己参加过人大代表选举，而中共党员和民主党派成员则分别有 66.4%和 57.3%表示自己曾参加过人大代表选举，参选率最低的群体与最高的群体之间相差近 30 个百分点（见表 4—13）。

表 4—13 政治面貌与“您有没有参加过人大代表选举”交叉分析

	单位和百分比	政治面貌				合计
		群众	共青团员	中共党员	民主党派成员	
有过	(人)	2 448	1 995	1 875	71	6 389
	(%)	38.8	38.8	66.4	57.3	44.4
没有过	(人)	3 855	3 148	950	53	8 006
	(%)	61.2	61.2	33.6	42.7	55.6
合计	(人)	6 303	5 143	2 825	124	14 395
	(%)	100.0	100.0	100.0	100.0	100.0

资料来源：“中国大众人权观念调查研究”数据库，卷 A4；A22。

从受教育水平的角度考察，相关分析显示，不同受教育层次的受访者对于“您有没有参加过人大代表选举”的回答存在极其显著的差异（$x^2=499.847$，$df=5$，$p<0.01$）。通过受教育水平因素与“您有没有参加过人大代表选举”的交叉分析，我们发现，不同文化程度的民众参加人大代表选举的比例差别很大，而且，基本表现为两个极端，以大学学历为中点，没有上过大学的高中或中专、初中和小学及以下文化程度的民众表示参加过人大代表选举的比例在 36%左右，而上过大学的本科或大专、硕

士和博士学历的民众表示参加过人大代表选举的比例则高达50%以上，比例最高的博士学历的民众参选率达到了67.5%（见表4—14）。

表4—14 受教育水平与“您有没有参加过人大代表选举”交叉分析

	单位和百分比	受教育水平						合计
		小学及以下	初中	高中或中专	本科或大专	硕士	博士	
选择	（人）	401	986	1 382	3 051	467	52	6 339
	（%）	36.5	35.5	36.0	52.9	61.3	67.5	44.3
未选	（人）	698	1 793	2 455	2 718	295	25	7 984
	（%）	63.5	64.5	64.0	47.1	38.7	32.5	55.7
合计	（人）	1 099	2 779	3 837	5 769	762	77	14 323
	（%）	100.0	100.0	100.0	100.0	100.0	100.0	100.0

资料来源：“中国大众人权观念调查研究”数据库，卷A5；A22。

从个人年收入的角度考察，相关分析显示，不同收入的受访者对于“您有没有参加过人大代表选举”的回答存在极其显著的差异（$x^2=98.144$，$df=5$，$p<0.01$）。通过个人年收入因素与“您有没有参加过人大代表选举”的交叉分析，我们发现，不同收入层次的民众参加人大代表选举的比例差别很大，参选率的高低与收入水平的高低基本成正比，个人收入在3万元以下的民众表示参加过人大代表选举的比例在41%～45%之间，而个人收入在3万元以上的民众参加过人大代表选举的比例则在52%以上，参选率最高值与最低值之间相差14个百分点（见表4—15）。

表4—15 个人年收入与“您有没有参加过人大代表选举”交叉分析

	单位和百分比	个人年收入						合计
		2 000元以下	2 000～5 000元	5 000～1万元	1万～3万元	3万～8万元	8万元以上	
有过	（人）	1 721	812	655	1 396	1 017	285	5 886
	（%）	41.1	44.2	44.5	44.3	52.9	55.4	45.0
没有	（人）	2 466	1 024	818	1 752	905	229	7 194
	（%）	58.9	55.8	55.5	55.7	47.1	44.6	55.0
合计	（人）	4 187	1 836	1 473	3 148	1 922	514	13 080
	（%）	100.0	100.0	100.0	100.0	100.0	100.0	100.0

资料来源：“中国大众人权观念调查研究”数据库，卷A6；A22。

通过宗教信仰与“您有没有参加过人大代表选举”的交叉分析，我们发现，有无宗教信仰对是否参加过人大代表选举的影响不大，不信教者表示参加过人大代表选举的比例为44.8%，略高于信教者41.8%的参选比例（见表4—16）。卡方检验结果亦显示，有宗教信仰与没有宗教信仰的受访者对于“您有没有参加过人大代表选举”的回答不存在极其显著的差异（$x^2=6.565$，$df=1$，$p=0.01$）。

表4—16　　宗教信仰与“您有没有参加过人大代表选举”交叉分析

	单位和百分比	您有没有参加过人大代表选举		
		有过	没有	合计
没有	（人）	5 445	6 709	12 154
	（%）	44.8	55.2	100.0
有	（人）	866	1 207	2 073
	（%）	41.8	58.2	100.0
合计	（人）	6 311	7 916	14 227
	（%）	44.4	55.6	100.0

资料来源：“中国大众人权观念调查研究”数据库，卷A7；A22。

从户籍的角度考察，相关分析显示，不同户籍的受访者对于“您有没有参加过人大代表选举”的回答存在极其显著的差异（$x^2=309.242$，$df=1$，$p<0.01$）。通过户籍与“您有没有参加过人大代表选举”的交叉分析，我们发现，城乡二元户籍制度下，农村居民与城镇居民的参选率有很大差异，农村居民表示参加过人大代表选举的比例为36.4%，而城镇居民表示参加过人大代表选举的比例则达51.1%，城镇居民比农村居民高出近15个百分点，城镇居民的参选率更高（见表4—17）。

表4—17　　户籍与“您有没有参加过人大代表选举”交叉分析

	单位和百分比	您有没有参加过人大代表选举		
		有过	没有	合计
农村	（人）	2 395	4 180	6 575
	（%）	36.4	63.6	100.0
城镇	（人）	3 963	3 797	7 760
	（%）	51.1	48.9	100.0
合计	（人）	6 358	7 977	14 335
	（%）	44.4	55.6	100.0

资料来源：“中国大众人权观念调查研究”数据库，卷A8；A22。

从职业的角度考察，相关分析显示，不同职业的受访者对于“您有没有参加过人大代表选举”的回答存在极其显著的差异（$x^2=602.356$，

$df=8$，$p<0.01$)。交叉分析显示，民众的职业与其是否参与人大代表选举存在相关，在除“其他”选项之外的参加过人大代表选举的人中，学生和公职人员所占比例最高，分别达 27.6%和 23.5%，其次分别是企业员工（14.6%）、务工人员（10.5%）、务农人员（9.4%）、经商者（5.8%）、离退休人员（3.7%）和无业失业者（1.7%），说明务工者、务农者及企业员工的政治参与度并不高（见图 4—3)。

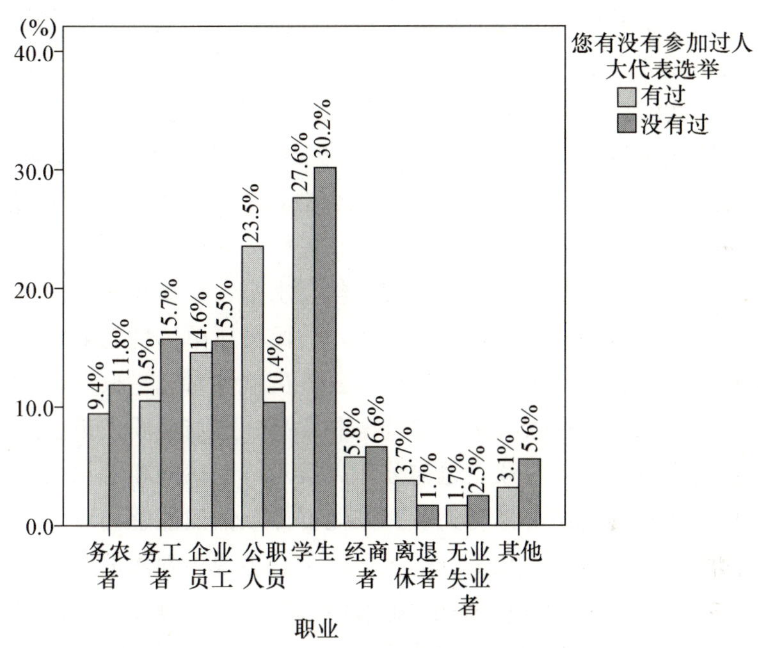

图 4—3　职业与“您有没有参加过人大代表选举”交叉分析

资料来源：“中国大众人权观念调查研究”数据库，卷 A9；A22

五、小结

选举是现代民主制度的基础制度，是公民政治参与的重要形式，而选举权是公民的基本政治权利。通过行使选举权，公民可实现自身利益的表达，将利益诉求输送到政治系统当中，并在政治框架内实现利益的博弈与妥协，同时，在代议制下通过选举权行使可实现对国家权力的监督与制衡。通过数据分析我们发现，社会大众对于选举权与被选举权并不是非常重视，在备选的 8 个权利选项当中，只有不到四成的受访者选择了“选举权与被选举权”，既远远低于“个人自由和尊严”“生命健康权”，也低于“社会保障权”“劳动权”“言论自由”，重要性位列八类权利中的第六位。

具体而言，我们发现，越是认为选举权与被选举权是一重要权利的群体，参加基层人大选举的比例也会越高。例如，城镇居民认为选举权与被选举权是重要权利的比例比农村居民高出十分之一，同样，城镇居民参选率比农村居民高出一成五；受过大学教育的群体认为选举权与被选举权是重要权利的比例比仅受过初中或初中以下教育的群体高出五分之一以上，同样，参选率高出接近五分之一。在每一个具体变量分析中，都大致呈现出如上特征，由此可判断民众对选举权与被选举权的重视程度同政治参与行为存在正相关。

此外，我们运用调查数据，重点分析了中国大众选举权利观念在不同性别、不同教育程度、不同收入水平、不同户籍等方面的主要表现和差异。可以发现，这些因素对选举权利观念造成的影响并不是等值等量的，其间同样有着相当的差异。首先，性别、民族、信仰、收入等因素的影响并不显著。其次，受职业、政治面貌、教育水平、户籍等对公民政治政治参与影响显著。第一，从职业角度分析，公民所属单位性质对政治参与有明显影响。国有企事业单位工作人员、公务员群体对选举权与被选举权表现出更多的认同，基层人大选举参选率非常高。这与公职人员所在单位的政治动员能力强有一定关联，也与公职人员对体制认同相关。与公职人员相比，务农务工的农民群体与无业、失业群体政治效能感和政治参与程度要低了很多。与一般印象相反，学生群体没有表现出强烈的政治热情与政治参与。第二，政治面貌对民众政治参与影响也非常显著。对选举权与被选举权重要性评价由高到低依次为民主党派成员、共产党员、共青团员、群众，其中，对选举权与被选举权的重要性评价最高的民主党派成员与对选举权与被选举权评价最低的一般群众之间相差两成以上。作为共产党员与民主党派成员，通常具有高于他人的政治敏感性与政治热情，具有更多的政治参与能力。第三，受教育水平对政治参与的影响非常明显。随着学历水平的提高，民众的政治效能感提高，认为选举权与被选举权是一项重要权利的比例逐渐上升，并且，参加选举的比例也呈现出上升趋势，且差异非常显著，受过大学及以上教育的群体认为选举权与被选举权是重要权利的比例比仅受过初中及以下教育的群体高出两成以上，同样，参选率高出接近两成。

选举权是作为国家的主人为国家“选贤任能”的重要权利，被选举权是公民参与国家政治生活的权利，这两项权利都载于我国宪法，为根本大法所明确肯定。切实实现选举权与被选举权，不仅是民主价值的要求，也是发展中国特色社会主义政治文明、构建和谐社会的现实需要。通过考察社会民众对选举权与被选举权的态度及其参与选举的实际情况，可以发现现实选举与被选举当中的实际问题，为如何解决实现这项重要民主权利的问题提供参考。

第二节　言论自由观念

一般而言，言论自由是指按照自己的意愿自由地发表言论以及听取他人陈述意见的权利。根据《公民权利和政治权利国际公约》第十九条第二款的规定，言论自由是指人人有自由发表意见的权利，此项权利包括寻求、接受和传递各种消息和思想的自由，而不论国界，也不论口头的、书写的、印刷的、采取艺术形式的或通过个人所选择的任何其他媒介。言论自由是一项基本权利。“基本”揭示了言论自由在权利体系中的地位和由此而来的国家责任。就言论自由对公共权力行使的监督而言，其作用在于可以保证公权力行使过程中的透明和民主，保障人民主权原则的实现。民主社会的基础就在于公民能自我统治，而自我统治需要充分的言论自由。①

关于言论自由问题，我们在问卷中设计了三个题目：其一，您认为的言论自由是什么；其二，是否认为言论自由是最重要的人权之一；其三，你觉得我们的言论自由状况如何。以此考察民众对于现今言论自由状况的认识、评价以及言论自由在民众心中的地位。

一、大众对言论自由内涵的基本认识

如表 4—18 所示，关于言论自由的内涵，有高达 86.7％的受访者选择了“自由表达思想”这一选项，也即绝大多数的民众认为言论自由最重要的、最根本的方面是思想自由和表达思想的自由。选择“出版自由”和“发表文章”的比例分别为 45.2％和 40.2％，也即作为言论自由的延伸和实现方式的出版发表的自由在民众眼中排在第二梯队。排在第三梯队的是批评政府的自由，选择这一选项的比例为 27.6％。只有 15.1％的受访者选择了“网上随意发表言论”这一选项。

---

① 参见邵志择：《表达自由：言论与行为的两分法——从国旗案看美国最高法院的几个原则》，载《美国研究》，2002 (1)。

表 4—18 您认为的言论自由是什么

	频次（人）	个案百分比（%）
出版自由	6 601	45.2
自由表达思想	12 666	86.7
批评政府	4 035	27.6
批评别人	2 264	15.5
发表文章	5 880	40.2
网上随意发表言论	2 202	15.1

资料来源："中国大众人权观念调查研究"数据库，卷 A19。

二、大众对言论自由重要性的定位

（一）大众对言论自由重要性的基本评价

如图 4—4 所示，在问题"您认为哪些方面的权利最为重要"中，在我们所列举的八类具体权利中，有 45.1%的民众选择了"言论自由"，既远远低于"个人自由和尊严""生命健康权"，也低于"社会保障权""劳动权"，仅高于"选举权与被选举权""通过法律途径获得救助的权利""宗教信仰自由"，重要性位列八类权利中的第五位。

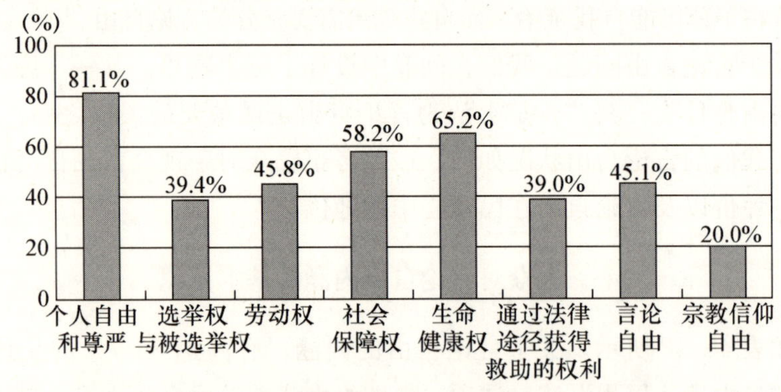

图 4—4 "您认为哪些方面的权利最为重要"调查结果

资料来源："中国大众人权观念调查研究"数据库，卷 A10。

（二）大众评价言论自由重要性的影响因素

男性与女性对言论自由的重要程度的定位略有差异，对于"您认为哪些方面的权利最为重要"，男性选择言论自由的比例为 44.3%，女性为 46.2%，女性对选举权重要性的评价略高于男性（见表 4—19）。但是卡方检验结果显示，不同性别的受访者对于"您认为哪些方面的权利最为重要"的回答存在显著的差异（$x^2=5.387$，$df=1$，$p<0.05$）。

表 4—19　　性别与“您认为哪些方面的权利最为重要”交叉分析（言论自由）

	单位和百分比	言论自由		
		选择	未选	合计
男	（人）	3 352	4 218	7 570
	（%）	44.3	55.7	100.0
女	（人）	3 225	3 756	6 981
	（%）	46.2	53.8	100.0
合计	（人）	6 577	7 974	14 551
	（%）	45.2	54.8	100.0

资料来源：“中国大众人权观念调查研究”数据库，卷 A1；A10。

通过年龄与“您认为哪些方面的权利最为重要”的交叉分析，我们发现，在 18 岁以下到 60 岁以上的六个年龄段中，选择言论自由的比例最高的是 18 岁以下的未成年人群体，比例最低的是 60 岁以上的老年人群体，而且，选择言论自由为重要人权的比例的高低与受访者年龄的大小基本呈现出负相关的态势：年龄越大者，越不认为言论自由重要；越是年轻人，越重视言论自由（见表 4—20）。相关分析显示，不同年龄的受访者对于“您认为哪些方面的权利最为重要”的回答存在极其显著的差异（$x^2=455.321$，$df=5$，$p<0.01$）。

表 4—20　　年龄与“您认为哪些方面的权利最为重要”交叉分析（言论自由）

	单位和百分比	年龄						合计
		18 岁以下	19～29 岁	30～39 岁	40～49 岁	50～59 岁	60 岁以上	
选择	（人）	736	3 466	1 032	871	300	185	6 590
	（%）	55.3	52.7	37.7	34.5	33.9	33.8	45.1
未选	（人）	596	3 113	1 708	1 650	584	362	8 013
	（%）	44.7	47.3	62.3	65.5	66.1	66.2	54.9
合计	（人）	1 332	6 579	2 740	2 521	884	547	14 603
	（%）	100.0	100.0	100.0	100.0	100.0	100.0	100.0

资料来源：“中国大众人权观念调查研究”数据库，卷 A2；A10。

从民族的角度考察，相关分析显示，不同民族的受访者对于“您认为哪些方面的权利最为重要”的回答存在极其显著的差异（$x^2=16.846$，$df=1$，$p<0.01$）。汉族与少数民族对言论自由的重要性的评价略有差异，汉族民众选择言论自由的比例为 44.7%，少数民族选择言论自由的

比例为50.5%，比汉族高出近6个百分点，说明少数民族民众对言论自由的重要性的评价高于汉族民众（见表4—21）。

表4—21 民族与“您认为哪些方面的权利最为重要”交叉分析（言论自由）

	单位和百分比	言论自由		
		选择	未选	合计
汉族	（人）	5 909	7 325	13 234
	（%）	44.7	55.3	100.0
少数民族	（人）	683	670	1 353
	（%）	50.5	49.5	100.0
合计	（人）	6 592	7 995	14 587
	（%）	45.2	54.8	100.0

资料来源：“中国大众人权观念调查研究”数据库，卷A3；A10。

通过政治面貌与“您认为哪些方面的权利最为重要”的交叉分析，我们发现，不同政治面貌的民众对言论自由的定位存在很大差异。一般群众选择言论自由的比例为33.7%，共青团员选择言论自由的比例为54.6%，中共党员选择言论自由的比例为52.9%，民主党派成员选择言论自由的比例为53.1%，作为年轻人群体的共青团员对言论自由的重要性评价最高，对言论自由的重要性评价最高的共青团员与对言论自由的重要性评价最低的一般群众之间相差约20个百分点（见表4—22）。从政治面貌的角度考察，相关分析显示，不同政治面貌的受访者对于“您认为哪些方面的权利最为重要”的回答存在极其显著的差异（$x^2=597.353$，$df=3$，$p<0.01$）。

表4—22 政治面貌与“您认为哪些方面的权利最为重要”交叉分析（言论自由）

	单位和百分比	政治面貌				合计
		群众	共青团员	中共党员	民主党派成员	
选择	（人）	2 158	2 851	1 511	68	6 588
	（%）	33.7	54.6	52.9	53.1	45.1
未选	（人）	4 238	2 368	1 348	60	8 014
	（%）	66.3	45.4	47.1	46.9	54.9
合计	（人）	6 396	5 219	2 859	128	14 602
	（%）	100.0	100.0	100.0	100.0	100.0

资料来源：“中国大众人权观念调查研究”数据库，卷A4；A10。

通过受教育水平与“您认为哪些方面的权利最为重要”的交叉分析，

我们发现，不同文化程度的民众对言论自由的重要性的评价差别很大，小学及以下文化程度的民众选择言论自由的比例最低，仅为 23.2%，博士学历的民众选择言论自由的比例最高，有 65.4%，相差 40 多个百分点，文化程度由低到高与对言论自由重要性评价的由低到高基本呈现出正相关的态势（见表 4—23）。相关分析显示，不同受教育水平的受访者对于“您认为哪些方面的权利最为重要”的回答存在极其显著的差异（$x^2=1\,068.343$，$df=5$，$p<0.01$）。

表 4—23　受教育水平与“您认为哪些方面的权利最为重要”交叉分析（言论自由）

	单位和百分比	受教育水平						合计
		小学及以下	初中	高中或中专	本科或大专	硕士	博士	
选择	（人）	258	769	1 641	3 375	478	51	6 572
	（%）	23.2	27.3	42.1	57.6	62.2	65.4	45.2
未选	（人）	854	2 053	2 258	2 480	290	27	7 962
	（%）	76.8	72.7	57.9	42.4	37.8	34.6	54.8
合计	（人）	1 112	2 822	3 899	5 855	768	78	14 534
	（%）	100.0	100.0	100.0	100.0	100.0	100.0	100.0

资料来源：“中国大众人权观念调查研究”数据库，卷 A5；A10。

通过个人年收入与“您认为哪些方面的权利最为重要”的交叉分析，我们发现，不同收入阶层的民众对言论自由重要性的认识有所差异，且表现为三个阶层：收入在 3 万元以上的较高收入阶层对言论自由的评价较高，在 47%～50%之间；收入在 2 000 元以下的低收入阶层对言论自由的评价也很高，为 49.8%；选择言论自由的比例最低的是中间收入阶层，即个人收入在 2 000 元到 3 万元的这一群体，仅在 30%～41%之间（见表 4—24）。相关分析显示，不同收入的受访者对于“您认为哪些方面的权利最为重要”的回答存在极其显著的差异（$x^2=169.745$，$df=5$，$p<0.01$）。

表 4—24　个人年收入与“您认为哪些方面的权利最为重要”交叉分析（言论自由）

	单位和百分比	个人年收入						合计
		2 000 元以下	2 000～5 000 元	5 千～1 万元	1 万～3 万元	3 万～8 万元	8 万元以上	
选择	（人）	2 111	749	509	1 275	923	260	5 827
	（%）	49.8	40.2	33.9	39.9	47.6	49.9	43.9

续前表

	单位和百分比	个人年收入						合计
		2 000 元以下	2 000～5 000 元	5 千～1 万元	1 万～3 万元	3 万～8 万元	8 万元以上	
未选	（人）	2 132	1 114	994	1 921	1 018	261	7 440
	（%）	50.2	59.8	66.1	60.1	52.4	50.1	56.1
合计	（人）	4 243	1 863	1 503	3 196	1 941	521	13 267
	（%）	100.0	100.0	100.0	100.0	100.0	100.0	100.0

资料来源："中国大众人权观念调查研究"数据库，卷 A6；A10。

通过宗教信仰与"您认为哪些方面的权利最为重要"的交叉分析，我们发现，信教者和不信教者选择言论自由的比例仅相差 3.4 个百分点，有无宗教信仰的民众对言论自由的评价差别不大（见表 4—25）。卡方检验结果亦显示，信仰宗教与不信仰宗教的受访者对于"您认为哪些方面的权利最为重要"的回答不存在显著的差异（$x^2=8.068$，$df=1$，$p=0.05$）。

表 4—25　　宗教信仰与"您认为哪些方面的权利最为重要"交叉分析（言论自由）

	单位和百分比	言论自由		
		选择	未选	合计
没有	（人）	5 630	6 671	12 301
	（%）	45.8	54.2	100.0
有	（人）	902	1 223	2 125
	（%）	42.4	57.6	100.0
合计	（人）	6 532	7 894	14 426
	（%）	45.3	54.7	100.0

资料来源："中国大众人权观念调查研究"数据库，卷 A7；A10。

从户籍的角度考察，相关分析显示，不同户籍的受访者对于"您认为哪些方面的权利最为重要"的回答存在极其显著的差异（$x^2=231.510$，$df=1$，$p<0.01$）。通过户籍与"您认为哪些方面的权利最为重要"的交叉分析，我们发现，城乡二元户籍制度下，农村居民与城镇居民对言论自由的重要性的评价有很大差异，农村居民选择言论自由的比例为 38.2%，而城镇居民选择言论自由的比例有 50.8%，城镇居民比农村居民高出约 12 个百分点，可见城镇居民更重视言论自由（见表 4—26）。

表 4—26　户籍与“您认为哪些方面的权利最为重要”交叉分析（言论自由）

	单位和百分比	言论自由		
		选择	未选	合计
农村	（人）	2 543	4 110	6 653
	（%）	38.2	61.8	100.0
城镇	（人）	4 011	3 881	7 892
	（%）	50.8	49.2	100.0
合计	（人）	6 554	7 991	14 545
	（%）	45.1	54.9	100.0

资料来源：“中国大众人权观念调查研究”数据库，卷 A8；A10。

从职业的角度考察，相关分析显示，不同职业的受访者对于“您认为哪些方面的权利最为重要”的回答存在极其显著的差异（$x^2=1\ 012.755$，$df=8$，$p<0.01$）。如表 4—27 所示，在是否认为言论自由是重要人权的问题上，务农、务工者中分别只有 24.5%、27.1%的人选择了言论自由，而公职人员和企业员工中分别有 50.7%和 48.3%的人认为言论自由是重要人权，学生群体中有 60%的人认为言论自由是很重要的人权。由此便可以看出，务农、务工群体对言论自由权利很不重视，而学生群体和公职人员企业员工对于言论自由更为重视，这也直接影响到他们对言论自由状况的评价。

表 4—27　职业与“您认为哪些方面的权利最为重要”交叉分析（言论自由）

	单位和百分比	职业									合计
		务农者	务工者	企业员工	公职人员	学生	经商者	离退休者	无业失业者	其他	
选择	（人）	385	531	1 070	1 196	2 543	332	145	90	294	6 586
	（%）	24.5	27.1	48.3	50.7	60.0	36.1	38.3	28.8	44.5	45.1
未选	（人）	1 188	1 425	1 145	1 165	1 698	588	234	222	367	8 032
	（%）	75.5	72.9	51.7	49.3	40.0	63.9	61.7	71.2	55.5	54.9
合计	（人）	1 573	1 956	2 215	2 361	4 241	920	379	312	661	14 618
	（%）	100.0	100.0	100.0	100.0	100.0	100.0	100.0	100.0	100.0	100.0

资料来源：“中国大众人权观念调查研究”数据库，卷 A9；A10。

三、大众对言论自由状况的评价

（一）大众对言论自由状况的基本评价

通过图 4—5 我们可以看到，有 19.4%的民众认为我们的言论自由状况较好，有 18.8%的人认为我们的言论自由状况不好，61.8%的人认为我们的言论自由状况一般。认为我们的言论自由状况好的与认为言论自由状况不好的各占两成左右，绝大多数民众对言论自由状况持一种较为平和的态度。整体而言，我国的言论自由保护处于一种较为平稳的状态，并非如一些极端观点所称的那么糟糕。

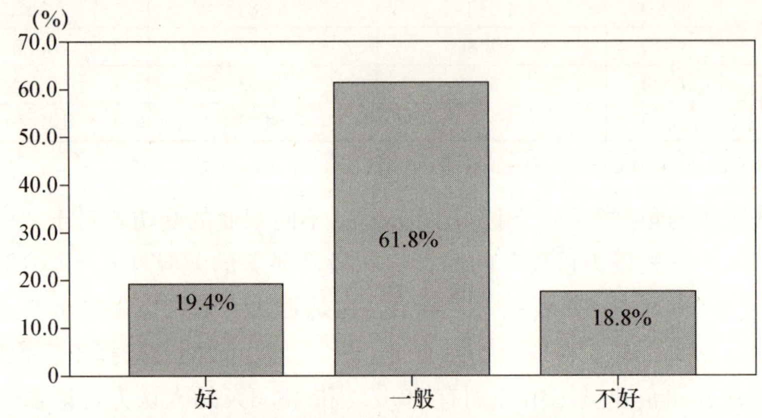

图 4—5 “您觉得我们的言论自由状况如何”调查结果

资料来源：“中国大众人权观念调查研究”数据库，卷 A20。

（二）大众判断言论自由状况的影响因素

通过性别与“您觉得我们的言论自由状况如何”的交叉分析，我们发现，男性与女性在选择“好”“不好”和“一般”的比例上均差别不大，差异在 2～6 个百分点之间，男性的评价略高于女性，性别因素对言论自由状况的评价总体影响不大（见表 4—28）。但是卡方检验结果显示，不同性别的受访者对于“您觉得我们的言论自由状况如何”的回答存在极其显著的差异（$x^2=46.037$，$df=2$，$p<0.01$）。

表 4—28 性别与“您觉得我们的言论自由状况如何”交叉分析

	单位和百分比	您觉得我们的言论自由状况如何			
		好	一般	不好	合计
男	（人）	1 465	4 261	1 475	7 201
	（%）	20.3	59.2	20.5	100.0
女	（人）	1 221	4 313	1 137	6 671
	（%）	18.3	64.7	17.0	100.0
合计	（人）	2 686	8 574	2 612	13 872
	（%）	19.4	61.8	18.8	100.0

资料来源：“中国大众人权观念调查研究”数据库，卷 A1；A20。

如图 4—6 所示，引入年龄这一变量对这一问题进行交叉分析，可以看到，18 岁以下与 19～29 岁两个年龄段的人中分别仅有 230 人、1 007 人认为言论自由状况好，各占本年龄段的 18%、16%，认为言论自由状况不好的分别有 262 人、1 432 人，各占本年龄段的 20.5%和 22.7%；60 岁以上的人中认为现在言论自由状况好的有 191 人，比例最高，占到了本年龄段的 36.6%，认为言论自由状况不好的只有 55 人，比例最低，仅为 10.5%。可见，不同年龄段对于国内言论自由状况的体验感受存在很大不同，30 岁以下的年轻人对于言论自由的期望更高，而 60 岁以上的老年人对我们现在的言论自由状况的判断更加乐观。而这一判断是基于 60 岁以上老年人在经历了新中国不同时期言论自由状况对比得出的。相关分析同样显示，不同年龄的受访者对于“您觉得我们的言论自由状况如何”的回答存在极其显著的差异（x^2=273.371，df=10，p<0.01）。

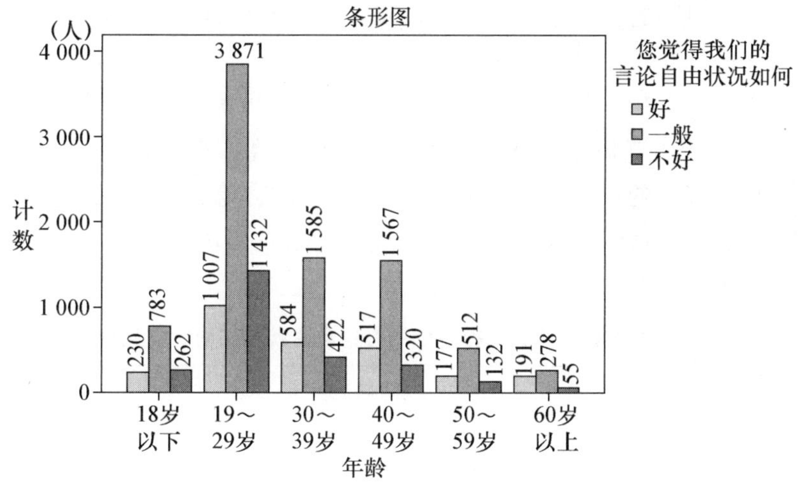

图 4—6　年龄与“您觉得我们的言论自由状况如何”交叉分析

资料来源：“中国大众人权观念调查研究”数据库，卷 A2；A20。

通过民族与“您觉得我们的言论自由状况如何”的交叉分析，我们发现，汉族与少数民族在选择“好”“不好”和“一般”的比例上均差别极小，差异仅在 0.5～2 个百分点之间，少数民族的评价略高于汉族，民族因素对言论自由状况的评价总体影响不大（见表 4—29）。卡方检验的结果亦显示，不同民族的受访者对于“您觉得我们的言论自由状况如何”的回答不存在显著的差异（x^2=3.105，df=2，p>0.05）。

表 4—29　民族与“您觉得我们的言论自由状况如何”交叉分析

	单位和百分比	您觉得我们的言论自由状况如何			
		好	一般	不好	合计
汉族	（人）	2 410	7 804	2 401	12 615
	（%）	19.1	61.9	19.0	100.0
少数民族	（人）	261	815	222	1 298
	（%）	20.1	62.8	17.1	100.0
合计	（人）	2 671	8 619	2 623	13 913
	（%）	19.2	61.9	18.9	100.0

资料来源：“中国大众人权观念调查研究”数据库，卷 A3；A20。

从政治面貌的角度考察，相关分析显示，不同政治面貌的受访者对于“您觉得我们的言论自由状况如何”的回答存在极其显著的差异（$x^2=119.288$，$df=6$，$p<0.01$）。通过政治面貌与“您觉得我们的言论自由状况如何”的交叉分析，我们发现，不同政治面貌的民众对言论自由状况的评价存在很大差异。一般群众选择“好”的比例为 21.6%，共青团员选择“好”的比例最低，仅有 15.5%，中共党员选择“好”的比例为 20.9%，民主党派成员选择“好”的比例最高，有 28.3%，只有共青团员选择“好”的比例低于平均值 19.4%，对言论自由状况评价最高的民主党派成员与对言论自由状况评价最低的共青团员之间相差近 13 个百分点（见表 4—30）。

表 4—30　政治面貌与“您觉得我们的言论自由状况如何”交叉分析

	单位和百分比	政治面貌				合计
		群众	共青团员	中共党员	民主党派成员	
好	（人）	1 304	776	577	34	2 691
	（%）	21.6	15.5	20.9	28.3	19.4
一般	（人）	3 756	3 117	1 685	58	8 616
	（%）	62.1	62.3	61.1	48.3	61.8
不好	（人）	990	1 114	494	28	2 626
	（%）	16.4	22.2	17.9	23.3	18.8
合计	（人）	6 050	5 007	2 756	120	13 933
	（%）	100.0	100.0	100.0	100.0	100.0

资料来源：“中国大众人权观念调查研究”数据库，卷 A4；A20。

从受教育水平的角度考察，相关分析显示，不同受教育水平的受访者对于“您觉得我们的言论自由状况如何”的回答存在极其显著的差异（$x^2=445.115$，$df=10$，$p<0.01$）。如表4—31所示，受教育水平对于人们对言论自由状况的评价有重要影响。除博士学历外，随着受教育水平的提高，认为言论自由状况较好的比例逐渐降低，认为不好的比例则逐步上升。小学及以下学历的人认为言论自由状况好的占到了34.9%，认为不好的占到了12.9%。在初中和高中或中专学历的人中，认为言论自由状况好的比例降到了21.5%、19.6%，认为言论自由状况不好的上升到了13.0%、16.8%。在拥有本科或大专、硕士、博士学历的人中，认为言论自由状况好的比例分别为15.9%、12.2%和17.3%，认为言论自由状况不好的比例上升到了21.9%、34.9%和34.7%。由此可以看出，不同学历水平者对言论自由状况的感知存在很大的差异，学历水平低的人对于言论自由状况的判断更为正面，而随着学历水平的提高，对言论自由不满意的比例呈现出明显的上升趋势。

表4—31　受教育水平与“您觉得我们的言论自由状况如何”交叉分析

	单位和百分比	受教育水平						合计
		小学及以下	初中	高中或中专	本科或大专	硕士	博士	
好	（人）	365	575	727	892	91	13	2 663
	（%）	34.9	21.5	19.6	15.9	12.2	17.3	19.2
一般	（人）	545	1 756	2 362	3 497	395	36	8 591
	（%）	52.2	65.6	63.6	62.2	52.9	48.0	61.9
不好	（人）	135	347	623	1 230	260	26	2 621
	（%）	12.9	13.0	16.8	21.9	34.9	34.7	18.9
合计	（人）	1 045	2 678	3 712	5 619	746	75	13 875
	（%）	100.0	100.0	100.0	100.0	100.0	100.0	100.0

资料来源：“中国大众人权观念调查研究”数据库，卷A5；A20。

从个人年收入的角度考察，相关分析显示，个人年收入不同的受访者对于“您觉得我们的言论自由状况如何”的回答存在极其显著的差异（$x^2=98.966$，$df=10$，$p<0.01$）。通过个人年收入与“您觉得我们的言论自由状况如何”的交叉分析，我们发现，不同收入阶层的民众对言论自由状况的评价有较大差异，且表现为两个维度：收入在2 000元以上、1万元以下的较低收入阶层对言论自由状况的评价较高，选择“好”的比例

均高于平均值；收入在1万元以上的较高收入阶层对言论自由状况的评价较低，选择“好”的比例均低于平均值，选择“好”的比例最低即对言论自由状况评价最低的是最高收入阶层，即个人年收入在8万元以上的这一群体，仅有15.4%（见表4—32）。

表4—32　个人年收入与“您觉得我们的言论自由状况如何”交叉分析

	单位和百分比	个人年收入						合计
		2 000元以下	2 000～5 000元	5 000～1万元	1万～3万元	3万～8万元	8万元以上	
好	（人）	796	395	320	578	361	75	2 525
	（%）	19.6	22.4	22.8	18.8	19.2	15.4	19.9
一般	（人）	2 383	1 084	898	1 989	1 148	294	7 796
	（%）	58.6	61.4	64.0	64.8	61.1	60.2	61.5
不好	（人）	886	286	186	503	371	119	2 351
	（%）	21.8	16.2	13.2	16.4	19.7	24.4	18.6
合计	（人）	4 065	1 765	1 404	3 070	1 880	488	12 672
	（%）	100.0	100.0	100.0	100.0	100.0	100.0	100.0

资料来源：“中国大众人权观念调查研究”数据库，卷A6；A20。

通过宗教信仰与“您觉得我们的言论自由状况如何”的交叉分析，我们发现，信教者与不信教者在选择“好”“不好”和“一般”的比例上均差别不大，宗教信仰因素对言论自由状况的评价总体影响不大（见表4—33）。但是卡方检验结果显示，信仰宗教与不信仰宗教的受访者对于“您觉得我们的言论自由状况如何”的回答存在极其显著的差异（$x^2=21.787$，$df=2$，$p<0.01$）。

表4—33　有没有宗教信仰与“您觉得我们的言论自由状况如何”交叉分析

	单位和百分比	您觉得我们的言论自由状况如何			
		好	一般	不好	合计
没有	（人）	2 190	7 354	2 227	11 771
	（%）	18.6	62.5	18.9	100.0
有	（人）	460	1 167	382	2 009
	（%）	22.9	58.1	19.0	100.0
合计	（人）	2 650	8 521	2 609	13 780
	（%）	19.2	61.8	18.9	100.0

资料来源：“中国大众人权观念调查研究”数据库，卷A7；A20。

通过户籍与“您觉得我们的言论自由状况如何”的交叉分析，我们发现，城乡二元户籍制度下，农村居民与城镇居民对言论自由状况的评价略有差异。农村居民认为言论自由状况“好”的比例为 19.5%，高于全国平均值；而城镇居民认为言论自由状况“好”的比例仅有 18.8%，低于全国平均值（见表 4—34）。但是卡方检验结果显示，户籍不同的受访者对于“您觉得我们的言论自由状况如何”的回答存在极其显著的差异（$x^2=30.145$，$df=2$，$p<0.01$）。

表 4—34　户籍与“您觉得我们的言论自由状况如何”交叉分析

	单位和百分比	您觉得我们的言论自由状况如何			
		好	一般	不好	合计
农村	（人）	1 240	4 033	1 075	6 348
	（%）	19.5	63.5	16.9	100.0
城镇	（人）	1 418	4 562	1 551	7 531
	（%）	18.8	60.6	20.6	100.0
合计	（人）	2 658	8 595	2 626	13 879
	（%）	19.2	61.9	18.9	100.0

资料来源：“中国大众人权观念调查研究”数据库，卷 A8；A20。

从职业的角度考察，相关分析显示，不同职业的受访者对于“您觉得我们的言论自由状况如何”的回答存在极其显著的差异（$x^2=343.959$，$df=16$，$p<0.01$）。通过职业因素与“您觉得我们的言论自由状况如何”的交叉分析，我们发现，不同职业群体之间对言论自由状况的评价存在较大差别。其中，学生群体对于言论自由状况的评价最低，认为言论自由状况好的仅占 13.8%，认为言论自由状况不好的占到了 24.2%；务农者对于言论自由状况评价最高，认为言论自由状况好的高达 31.2%，认为言论自由状况不好的仅有 13.6%；而务工、经商、离退休群体对言论自由状况的评价也较高，在平均值以上。其他几类职业群体对言论自由状况的评价低于平均值，其中，国家公职人员认为言论自由状况“好”的比例为 18.6%，低于平均值（见表 4—35）。

表 4—35　职业与“您觉得我们的言论自由状况如何”交叉分析

	单位和百分比	职业									合计
		务农者	务工者	企业员工	公职人员	学生	经商者	离退休者	无业失业者	其他	
好	（人）	458	407	400	422	562	177	99	63	104	2 692
	（%）	31.2	21.8	19.0	18.6	13.8	20.4	27.8	21.4	16.4	19.3

续前表

	单位和百分比	职业									合计
		务农者	务工者	企业员工	公职人员	学生	经商者	离退休者	无业失业者	其他	
一般	(人)	810	1 189	1 270	1 463	2 532	553	217	169	422	8 625
	(%)	55.2	63.7	60.3	64.3	62.0	63.9	61.0	57.5	66.7	61.8
不好	(人)	199	270	437	389	989	136	40	62	107	2 629
	(%)	13.6	14.5	20.7	17.1	24.2	15.7	11.2	21.1	16.9	18.9
合计	(人)	1 467	1 866	2 107	2 274	4 083	866	356	294	633	13 946
	(%)	100.0	100.0	100.0	100.0	100.0	100.0	100.0	100.0	100.0	100.0

资料来源：“中国大众人权观念调查研究”数据库，卷 A9；A20。

四、小结

言论自由是指公民按照自己的意愿自由地发表言论，言论自由也是规定于我国宪法的公民基本权利。调查数据表明，人们对于“言论自由”的重视程度相对不高，远远低于“个人自由和尊严”“生命健康权”，也低于“社会保障权”“劳动权”，仅高于“选举权与被选举权”“通过法律途径获得救助的权利”“宗教信仰自由”。而民众对于言论自由状况的评价并不十分让人乐观，但也并不像一些极端观点声称的那么糟糕。认为我们的言论自由状况好的与认为言论自由状况不好的都占两成左右，绝大多数民众对我们的言论自由状况的评价为一般。大部分人认为我们现在的言论自由状况处于一种中间状态，不是很好，但也绝非最坏。

此外，我们运用调查数据，重点分析了性别、教育程度、收入水平、户籍等因素对中国大众言论自由观念的影响。具体来说，这些因素对言论自由观念造成的影响并不是等值等量的，其间同样有着相当的差异。首先，年龄、政治面貌、受教育水平、个人收入、职业等因素有着显著而深刻的影响。其中，受教育程度的影响是相对最为显著的。一方面，数据基本上显示出学历的高低与对言论自由的重视程度成正相关关系、与对当下言论自由状况的评价则成反相关关系。另一方面，低学历群体与高学历群体差距悬殊。受教育程度的影响还体现在其对于有较高影响的其他几个因素的作用上，即政治面貌、职业、户籍、个人收入等因素所体现出来的相关性或许只是因为其与受教育程度这一因素的相关性而造成的，当然，这还需要进一步的数据验证。年龄方面，数据大致显示出年龄的大小与对言论自由的重视程度成反相关关系、与对当下言论自由状况的评价成正相关关系。这可能与不同年龄的人的阅历、经验等相关。年龄大者社会阅历经验更为丰富，其对于我国言论自由从过去到现在的发展进程有着更为真切的了解，因此基于今昔对比往往会对现今言论自由状况作出较为积极的正面评级。而年轻人大多出生于1980年前后，从其出生便生活在改革开放的年代，接受的是现代化的教育和生活理念，对于过往言论自由不好的年代并没有切身的认识，只是以理论上的理想状态为参照系进行对比，因此往往会作出对我国的言论自由状况不够满意的评价。

其次，性别、民族、宗教信仰等因素的影响力并不明显。性别方面，男女对于言论自由的态度相近，其中女性对言论自由的重视程度略高，对当下言论自由状况的评价略低于男性。民族方面，对言论自由的重视程度汉族略低于少数民族，二者在对当下言论自由状况评价方面的差异则几乎可以忽略不计。有无宗教信仰这一因素影响也非常微弱。

言论自由是民主社会最重要的价值之一，对于社会的发展进步和个人的个体发展都具有重要的意义。对于社会而言，言论自由所包含的全社会对于公共事务的公开讨论、广泛监督等方式是民主制度运行的关键。对于个人而言，公开地表达自己、倾听他人意见、理性讨论等是个人实践其理性进而实现其主体性价值，完善其人格的重要方式。公共权力应当尊重公民的言论自由，在设置障碍方面更加“消极无为”，在创造开放、理性的公共讨论环境方面“积极作为”。

第三节　生命健康权观念

生命权是“一种维持生命存在的权利，即活着的权利”①。“拥有生命是人作为社会成员的最基本、最原始的权利，是人享有其他各项权利的前提。”②《公民权利和政治权利国际公约》第六条第一款规定生命权应受保障，任何人不得被恣意剥夺生命；第二款规定在未废除死刑之国家，判处死刑只得适用于最严重之犯罪；第四款规定任何被判处死刑的人应有权要

① 董云虎、常健主编：《中国人权建设60年》，38页，南昌，江西人民出版社，2009。

② 同上书，39页。

求赦免和减刑；第五款规定不得对十八岁以下的未成年人判处死刑及对孕妇执行死刑。

死刑剥夺的是生命权，死刑问题是一个涉及公民生命权与国家关系的问题，历来受到关注。国家能否依照合法程序剥夺公民生命权，实际上是国家如何对待犯罪人生命权的问题。在这个问题上，民众的态度如何是一个格外引人瞩目的问题。本次调查，除了考察民众对生命健康权的基本定位，主要是通过死刑存废问题来透视民众对生命权的态度。

一、民众对生命健康权的定位

如图 4—7 所示，在我们所列举的八类具体权利中，有 65.2%的民众选择了“生命健康权”，仅低于“个人自由和尊严”，高于“社会保障权”“劳动权”“言论自由”“选举权与被选举权”“通过法律途径获得救济的权利”和“宗教信仰自由”，重要性位列八类权利中的第二位。

二、影响民众对生命健康权定位的因素

男性与女性对生命健康权的重要程度的定位略有差异。对于“您认为哪些方面的权利最为重要”，男性选择生命健康权的比例为 62.2%，女性为 68.9%，女性对生命健康权重要性的评价略高于男性（见表 4—36)。卡方检验结果显示，不同性别的受访者对于“您认为哪些方面的权利最为重要”的回答存在极其显著的差异（$x^2=73.711$，$df=1$，$p<0.01$)。

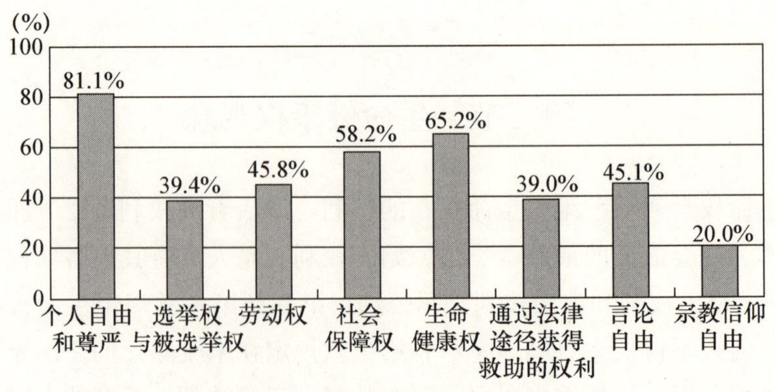

图 4—7 “您认为哪些方面的权利最为重要”调查结果

资料来源：“中国大众人权观念调查研究”数据库，卷 A10。

表 4—36　性别与“您认为哪些方面的权利最为重要”交叉分析（生命健康权）

	单位和百分比	生命健康权		
		选择	未选	合计
男	（人）	4 705	2 865	7 570
	（%）	62.2	37.8	100.0
女	（人）	4 812	2 169	6 981
	（%）	68.9	31.1	100.0
合计	（人）	9 517	5 034	14 551
	（%）	65.4	34.6	100.0

资料来源：“中国大众人权观念调查研究”数据库，卷 A1；A10。

从年龄的角度考察，相关分析显示，不同年龄的受访者对于“您认为哪些方面的权利最为重要”的回答存在极其显著的差异（$x^2=89.774$，$df=5$，$p<0.01$）。在 18 岁以下到 60 岁以上的六个年龄段中，30～59 岁这一年龄段的群体选择生命健康权的比例较低，低于平均值 65.2%；60 岁以上的老年人群体和 29 岁以下的年轻人群体选择生命健康权的比例较高，均高于平均值，其中，18 岁以下的未成年人群体选择生命健康权的比例最高，有 73.6%（见表 4—37）。

表 4—37　年龄与“您认为哪些方面的权利最为重要”交叉分析（生命健康权）

	单位和百分比	年龄						合计
		18 岁以下	19～29 岁	30～39 岁	40～49 岁	50～59 岁	60 岁以上	
选择	（人）	980	4 411	1 690	1 548	537	357	9 523
	（%）	73.6	67.0	61.7	61.4	60.7	65.3	65.2
未选	（人）	352	2 168	1 050	973	347	190	5 080
	（%）	26.4	33.0	38.3	38.6	39.3	34.7	34.8
合计	（人）	1 332	6 579	2 740	2 521	884	547	14 603
	（%）	100.0	100.0	100.0	100.0	100.0	100.0	100.0

资料来源：“中国大众人权观念调查研究”数据库，卷 A2；A10。

汉族与少数民族对生命健康权的重要性的评价差异很小，汉族民众选择生命健康权的比例为 65.1%，少数民族选择生命健康权的比例为 66.7%，仅比汉族高出 1.6 个百分点，民族因素对生命健康权的重要性的评价影响不大（见表 4—38）。卡方检验结果亦显示，不同民族的受访者对于“您认为哪些方面的权利最为重要”的回答不存在显著的差异（$x^2=1.258$，$df=1$，$p>0.05$）。

表 4—38　　民族与“您认为哪些方面的权利最为重要”交叉分析（生命健康权）

	单位和百分比	生命健康权		
		选择	未选	合计
汉族	（人）	8 621	4 613	13 234
	（%）	65.1	34.9	100.0
少数民族	（人）	902	451	1 353
	（%）	66.7	33.3	100.0
合计	（人）	9 523	5 064	14 587
	（%）	65.3	34.7	100.0

资料来源：“中国大众人权观念调查研究”数据库，卷 A3；A10。

通过政治面貌与“您认为哪些方面的权利最为重要”的交叉分析，我们发现，不同政治面貌的民众对生命健康权的定位存在较大差异。一般群众选择生命健康权的比例为 60.6%，共青团员选择生命健康权的比例为 70.2%，中共党员选择生命健康权的比例为 67.3%，民主党派成员选择生命健康权的比例为 57.0%。一般群众和民主党派成员选择生命健康权的比例较低，低于平均值 65.3%，中共党员和共青团员选择生命健康权的比例较高，均高于平均值，其中，共青团员选择生命健康权的比例最高，民主党派成员比例最低（见表 4—39）。相关分析显示，不同政治面貌的受访者对于“您认为哪些方面的权利最为重要”的回答存在极其显著的差异（$x^2=126.971$，$df=3$，$p<0.01$）。

表 4—39　　政治面貌与“您认为哪些方面的权利最为重要”交叉分析（生命健康权）

	单位和百分比	政治面貌				合计
		群众	共青团员	中共党员	民主党派成员	
选择	（人）	3 877	3 666	1 923	73	9 539
	（%）	60.6	70.2	67.3	57.0	65.3
未选	（人）	2 519	1 553	936	55	5 063
	（%）	39.4	29.8	32.7	43.0	34.7
合计	（人）	6 396	5 219	2 859	128	14 602
	（%）	100.0	100.0	100.0	100.0	100.0

资料来源：“中国大众人权观念调查研究”数据库，卷 A4；A10。

从受教育水平的角度考察，相关分析显示，不同受教育水平的受访者对于“您认为哪些方面的权利最为重要”的回答存在极其显著的差异

(x^2=277.442，df=5，p<0.01)。通过受教育水平与“您认为哪些方面的权利最为重要”的交叉分析，我们发现，不同文化程度的民众对生命健康权的重要性的评价差别较大，以大学文化程度为界，高中或中专、初中、小学及以下文化程度的民众选择生命健康权的比例均低于平均值，而本科或大专和硕士学历的受访者选择生命健康权的比例较高；作为一个例外，博士学历的受访者选择生命健康权的比例低于硕士、本科或大专学历的受访者，甚至低于高中或中专学历的受访者（见表4—40）。

表4—40　受教育水平与“您认为哪些方面的权利最为重要”交叉分析（生命健康权）

	单位和百分比	受教育水平						合计
		小学及以下	初中	高中或中专	本科或大专	硕士	博士	
选择	（人）	649	1 570	2 476	4 220	548	48	9 511
	（%）	58.4	55.6	63.5	72.1	71.4	61.5	65.4
未选	（人）	463	1 252	1 423	1 635	220	30	5 023
	（%）	41.6	44.4	36.5	27.9	28.6	38.5	34.6
合计	（人）	1 112	2 822	3 899	5 855	768	78	14 534
	（%）	100.0	100.0	100.0	100.0	100.0	100.0	100.0

资料来源：“中国大众人权观念调查研究”数据库，卷A5；A10。

从个人年收入的角度考察，相关分析显示，不同个人收入的受访者对于“您认为哪些方面的权利最为重要”的回答存在极其显著的差异(x^2=115.193，df=5，p<0.01)。通过个人年收入与“您认为哪些方面的权利最为重要”的交叉分析，我们发现，不同收入阶层的民众对生命健康权重要性的认识有所差异，且表现为三个阶层：收入在1万元以上的较高收入阶层对生命健康权的评价较高，在66%以上；收入在2 000元以下的低收入阶层对生命健康权的评价也很高，为66.7%；选择生命健康权的比例较低的是个人年收入在2 000元到1万元区间的这一群体，仅在56%～57%区间（见表4—41）。

表4—41　个人年收入与“您认为哪些方面的权利最为重要”交叉分析（生命健康权）

	单位和百分比	个人年收入						合计
		2 000元以下	2 000～5 000元	5 000～1万元	1万～3万元	3万～8万元	8万元以上	
选择	（人）	2 832	1 047	856	2 122	1 308	349	8 514
	（%）	66.7	56.2	57.0	66.4	67.4	67.0	64.2

续前表

	单位和百分比	个人年收入						合计
		2 000 元以下	2 000～5 000 元	5 000～1 万元	1 万～3 万元	3 万～8 万元	8 万元以上	
未选	（人）	1 411	816	647	1 074	633	172	4 753
	（%）	33.3	43.8	43.0	33.6	32.6	33.0	35.8
合计	（人）	4 243	1 863	1 503	3 196	1 941	521	13 267
	（%）	100.0	100.0	100.0	100.0	100.0	100.0	100.0

资料来源："中国大众人权观念调查研究"数据库，卷 A6；A10。

通过宗教信仰与"您认为哪些方面的权利最为重要"的交叉分析，我们发现，民众有和没有宗教信仰者对生命健康权的评价略有差别，信教者选择生命健康权的比例为 60.3%，不信教者为 66.6%，无宗教信仰者对生命健康权重要性的评价略高于有宗教信仰者（见表 4—42）。但是卡方检验结果显示，有宗教信仰与没有宗教信仰的受访者对于"您认为哪些方面的权利最为重要"的回答存在极其显著的差异（$x^2=31.736$，$df=1$，$p<0.01$）。

表 4—42　　宗教信仰与"您认为哪些方面的权利最为重要"交叉分析（生命健康权）

	单位和百分比	生命健康权		
		选择	未选	合计
没有	（人）	8 194	4 107	12 301
	（%）	66.6	33.4	100.0
有	（人）	1 282	843	2 125
	（%）	60.3	39.7	100.0
合计	（人）	9 476	4 950	14 426
	（%）	65.7	34.3	100.0

资料来源："中国大众人权观念调查研究"数据库，卷 A7；A10。

通过户籍与"您认为哪些方面的权利最为重要"的交叉分析，我们发现，农村居民选择生命健康权的比例为 65.1%，城镇居民选择生命健康权的比例为 65.9%，相差不到一个百分点，由此可见，城乡二元户籍制度下，农村居民与城镇居民对生命健康权的重要性的评价几乎没有差异（见表 4—43）。卡方检验结果亦显示，不同户籍的受访者对于"您认为哪些方面的权利最为重要"的回答不存在显著的差异（$x^2=1.077$，$df=1$，$p>0.05$）。

表 4—43　户籍与"您认为哪些方面的权利最为重要"交叉分析（生命健康权）

	单位和百分比	生命健康权		
		选择	未选	合计
农村	（人）	4 329	2 324	6 653
	（%）	65.1	34.9	100.0
城镇	（人）	5 200	2 692	7 892
	（%）	65.9	34.1	100.0
合计	（人）	9 529	5 016	14 545
	（%）	65.5	34.5	100.0

资料来源："中国大众人权观念调查研究"数据库，卷 A8；A10。

从职业的角度考察，相关分析显示，不同性别的受访者对于"您认为哪些方面的权利最为重要"的回答存在极其显著的差异（$x^2=378.009$，$df=8$，$p<0.01$）。通过职业与"您认为哪些方面的权利最为重要"的交叉分析，我们发现，在九类职业群体中，只有学生群体和国家公职人员群体对生命健康权的评价高于平均值，其他各个群体选择生命健康权的比例均低于平均值。比例最高的是学生群体，有 75.0%，比例最低的务农群体仅有 53.7%（见表 4—44）。

表 4—44　职业与"您认为哪些方面的权利最为重要"交叉分析（生命健康权）

	单位和百分比	职业									合计
		务农者	务工者	企业员工	公职人员	学生	经商者	离退休者	无业失业者	其他	
选择	（人）	844	1 110	1 423	1 625	3 179	543	239	176	406	9 545
	（%）	53.7	56.7	64.2	68.8	75.0	59.0	63.1	56.4	61.4	65.3
未选	（人）	729	846	792	736	1 062	377	140	136	255	5 073
	（%）	46.3	43.3	35.8	31.2	25.0	41.0	36.9	43.6	38.6	34.7
合计	（人）	1 573	1 956	2 215	2 361	4 241	920	379	312	661	14 618
	（%）	100.0	100.0	100.0	100.0	100.0	100.0	100.0	100.0	100.0	100.0

资料来源："中国大众人权观念调查研究"数据库，卷 A9；A10。

三、民众对待死刑的基本态度

如图 4—8 所示，在回答此一问题的 14 565 份问卷中，有 9 240 人认为不应当废除死刑，占到了总人数的 63.4%。认为应当废除死刑的有 3 555 人，占到总人数的 24.4%。有 12.2%的人表示在是否废除死刑问题上“不清楚”。这符合学界对民众关于死刑认识的基本判断，即多数民众不赞同废除死刑，但这一调查结果并没有达到如一些学者所估计的八成或九成。① 可以说，民众在死刑废除问题上的观念并不是高度一致的，并不是同质化的，即便大多数人赞成保留死刑，还是有接近四分之一的民众赞成死刑的废除。

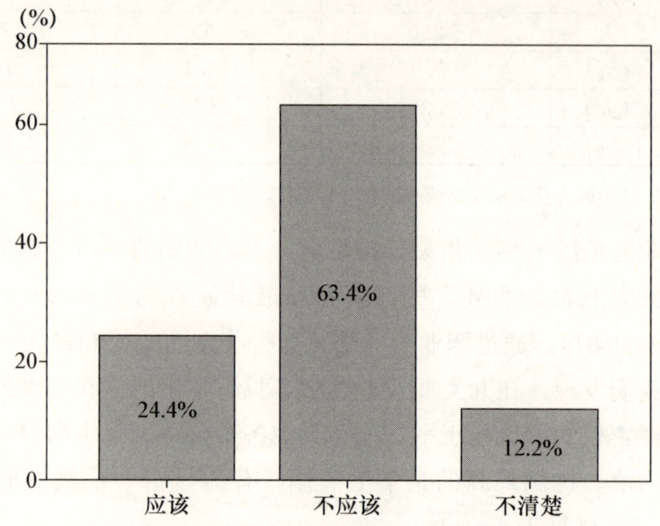

图 4—8 “您认为中国是否应该废除死刑”调查结果

资料来源：“中国大众人权观念调查研究”数据库，卷 A23。

四、影响民众对待死刑态度的因素

如表 4—45 所示，性别对民众死刑观念的影响并不显著，男性与女性观点大致一致，女性当中表示不清楚的人稍多于男性。男性反对废除死刑的比例为 64.4%，女性为 62.4%，男性中反对废除死刑的人数比女性稍多。男性中认为应当废除死刑的比例为 25.2%，女性为 23.5%，男性中支持废除死刑的比例也高，差别并不明显。在是否应该废除死刑问题上，性别的影响并不大，男性与女性的观点基本一致。但是卡方检验结果显示，不同性别的受访者对于“您认为中国是否应该废除死刑”的回答存在极其显著的差异（$x^2=45.630$，$df=2$，$p<0.01$）。

① 陈兴良教授根据社科院与网易所作的死刑调查，认为中国 80%以上的人主张不应当废除死刑［参见陈兴良：《中国死刑的当代命运》，载《中外法学》，2005（5）］；王东阳认为，反对废除死刑的比例应该占到总人数的 90%［参见王东阳：《当代中国死刑民意的状况、成因及其变革路径》，载《刑法论丛》，2008（2）］。

表 4—45　　性别与“您认为中国是否应该废除死刑”交叉分析

	单位和百分比	您认为中国是否应该废除死刑			
		应该	不应该	不清楚	合计
男	（人）	1 879	4 811	777	7 467
	（%）	25.2	64.4	10.4	100.0
女	（人）	1 617	4 284	966	6 867
	（%）	23.5	62.4	14.1	100.0
合计	（人）	3 496	9 095	1 743	14 334
	（%）	24.4	63.5	12.2	100.0

资料来源：“中国大众人权观念调查研究”数据库，卷 A1；A23。

如表 4—46 所示，18 岁以下的未成年人中认为应当废除死刑的占到 27.9%，19～29 岁的民众认为应当废除死刑的比例为 27.3%，30～39 岁的民众认为应当废除死刑的比例为 24.4%，40～49 岁的群体认为应当废除死刑的比例为 18.8%，50～59 岁之间支持废除死刑的比例为 19.6%，60 岁以上人中支持废除死刑的仅占到 16.7%。18 岁以下人群中认为不应当废除死刑比例为 59.4%，19～29 岁之间比例为 61.2%，30～39 岁之间比例为 63.6%，40～49 岁之间为 68.2%，50～59 岁之间认为不应当废除死刑的比例为 68.2%，60 岁以上人的比例为 69.6%。可以看出年龄对民众的死刑观念影响较为明显，随着年龄的增长，认为不应当废除死刑的人比例逐渐上升，认为应当废除死刑的人比例大体呈现出下降趋势。相关分析显示，不同年龄的受访者对于“您认为中国是否应该废除死刑”的回答存在极其显著的差异（$x^2=110.628$，$df=10$，$p<0.01$）。

表 4—46　　年龄与“您认为中国是否应该废除死刑”交叉分析

	单位和百分比	年龄						合计
		18 岁以下	19～29 岁	30～39 岁	40～49 岁	50～59 岁	60 岁以上	
应该	（人）	367	1 767	658	465	170	90	3 517
	（%）	27.9	27.3	24.4	18.8	19.6	16.7	24.5
不应该	（人）	782	3 965	1 715	1 691	592	376	9 121
	（%）	59.4	61.2	63.6	68.2	68.2	69.6	63.4
不清楚	（人）	168	751	324	323	106	74	1 746
	（%）	12.8	11.6	12.0	13.0	12.2	13.7	12.1
合计	（人）	1 317	6 483	2 697	2 479	868	540	14 384
	（%）	100.0	100.0	100.0	100.0	100.0	100.0	100.0

资料来源：“中国大众人权观念调查研究”数据库，卷 A2；A23。

通过民族与“您认为中国是否应该废除死刑”的交叉分析，我们发现，汉族与少数民族在是否应该废除死刑上看法略有差异，少数民族认为应当废除死刑的比例略高于汉族（见表 4—47）。但是卡方检验结果显示，不同性别的受访者对于“您认为中国是否应该废除死刑”的回答存在极其显著的差异（$x^2=25.079$，$df=2$，$p<0.01$）。

表 4—47　民族与“您认为中国是否应该废除死刑”交叉分析

	单位和百分比	您认为中国是否应该废除死刑			
		应该	不应该	不清楚	合计
汉族	（人）	3 096	8 354	1 584	13 034
	（%）	23.8	64.1	12.2	100.0
少数民族	（人）	398	776	161	1 335
	（%）	29.8	58.1	12.1	100.0
合计	（人）	3 494	9 130	1 745	14 369
	（%）	24.3	63.5	12.1	100.0

资料来源：“中国大众人权观念调查研究”数据库，卷 A3；A23。

如表 4—48 所示，不同政治面貌的民众对死刑的态度差别较大。认为不应该废除死刑的，共产党员的比例达到 69.4%，一般群众的比例为 62.6%，共青团员为 61.6%，民主党派成员中仅有 56%的人反对废除死刑。可以看到，在所有人群中，中共党员在是否废除死刑问题上支持死刑的比例最高。相关分析显示，不同政治面貌的受访者对于“您认为中国是否应该废除死刑”的回答存在极其显著的差异（$x^2=244.276$，$df=6$，$p<0.01$）。

表 4—48　政治面貌与“您认为中国是否应该废除死刑”交叉分析

	单位和百分比	您认为中国是否应该废除死刑			
		应该	不应该	不清楚	合计
群众	（人）	1 344	3 934	1 010	6 288
	（%）	21.4	62.6	16.1	100.0
共青团员	（人）	1 436	3 168	542	5 146
	（%）	27.9	61.6	10.5	100.0
中共党员	（人）	683	1 965	182	2 830
	（%）	24.1	69.4	6.4	100.0
民主党派成员	（人）	44	70	11	125
	（%）	35.2	56.0	8.8	100.0
合计	（人）	3 507	9 137	1 745	14 389
	（%）	24.4	63.5	12.1	100.0

资料来源：“中国大众人权观念调查研究”数据库，卷 A4；A23。

从受教育程度的角度考察，相关分析显示，不同受教育程度的受访者对于“您认为中国是否应该废除死刑”的回答存在极其显著的差异（$x^2=293.128$，$df=10$，$p<0.01$）。从表4—49可以看出，受教育水平越低，对是否废除死刑不清楚的人越多：在小学及以下文化程度的民众中，对是否废除死刑表示不清楚的占到了22.2%，初中学历的占到了17.5%，高中或中专为12%，本科或大专为9%，硕士为5.2%，博士为5.2%。受教育水平较低的人，对社会公共问题的关注相对较少，选择不清楚的人也会比较多。对比可发现，随着学历水平的提高，认为应当废除死刑的人比例也呈现出上升趋势，同时可发现，随着学历水平的提高，支持保留死刑的人也呈现出上升趋势，但趋势并不明显。

表4—49　受教育水平与“您认为中国是否应该废除死刑”交叉分析

	单位和百分比	受教育水平						合计
		小学及以下	初中	高中或中专	本科或大专	硕士	博士	
应该	（人）	215	613	911	1 484	227	34	3 484
	（%）	19.8	22.0	23.7	25.8	29.7	44.2	24.3
不应该	（人）	632	1 684	2 474	3 762	498	39	9 089
	（%）	58.1	60.5	64.3	65.3	65.1	50.6	63.5
不清楚	（人）	241	488	461	516	40	4	1 750
	（%）	22.2	17.5	12.0	9.0	5.2	5.2	12.2
合计	（人）	1 088	2 785	3 846	5 762	765	77	14 323
	（%）	100.0	100.0	100.0	100.0	100.0	100.0	100.0

资料来源：“中国大众人权观念调查研究”数据库，卷A5；A23。

从个人收入的角度考察，相关分析显示，不同个人收入的受访者对于“您认为中国是否应该废除死刑”的回答存在极其显著的差异（$x^2=80.300$，$df=10$，$p<0.01$）。在分析收入水平对死刑观念的影响时，为了让分析更为准确，我们将没有收入来源的学生群体从数据中剔除。从表4—50中可以发现，收入水平越低，对是否应该废除死刑表示“不清楚”的比例越高。收入水平在2 000元以下、2 000～5 000元、5 000元到1万元、1万～3万元、3万～8万元、8万元以上几个群体的民众认为不清楚的比例分别为16.4%、14.1%、13.6%、12.8%、9%、6.8%。收入在2 000元以下的人群反对废除死刑的比例为61.5%，2 000～5 000元为62.3%，5 000元到1万元为64%，1万～3万元为66.3%，3万～8万元为68.1%，8万元以上为64.5%。

表 4—50　个人收入与“您认为中国是否应该废除死刑”交叉分析

	单位和百分比	个人收入						合计
		2 000 元以下	2 000～5 000 元	5 000～1 万元	1 万～3 万元	3 万～8 万元	8 万元以上	
应该	（人）	316	387	309	639	432	140	2 223
	（%）	22.1	23.6	22.4	20.9	22.9	28.7	22.5
不应该	（人）	880	1 024	883	2 027	1 288	314	6 416
	（%）	61.5	62.3	64.0	66.3	68.1	64.5	64.9
不清楚	（人）	235	232	188	393	170	33	1 251
	（%）	16.4	14.1	13.6	12.8	9.0	6.8	12.6
合计	（人）	1 431	1 643	1 380	3 059	1 890	487	9 890
	（%）	100.0	100.0	100.0	100.0	100.0	100.0	100.0

资料来源：“中国大众人权观念调查研究”数据库，卷 A6；A23。

通过宗教信仰与“您认为中国是否应该废除死刑”的交叉分析，我们发现，信教者与不信教者在是否应该废除死刑这一问题上的态度略有差异，有宗教信仰者认为应当废除死刑的比例略高于不信教者（见表 4—51）。但是卡方检验结果显示，有宗教信仰与没有宗教信仰的受访者对于“您认为中国是否应该废除死刑”的回答存在极其显著的差异（$x^2=18.206$，$df=2$，$p<0.01$）。

表 4—51　有没有宗教信仰与“您认为中国是否应该废除死刑”交叉分析

	单位和百分比	您认为中国是否应该废除死刑			
		应该	不应该	不清楚	合计
没有	（人）	2 904	7 804	1 430	12 138
	（%）	23.9	64.3	11.8	100.0
有	（人）	564	1 236	280	2 080
	（%）	27.1	59.4	13.5	100.0
合计	（人）	3 468	9 040	1 710	14 218
	（%）	24.4	63.6	12.0	100.0

资料来源：“中国大众人权观念调查研究”数据库，卷 A7；A23。

从户籍的角度考察，相关分析显示，不同户籍的受访者对于“您认为中国是否应该废除死刑”的回答存在极其显著的差异（$x^2=91.330$，$df=2$，$p<0.01$）。从表 4—52 中可以发现，农村户籍人口中认为不应当废除死刑的占到了 61.9%，城市户籍人口为 65.0%。农村户籍人口中认为应当废除死刑的占到了 23.2%，城镇户籍人口中比例为 25.2%，城镇居民支持死刑和反对死刑的比例均高于农村居民，农村居民选择不清楚的

比例高于城镇居民。

表 4—52　　户籍与“您认为中国是否应该废除死刑”交叉分析

	单位和百分比	您认为中国是否应该废除死刑			
		应该	不应该	不清楚	合计
农村	（人）	1 522	4 060	982	6 564
	（%）	23.2	61.9	15.0	100.0
城镇	（人）	1 959	5 049	757	7 765
	（%）	25.2	65.0	9.7	100.0
合计	（人）	3 481	9 109	1 739	14 329
	（%）	24.3	63.6	12.1	100.0

资料来源：“中国大众人权观念调查研究”数据库，卷 A8；A23。

从职业的角度考察，相关分析显示，不同职业的受访者对于“您认为中国是否应该废除死刑”的回答存在极其显著的差异（$x^2=235.508$，$df=16$，$p<0.01$）。通过职业与“您认为中国是否应该废除死刑”的交叉分析，我们发现，公职人员群体反对废除死刑的呼声最高，有 70.4%的人认为不应当废除死刑，只有 21.8%的人认为应当废除死刑。学生群体认为不应当废除死刑的占到 60.3%，认为应当废除死刑的占到了 29%。务农群体中认为应当保留死刑的比例也比较低，只占到 59.8%。认为应当废除死刑的为 21.6%（见表 4—53）。

表 4—53　　职业与“您认为中国是否应该废除死刑”交叉分析

	单位和百分比	职业									合计
		务农者	务工者	企业员工	公职人员	学生	经商者	离退休者	无业失业者	其他	
应该	（人）	333	425	562	509	1 213	213	82	54	120	3 511
	（%）	21.6	22.1	25.8	21.8	29.0	23.6	22.0	17.6	18.3	24.4
不应该	（人）	924	1 203	1 380	1 648	2 525	582	251	199	428	9 140
	（%）	59.8	62.5	63.4	70.4	60.3	64.6	67.5	64.8	65.4	63.5
不清楚	（人）	288	297	233	183	446	106	39	54	106	1 752
	（%）	18.6	15.4	10.7	7.8	10.7	11.8	10.5	17.6	16.2	12.2
合计	（人）	1 545	1 925	2 175	2 340	4 184	901	372	307	654	14 403
	（%）	100.0	100.0	100.0	100.0	100.0	100.0	100.0	100.0	100.0	100.0

资料来源：“中国大众人权观念调查研究”数据库，卷 A9；A23。

五、小结

生命健康权是人身权利当中最重要也是最基本的一项权利。通过数据分析我们可以发现，社会大众的生命健康权意识非常强烈，在我们所列举的八类具体权利中，有超过六成的民众选择了“生命健康权”，仅低于“个人自由和尊严”，高于“社会保障权”“劳动权”“言论自由”“选举权与被选举权”“通过法律途径获得救济的权利”和“宗教信仰自由”，重要性位列八类权利中的第二位。

具体而言，统计数据显示，在现实生活中并不是所有人都会对死刑问题感兴趣、对死刑问题有自己明确的看法，有相当一部分人对死刑并没有什么明确的认识，这一结论也符合常理。超过六成的人认为不应当废除死刑，这符合学界对民众关于死刑认识的基本判断，即多数民众不赞同废除死刑，但是比例远远没有达到一些学者估计的八成或九成。可以说，民众在死刑废除问题上的观念并不是高度一致的，并不是完全同质化的，即便大多数人赞成保留死刑，还是有接近四分之一的民众赞成死刑的废除。

此外，我们运用调查数据，重点分析了中国大众生命健康权观念在不同性别、不同教育程度、不同收入水平、不同户籍等方面的主要表现和差异。可以发现，这些因素对生命健康权观念造成的影响并不是等值等量的，其间同样有着相当的差异。首先，性别、民族、户籍等因素对生命健康权观念的影响不明显。其次，受教育程度、政治面貌、年龄等因素对生命健康权观念有着显著而深刻的影响。第一，对于死刑的态度，不同年龄段的受访者表现出了非常大的差异，18 岁以下的受访者当中有接近三成的认为应当废除死刑，而 60 岁以上的受访者当中这一比例只有一成六。第二，不同政治面貌者对于死刑态度的差异也是值得我们注意的，有超过三成五的民主党派成员受访者认为应当废除死刑，而政治面貌为群众的受访者当中这一比例只略高于两成。第三，受教育程度的高低与支持废除死刑之间呈现出大致的正相关关系，也就是说，学历层次越提高，对于死刑也就越不接受，而对于废除死刑也就越支持。

死刑剥夺的是生命权，而生命权是关乎人性尊严的根本议题，且生命权一旦被剥夺，其他基本权利就无从谈起，因此死刑问题历来受到关注。在死刑存废问题上，民众的态度是一个格外引人瞩目的问题。民众对待死刑的态度是政府死刑政策合法性的来源，也体现了民众对待生命权的态度。调查发现，多数中国人并不反对死刑。事实上，生命权神圣的说法具有浓厚的基督教因素，而传统中国并没有西方人所秉持的生命权神圣不可侵犯的概念，但并不能因此便推断出中国人无视生命之尊贵，对于中国民众的生命观问题需要更加深入的考察。

第四节　宗教信仰自由观念

一般认为，宗教信仰自由是指人人有权享受思想、良心和宗教的自由，此项权利包括维持或改变某人的宗教或信仰的自由，以及单独或集体、公开或秘密地以礼拜、戒律、实践和教义来表明他的宗教或信仰的自由。我们在“宗教信仰”的问题上考察了普通大众对宗教信仰自由的定位和宗教信仰是否得到保障两个方面。

一、民众对宗教信仰自由的定位

在宗教信仰自由问题上，在我们所调查的受访者中，有14.7%的公众认为自己有宗教信仰，85.3%的公众认为自己没有宗教信仰（见图4—9）。

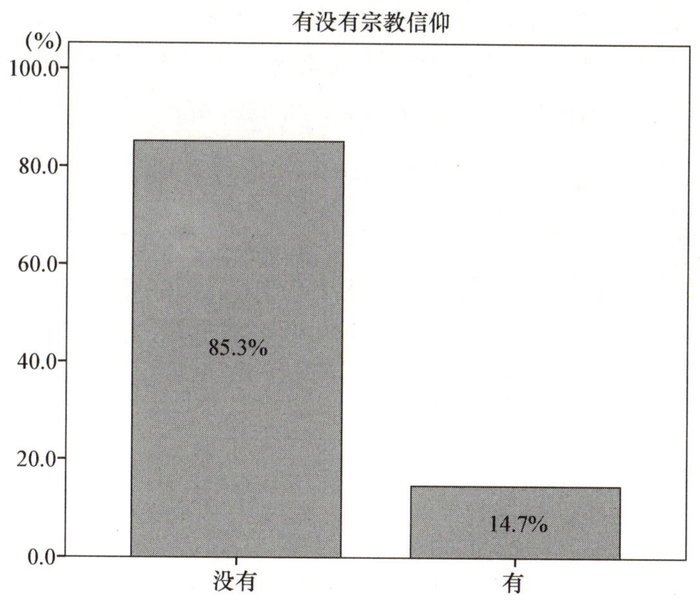

图4—9　“有没有宗教信仰”调查结果

资料来源：“中国大众人权观念调查研究”数据库，卷A7。

如图4—10显示，在我们所列举的八类具体权利中，只有20.0%的民众选择了“宗教信仰自由”，远远低于“个人自由和尊严”“生命健康权”，也低于“社会保障权”“劳动权”“言论自由”“选举权与被选举权”“通过法律途径获得救济的权利”，重要性在八类权利中位列倒数第一位。

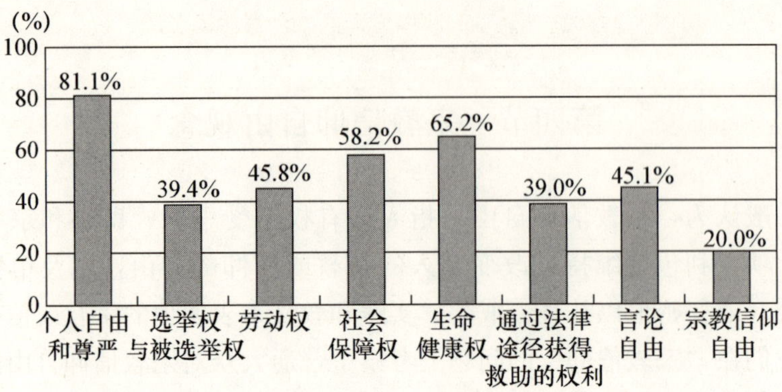

图 4—10 “您认为哪些方面的权利最为重要”调查结果

资料来源：“中国大众人权观念调查研究”数据库，卷 A10。

男性与女性对宗教信仰自由的重要程度的定位略有差异，对于“您认为哪些方面的权利最为重要”，男性选择宗教信仰自由的比例为 19.8%，女性为 20.3%，女性对宗教信仰自由重要性的评价略高于男性（见表 4—54）。卡方检验结果亦显示，不同性别的受访者对于“您认为哪些方面的权利最为重要”的回答不存在显著的差异（$x^2=0.632$，$df=1$，$p>0.05$）。

表 4—54 性别与“您认为哪些方面的权利最为重要”交叉分析（宗教信仰自由）

	单位和百分比	宗教信仰自由		
		选择	未选	合计
男	（人）	1 499	6 069	7 568
	（%）	19.8	80.2	100.0
女	（人）	1 419	5 559	6 978
	（%）	20.3	79.7	100.0
合计	（人）	2 918	11 628	14 546
	（%）	20.1	79.9	100.0

资料来源：“中国大众人权观念调查研究”数据库，卷 A1；A10。

通过年龄与“您认为哪些方面的权利最为重要”的交叉分析，我们发现，在 18 岁以下到 60 岁以上的六个年龄段中，30 岁以上年龄段选择宗教信仰自由的比例相对较低，低于平均值 20.0%，29 岁以下的年轻人群体选择宗教信仰自由的比例稍高，但差异不大（见表 4—55）。而相关分析显示，不同年龄的受访者对于“您认为哪些方面的权利最为重要”的回答存在极其显著的差异（$x^2=27.172$，$df=5$，$p<0.01$）。

表 4—55　　年龄与“您认为哪些方面的权利最为重要”交叉分析（宗教信仰自由）

	单位和百分比	年龄						合计
		18 岁以下	19～29 岁	30～39 岁	40～49 岁	50～59 岁	60 岁以上	
选择	（人）	291	1 409	500	440	172	103	2 915
	（%）	21.9	21.4	18.2	17.5	19.5	18.8	20.0
未选	（人）	1 040	5 169	2 240	2 079	711	444	11 683
	（%）	78.1	78.6	81.8	82.5	80.5	81.2	80.0
合计	（人）	1 331	6 578	2 740	2 519	883	547	14 598
	（%）	100.0	100.0	100.0	100.0	100.0	100.0	100.0

资料来源：“中国大众人权观念调查研究”数据库，卷 A2；A10。

汉族与少数民族对宗教信仰自由的重要性的评价差异较大，汉族民众选择宗教信仰自由的比例为 18.7%，少数民族选择宗教信仰自由的比例为 33.2%（见表 4—56）。卡方检验结果显示，不同民族的受访者对于“您认为哪些方面的权利最为重要”的回答存在极其显著的差异（$x^2=160.637$，$df=1$，$p<0.01$）。

表 4—56　　民族与“您认为哪些方面的权利最为重要”交叉分析（宗教信仰自由）

	单位和百分比	宗教信仰自由		
		选择	未选	合计
汉族	（人）	2 471	10 760	13 231
	（%）	18.7	81.3	100.0
少数民族	（人）	448	903	1 351
	（%）	33.2	66.8	100.0
合计	（人）	2 919	11 663	14 582
	（%）	20.0	80.0	100.0

资料来源：“中国大众人权观念调查研究”数据库，卷 A3；A10。

从政治面貌的角度考察，相关分析显示，不同政治面貌的受访者对于“您认为哪些方面的权利最为重要”的回答存在极其显著的差异（$x^2=131.377$，$df=3$，$p<0.01$）。通过政治面貌与“您认为哪些方面的权利最为重要”的交叉分析，我们发现，不同政治面貌的民众对宗教信仰自由的定位存在较大差异。一般群众选择宗教信仰自由的比例为 16.0%，共青团员选择宗教信仰自由的比例为 21.7%，中共党员选择宗教信仰自由的比例为 25.0%，民主党派成员选择宗教信仰自由的比例为 32.8%。一

般群众和共青团员选择宗教信仰自由的比例较低；中共党员和民主党派成员选择宗教信仰自由的比例较高，均高于平均值，其中，民主党派成员选择宗教信仰自由的比例最高（见表 4—57）。

表 4—57 政治面貌与“您认为哪些方面的权利最为重要”交叉分析（宗教信仰自由）

	单位和百分比	政治面貌				合计
		群众	共青团员	中共党员	民主党派成员	
选择	（人）	1 023	1 133	714	42	2 912
	（%）	16.0	21.7	25.0	32.8	19.9
未选	（人）	5 371	4 085	2 143	86	11 685
	（%）	84.0	78.3	75.0	67.2	80.1
合计	（人）	6 394	5 218	2 857	128	14 597
	（%）	100.0	100.0	100.0	100.0	100.0

资料来源：“中国大众人权观念调查研究”数据库，卷 A4；A10。

从受教育水平的角度考察，相关分析显示，不同受教育水平的受访者对于“您认为哪些方面的权利最为重要”的回答存在极其显著的差异（$x^2=330.738$，$df=5$，$p<0.01$）。通过受教育水平与“您认为哪些方面的权利最为重要”的交叉分析，我们发现，不同文化程度的民众对宗教信仰自由的重要性的评价差别较大，以大学文化程度为界，高中或中专、初中、小学及以下文化程度的民众选择宗教信仰自由的比例均低于平均值，而本科或大专和硕士、博士学历的受访者选择宗教信仰自由的比例较高（见表 4—58）。

表 4—58 受教育水平与“您认为哪些方面的权利最为重要”交叉分析（宗教信仰自由）

	单位和百分比	受教育水平						合计
		小学及以下	初中	高中或中专	本科或大专	硕士	博士	
选择	（人）	174	311	668	1 495	218	26	2 892
	（%）	15.6	11.0	17.2	25.5	28.4	33.3	19.9
未选	（人）	938	2 511	3 227	4 360	550	52	11 638
	（%）	84.4	89.0	82.8	74.5	71.6	66.7	80.1
合计	（人）	1 112	2 822	3 895	5 855	768	78	14 530
	（%）	100.0	100.0	100.0	100.0	100.0	100.0	100.0

资料来源：“中国大众人权观念调查研究”数据库，卷 A5；A10。

从个人年收入的角度考察，相关分析显示，不同个人年收入的受访者对于“您认为哪些方面的权利最为重要”的回答存在极其显著的差异（$x^2=62.617$，$df=5$，$p<0.01$）。通过个人年收入与“您认为哪些方面的权利最为重要”的交叉分析，我们发现，不同收入阶层的民众对宗教信仰自由重要性的认识有所差异，且表现为三个阶层：收入在 3 万元以上的较高收入阶层对宗教信仰自由的评价较高，在 20%以上；收入在 2 000 元以下的低收入阶层对宗教信仰自由的评价也很高，有 21.9%；选择宗教信仰自由的比例较低的是个人收入在 2 000 元到 3 万元的这一群体，仅在 14%～19%区间（见表 4—59）。

表 4—59　个人年收入与“您认为哪些方面的权利最为重要”交叉分析（宗教信仰自由）

	单位和百分比	个人年收入						合计
		2 000 元以下	2 000～5 000 元	5 000～1 万元	1 万～3 万元	3 万～8 万元	8 万元以上	
选择	(人)	930	346	224	552	411	133	2 596
	(%)	21.9	18.6	14.9	17.3	21.2	25.5	19.6
未选	(人)	3 310	1 515	1 279	2 644	1 530	388	10 666
	(%)	78.1	81.4	85.1	82.7	78.8	74.5	80.4
合计	(人)	4 240	1 861	1 503	3 196	1 941	521	13 262
	(%)	100.0	100.0	100.0	100.0	100.0	100.0	100.0

资料来源：“中国大众人权观念调查研究”数据库，卷 A6；A10。

通过宗教信仰与“您认为哪些方面的权利最为重要”的交叉分析，我们发现，在对“您认为哪些方面的权利最为重要”的回答上，有宗教信仰与没有宗教信仰的受访者选择差异显著，选择了“宗教信仰自由”选项的分别为 36.9%与 17.3%（见表 4—60）。卡方检验结果同样显示，有宗教信仰与没有宗教信仰的受访者对于“您认为哪些方面的权利最为重要”的回答存在极其显著的差异（$x^2=433.254$，$df=1$，$p<0.01$）。

表 4—60　宗教信仰与“您认为哪些方面的权利最为重要”交叉分析（宗教信仰自由）

	单位和百分比	宗教信仰自由		
		选择	未选	合计
没有	(人)	2 124	10 172	12 296
	(%)	17.3	82.7	100.0

续前表

	单位和百分比	宗教信仰自由		
		选择	未选	合计
有	(人)	784	1 341	2 125
	(%)	36.9	63.1	100.0
合计	(人)	2 908	11 513	14 421
	(%)	20.2	79.8	100.0

资料来源："中国大众人权观念调查研究"数据库，卷 A7；A10。

通过户籍与"您认为哪些方面的权利最为重要"的交叉分析，我们发现，农村居民选择宗教信仰自由的比例为 15.8%，城镇居民选择宗教信仰自由的比例有 23.6%，略有差异，由此可见，城乡二元户籍制度下，农村居民与城镇居民对宗教信仰自由的重要性的评价略有差异（见表 4—61）。但是卡方检验结果显示，不同户籍的受访者对于"您认为哪些方面的权利最为重要"的回答存在极其显著的差异（$x^2=138.789$，$df=1$，$p<0.01$）。

表 4—61　户籍与"您认为哪些方面的权利最为重要"交叉分析（宗教信仰自由）

	单位和百分比	宗教信仰自由		
		选择	未选	合计
农村	(人)	1 049	5 603	6 652
	(%)	15.8	84.2	100.0
城镇	(人)	1 863	6 025	7 888
	(%)	23.6	76.4	100.0
合计	(人)	2 912	11 628	14 540
	(%)	20.0	80.0	100.0

资料来源："中国大众人权观念调查研究"数据库，卷 A8；A10。

从职业的角度考察，相关分析显示，不同职业的受访者对于"您认为哪些方面的权利最为重要"的回答存在差异（$x^2=217.988$，$df=8$，$p<0.01$）。通过职业与"您认为哪些方面的权利最为重要"的交叉分析，我们发现，务工人员选择宗教信仰自由的比例为 10.3%，而学生群体选择宗教信仰自由的比例有 24.3%，差别较大。其余公职人员、企业员工、离退休者、务农者、无业失业者、经商群体选择宗教信仰自由的比例或高或低，分别为 23.9%、21.0%、19.3%、17.3%、15.1%、14.5%（见表 4—62）。

表 4—62　职业与“您认为哪些方面的权利最为重要”交叉分析（宗教信仰自由）

	单位和百分比	职业									合计
		务农者	务工者	企业员工	公职人员	学生	经商者	离退休者	无业失业者	其他	
选择	（人）	271	202	464	565	1 031	133	73	47	130	2 916
	（%）	17.3	10.3	21.0	23.9	24.3	14.5	19.3	15.1	19.7	20.0
未选	（人）	1 300	1 753	1 750	1 795	3 210	787	306	265	531	11 697
	（%）	82.7	89.7	79.0	76.1	75.7	85.5	80.7	84.9	80.3	80.0
合计	（人）	1 571	1 955	2 214	2 360	4 241	920	379	312	661	14 613
	（%）	100.0	100.0	100.0	100.0	100.0	100.0	100.0	100.0	100.0	100.0

资料来源：“中国大众人权观念调查研究”数据库，卷 A9；A10。

二、民众对宗教信仰自由状况的评价

具体考察如表 4—63 所示，66.9%的民众不信教，也不知道有宗教信仰干涉；20.6%的民众不信教，但听说过有宗教信仰干涉；3%的民众信教并受到宗教信仰的干涉；9.6%的民众信教但没有受到干涉。对比两组数据，信教者实际受到的干涉程度与不信教者认为的干涉程度差异很大，表明在中国的宗教信仰自由评价上，西方国家一直对中国存在偏见，一直以来总是被“听说”所左右，而这种“听说”并不来自信教民众自身的判断，各种道听途说导致了外界对中国宗教信仰自由的错误认识。

表 4—63　有没有政府部门干涉过您的宗教信仰

	频次（人）	有效百分比（%）
我不信教，不知道	9 786	66.9
我不信教，但听说过	3 008	20.6
我信教，有过干涉	432	3.0
我信教，但没有干涉	1 405	9.6
合计（N）	14 631	100

资料来源：“中国大众人权观念调查研究”数据库，卷 A17。

以性别为变量考察，数据显示，在有宗教信仰的受访者当中，选择政府干涉过宗教信仰的，男性为 3.0%，女性为 2.8%；选择没有干涉的，男性为 8.4%，女性为 10.7%。在没有宗教信仰的受访者当中，选择听说过政府干涉宗教信仰的，男性为 21.7%，女性为 19.2%；选择不知道的，男性为 66.9%，女性为 67.3%（见表 4—64）。可见，性别因素在对宗教信仰自由现状评价方面影响不大。但是，卡方检验结果显示，不同性别的受访者对于“有没有政府部门干涉过您的宗教信仰”的回答存在极其显著的差异（$x^2=31.421$，$df=3$，$p<0.01$）。

表 4—64　　性别与“有没有政府部门干涉过您的宗教信仰”交叉分析

	单位和百分比	有没有政府部门干涉过您的宗教信仰				合计
		我不信教，不知道	我不信教，但听说过	我信教，有过干涉	我信教，但没有干涉	
男	（人）	5 008	1 623	224	632	7 487
	（%）	66.9	21.7	3.0	8.4	100.0
女	（人）	4 649	1 324	195	742	6 910
	（%）	67.3	19.2	2.8	10.7	100.0
合计	（人）	9 657	2 947	419	1 374	14 397
	（%）	67.1	20.5	2.9	9.5	100.0

资料来源：“中国大众人权观念调查研究”数据库，卷 A1；A17。

从年龄的角度考察，相关分析显示，不同年龄的受访者对于“有没有政府部门干涉过您的宗教信仰”的回答存在极其显著的差异（$x^2=72.982$，$df=15$，$p<0.01$）。以年龄为变量考察，数据显示，在有宗教信仰的受访者当中，选择政府干涉过宗教信仰的，各个年龄段的选择比例均在 5%以下，其中最低的为 19～29 岁与 40～49 岁的受访者，为 2.7%；选择没有干涉的，各个年龄段选择比例集中在 10%左右，其中最高的为 50～59 岁，为 13.1%。在没有宗教信仰的受访者当中，选择听说过政府干涉宗教信仰的，18 岁以下的选择比例最低，为 15.2%，最高的为30～39 岁的 23.3%；选择不知道的，各年龄段均在 60%以上，其中最高的为 18 岁以下的 72.6%（见表 4—65）。可见，对于宗教信仰现状评价的问题，部分年龄段之间的差异较大，但是这一数据没有呈现出明显的递增或递减趋势。

表 4—65　　年龄与“有没有政府部门干涉过您的宗教信仰”交叉分析

	单位和百分比	年龄						合计
		18 岁以下	19～29 岁	30～39 岁	40～49 岁	50～59 岁	60 岁以上	
我不信教，不知道	（人）	960	4 428	1 727	1 664	559	335	9 673
	（%）	72.6	67.9	63.7	66.9	64.1	62.9	66.9
我不信教，但听说过	（人）	201	1 342	633	517	161	112	2 966
	（%）	15.2	20.6	23.3	20.8	18.5	21.0	20.5
我信教，有过干涉	（人）	40	177	82	68	38	20	425
	（%）	3.0	2.7	3.0	2.7	4.4	3.8	2.9

续前表

	单位和百分比	年龄						合计
		18岁以下	19～29岁	30～39岁	40～49岁	50～59岁	60岁以上	
我信教，但没有干涉	（人）	122	577	270	239	114	66	1 388
	（%）	9.2	8.8	10.0	9.6	13.1	12.4	9.6
合计	（人）	1 323	6 524	2 712	2 488	872	533	14 452
	（%）	100.0	100.0	100.0	100.0	100.0	100.0	100.0

资料来源："中国大众人权观念调查研究"数据库，卷A2；A17。

从民族的角度考察，相关分析显示，不同民族的受访者对于"有没有政府部门干涉过您的宗教信仰"的回答存在极其显著的差异（$x^2=544.085$，$df=3$，$p<0.01$）。以民族为变量考察，数据显示，在有宗教信仰的受访者当中，选择政府干涉过宗教信仰的，汉族的选择比例为2.1%，少数民族为10.7%；选择没有干涉的，汉族为8.6%，少数民族为20.1%。在没有宗教信仰的受访者当中，选择听说过政府干涉宗教信仰的，汉族为20.5%，少数民族为19.9%；选择不知道的，汉族为68.8%，少数民族为49.2%（见表4—66）。这说明，民族因素的影响是较为明显的，不过这一影响可能更多体现在汉族受访者对于宗教信仰的关注度明显不如少数民族上面，因为选择不知道的比例，汉族远高于少数民族，而选择明确答案的汉族比例却远低于少数民族。造成这一现象的原因可能是汉族信仰宗教的比例普遍比少数民族低。

表4—66　民族与"有没有政府部门干涉过您的宗教信仰"交叉分析

	单位和百分比	有没有政府部门干涉过您的宗教信仰				合计
		我不信教，不知道	我不信教，但听说过	我信教，有过干涉	我信教，但没有干涉	
汉族	（人）	9 006	2 685	280	1 124	13 095
	（%）	68.8	20.5	2.1	8.6	100.0
少数民族	（人）	660	267	144	270	1 341
	（%）	49.2	19.9	10.7	20.1	100.0
合计	（人）	9 666	2 952	424	1 394	14 436
	（%）	67.0	20.4	2.9	9.7	100.0

资料来源："中国大众人权观念调查研究"数据库，卷A3；A17。

从政治面貌的角度考察，相关分析显示，不同政治面貌的受访者对于

“有没有政府部门干涉过您的宗教信仰”的回答存在较显著的差异（$x^2=109.220$，$df=9$，$p<0.01$）。数据显示，在有宗教信仰的受访者当中，选择政府干涉过宗教信仰的，选择最多的为民主党派成员，比例为15.9%，而其余的中共党员、共青团员与群众的选择比例均在3%左右；选择没有干涉的，最多的为民主党派成员，比例为15.9%，而其余的中共党员、共青团员与群众的选择比例均在11%以下。在没有宗教信仰的受访者当中，选择听说过政府干涉宗教信仰的，政治面貌所造成的区别并不明显，均在20%左右，其中最高是民主党派成员的23%；选择不知道的，最低的为民主党派成员，比例为45.2%，而其余的中共党员、共青团员与群众的选择比例均在66%以上。这说明，民主党派成员对于宗教信仰关注程度较高，敏感度也较高（见表4—67）。

表4—67 政治面貌与“有没有政府部门干涉过您的宗教信仰”交叉分析

	单位和百分比	政治面貌				合计
		群众	共青团员	中共党员	民主党派成员	
我不信教，不知道	（人）	4 194	3 547	1 899	57	9 697
	（%）	66.3	68.7	66.9	45.2	67.1
我不信教，但听说过	（人）	1 273	1 026	617	29	2 945
	（%）	20.1	19.9	21.7	23.0	20.4
我信教，有过干涉	（人）	195	123	86	20	424
	（%）	3.1	2.4	3.0	15.9	2.9
我信教，但没有干涉	（人）	661	469	237	20	1 387
	（%）	10.5	9.1	8.3	15.9	9.6
合计	（人）	6 323	5 165	2 839	126	14 453
	（%）	100.0	100.0	100.0	100.0	100.0

资料来源：“中国大众人权观念调查研究”数据库，卷A4；A17。

以受教育水平为变量考察，数据显示，在有宗教信仰的受访者当中，选择政府干涉过宗教信仰的，最多的为博士，比例为9.1%，而其余学历的选择比例均在5%以下；选择没有干涉的，最多的为小学及以下学历，比例为13.1%，而最少的为博士，比例为5.2%。在没有宗教信仰的受访者当中，选择听说过政府干涉宗教信仰的，各个学历阶段的受访者均在20%左右，其中最高的是硕士，为22.9%；选择不知道的，各个学历阶段的受访者均在60%以上，其中最高的是本科或大专，为68.8%。这说明，受教育程度因素对于宗教信仰自由现状评价的影响并不明显（见

表 4—68)。但是，卡方检验结果显示，不同学历层次的受访者对于“有没有政府部门干涉过您的宗教信仰”的回答存在极其显著的差异（$x^2=65.574$，$df=15$，$p<0.01$）。

表 4—68　受教育水平与“有没有政府部门干涉过您的宗教信仰”交叉分析

	单位和百分比	受教育水平						合计
		小学及以下	初中	高中或中专	本科或大专	硕士	博士	
我不信教，不知道	（人）	673	1 813	2 581	3 999	515	49	9 630
	（%）	61.6	65.2	66.8	68.8	67.3	63.6	66.9
我不信教，但听说过	（人）	230	608	771	1 150	175	17	2 951
	（%）	21.1	21.9	20.0	19.8	22.9	22.1	20.5
我信教，有过干涉	（人）	46	92	114	133	20	7	412
	（%）	4.2	3.3	3.0	2.3	2.6	9.1	2.9
我信教，但没有干涉	（人）	143	266	397	527	55	4	1 392
	（%）	13.1	9.6	10.3	9.1	7.2	5.2	9.7
合计	（人）	1 092	2 779	3 863	5 809	765	77	14 385
	（%）	100.0	100.0	100.0	100.0	100.0	100.0	100.0

资料来源：“中国大众人权观念调查研究”数据库，卷 A5；A17。

从个人年收入的角度考察，相关分析显示，个人年收入不同的受访者对于“有没有政府部门干涉过您的宗教信仰”的回答存在极其显著的差异（$x^2=80.309$，$df=15$，$p<0.01$）。以个人年收入为变量考察，数据显示，在有宗教信仰的受访者当中，选择政府干涉过宗教信仰的，各个收入段受访者的比例均在 5%以下，其中最低的是收入 1 万元到 3 万元之间，为 2.4%；选择没有干涉的，各个收入段受访者的比例均在 10%左右，其中最高的是收入 8 万元以上，为 12.4%，最低的是收入 1 万元到 3 万元之间，为 8.5%。在没有宗教信仰的受访者当中，选择听说过政府干涉宗教信仰的，各个收入段受访者的比例均在 20%左右，其中最高的是收入 5 000 元到 1 万元之间，为 24.1%，最低的是收入 1 万元到 3 万元之间，为 18.6%；选择不知道的，各个收入层次的受访者均在 60%以上，其中最高是 1 万元到 3 万元之间，为 70.5%。这说明，个人收入因素对于宗教信仰自由现状评价有一定的影响，但这个影响规律性不强（见表 4—69）。

表 4—69 个人年收入与“有没有政府部门干涉过您的宗教信仰”交叉分析

	单位和百分比	个人年收入						合计
		2 000 元以下	2 000～5 000 元	5 000～1 万元	1 万～3 万元	3 万～8 万元	8 万元以上	
我不信教，不知道	(人)	2 859	1 180	899	2 224	1 272	313	8 747
	(%)	68.1	64.2	60.4	70.5	66.0	60.7	66.6
我不信教，但听说过	(人)	832	408	358	588	414	117	2 717
	(%)	19.8	22.2	24.1	18.6	21.5	22.7	20.7
我信教，有过干涉	(人)	107	79	62	77	54	22	401
	(%)	2.5	4.3	4.2	2.4	2.8	4.3	3.1
我信教，但没有干涉	(人)	403	171	169	267	188	64	1 262
	(%)	9.6	9.3	11.4	8.5	9.8	12.4	9.6
合计	(人)	4 201	1 838	1 488	3 156	1 928	516	13 127
	(%)	100.0	100.0	100.0	100.0	100.0	100.0	100.0

资料来源：“中国大众人权观念调查研究”数据库，卷 A6；A17。

以户籍为变量考察，数据显示，在有宗教信仰的受访者当中，选择政府干涉过宗教信仰的，城镇与农村受访者的比例均在 3%左右，差别不大；选择没有干涉的，农村选择比例略高，为 10.6%，城镇则为 8.9%。在没有宗教信仰的受访者当中，选择听说过政府干涉宗教信仰的，农村与城镇均为 20.2%，没有任何差别；选择不知道的，农村和城镇受访者差别不大，其中农村略低，为 66.4%，城镇则为 67.8%。这说明，户籍因素对于宗教信仰自由现状评价的影响并不明显（见表 4—70）。卡方检验结果亦显示，不同户籍的受访者对于“有没有政府部门干涉过您的宗教信仰”的回答不存在显著的差异（$x^2=13.014$，$df=3$，$p=0.05$）。

表 4—70 户籍与“有没有政府部门干涉过您的宗教信仰”交叉分析

	单位和百分比	有没有政府部门干涉过您的宗教信仰				合计
		我不信教，不知道	我不信教，但听说过	我信教，有过干涉	我信教，但没有干涉	
农村	(人)	4 370	1 330	181	698	6 579
	(%)	66.4	20.2	2.8	10.6	100.0

续前表

	单位和百分比	有没有政府部门干涉过您的宗教信仰				合计
		我不信教，不知道	我不信教，但听说过	我信教，有过干涉	我信教，但没有干涉	
城镇	（人）	5 296	1 582	241	696	7 815
	（%）	67.8	20.2	3.1	8.9	100.0
合计	（人）	9 666	2 912	422	1 394	14 394
	（%）	67.2	20.2	2.9	9.7	100.0

资料来源："中国大众人权观念调查研究"数据库，卷 A8；A17。

从职业的角度考察，相关分析显示，不同职业的受访者对于"有没有政府部门干涉过您的宗教信仰"的回答存在极其显著的差异（$x^2=133.991$，$df=24$，$p<0.01$）。以职业为变量考察，数据显示，在有宗教信仰的受访者当中，选择政府干涉过宗教信仰的，无业失业者最高，为 7.8%，学生群体最低，只有 2.0%；选择没有干涉的，各个职业受访者的比例均在 10%左右，其中最高的是务农者，为 13.0%，最低的是务工者，为 8.3%。在没有宗教信仰的受访者当中，选择听说过政府干涉宗教信仰的，各个收入段受访者的比例均在 20%左右，其中最高的是务工者，为 22.4%，最低的是无业失业者，为 16.3%；选择不知道的，各个收入层次的受访者均在 60%以上，其中最高的是学生群体，为 70.6%（见表 4—71）。

表 4—71　职业与"有没有政府部门干涉过您的宗教信仰"交叉分析

	单位和百分比	职业									合计
		务农者	务工者	企业员工	公职人员	学生	经商者	离退休者	无业失业者	其他	
我不信教，不知道	（人）	939	1 286	1 481	1 574	2 973	587	236	198	416	9 690
	（%）	60.9	66.3	67.3	67.4	70.6	64.3	64.3	64.7	63.4	67.0
我不信教，但听说过	（人）	339	434	473	482	789	191	65	50	140	2 963
	（%）	22.0	22.4	21.5	20.6	18.7	20.9	17.7	16.3	21.3	20.5
我信教，有过干涉	（人）	62	59	57	76	86	24	19	24	19	426
	（%）	4.0	3.0	2.6	3.3	2.0	2.6	5.2	7.8	2.9	2.9
我信教，但没有干涉	（人）	201	162	190	204	362	111	47	34	81	1 392
	（%）	13.0	8.3	8.6	8.7	8.6	12.2	12.8	11.1	12.3	9.6
合计	（人）	1 541	1 941	2 201	2 336	4 210	913	367	306	656	14 471
	（%）	100.0	100.0	100.0	100.0	100.0	100.0	100.0	100.0	100.0	100.0

资料来源："中国大众人权观念调查研究"数据库，卷 A9；A17。

三、小结

我国宪法第三十六条明确规定：“中华人民共和国公民有宗教信仰自由。任何国家机关、社会团体和个人不得强制公民信仰宗教或者不信仰宗教，不得歧视信仰宗教的公民和不信仰宗教的公民。国家保护正常的宗教活动。任何人不得利用宗教进行破坏社会秩序、损害公民身体健康、妨碍国家教育制度的活动。宗教团体和宗教事务不受外国势力的支配。”那么，普通大众的“宗教信仰自由”是否受到干涉等情况便成为了我们考察的重点。

通过数据分析我们可以发现，大多数中国人对于书面上的宗教信仰是相对陌生的，接近七成的受访者既不信教，也未曾听说过“政府部门干涉宗教信仰”。受访者当中受到过宗教信仰干涉的仅有三个百分点，这说明我国对于宗教信仰自由的保障是卓有成效的。

此外，我们运用调查数据，重点分析了中国大众宗教信仰自由观念在不同性别、不同教育程度、不同收入水平、不同居住地等方面的主要表现和差异。可以发现，这些因素对宗教信仰自由观念造成的影响并不是等值等量的，其间同样有着相当的差异。首先，年龄、性别、受教育程度、户籍等因素的作用不大。比如，各个年龄层面上的的信教公民被干涉宗教信仰自由的情况比例都非常低，而且其对于宗教信仰的评价差别也不大。其次，民族这一因素是影响中国大众宗教信仰自由观念非常重要的因素。民族这一群体划分类别后，信教者被政府干涉宗教信仰自由的情况就出现了明显的区分，其中，汉族公民仅有极少的人觉得自己被政府干涉过宗教信仰，却有十分之一的少数民族公民认为自己被政府干涉过宗教信仰自由。少数民族宗教文化更加丰富一些，信仰各种宗教的人数也相对较多，但就内部比例而言，少数民族中认为被政府干涉过宗教自由权的公民与表示没有被干涉过的公民比例也接近1∶2——而汉族这一比例仅为1∶4左右。对于少数民族，我国向来主张的是宽松的宗教政策，但数据显示，这一政策主张和民众对于这一问题的实际认知还有一定的差距。再次，政治面貌对于中国大众宗教信仰自由观念亦有一定的影响，主要表现为民主党派成员中有一成五以上认为自己受到过干涉，这一过高的比例一方面和民主党派中少数民族较多的因素有关，另一方面可能也与民主党派成员中有宗教信仰者较多或对此问题比较关注有关。

中国是一个疆域辽阔的多民族国家，各民族在长期融合、共存的过程中形成了自身独特的文化传统，宗教信仰就是其中之一。当下世界主要宗教在中国都有不同程度的影响，这些宗教形成影响的渊源和方式也各不相同。中国共产党历来主张宗教信仰自由，新中国成立以后，宗教信仰自由也一直是规定于宪法的基本人权。而当前研究中国大众宗教信仰自由观念，正是要找出实现宗教信仰自由过程中可能存在的问题，以便提出相应的对策，更好地保障信教群众的宗教信仰自由权利。

第五节　隐私权观念

《世界人权宣言》和《公民权利与政治权利国际公约》对隐私权的阐释为：任何人的私生活、家庭、住宅和通信不得任意干涉，他的荣誉和名誉不得加以攻击。人人有权享受法律保护，以免受这种干涉或攻击。一般而言，侵害隐私的行为包括：侵扰被害人的私人生活或者秘密，公开披露某种会令被害人感到困窘的信息，发布资料使大众对受害人产生错误的印象，或者对受害人的肖像、姓名等造成损害的行为。

公民的住宅和通信不受非法干涉是公民隐私权的重要内容，因此，我们设计问卷的时候，将住宅隐私权和通信隐私权作为重点来考察，通过“您认为警察是否可以随意进入您家”和“您认为别人有无权力监控您的电话”这一对组合问题来考察民众的隐私权观念。

一、民众的隐私权观念

通过图 4—11、图 4—12 可以看出，中国大众对于住宅隐私权和通信隐私权普遍有着较高的认识，大部分民众在这两个问题上都持坚定的应该对

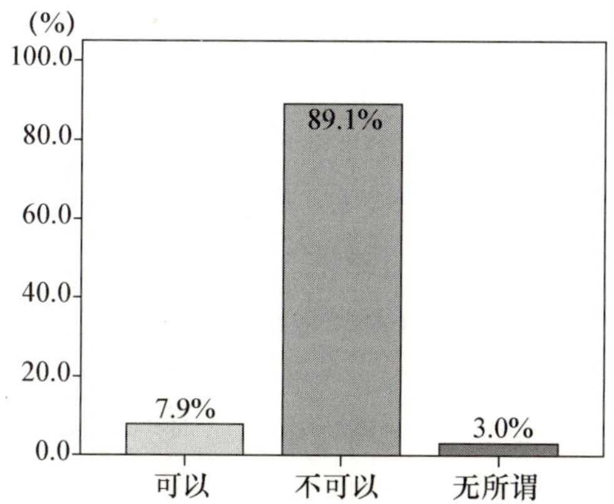

图 4—11　“您认为警察是否可以随意进入您家”调查结果

资料来源：“中国大众人权观念调查研究”数据库，卷 A15。

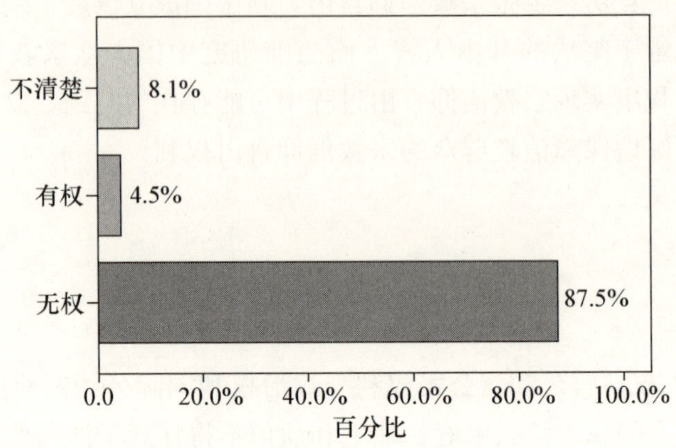

图 4—12 “您认为别人有无权力监控您的电话”调查结果

资料来源：“中国大众人权观念调查研究”数据库，卷 A31。

隐私权保护的立场：认为“警察不可以随意进入其住宅”的有效百分比为 89.1%，而 87.5%的受访者认为别人无权监控其电话。这说明当下大众在日常生活中对隐私权并不陌生，并且表现出较为强烈的隐私权保护意识。

二、民众隐私权观念的影响因素

引入性别因素，我们发现，性别对民众隐私权观念的影响并不显著，男性与女性观点大致一致，女性的隐私保护意识略高于男性。在性别与“您认为警察是否可以随意进入您家”这一选项的交叉分析中，有 90.2%的受访女性选择了“不可以”这一选项，这一比例比选择同样选项的男性受访者（88.2%）高了两个百分点（见表 4—72）；类似地，在性别与“您认为别人有无权力监控您的电话”的交叉分析中，认为别人无权监控自己电话的女性占女性受访者的 88.8%，而男性受访者中有 86.3%选择了同一选项（见表 4—73）。但是卡方检验结果显示，不同性别的受访者对于“您认为警察是否可以随意进入您家”的回答存在极其显著的差异（$x^2=18.728$，$df=2$，$p<0.01$）；对于“您认为别人有无权力监控您的电话”的回答也存在极其显著的差异（$x^2=21.237$，$df=2$，$p<0.01$）。

表 4—72　　性别与“您认为警察是否可以随意进入您家”交叉分析

	单位和百分比	您认为警察是否可以随意进入您家			
		可以	不可以	无所谓	合计
男	（人）	636	6 391	218	7 245
	（%）	8.8	88.2	3.0	100.0
女	（人）	454	6 014	202	6 670
	（%）	6.8	90.2	3.0	100.0
合计	（人）	1 090	12 405	420	13 915
	（%）	7.8	89.1	3.0	100.0

资料来源：“中国大众人权观念调查研究”数据库，卷 A1；A15。

表 4—73　　性别与“您认为别人有无权力监控您的电话”交叉分析

	单位和百分比	您认为别人有无权力监控您的电话			
		无权	有权	不清楚	合计
男	（人）	6 476	362	665	7 503
	（%）	86.3	4.8	8.9	100.0
女	（人）	6 143	281	491	6 915
	（%）	88.8	4.1	7.1	100.0
合计	（人）	12 619	643	1 156	14 418
	（%）	87.5	4.5	8.0	100.0

资料来源：“中国大众人权观念调查研究”数据库，卷 A1；A31。

从年龄的角度考察，相关分析显示，不同年龄的受访者对于“您认为警察是否可以随意进入您家”的回答存在极其显著的差异（$x^2=154.684$，$df=10$，$p<0.01$）；对于“您认为别人有无权力监控您的电话”的回答也存在极其显著的差异（$x^2=84.648$，$df=10$，$p<0.01$）。通过表 4—74、表 4—75 可发现，年轻人表现出了更为强烈的隐私权保护意识。在 18 岁以下的受访者中，有 90.3%的人认为警察无权随意进入其住宅，并且别人无权监控其电话；在 19 岁到 29 岁这一年龄段的受访者中，有 91.3%的人选择了警察无权进入其住宅的选项，88.4%的人选择别人无权力监听其电话；相比之下，30 岁以上的受访者隐私权保护意识相对较弱。

尽管随着年龄的增长，公民对于自身隐私权的保护意识呈现出递减的趋势，但 60 岁以下的受访者选择保护其个人隐私的选项比例仍然基本都高于 80%。较为特殊的是，在 60 岁以上的受访者中，有 17.3%的人认为警察可以随意进入其住宅，7%的人认为“无所谓”，两者相加的比例远高于其他年龄层 8.7%～14.2%的比例；同时有 21.2%的人在是否有权监听电话问题上选择了“有权”或者“不清楚”（分别是 6%“有权”和 15.2%“不清楚”），同样远高于其他年龄层的比例（见表 4—74、表 4—75）。

表 4—74　　年龄与“您认为警察是否可以随意进入您家”交叉分析

	单位和百分比	年龄						合计
		18 岁以下	19～29 岁	30～39 岁	40～49 岁	50～59 岁	60 岁以上	
可以	（人）	93	399	247	190	78	91	1 098
	（%）	7.3	6.4	9.4	7.9	9.3	17.3	7.9
不可以	（人）	1 151	5 726	2 302	2 138	723	399	12 439
	（%）	90.3	91.3	87.5	88.5	85.9	75.7	89.1
无所谓	（人）	31	147	83	88	41	37	427
	（%）	2.4	2.3	3.2	3.6	4.9	7.0	3.1
合计	（人）	1 275	6 272	2 632	2 416	842	527	13 964
	（%）	100.0	100.0	100.0	100.0	100.0	100.0	100.0

资料来源：“中国大众人权观念调查研究”数据库，卷 A2；A15。

表 4—75　　年龄与“您认为别人有无权力监控您的电话”交叉分析

	单位和百分比	年龄						合计
		18 岁以下	19～29 岁	30～39 岁	40～49 岁	50～59 岁	60 岁以上	
无权	（人）	1 194	5 755	2 323	2 197	752	430	12 651
	（%）	90.3	88.4	85.6	88.0	85.7	78.8	87.5
有权	（人）	43	310	124	101	38	33	649
	（%）	3.3	4.8	4.6	4.0	4.3	6.0	4.5
不清楚	（人）	85	442	268	200	87	83	1 165
	（%）	6.4	6.8	9.9	8.0	9.9	15.2	8.1
合计	（人）	1 322	6 507	2 715	2 498	877	546	14 465
	（%）	100.0	100.0	100.0	100.0	100.0	100.0	100.0

资料来源：“中国大众人权观念调查研究”数据库，卷 A2；A31。

通过民族与隐私权相关问题的交叉分析，我们发现，汉族受访者在保护住宅隐私权方面与少数民族受访者的观念相仿，但在通信隐私权方面汉族受访者的保护观念要略强于少数民族受访者。分别有 89.3%的汉族公民和 88.1%的少数民族公民认为警察不可以随意进入其住宅，有 88%的汉族公民和 83.5%的少数民族公民选择了别人无权监控其电话（见表 4—76、表 4—77）。卡方检验结果显示，不同民族的受访者对于“您认为别人有无权力监控您的电话”的回答存在极其显著的差异（$x^2=28.311$，$df=2$，$p<0.01$），对于“您认为警察是否可以随意进入您家”的回答则不存在显著的差异（$x^2=1.890$，$df=2$，$p>0.05$）。

表 4—76　　民族与“您认为警察是否可以随意进入您家”交叉分析

	单位和百分比	您认为警察是否可以随意进入您家			
		可以	不可以	无所谓	合计
汉族	(人)	970	11 313	379	12 662
	(%)	7.7	89.3	3.0	100.0
少数民族	(人)	109	1 144	45	1 298
	(%)	8.4	88.1	3.5	100.0
合计	(人)	1 079	12 457	424	13 960
	(%)	7.7	89.2	3.0	100.0

资料来源：“中国大众人权观念调查研究”数据库，卷 A3；A15。

表 4—77　　民族与“您认为别人有无权力监控您的电话”交叉分析

	单位和百分比	您认为别人有无权力监控您的电话			
		无权	有权	不清楚	合计
汉族	(人)	11 544	550	1 019	13 113
	(%)	88.0	4.2	7.8	100.0
少数民族	(人)	1 119	93	128	1 340
	(%)	83.5	6.9	9.6	100.0
合计	(人)	12 663	643	1 147	14 453
	(%)	87.6	4.4	7.9	100.0

资料来源：“中国大众人权观念调查研究”数据库，卷 A3；A31。

从政治面貌的角度考察，相关分析显示，不同政治面貌的受访者对于“您认为警察是否可以随意进入您家”的回答存在极其显著的差异（$x^2=125.045$，$df=6$，$p<0.01$）；对于“您认为别人有无权力监控您的电话”的回答也存在极其显著的差异（$x^2=132.531$，$df=6$，$p<0.01$）。在警察有无权力进入住所的调查中，共青团员和中共党员对其住所的隐私权保护最为强烈，分别有 92.2%的团员受访者和 90.4%的党员受访者认为警察无权随意进入其住宅；同时有 90.1%的团员受访者和 89.7%的党员受访者表示他人无权监控自己的电话。这一比例高于群众和民主党派人士在这一问题上的选择。值得一提的是，民主党派人士对住宅隐私权和通信隐私权的保护意识相对其他群体要弱，有 19.6%的民主党派人士选择了警察“可以”随意进入其住宅或者“无所谓”，有 24.3%的民主党派受访者选择了他人“有权”监听自己电话或者“不清楚”（见表 4—78、表 4—79）。

表 4—78　政治面貌与“您认为警察是否可以随意进入您家”交叉分析

	单位和百分比	政治面貌				合计
		群众	共青团员	中共党员	民主党派成员	
可以	(人)	561	302	201	17	1 081
	(%)	9.2	6.1	7.3	13.9	7.7
不可以	(人)	5 272	4 598	2 499	98	12 467
	(%)	86.4	92.2	90.4	80.3	89.2
无所谓	(人)	266	86	64	7	423
	(%)	4.4	1.7	2.3	5.7	3.0
合计	(人)	6 099	4 986	2 764	122	13 971
	(%)	100.0	100.0	100.0	100.0	100.0

资料来源：“中国大众人权观念调查研究”数据库，卷 A4；A15。

表 4—79　政治面貌与“您认为别人有无权力监控您的电话”交叉分析

	单位和百分比	政治面貌				合计
		群众	共青团员	中共党员	民主党派成员	
无权	(人)	5 387	4 653	2 546	97	12 683
	(%)	85.0	90.1	89.7	75.8	87.7
有权	(人)	289	225	125	7	646
	(%)	4.6	4.4	4.4	5.5	4.5
不清楚	(人)	661	289	167	24	1 141
	(%)	10.4	5.6	5.9	18.8	7.9
合计	(人)	6 337	5 167	2 838	128	14 470
	(%)	100.0	100.0	100.0	100.0	100.0

资料来源：“中国大众人权观念调查研究”数据库，卷 A4；A31。

从受教育水平的角度考察，相关分析显示，不同受教育水平的受访者对于“您认为警察是否可以随意进入您家”的回答存在极其显著的差异（$x^2=465.211$，$df=10$，$p<0.01$）；对于“您认为别人有无权力监控您的电话”的回答存在极其显著的差异（$x^2=476.329$，$df=10$，$p<0.01$）。通过教育水平和住宅隐私权/通信隐私权相关问题的交叉分析，我们可以看到，随着受教育水平的提高，人们对于住宅的保护意识和对国家机关行为的约束意识逐渐增强。小学及以下学历的受访者中仅有 75.8%的人有较强的住宅隐私意识，而这一比例随着学历的增长，到硕士人群中最高有 95.8%的人认为警察不可以随意进入其家。同样，在通信隐私权保护方面，小学及以下文化程度的受访者中有 73.3%选择了保护个人隐

私的立场，这一比例随着受访者学历的增高而呈现出上升趋势，从初中学历人群的 83.5%到高中或中专文化程度群体的 87.9%，再到本科或大专和硕士学历群体的 91%左右（见表 4—80、表 4—81）。

表 4—80　　受教育水平与“您认为警察是否可以随意进入您家”交叉分析

	单位和百分比	受教育水平						合计
		小学及以下	初中	高中或中专	本科或大专	硕士	博士	
可以	（人）	175	307	303	263	21	7	1 076
	（%）	16.7	11.4	8.1	4.7	2.8	9.5	7.7
不可以	（人）	795	2 240	3 334	5 271	711	65	12 416
	（%）	75.8	83.3	89.0	93.9	95.8	87.8	89.2
无所谓	（人）	79	142	108	81	10	2	422
	（%）	7.5	5.3	2.9	1.4	1.3	2.7	3.0
合计	（人）	1 049	2 689	3 745	5 615	742	74	13 914
	（%）	100.0	100.0	100.0	100.0	100.0	100.0	100.0

资料来源：“中国大众人权观念调查研究”数据库，卷 A5；A15。

表 4—81　　受教育水平与“您认为别人有无权力监控您的电话”交叉分析

	单位和百分比	受教育水平						合计
		小学及以下	初中	高中或中专	本科或大专	硕士	博士	
无权	（人）	812	2 336	3 398	5 318	698	66	12 628
	（%）	73.3	83.5	87.9	91.8	91.4	85.7	87.7
有权	（人）	63	122	170	234	38	3	630
	（%）	5.7	4.4	4.4	4.0	5.0	3.9	4.4
不清楚	（人）	233	339	299	238	28	8	1 145
	（%）	21.0	12.1	7.7	4.1	3.7	10.4	7.9
合计	（人）	1 108	2 797	3 867	5 790	764	77	14 403
	（%）	100.0	100.0	100.0	100.0	100.0	100.0	100.0

资料来源：“中国大众人权观念调查研究”数据库，卷 A5；A31。

通过个人年收入与住宅隐私权和通信隐私权的交叉分析，我们可以看到，随着收入的增高，受访者对于隐私权保护的意识也越来越强烈，这一比例以年收入 5 000 元到 1 万元这一群体为最低点而呈现为 U 形分布。在年收入 5 000 元到 1 万元的受访者中有 84%的人认为警察不可以随意进入其住宅，同时有 81.1%的人认为他人无权监听其电话，均低于其他收入阶层的比例。随着收入的增高，其隐私保护意识也呈现出增强的态势，其中比例最高的为年收入 8 万元以上的受访者（这一群体中反对警察随意进入其住宅和他人监听电话通信的比例分别高达 91.9%和 90.1%）（见表 4—82、表 4—83）。相关分析显示，不同个人年收入的受访者对于“您认为警察是否可以随意进入您家”的回答存在极其显著的差异（$x^2=69.077$，$df=10$，$p<0.01$）；对于“您认为别人有无权力监控您的电话”的回答也存在极其显著的差异（$x^2=136.235$，$df=10$，$p<0.01$）。

表 4—82　个人年收入与“您认为警察是否可以随意进入您家”交叉分析

	单位和百分比	个人年收入						合计
		2 000 元以下	2 000～5 000 元	5 000～1 万元	1 万～3 万元	3 万～8 万元	8 万元以上	
可以	（人）	330	178	158	216	126	27	1 035
	（%）	8.1	10.0	11.1	7.0	6.7	5.5	8.1
不可以	（人）	3 613	1 527	1 195	2 773	1 713	451	11 272
	（%）	89.0	86.1	84.0	90.1	91.2	91.9	88.7
无所谓	（人）	116	69	69	89	40	13	396
	（%）	2.9	3.9	4.9	2.9	2.1	2.6	3.1
合计	（人）	4 059	1 774	1 422	3 078	1 879	491	12 703
	（%）	100.0	100.0	100.0	100.0	100.0	100.0	100.0

资料来源：“中国大众人权观念调查研究”数据库，卷 A6；A15。

表 4—83　个人年收入与“您认为别人有无权力监控您的电话”交叉分析

	单位和百分比	个人年收入						合计
		2 000 元以下	2 000～5 000 元	5 000～1 万元	1 万～3 万元	3 万～8 万元	8 万元以上	
无权	（人）	3 664	1 567	1 202	2 811	1 729	462	11 435
	（%）	87.1	85.1	81.1	88.6	89.9	90.1	87.0
有权	（人）	208	96	65	116	102	30	617
	（%）	4.9	5.2	4.4	3.7	5.3	5.8	4.7
不清楚	（人）	337	179	215	244	93	21	1 089
	（%）	8.0	9.7	14.5	7.7	4.8	4.1	8.3
合计	（人）	4 209	1 842	1 482	3 171	1 924	513	13 141
	（%）	100.0	100.0	100.0	100.0	100.0	100.0	100.0

资料来源：“中国大众人权观念调查研究”数据库，卷 A6；A31。

通过对受访者有无宗教信仰与其隐私权保护立场进行交叉分析，我们发现，在有宗教信仰的受访者中有 83.8%的人认为警察不可以随意进入其住宅，比无宗教信仰者选择这一选项的比例低了 6.4 个百分点；有 79.5%的有宗教信仰受访者认为别人无权监控其电话通信，比无宗教信仰者选择这一选项的比例低了 9.7 个百分点。而对这两个问题都选择“无所谓”或“不清楚”的受访者中，有宗教信仰者的比例则高于无宗教信仰者，在通信隐私权方面这一落差最为明显，约有 13.9%的有宗教信仰的受访者“不清楚”他人是否有权监听其电话通信，同样的选项无宗教信仰的受访者中只有 6.7%的人选择了“不清楚”（见表 4—84、表 4—85）。相关分析显示，有宗教信仰与没有宗教信仰的受访者对于“您认为警察是否可以随意进入您家”的回答存在极其显著的差异（$x^2=80.352$，$df=2$，$p<0.01$）；对于“您认为别人有无权力监控您的电话”的回答也存在极其显著的差异（$x^2=163.835$，$df=2$，$p<0.01$）。

表 4—84　有没有宗教信仰与“您认为警察是否可以随意进入您家”交叉分析

	单位和百分比	您认为警察是否可以随意进入您家			
		可以	不可以	无所谓	合计
没有	（人）	813	10 657	344	11 814
	（%）	6.9	90.2	2.9	100.0
有	（人）	249	1 685	77	2 011
	（%）	12.4	83.8	3.8	100.0
合计	（人）	1 062	12 342	421	13 825
	（%）	7.7	89.3	3.0	100.0

资料来源：“中国大众人权观念调查研究”数据库，卷 A7；A15。

表 4—85　有没有宗教信仰与“您认为别人有无权力监控您的电话”交叉分析

	单位和百分比	您认为别人有无权力监控您的电话			
		无权	有权	不清楚	合计
没有	（人）	10 882	497	820	12 199
	（%）	89.2	4.1	6.7	100.0
有	（人）	1 665	139	291	2 095
	（%）	79.5	6.6	13.9	100.0
合计	（人）	12 547	636	1 111	14 294
	（%）	87.8	4.4	7.8	100.0

资料来源：“中国大众人权观念调查研究”数据库，卷 A7；A31。

通过对受访者按照城乡户籍与隐私权观念进行交叉分析，我们发现，约有87.6%的农村居民受访者认为警察不可以随意进入其住宅，这一比例略低于城镇居民受访者90.9%的比例；类似地，农村居民受访者中有86.6%的人认为他人无权监听其电话通信，同样略低于城镇居民受访者的88.9%的比例。在其他选项上，农村居民受访者对其隐私权遭干涉的态度表现出更多的不确定感，如3.9%的农村受访者对警察进入其住宅持无所谓态度，略高于城镇居民受访者2.3%的比例；8.9%的农村居民受访者选择了“不清楚”电话是否可以被他人监听，同样略高于城镇居民中选择同一选项的比例6.6%（见表4—86、表4—87）。但是卡方检验结果显示，不同户籍的受访者对于“您认为警察是否可以随意进入您家”（$x^2=47.108$，$df=2$，$p<0.01$）、对于“您认为别人有无权力监控您的电话”的回答也存在极其显著的差异（$x^2=25.310$，$df=2$，$p<0.01$）。

表4—86　户籍与“您认为警察是否可以随意进入您家”交叉分析

	单位和百分比	您认为警察是否可以随意进入您家			
		可以	不可以	无所谓	合计
农村	(人)	543	5 566	247	6 356
	(%)	8.5	87.6	3.9	100.0
城镇	(人)	514	6 882	174	7 570
	(%)	6.8	90.9	2.3	100.0
合计	(人)	1 057	12 448	421	13 926
	(%)	7.6	89.4	3.0	100.0

资料来源：“中国大众人权观念调查研究”数据库，卷A8；A15。

表4—87　户籍与“您认为别人有无权力监控您的电话”交叉分析

	单位和百分比	您认为别人有无权力监控您的电话			
		无权	有权	不清楚	合计
农村	(人)	5 718	302	585	6 605
	(%)	86.6	4.6	8.9	100.0
城镇	(人)	6 944	344	519	7 807
	(%)	88.9	4.4	6.6	100.0
合计	(人)	12 662	646	1 104	14 412
	(%)	87.9	4.5	7.7	100.0

资料来源：“中国大众人权观念调查研究”数据库，卷A8；A31。

通过对受访者职业与隐私权态度的交叉分析，我们可以看到，务农者/农民对于其住宅隐私权的认识要低于其他职业，有15.4%的农民受访者认为警察是可以随意进入自己家的，7.1%的人认为“无所谓”；类似地，在通信隐私权方面有78.7%的务农人员认为他人无权监听其电话。相比而言，公职人员和学生对隐私权保护的态度最为坚决，二者中选择拒绝警察随意进入其住宅的比例均高达93%左右，认为他人无权监听其电话的比例则分别为92.9%和91.6%。在其他职业受访者的数据中，企业员工与“其他”职业群体对于隐私权的保护仅次于学生和公职人员。在职业与隐私权保护的交叉分析中，隐私权保护意识位居学生、公职人员、企业员工和“其他”职业者之后的职业分别是经商和离退休人员，其中87.9%的经商人员和86.2%的离退休人员选择了警察不能随意进入其住宅的选项；类似地，85.8%的经商人员和82.2%的离退休人员选择了他人无权监听其电话的选项。相比其他职业的受访者，这一比例略有下降。无业失业者这一群体的隐私权观念表现相对薄弱，有87.6%的无业失业者认为警察不能随意进入其住宅，有81.3%的无业失业者认为自己的电话无权被人监听（见表4—88、表4—89）。相关分析显示，不同职业的受访者对于“您认为警察是否可以随意进入您家”的回答存在极其显著的差异（$x^2=389.803$，$df=16$，$p<0.01$）；对于“您认为别人有无权力监控您的电话”的回答也存在极其显著的差异（$x^2=359.967$，$df=16$，$p<0.01$）。

表4—88　　职业与“您认为警察是否可以随意进入您家”交叉分析

	单位和百分比	职业									合计
		务农者	务工者	企业员工	公职人员	学生	经商者	离退休者	无业失业者	其他	
可以	（人）	229	209	156	119	184	74	37	21	40	1 069
	（%）	15.4	11.2	7.3	5.3	4.5	8.4	10.2	7.0	6.3	7.6
不可以	（人）	1 153	1 586	1 923	2 108	3 803	771	313	262	576	12 495
	（%）	77.5	85.1	90.2	93.1	93.6	87.9	86.2	87.6	90.7	89.4
无所谓	（人）	106	68	52	38	75	32	13	16	19	419
	（%）	7.1	3.7	2.4	1.7	1.8	3.6	3.6	5.4	3.0	3.0
合计	人	1 488	1 863	2 131	2 265	4 062	877	363	299	635	13 983
	（%）	100.0	100.0	100.0	100.0	100.0	100.0	100.0	100.0	100.0	100.0

资料来源：“中国大众人权观念调查研究”数据库，卷A9；A15。

表 4—89　职业与“您认为别人有无权力监控您的电话”交叉分析

	单位和百分比	职业									合计
		务农者	务工者	企业员工	公职人员	学生	经商者	离退休者	无业失业者	其他	
无权	(人)	1 228	1 597	1 934	2 171	3 852	779	309	248	579	12 697
	(%)	78.7	82.3	88.1	92.9	91.6	85.8	82.2	81.3	88.5	87.7
有权	(人)	96	98	99	80	162	47	21	15	24	642
	(%)	6.1	5.1	4.5	3.4	3.9	5.2	5.6	4.9	3.7	4.4
不清楚	(人)	237	245	162	86	191	82	46	42	51	1 142
	(%)	15.2	12.6	7.4	3.7	4.5	9.0	12.2	13.8	7.8	7.9
合计	(人)	1 561	1 940	2 195	2 337	4 205	908	376	305	654	14 481
	(%)	100.0	100.0	100.0	100.0	100.0	100.0	100.0	100.0	100.0	100.0

资料来源：“中国大众人权观念调查研究”数据库，卷 A9；A31。

三、小结

调查数据显示，绝大多数受访者都选择了保护自己隐私权的立场——认为警察不可以随意进入其住宅的接近九成，而超过八成的受访者认为别人无权监控其电话。这说明中国大众在日常生活中对隐私权并不陌生，并且表现出较为强烈的隐私权保护意识，这部分地归功于法制宣传和广播电视节目等各类途径对这一法律权利的普及。

经过系统的数据对比和详细的交叉分析，我们发现在影响受访者隐私权观念的各个因素当中，性别、民族、户籍因素的影响是比较小的。其中，女性对于隐私权的关注和保护略高于男性受访者，农村居民要略低于城镇居民，少数民族受访者对于隐私权的关注度略低于汉族受访者。而年龄、政治面貌、受教育水平、个人收入、宗教信仰、职业等因素则产生了更重要的作用。第一，年龄与对隐私权的重视程度大致呈现出负相关关系，也就是年龄越小，对隐私权越重视，尤其是 29 岁以下的年轻人隐私权观念相较于其他年龄层较强。第二，中共党员与共青团员受访者对于隐私权有着较高的隐私权保护意识。第三，受教育水平也是影响受访者隐私权的重要因素，受教育水平越高，隐私权观念越强，学校教育是普及大众人权观念效果最好的方式和途径之一。第四，是否有宗教信仰对受访者的隐私权观念也产生了明显的作用，无宗教信仰的受访者表现出了对隐私权更高的关注。第五，个人收入是衡量公民社会地位和自身认知水平的较为明显的指标之一，我们的调查显示出收入越高的受访者隐私权观念也越强。第六，在受调查的所有职业当中，农民是所有受访职业人群中隐私权观念最弱的群体，学生群体则是隐私权观念最强的群体。

隐私权是一项基本的人格权利，保障的是人安宁的私人生活以及私密信息的安全，实质上是对人格尊严的尊重。每个人都有自己的家庭、朋友圈等属于个人而与社会公共利益无关的领域。在这些领域当中，无关的他者就有一种不介入、不侵犯的消极义务，而每个人也只有在这种消极不侵犯的尊重当中才能真正安宁地生活。民众的隐私权观念反映了他们对自身权利的态度，但是更关键的是隐私权意味着每个人对他人隐私的尊重，因此塑造一种尊重他人隐私权的社会意识和氛围是尤其重要的。

第六节　公正审判与司法救济权观念

获得公正审判与司法救济的权利是现代人权的重要内容之一，在学界又被简化或统称为“公正审判权”或“司法救济权”。如法谚所云：“无救济，则无权利”，人权是“人因其为人而享有的权利”①，人权能否落地生根，从应然权利转变为实然权利，归根结底取决于一个国家能否通过科学的法律制度建构将应然权利转化为法律权利，并通过公正的司法制度运作将法律权利运送到人民手中。立法确认是人权保障的静态路径，司法救济则是人权保障的动态路径，正是通过司法，人权才真正不容置疑地为人民所享有。因此，司法具有保障人权实现的最终救济功能。正因为如此，有学者将其称之为“现代法治社会中的第一制度性人权”②。公正审判与司法救济权作为一项基本人权，已经得到了《世界人权宣言》《公民权利和政治权利国际公约》等国际人权宪章的确认和保障。

概而言之，公正审判与司法救济权是指对于任何人，当其宪法和法律赋予的权利受到侵害时，均享有向独立而无偏倚的法院提起诉讼并由法院经过正当审讯作出公正裁判的权利。③ 它包含两个方面的内容：第一，诉诸法院的权利，即请求法院启动审理程序的权利。第二，获得公正审判的

---

① ［美］戴维・米勒、韦农・波格丹诺：《布莱克维尔政治学百科全书》，邓正来译，336页，北京，中国政法大学出版社，2002。

② 参见莫纪宏：《论人权的司法救济》，载《法商研究》，2000（5）。

③ 参见苗连营：《公民司法救济权的入宪问题研究》，载《中国法学》，2004（5）。一个近似的定义参见黎晓武：《司法救济权研究》，苏州大学博士学位论文，2005。

权利，即要求法院予以公正审理并作出公正裁判的权利。

一、民众对公正审判与司法救济权的重要性定位

我们在问题“您认为哪些方面的权利最为重要”中，将获得公正审判与司法救济的权利作为人权清单中的具体人权之一，以此来考察这一权利在大众人权观念中的地位。统计数据显示，选择“通过法律途径获得救助的权利”（39.0%）的受访者数量比例的名次排倒数第二，低于“个人自由和尊严”（81.1%）、“生命健康权”（65.2%）、“社会保障权”（58.2%）、“劳动权”（45.8%）乃至“言论自由”（45.1%）和“选举权与被选举权”（39.4%），仅高于“宗教信仰自由”（20.0%）（见图 4—13）。

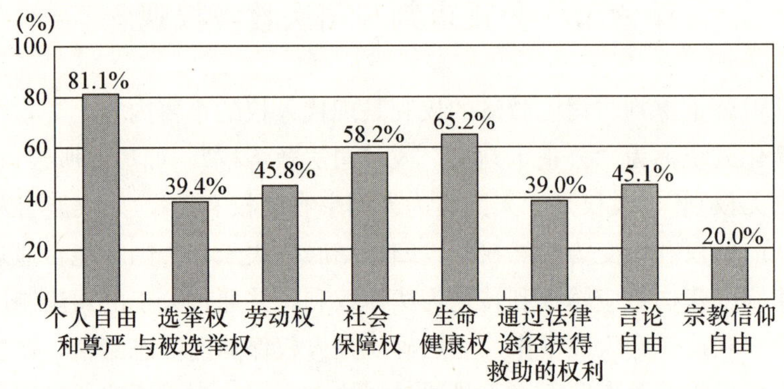

图 4—13　“您认为哪些方面的权利最为重要”调查结果

资料来源：“中国大众人权观念调查研究”数据库，卷 A10。

此外，我们还针对大众的人权主张和要求设计了一个开放性题目：“您认为中国人权还有哪些方面需要改进?”在有效回收的 15 111 份问卷中，共计 932 位（占受访者总数 6.2%）人回答了此题，列举了自己认为亟须改进的人权。其中，有 26 位受访者在权利要求上提及“获得公正审判与司法救济权”，占回答该题人数的 2.8%，比例并不算高。结合前文所示，选择“通过法律途径获得救助的权利”的比例为 39.0%，在八项权利中重要性位列倒数第二，这说明，民众对“公正审判与司法救济权”知之甚少并评价不高，这项人权并非当前最急迫的权利。

作为救济实体人权的基本程序权利，公正审判与司法救济权在整个人权体系中具有基础性地位，是“现代法治社会中的第一制度性人权”。与司法救济权的这一法理地位相比，在大众人权观念中，司法救济权却并没

有被认为是足够重要的权利而居于优位，司法救济权的法理重要性位阶与观念重要性位阶之间存在巨大的反差。

二、民众对公正审判的认识与评价

人权司法救济不但意味着当权利受到侵害时有权向法院提起诉讼，还包含有权要求法院予以公正审理并作出公正裁判。因此，司法审判的公正性就成为考察人权司法救济权状况的核心内容。对于民众关于司法审判公正性的认知状况，我们通过问题“总体说来，您认为法院的审判是否公正”进行了考察。

问卷数据统计结果显示：39.3％的受访者选择了“公正”，23.0％的受访者认为“不公正”，37.7％的受访者回答“不清楚”。总体看来，只有近四成大众认为当前法院审判是公正的，超六成的受访者对法院审判的公正性存在疑问甚至持否定态度（见图 4—14）。

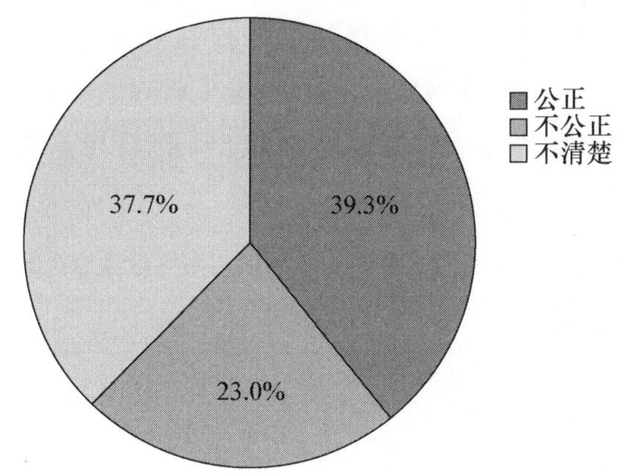

图 4—14　“总体说来，您认为法院的审判是否公正”调查结果

资料来源：“中国大众人权观念调查研究”数据库，卷 A29。

调查显示的民众对审判公正不到四成的低认同比例，近年来在其他方面也有所印证。最为突出的例证就是，在每年的人民代表大会会议中，对于“一府两院”所做的工作报告，人民法院工作报告所获赞成票数往往最低[①]，甚至有地方法院工作报告得票未过半数的情况发生。[②] 这也在一定

① 参见赵蕾：《谁投了两高报告反对票?》，载《南方周末》，2009-03-18。

② 2001 年 2 月，在沈阳市第十二届人民代表大会第四次会议上，沈阳市中级人民法院的工作报告在表决中所获赞成票未过半数。参见曾宪刚：《沈阳中院报告被否决的法律思考》，载《人大研究》，2001 (12)。

程度上反映了社会民众对法院审判工作的不满。

民众对人民法院的审判工作不够满意，对能否获得公正审判心存忧虑，直接影响到民众对司法救济机制的信心，也就不难理解为何民众对公正审判与司法救济权的重要性评价较低了。

三、公正审判与司法救济权观念的影响因素

对于当下中国大众关于公正审判与司法救济权利的观念图景，应从多个视角予以观察和审视，才能全面把握人权司法救济观念的结构性成因，总结各种因素对大众人权观念的规律性影响。

性别因素对大众公正审判与司法救济权观念的影响：

以性别为变量考察，数据显示，男性与女性对通过法律途径获得救助的权利的重要程度定位略有差异，对于“您认为哪些方面的权利最为重要”，男性选择通过法律途径获得救助的权利的比例为 36.6%，女性为 42.1%，女性对通过法律途径获得救助的权利重要性的评价略高于男性（见表 4—90）。而且，卡方检验显示，不同性别的受访者对于“通过法律途径获得救助的权利”的重要性的评价之间的差异具有显著性（$x^2=46.443$，$df=1$，$p<0.01$）。

表 4—90　　性别与“通过法律途径获得救助的权利”选项交叉分析

	单位和百分比	通过法律途径获得救助的权利		
		选择	未选	合计
男	（人）	2 769	4 801	7 570
	（%）	36.6	63.4	100.0
女	（人）	2 939	4 042	6 981
	（%）	42.1	57.9	100.0
合计	（人）	5 708	8 843	14 551
	（%）	39.2	60.8	100.0

资料来源：“中国大众人权观念调查研究”数据库，卷 A1；A10。

交叉分析显示，不同性别的受访者对于法院审判公正性的评价存在显著的差异（$x^2=46.443$，$df=1$，$p<0.01$）。以性别的视角观察，我们发现，男性选择“公正”的比例与选择“不公正”的比例均高于女性，而女性选择“不清楚”的比例则高于男性（见表 4—91）。可见，对于审判公正问题，男性比女性更关注，也更为敏锐。

表 4—91　　性别与“您认为法院的审判是否公正”交叉分析

	单位和百分比	您认为法院的审判是否公正			
		公正	不公正	不清楚	合计
男	（人）	3 004	1 870	2 599	7 473
	（%）	40.2	25.0	34.8	100.0
女	（人）	2 631	1 419	2 822	6 872
	（%）	38.3	20.6	41.1	100.0
合计	（人）	5 635	3 289	5 421	14 345
	（%）	39.3	22.9	37.8	100.0

资料来源：“中国大众人权观念调查研究”数据库，卷 A1；A29。

年龄因素对大众“获得公正审判与司法救济权利”观念的影响主要表现在以下两个方面：

第一，受访者年龄越大，对公正审判与司法救济权重要性的认同度越低。相关分析显示，不同年龄段的受访者对于“您认为哪些方面的权利最为重要”的回答存在极其显著的差异（$x^2=286.86$，$df=5$，$p<0.01$）。年龄越大者，选择“通过法律途径获得救助的权利”的比例反而越小。随着年龄的增长，选择“通过法律途径获得救助的权利”的人数比重大致呈下降趋势（见图 4—15）。

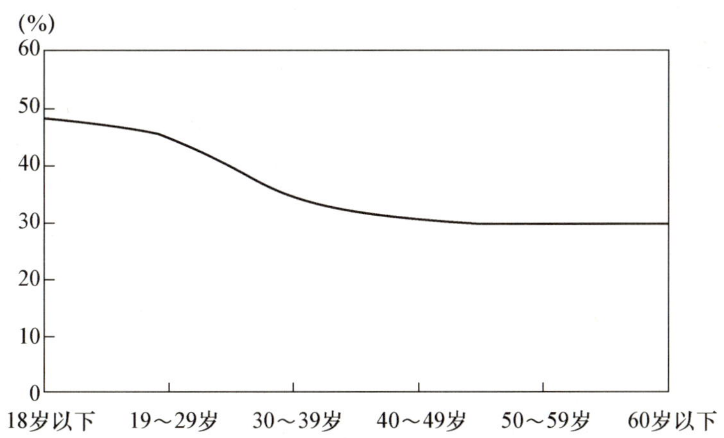

图 4—15　年龄与“通过法律途径获得救助的权利”选项交叉分析

资料来源：“中国大众人权观念调查研究”数据库，卷 A2；A10。

第二，相反，受访者年龄越大，对审判公正性的认同度相对越高。虽然总体来说，民众对审判公正的认同度处于低位，不过半数，但根据相关分析的统计结果，不同年龄段的受访者之间对于司法审判公正性的评价存在极其显著的差异（$x^2=42.16$，$df=10$，$p<0.01$）。各年龄段认同法院审判公正的人数比重，大致呈现出一个低中缓升的上行曲线态势（见图 4—16）。

民众年龄与司法救济权利观念之间的互动关系，给我们提供了一个观察和解释民众司法救济观念的历史视野。透过这个变动关系和比较视野来观察，我们可以对法院审判的公正性有一个更为整合的把握。年龄长者，在评价当前法院审判是否公正时，会倾向于与以往的历史状况相比较而得出自己的看法。受访者年龄越大，越倾向于认为当前法院审判总体公正。这说明与以往历史状况相比较，当前法院审判的公正性无疑已经有了很大的进步。年龄与法院公正审判认同度之间缓缓上升的曲线关系，从一个侧面展示了法院审判工作的整体发展趋势是越来越趋向于公正的。

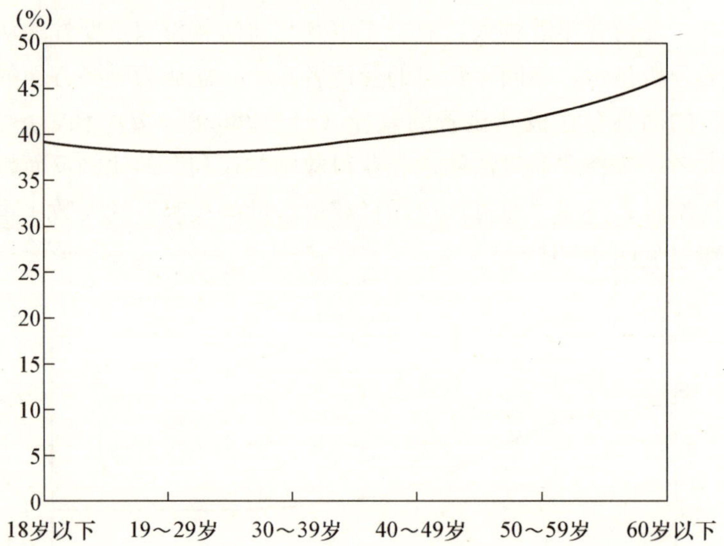

图 4—16　年龄与“您认为法院的审判是否公正”交叉分析

资料来源：“中国大众人权观念调查研究”数据库，卷 A2；A29。

民族因素对大众公正审判与司法救济权观念的影响：

汉族与少数民族对司法救济权的重要性的评价差异很小，汉族民众选择司法救济权的比例为 38.8%，少数民族选择司法救济权的比例为 42.2%，少数民族比汉族高出近 3.4 个百分点，少数民族对司法救济权的评价略高于汉族（见表 4—92）。不过，卡方检验显示，不同民族的受访者对于“通过法律途径获得救助的权利”的重要性的评价之间的差异仍然具有显著性（$x^2=5.801$，$df=1$，$p<0.05$）。

表 4—92　　民族与“通过法律途径获得救助的权利”选项交叉分析

	单位和百分比	通过法律途径获得救助的权利		
		选择	未选	合计
汉族	（人）	5 141	8 093	13 234
	（%）	38.8	61.2	100.0
少数民族	（人）	571	782	1 353
	（%）	42.2	57.8	100.0
合计	（人）	5 712	8 875	14 587
	（%）	39.2	60.8	100.0

资料来源：“中国大众人权观念调查研究”数据库，卷 A3；A10。

通过民族与“您认为法院的审判是否公正”的交叉分析，我们发现，汉族选择“公正”的比例高出少数民族 2.6 个百分点，而少数民族选择“不公正”的比例则高出汉族 6.2 个百分点，汉族选择“不清楚”的比例也高于少数民族，可见，对于审判公正问题，少数民族的评价略低于汉族（见表 4—93）。卡方检验显示，不同民族的受访者对于法院审判公正性的评价之间的差异具有显著性（$x^2=26.823$，$df=2$，$p<0.01$）。

表 4—93　　民族与“您认为法院的审判是否公正”交叉分析

	单位和百分比	您认为法院的审判是否公正			
		公正	不公正	不清楚	合计
汉族	（人）	5 138	2 934	4 978	13 050
	（%）	39.4	22.5	38.1	100.0
少数民族	（人）	490	383	460	1 333
	（%）	36.8	28.7	34.5	100.0
合计	（人）	5 628	3 317	5 438	14 383
	（%）	39.1	23.1	37.8	100.0

资料来源：“中国大众人权观念调查研究”数据库，卷 A3；A29。

政治面貌因素对大众公正审判与司法救济权观念的影响：

通过政治面貌与“您认为哪些方面的权利最为重要”的交叉分析，我们发现，不同政治面貌的受访者对司法救济权重要性的评价存在极其显著的差异（$x^2=277.660$，$df=3$，$p<0.01$）。一般群众选择司法救济权的比例为 31.7%，共青团员选择司法救济权的比例为 46.4%，中共党员选择司法救济权的比例为 42.8%，民主党派成员选择司法救济权的比例为 38.3%。一般群众和民主党派成员选择司法救济权的比例较低，低于平均值；中共党员和共青团员选择司法救济权的比例较高，均高于平均值，其

中，共青团员选择司法救济权的比例最高，一般群众比例最低，相差近15个百分点（见表4—94）。

表4—94　政治面貌与“通过法律途径获得救助的权利”选项交叉分析

	单位和百分比	政治面貌				合计
		群众	共青团员	中共党员	民主党派成员	
选择	（人）	2 030	2 420	1 224	49	5 723
	（%）	31.7	46.4	42.8	38.3	39.2
未选	（人）	4 366	2 799	1 635	79	8 879
	（%）	68.3	53.6	57.2	61.7	60.8
合计	（人）	6 396	5 219	2 859	128	14 602
	（%）	100.0	100.0	100.0	100.0	100.0

资料来源：“中国大众人权观念调查研究”数据库，卷A4；A10。

通过政治面貌与“您认为法院的审判是否公正”的交叉分析，我们发现，不同政治面貌的民众对法院审判是否公正的评价存在极其显著的差异（$x^2=126.069$，$df=6$，$p<0.01$）。选择“公正”的比例，一般群众最低，仅有35.4%，低于平均值，共青团员、中共党员和民主党派成员均高于平均值，其中，中共党员选择“公正”的比例最高，为46.8%。对于审判公正问题，不同政治面貌的民众的评价由高到低依次为中共党员、民主党派成员、共青团员、群众（见表4—95）。

表4—95　政治面貌与“您认为法院的审判是否公正”交叉分析

	单位和百分比	政治面貌				合计
		群众	共青团员	中共党员	民主党派成员	
公正	（人）	2 233	2 043	1 323	52	5 651
	（%）	35.4	39.8	46.8	40.9	39.2
不公正	（人）	1 469	1 167	619	40	3 295
	（%）	23.3	22.7	21.9	31.5	22.9
不清楚	（人）	2 604	1 928	886	35	5 453
	（%）	41.3	37.5	31.3	27.6	37.9
合计	（人）	6 306	5 138	2 828	127	14 399
	（%）	100.0	100.0	100.0	100.0	100.0

资料来源：“中国大众人权观念调查研究”数据库，卷A4；A29。

受教育水平因素对大众公正审判与司法救济权观念的影响：

受教育水平越高，民众的司法救济观念也就越强。受教育水平对民众司法救济观念有积极的正向相关作用，具体有两个表现：首先，相关分析显示，受教育水平不同的受访者对于司法审判公正性的评价存在显著差异（$x^2=44.34$，$df=10$，$p<0.01$），表现为受教育水平越高（从初中到硕士）①，对法院审判公正性的认同逐渐降低（见图4—17）。这或许可以解释为，文化教育水平的提高，能有效提升民众的人权认知和主张能力，受教育水平越高，越倾向于作出明确判断，且对“获得公正审判”的主张和要求也越强烈。其次，文化教育水平越高，对人权司法救济的认同度也随之提高。相关分析显示，受教育水平不同的受访者对于“您认为哪些方面的权利最为重要”的回答存在极其显著的差异（$x^2=548.4$，$df=5$，$p<0.01$），表现为选择“通过法律途径获得救助的权利”的比重随受教育水平提高而增长的趋势（见图4—18）。

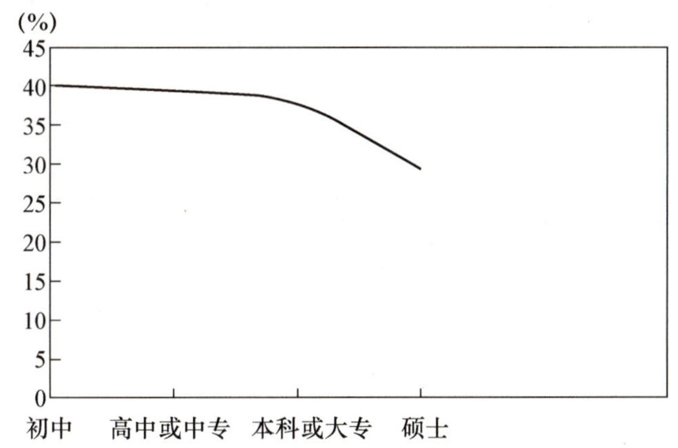

图4—17　受教育水平与“您认为法院的审判是否公正”交叉分析

资料来源：“中国大众人权观念调查研究”数据库，卷A5；A29。

受教育水平对民众人权观念的影响，是现代文化影响民众人权观念的表现。受教育水平越高，民众的人权认知和主张能力也就越强，民众的人权意识也就越强烈。这提示我们，提高民众的文化教育水平，是提升民众人权观念，增强民众人权认知、主张能力的重要途径。

个人年收入同大众公正审判与司法救济观念大致呈现为一种正向相关关系。

① 这里没有把学历处于两端的小学以下和博士两类人群统计进去，是因为二者占受访者的比重极小，他们观点的代表性相对较弱。

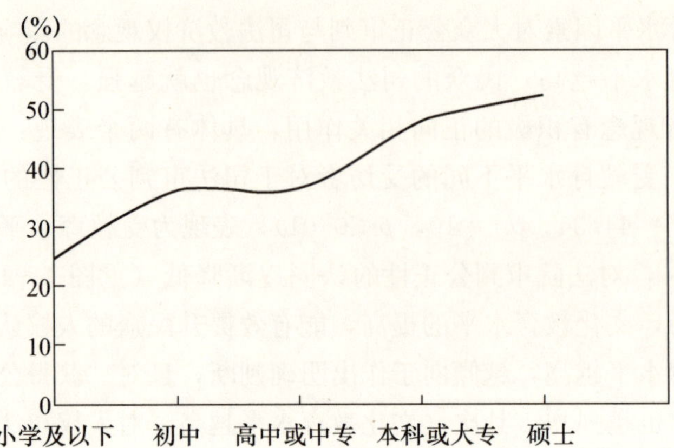

图 4—18 受教育水平与“通过法律途径获得救助的权利”选项交叉分析

资料来源：“中国大众人权观念调查研究”数据库，卷 A5；A10。

相关分析显示，个人年收入差异对司法公正的认同度并无明显影响，各收入阶段受访者认为审判公正的人数比例基本相当，大致持平（见图 4—19）。不过，这一差异本身仍然具有相当的显著性（$x^2=43.05$，$df=10$，$p<0.01$）。而个人年收入不同的受访者群体对于“您认为哪些方面的权利最为重要”的回答存在极其显著的差异（$x^2=123.94$，$df=5$，$p<0.01$）。收入越高，选择“通过法律途径获得救助的权利”的人数比重就越高，对人权司法救济的重要性的认同度有明显增高趋势（见图 4—20）。

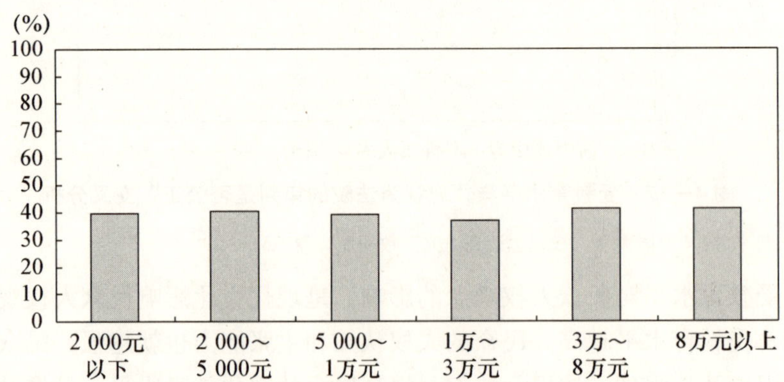

图 4—19 个人年收入与“您认为法院的审判是否公正”的交叉分析

资料来源：“中国大众人权观念调查研究”数据库，卷 A6；A29。

以上分析表明，一方面，民众对审判是否公正的评价与个人收入关系不大，更多的是基于对当前司法审判现状的感受和各自“司法公正”观念而形成的，所以无论收入高低，民众对能否获得公正审判都普遍呈现一种

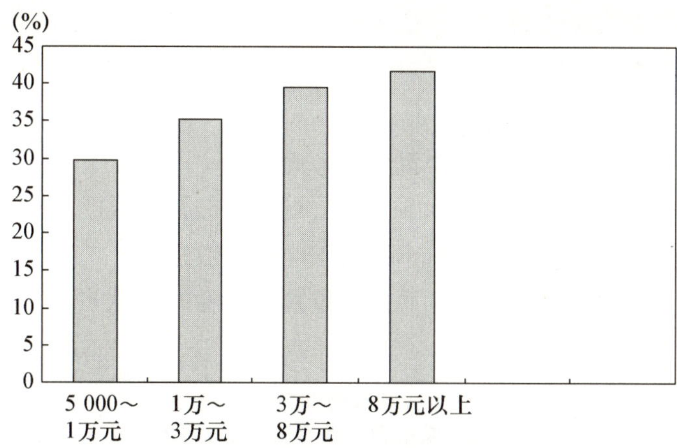

图 4—20 个人年收入与“通过法律途径获得救助的权利”选项交叉分析

资料来源：“中国大众人权观念调查研究”数据库，卷 A6；A10。

“忧虑”状态；另一方面，在民众关于人权司法救济整体“淡漠”的大趋势下，除去极少数的年收入在 5 000 元以下的相对贫困者，年收入达到 5 000 元以上的民众，表现出随着收入的提高对人权司法救济的重要性的认同度也随之不断增强的趋势。

宗教信仰因素对大众公正审判与司法救济权观念的影响：

通过宗教信仰与“您认为哪些方面的权利最为重要”的交叉分析，我们发现，有无宗教信仰者对司法救济权的重要性评价略有差别，有宗教信仰的受访者选择司法救济权的比例为 34.6%，无宗教信仰者选择司法救济权的比例为 40.2%，无宗教信仰者对司法救济权重要性的评价略高于有宗教信仰者（见表 4—96）。卡方检验显示，有无宗教信仰者对司法救济权重要性的评价之间的差异具有显著性（$x^2=23.504$，$df=1$，$p<0.01$）。

表 4—96 宗教信仰与“通过法律途径获得救助的权利”选项交叉分析

	单位和百分比	通过法律途径获得救助的权利		
		选择	未选	合计
没有	（人）	4 945	7 356	12 301
	（%）	40.2	59.8	100.0
有	（人）	736	1 389	2 125
	（%）	34.6	65.4	100.0
合计	（人）	5 681	8 745	14 426
	（%）	39.4	60.6	100.0

资料来源：“中国大众人权观念调查研究”数据库，卷 A7；A10。

通过有无宗教信仰与“您认为法院的审判是否公正”的交叉分析，我们发现，是否具有宗教信仰者对于法院审判的公正性评价存在极其显著的差异（$x^2=41.290$，$df=2$，$p<0.01$）。选择“公正”的受访者中，不信教者的比例高出信教者3.2个百分点，而选择“不公正”的受访者中，信教者的比例则高出不信教者6.5个百分点，不信教者选择“不清楚”的比例也高于信教者，可见，在对审判公正问题的敏感度上，有宗教信仰的民众要高于无宗教信仰的民众，而在对审判公正度的评价上，前者则低于后者（见表4—97）。

表4—97　　宗教信仰与“您认为法院的审判是否公正”交叉分析

	单位和百分比	您认为法院的审判是否公正			
		公正	不公正	不清楚	合计
没有	（人）	4 820	2 666	4 660	12 146
	（%）	39.7	21.9	38.4	100.0
有	（人）	759	589	729	2 077
	（%）	36.5	28.4	35.1	100.0
合计	（人）	5 579	3 255	5 389	14 223
	（%）	39.2	22.9	37.9	100.0

资料来源：“中国大众人权观念调查研究”数据库，卷A7；A29。

户籍因素对大众公正审判与司法救济权观念的影响：

首先，调查显示，对于“您认为法院的审判是否公正”的问题，城镇居民作出明确回答的比例（62.5%）高于农村居民（61.6%），这在某种程度上也可以说明城镇居民的人权认知能力可能要略高于农村民众。40.0%的城镇居民对当前的法院审判工作评价为总体公正，这一比例高于农村居民（38.2%），这在一定程度上显示，城镇中人权的司法救济状况可能要好于农村（见表4—98）。不过，必须指出的是，卡方检验显示，这种差异的相关性并不显著（$x^2=5.05$，$df=2$，$p>0.05$）。

表4—98　　户籍与“您认为法院的审判是否公正”交叉分析

	单位和百分比	您认为法院的审判是否公正			
		公正	不公正	不清楚	合计
农村	（人）	2 503	1 533	2 524	6 560
	（%）	38.2	23.4	38.5	100.0

续前表

	单位和百分比	您认为法院的审判是否公正			
		公正	不公正	不清楚	合计
城镇	（人）	3 109	1 753	2 913	7 775
	（%）	40.0	22.5	37.5	100.0
合计	（人）	5 612	3 286	5 437	14 335
	（%）	39.1	22.9	37.9	100.0

资料来源："中国大众人权观念调查研究"数据库，卷 A8；A29。

其次，相关分析显示，城镇户籍的受访者与农村户籍的受访者之间对于"您认为哪些方面的人权最为重要"的回答存在极其显著的差异（$x^2=58.29$，$df=1$，$p<0.01$），表现为城镇居民对司法救济的重要性评价也高于农村居民，42.1%的城市民众选择了"通过法律途径获得救助的权利"，这一比例高出农村民众（35.9%）近 7 个百分点（见表 4—99）。

表 4—99　户籍与"通过法律途径获得救助的权利"选项交叉分析

	单位和百分比	通过法律途径获得救助的权利		
		选择	未选	合计
农村	（人）	2 386	4 267	6 653
	（%）	35.9	64.1	100.0
城镇	（人）	3 320	4 572	7 892
	（%）	42.1	57.9	100.0
合计	（人）	5 706	8 839	14 545
	（%）	39.2	60.8	100.0

资料来源："中国大众人权观念调查研究"数据库，卷 A8；A10。

职业因素对大众公正审判与司法救济权观念的影响：

通过职业与"您认为哪些方面的权利最为重要"的交叉分析，我们发现，不同职业的受访者之间对司法救济权的重要性的评价存在极大的差异，而且这一差异具有显著性（$x^2=528.315$，$df=8$，$p<0.01$）。在九类职业群体中，只有学生、企业员工和国家公职人员群体对司法救济权的评价高于平均值，其他各个群体选择司法救济权的比例均低于平均值。比例最高的是学生群体，有 51.2%，比例最低的是务农群体，仅有 25.2%，相差 26 个百分点（见表 4—100）。

表 4—100　　职业与“通过法律途径获得救助的权利”选项交叉分析

	单位和百分比	职业									合计
		务农者	务工者	企业员工	公职人员	学生	经商者	离退休者	无业失业者	其他	
选择	(人)	397	536	886	946	2 173	304	137	98	242	5 719
	(%)	25.2	27.4	40.0	40.1	51.2	33.0	36.1	31.4	36.6	39.1
未选	(人)	1 176	1 420	1 329	1 415	2 068	616	242	214	419	8 899
	(%)	74.8	72.6	60.0	59.9	48.8	67.0	63.9	68.6	63.4	60.9
合计	(人)	1 573	1 956	2 215	2 361	4 241	920	379	312	661	14 618
	(%)	100.0	100.0	100.0	100.0	100.0	100.0	100.0	100.0	100.0	100.0

资料来源：“中国大众人权观念调查研究”数据库，卷 A9；A10。

不同职业群体对审判公正度的评价差异较大。离退休者、公职人员、学生和务农群体选择“公正”的比例较高，均高于平均值；其他各类职业群体选择“公正”的比例均低于平均值。其中，对审判公正评价最高的是离退休群体，比例有 49.7%，评价最低的是无业失业者群体，比例仅有 31.1%，相差 18.6 个百分点（见表 4—101）。卡方检验显示，不同职业的受访者群体之间对法院审判公正性的评价之间的差异非常显著（$x^2=92.123$，$df=16$，$p<0.01$）。

表 4—101　　职业与“您认为法院的审判是否公正”交叉分析

	单位和百分比	职业									合计
		务农者	务工者	企业员工	公职人员	学生	经商者	离退休者	无业失业者	其他	
公正	(人)	620	712	790	1 015	1 705	333	185	95	207	5 662
	(%)	40.0	36.9	36.2	43.5	40.8	36.9	49.7	31.1	31.7	39.3
不公正	(人)	349	480	526	476	936	241	57	83	154	3 302
	(%)	22.5	24.9	24.1	20.4	22.4	26.7	15.3	27.2	23.6	22.9
不清楚	(人)	580	739	867	844	1 540	329	130	127	291	5 447
	(%)	37.4	38.3	39.7	36.1	36.8	36.4	34.9	41.6	44.6	37.8
合计	(人)	1 549	1 931	2 183	2 335	4 181	903	372	305	652	14 411
	(%)	100.0	100.0	100.0	100.0	100.0	100.0	100.0	100.0	100.0	100.0

资料来源：“中国大众人权观念调查研究”数据库，卷 A9；A29。

四、小结

作为救济实体人权的基本程序权利，公正审判与司法救济权在整个人权体系中具有基础性地位，是“现代法治社会中的第一制度性人权”。与司法救济权的这一法理地位相比，在大众人权观念中，司法救济权却并没有被认为是足够重要的权利而居于优位，司法救济权的法理重要性位阶与观念重要性位阶之间存在巨大的反差。大众对当前法院公正审判的认同度较低，超过一半的受访者对法院审判的公正性存在疑问甚至持否定态度。民众对“审判公正”的较低认同，必然影响着民众对司法救济的信心，最终也影响了民众对司法救济权在人权清单中的重要性评判。二者之间表现出一种并非充分的因果逻辑关系。

影响司法救济权利观念的因素是多方面的，作为集体记忆的传统和文化在现代人内心的投射对大众的公正审判与司法救济权利观念依然具有强大的形塑力。现代化进程所带来的政治安排、经济水平和社会文化状况是形塑当下中国大众公正审判与司法救济权利观念的基本框架，也是提升大众人权认知水平、增强大众人权主张能力的重要途径。

以经验的视角和实证的方式检视民众关于司法救济的认知、主张和要求，关于法院审判的公正性评价以及形塑民众司法救济观念的复杂因素，可以为我们绘制一幅关于如何更新司法救济观念、如何提升司法救济公正水平以及如何合理地重置司法救济在宪法法律体系中的位置的思维导图，也为我们提供了进一步检讨和优化人权司法救济的可能路径。

首先，应以根本大法确认司法救济权的基础性地位，以具体法律落实救济各项实体人权的诉权体系。民众对司法救济权重要性评价较低，固然有民众对人权认识的不完整、不充分的原因，关键还与司法救济权在我国法律体系中的地位有关。在我国，司法救济权还没有得到宪法的应有确认，也没有在具体法律和诉讼制度上全面贯彻落实为完整的诉权体系。因此，生活中经常出现公民的宪法权利和法律权利受到侵犯却投诉无门，或在诉讼过程中遭遇司法机关的不公正对待却无可奈何的现象。为了改善人权司法保障状况，提高人权司法保障水平，应考虑以宪法确认司法救济权的基础性地位，并通过具体法律和诉讼制度设计和完善诉权体系，保障各项人权均有相应的渠道和方式可资救济。

其次，民众司法救济观念的结构性成因为我们提示了提升民众人权认知水平、人权主张能力的途径和人权宣传与人权救济的策略。收入、教育和户籍对民众司法救济观念的重要影响提示我们，民众人权认知水平、人权主张能力与经济社会发展水平是相互作用的，经济社会发展状况塑造了相应的人权观念，人权认知、主张与评价能力的提升和人权救济的充分实现也有赖于经济社会的发展和人民收入、教育、生活境遇的改善。处在不同年龄阶段、收入层次、受教育水平以及城镇化水平的民众关于司法救济的认知、主张与评价的显著性差异也提示我们，不同阶层的民众可能有着不同层次、不同种类的人权需求，人权保障事业和人权宣传工作不应一刀切、大漫灌，也应当有相应的差异化策略和渐进式路径，才能有针对性地适应和满足人权保障事业的发展需要。

第七节　人格尊严观念

《公民权利和政治权利国际公约》规定："人人在任何地方有权被承认在法律前的人格。"人的尊严的内容可以从内在和外在两个视角进行考察。从内在视角来看，人的个性自由，国家和社会不得加以侵犯，负有不作为的义务；从外在视角来看，人应当被平等对待，国家和社会应当做出消除歧视性对待的保护。基于这一点，我们就可以从人的属性和关系两个层面上具体操作，即：就个人属性而言，无论人的能力大小、出身如何、贡献多少，都应该具有同样的价值和尊严；就关系而言，人有权要求获得尊重，可以要求排除侮辱、降格和歧视。

所以我们的考察包括：个人对自由与尊严的重要性认识、个人对是否受到尊重的评价、个人对自己以外的人受到特别手段影响时的判断，以及不同个人属性对这些方面的不同影响。我们在问卷中设计了三个题目，分别是一道多选题和两道单选题。通过多选题了解公民对个人自由和尊严在人权中的位置的看法；两个单选题，一个关涉自己尊严，另一个关涉旁人尊严。

一、大众对个人自由和尊严的重要性认识

我们设计的题目为："您认为哪些方面的权利最为重要?"选项包括个人自由和尊严、选举权与被选举权、劳动权、社会保障权、生命健康权、通过法律途径获得救助的权利、言论自由和宗教信仰自由。

关于"您认为哪些方面的权利最为重要?"这一多选题的回答中，共有 11 981 人在作答的时候选择了个人自由和尊严，占调查对象总人数的 81.1%。当下大众更加看重自由和尊严，这一比例远高于响应频率第二位的生命健康权（65.2%）。

表 4—102　个体差异对人权重要性认识的影响的逻辑回归估计变量

合计	参数估计（标准误差）							
	个人自由和尊严	选举权和被选举权	劳动权	社会保障权	生命健康权	法律途径救济权	言论自由	宗教信仰自由
性别	−0.166 (0.050) ****	0.227 (0.040) ****	−0.056 (0.038)	−0.167 (0.039) ****	−0.282 (0.040) ****	−0.162 (0.040) ****	0.016 (0.040)	0.071 (0.049)
年龄	−0.151 (0.022) ****	0.021 (0.019)	0.032 (0.018) **	0.101 (0.019) ****	0.028 (0.019)	−0.080 (0.019) ****	−0.123 (0.019) ****	0.037 (0.024)
民族	0.136 (0.089)	−0.044 (0.071)	−0.121 (0.068) **	−0.050 (0.070)	−0.067 (0.073)	−0.082 (0.071)	−0.147 (0.071) **	−0.511 (0.077) ****
政治面貌	0.179 (0.074) **	0.418 (0.053) ****	0.042 (0.052)	0.045 (0.055)	0.031 (0.056)	0.046 (0.053)	0.140 (0.054) ***	0.158 (0.063) **
教育	0.449 (0.029) ****	0.245 (0.023) ****	0.044 (0.022) **	0.253 (0.023) ****	0.237 (0.023) ****	0.297 (0.023) ****	0.411 (0.023) ****	0.265 (0.029) ****
个人收入	−0.006 (0.019)	−0.070 (0.016) ****	0.002 (0.015)	0.020 (0.015)	0.066 (0.016) ****	−0.006 (0.016)	−0.010 (0.016)	0.004 (0.019)
宗教信仰	−0.130 (0.070) *	0.056 (0.057)	−0.111 (0.055) **	−0.115 (0.056) **	−0.263 (0.057) ****	−0.184 (0.058) ****	−0.133 (0.058) **	1.049 (0.061) ****
户籍	−0.014 (0.057)	0.279 (0.044) ****	−0.071 (0.043) *	0.118 (0.043) ***	−0.134 (0.045) ***	0.109 (0.044) **	0.364 (0.044) ****	0.469 (0.056) ****
职业	−0.211 (0.063) ****	−0.050 (0.053)	0.231 (0.050) ****	0.162 (0.051) ****	−0.242 (0.052) ****	−0.196 (0.053) ****	−0.265 (0.053) ****	−0.385 (0.067) ****
N	11 522	11 522	11 522	11 522	11 522	11 522	11 522	11 518
constant	0.688	−1.385	−0.335	−0.781	0.098	−0.927	−1.098	−2.231

续前表

合计	参数估计（标准误差）							
	个人自由和尊严	选举权和被选举权	劳动权	社会保障权	生命健康权	法律途径救济权	言论自由	宗教信仰自由
初始-2LL	11 205.348	15 446.317	15 912.173	15 575.404	14 853.319	15 413.831	15 832.174	11 576.094
终止-2LL	11 119.418	15 446.196	15 912.173	15 575.352	14 852.173	15 413.686	15 832.171	11 508.947
Nagelkerke R^2	0.089	0.057	0.006	0.036	0.028	0.053	0.110	0.093

说明：（1）各项给定值为非标准化最大似然估计值。$^{*}p\leqslant0.10$，$^{**}p\leqslant0.05$，$^{***}p\leqslant0.01$，$^{****}p\leqslant0.001$。因变量为二元虚拟变量。

（2）此处为逻辑回归分析。故对数据进行了重新整合。①

资料来源："中国大众人权观念调查研究"数据库，卷 A1-10。

---

① 此处为 q1—q9 与 q10 所做的回归分析：

q1：性别　男 1 女 2→男 1 女 0。

q2：年龄　不变。

q3：民族　汉族 1 少数民族 2→汉族 1 少数民族 0。

q4：政治面貌　群众 1 共青团员 2 民主党派 4→0，中共党员 3→1。

q5：受教育水平　不变。

q6：个人收入　不变。

q7：宗教信仰　没有 1 有 2→没有 0 有 1。

q8：户籍　农村 1 城镇 2→农村 0 城镇 1。

q9：职业　务农者 1 务工者 2 企业员工 3 公职人员 4 学生 5 经商者 6 离退休者 7 无业失业者 8 其他 9→按照有无工作（经历）划分，1、5 和 8 为无工作经历者，2、3、4、6 和 7 为有工作经历者，分别改为 0 和 1。

q101—q108　全部赋值 1 和 2 改为 1 和 0，缺失值和 0 值全部漏掉。

以上数据反映出民众对个人尊严的需要胜过了对其他具体权利的需要。可见，社会发展、经济实力提升、维权意识强化引发了人们对尊严的追求。为了更进一步认识形成这一结果的原因，我们结合人作为主体所应具备的要素做了一个逻辑回归分析，从个人属性、社会身份和社会条件① 三个方面进行解读，以期获得更加准确的认识。

在个人属性方面，性别和年龄两个因素对个人自由与尊严的看法影响度较高，民族和宗教信仰相对而言影响较小。对每一个属性进行分析发现：女性比男性更加重视个人自由与尊严；随着年龄的增长，人们对于个人自由与尊严的重要性认识逐渐减弱。社会身份方面，有无职业对于个人自由与尊严的看法影响度较高，政治面貌和户籍并无太大影响。相比而言，有无职业经历对于个人自由与尊严的影响度在九项自变量中影响度也很高，排在受教育状况之后。受教育状况与个人收入状况作为社会条件因素，对个人自由与尊严影响度最高，受教育程度越高，就越发认为个人自由与尊严是一项重要人权。

以上解读表明，对个人自由与尊严在人权中的重要性认识影响最大的是受教育状况，最小的是个人收入状况。说明对于独立个体而言，经济收入的高低并不对尊严感受形成任何影响，对于自由尊严的需要、对于人人平等的需要存在于任何一个主体的观念中，反而是教育让我们观念提升，受教育程度越高，越能激发对个人价值的追求与实现，越能认识人性尊严的重要性。

二、个人对尊严感受的自我评价

我们设计了题目“您时常有没有不被尊重的感觉”，以便直观展示公民对自己尊严感受的认识。

如图 4—21 所示，在 14 569 份有效回答此题的问卷中，共有 55.4%的人认为自己时常感到不被尊重，有 44.6%的人认为自己没有不被尊重的感觉。两者相差近 11 个百分点。

我们通过交叉分析更加具体地描述尊严感受：

从性别的角度考察，相关分析显示，不同性别的受访者对于“您时常

① 这三个方面的划分是课题组根据分析的需要而作，阐述时九项自变量均有涉及。个人属性包括性别、年龄、民族、宗教信仰；社会身份包括政治面貌、户籍、职业；社会条件包括受教育状况、个人收入状况。

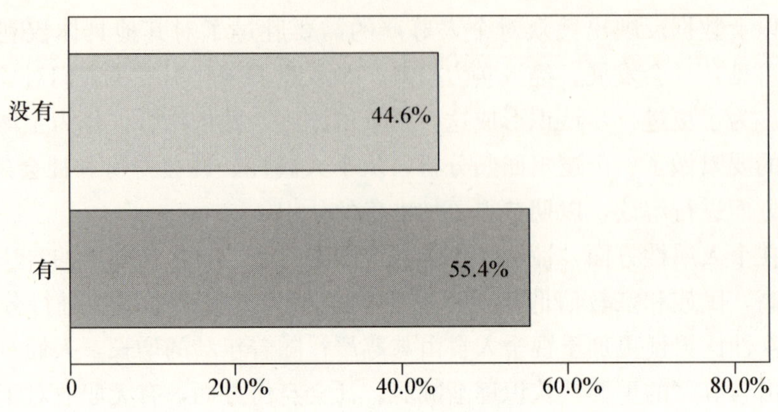

图 4—21 “您时常有没有不被尊重的感觉”调查结果

资料来源：“中国大众人权观念调查研究”数据库，卷 A26。

有没有不被尊重的感觉”的回答存在极其显著的差异（$x^2=28.766$，$df=1$，$p<0.01$）。在男性调查对象中，57.5%的男性选择了时常有不被尊重的感觉，42.5%男性调查对象选择了没有不被尊重的感觉，两个选项比例落差为 15 个百分点。女性调查对象中，有 53.0%的女性选择了时常有不被尊重的感觉，47.0%的女性选择了没有不被尊重的感觉，两个选项比例落差为 6 个百分点（见表 4—103）。这组数据反映出两方面的内容：一是男性较女性对是否受到尊重更敏感些，所以男性选项比例落差明显大于女性的选项比例落差。二是与社会现存的重男轻女观念相反，女性在生活交往中得到的尊重要多于男性。

表 4—103　　性别与“您时常有没有不被尊重的感觉”交叉分析

	单位和百分比	您时常有没有不被尊重的感觉		
		有	没有	合计
男	（人）	4 295	3 175	7 470
	（%）	57.5	42.5	100.0
女	（人）	3 646	3 228	6 874
	（%）	53.0	47.0	100.0
合计	（人）	7 941	6 403	14 344
	（%）	55.4	44.6	100.0

资料来源：“中国大众人权观念调查研究”数据库，卷 A1；A26。

从年龄的角度考察，相关分析显示，不同年龄段的受访者对于“您时常有没有不被尊重的感觉”的回答存在极其显著的差异（$x^2=80.337$，$df=5$，$p<0.01$）。调查数据显示，有效回收样本为 14 389 份。其中 18

岁以下 1 319 人，19～29 岁年龄段 6 482 人，30～39 岁年龄段 2 696 人，40～49岁年龄段 2 487 人，50～59 岁年龄段 866 人，60 岁以上 539 人，分别占 9.2%、45.0%、18.7%、17.3%、6.0%、3.7%；回答是否有不被尊重的感觉时，肯定回答的有 7 971 人，占 55.4%，否定回答的有 6 418人，占 44.6%（见表 4—104）。

表 4—104　　年龄与“您时常有没有不被尊重的感觉”交叉分析

	单位和百分比	年龄						合计
		18 岁以下	19～29 岁	30～39 岁	40～49 岁	50～59 岁	60 岁以上	
有	(人)	704	3 408	1 519	1 527	538	275	7 971
	(%)	53.4	53.6	56.3	61.4	62.1	51.0	55.4
没有	(人)	615	3 074	1 177	960	328	264	6 418
	(%)	46.6	47.4	43.7	38.6	37.9	49.0	44.6
合计	(人)	1 319	6 482	2 696	2 487	866	539	14 389
	(%)	100.0	100.0	100.0	100.0	100.0	100.0	100.0

资料来源：“中国大众人权观念调查研究”数据库，卷 A2；A26。

在成年人中我们发现，随着年龄的增大，感觉自己受到不尊重的人越来越多，在 50～59 岁这个年龄段达到顶峰，感觉受到不被尊重的人高达 62.1%。而 60 岁之上的调查对象受到的不尊重最少，为 51.0%。社会交往主要由成年人参与，未成年人和老年人的参与程度较低。老年人的接触对象较为单一，受到的不尊重现象较少。成年人接触的对象则比较复杂，受到的不尊重现象较多。年轻人较年长者在精力和学习能力上要略胜一筹，一般来说年轻人更容易接受社会新鲜事物和学习知识。

调查数据显示，汉族人民中认为时常不被尊重的人有 7 260 人，占 55.7%；少数民族人民中认为时常不被尊重的人有 714 人，占 53.6%。可见，在这两类群体中，均有超过一半的人认为自己得不到尊重，但整体上评价相差不大（见表 4—105）。卡方检验结果亦显示，不同民族的受访者对于“您时常有没有不被尊重的感觉”的回答不存在显著的差异（$x^2=2.192$，$df=1$，$p>0.05$）。

表 4—105　　民族与“您时常有没有不被尊重的感觉”交叉分析

	单位和百分比	您时常有没有不被尊重的感觉		
		有	没有	合计
汉族	(人)	7 260	5 779	13 039
	(%)	55.7	44.3	100.0

续前表

	单位和百分比	您时常有没有不被尊重的感觉		
		有	没有	合计
少数民族	(人)	714	619	1 333
	(%)	53.6	46.4	100.0
合计	(人)	7 974	6 398	14 372
	(%)	55.5	44.5	100.0

资料来源："中国大众人权观念调查研究"数据库，卷 A3；A26。

从政治面貌的角度考察，相关分析显示，不同政治面貌的受访者对于"您时常有没有不被尊重的感觉"的回答存在极其显著的差异（$x^2=121.923$，$df=3$，$p<0.01$）。我们可以发现，政治面貌为群众和民主党派成员的调查对象感受到不尊重的更多些，分别有 60.6%和 55.1%时常有不被尊重的感觉（见表 4—106）。根据职业来划分，群众多集中于务工、务农和企业人员；共青团员多集中于学生；中共党员多集中于公职人员（国家机关、事业单位、国有企业）；民主党派成员也多集中于公职人员。

表 4—106　政治面貌与"您时常有没有不被尊重的感觉"交叉分析

	单位和百分比	政治面貌				合计
		群众	共青团员	中共党员	民主党派成员	
有	(人)	3 819	2 652	1 437	70	7 978
	(%)	60.6	51.5	51.0	55.1	55.4
没有	(人)	2 484	2 497	1 378	57	6 416
	(%)	39.4	48.5	49.0	44.9	44.6
合计	(人)	6 303	5 149	2 815	127	14 394
	(%)	100.0	100.0	100.0	100.0	100.0

资料来源："中国大众人权观念调查研究"数据库，卷 A4；A26。

从受教育程度的角度考察，相关分析显示，受教育程度不同的受访者对于"您时常有没有不被尊重的感觉"的回答存在极其显著的差异（$x^2=191.273$，$df=5$，$p<0.01$）。调查数据显示，有效回收样本 14 327 份。其中，小学及以下学历 1 102 人，初中学历 2 779 人，高中或中专学历3 851人，本科或大专学历 5 759 人，硕士研究生 758 人，博士研究生 78 人，分别占 7.7%、19.4%、26.9%、40.2%、5.3%、0.5%；回答是否有不被尊重的感觉时，肯定回答的有 7 930 人，占 55.4%，否定回答的有 6 397 人，占 44.6%。

横向综合比较，小学及以下学历群体中，认为时常有不被尊重的占64.2%；初中学历群体中比例为63.0%；高中或中专学历群体中比例为56.7%；本科或大专学历群体中比例为49.3%；硕士研究生群体中比例为53.7%；博士研究生群体中比例为56.4%。不难看出，小学及以下学历群体认为自己受不到尊重比例最高，受过高等教育的群体对于尊重的满意度较低学历者稍好（见表4—107）。

表4—107　受教育水平与“您时常有没有不被尊重的感觉”交叉分析

	单位和百分比	受教育水平						合计
		小学及以下	初中	高中或中专	本科或大专	硕士	博士	
有	（人）	708	1 751	2 183	2 837	407	44	7 930
	（%）	64.2	63.0	56.7	49.3	53.7	56.4	55.4
没有	（人）	394	1 028	1 668	2 922	351	34	6 397
	（%）	35.8	37.0	43.3	50.7	46.3	43.6	44.6
合计	（人）	1 102	2 779	3 851	5 759	758	78	14 327
	（%）	100.0	100.0	100.0	100.0	100.0	100.0	100.0

资料来源：“中国大众人权观念调查研究”数据库，卷A5；A26。

从个人年收入的角度考察，相关分析显示，不同个人收入的受访者对于“您时常有没有不被尊重的感觉”的回答存在极其显著的差异（$x^2=79.058$，$df=5$，$p<0.01$）。调查数据显示，年收入2 000元以下的4 190人，2 000～5 000元的1 827人，5 000元到1万元的1 473人，1万～3万元的3 157人，3万～8万元的1 920人，8万元以上的511人，分别占32.0%、14.0%、11.3%、24.1%、14.7%、3.9%；回答是否有不被尊重的感觉时，肯定回答的有7 277人，占55.6%；否定回答的有5 801人，占44.4%。

横向综合比较，在各个群体中认为自己时常不被尊重的比例分别为：56.8%、56.2%、61.1%、56.9%、49.5%、44.0%。整体而言，年收入在3万元以上的群体对自己是否受到尊重的反应并不强烈（见表4—108）。

表4—108　个人年收入与“您时常有没有不被尊重的感觉”交叉分析

	单位和百分比	个人年收入						合计
		2 000元以下	2 000～5 000元	5 000～1万元	1万～3万元	3万～8万元	8万元以上	
有	（人）	2 379	1 027	900	1 795	951	225	7 277
	（%）	56.8	56.2	61.1	56.9	49.5	44.0	55.6

续前表

	单位和百分比	个人年收入						合计
		2 000 元以下	2 000～5 000 元	5 000～1 万元	1 万～3 万元	3 万～8 万元	8 万元以上	
没有	（人）	1 811	800	573	1 362	969	286	5 801
	（%）	43.2	43.8	38.9	43.1	50.5	56.0	44.4
合计	（人）	4 190	1 827	1 473	3 157	1 920	511	13 078
	（%）	100.0	100.0	100.0	100.0	100.0	100.0	100.0

资料来源："中国大众人权观念调查研究"数据库，卷 A6；A26。

调查数据显示，有效回收样本 14 221 份。其中，没有宗教信仰者 12 132人，占总数的 85.3%；有宗教信仰者 2 089 人，占总数的 14.7%。横向综合比较，没有宗教信仰者认为没有不被尊重的感觉的比例为 55.2%，认为有不被尊重的感觉的比例为 44.8%；有宗教信仰者认为没有不被尊重的感觉的比例为 56.2%，认为有不被尊重的感觉的比例为 43.8%。纵向综合比较，在所有认为自己时常有不被尊重的感觉的人中，没有宗教信仰者占 85.6%，有宗教信仰者占 14.4%（见表 4—109）。可以看出，有无宗教信仰对于是否受到尊重的感受并无太大差别。但总体来说，无论是否有信仰，各类群体中都有超过一半的人认为自己没有受到尊重。卡方检验结果亦显示，有宗教信仰与没有宗教信仰的受访者对于"您时常有没有不被尊重的感觉"的回答不存在显著的差异（$x^2=0.764$，$df=1$，$p>0.05$）。

表 4—109　　宗教信仰与"您时常有没有不被尊重的感觉"交叉分析

	单位和百分比	您时常有没有不被尊重的感觉		
		有	没有	合计
没有宗教信仰	（人）	5 443	6 699	12 132
	（%）	44.8	55.2	100.0
有宗教信仰	（人）	914	1 175	2 089
	（%）	43.8	56.2	100.0
合计	（人）	6 347	7 874	14 221
	（%）	44.6	55.6	100.0

资料来源："中国大众人权观念调查研究"数据库，卷 A7；A26。

从户籍的角度考察，相关分析显示，不同户籍的受访者对于"您时常有没有不被尊重的感觉"的回答存在极其显著的差异（$x^2=110.945$，$df=1$，$p<0.01$）。户籍为农村的调查对象中，有 3 962 人认为自己时

常有不被尊重的感觉，占农村户籍调查对象的 60.3%；有 2 607 人选择了时常没有不被尊重的感觉，占农村户籍调查对象的 39.7%，两个选项落差为 20.6%。户籍为城镇的调查对象中，有 4 001 人认为自己时常有不被尊重的感觉，占城镇户籍调查对象的 51.5%：有 3 762 人选择了时常没有不被尊重的感觉，占城镇户籍调查对象的 48.5%，两个选项落差为 3.0%。这组数据反映出农村户籍人员在社会交往中所受到的不尊重现象较多，城镇户籍人员在社会交往中所受到的不尊重现象较少（见表 4—110）。

表 4—110　户籍与“您时常有没有不被尊重的感觉”交叉分析

	单位和百分比	您时常有没有不被尊重的感觉		
		有	没有	合计
农村	（人）	3 962	2 607	6 569
	（%）	60.3	39.7	100.0
城镇	（人）	4 001	3 762	7 763
	（%）	51.5	48.5	100.0
合计	（人）	7 963	6 369	14 332
	（%）	55.6	44.4	100.0

资料来源：“中国大众人权观念调查研究”数据库，卷 A8；A26。

从职业的角度考察，相关分析显示，不同职业的受访者对于“您时常有没有不被尊重的感觉”的回答存在极其显著的差异（$x^2=222.387$，$df=8$，$p<0.01$）。调查数据显示，有效回收样本 14 404 份。其中，务农者 1 551 人，务工者 1 923 人，企业员工 2 182 人，公职人员 2 331 人，学生 4 193 人，经商者 904 人，离退休人员 368 人，无业失业者 306 人，其他 646 人，所占比例分别为：10.8%、13.4%、15.1%、16.2%、29.1%、6.3%、2.6%、2.1%、4.5%；回答是否有不被尊重的感觉时，肯定回答的有7 992人，占 55.5%；否定回答的有 6 412 人，占 44.5%。

横向综合比较，在各个群体中认为自己时常不被尊重的比例分别为：66.3%、63.9%、51.7%、47.7%、53.9%、55.4%、46.2%、62.7%、57.7%。不难看出，在务工、务农者，以及无业失业者群体中，均有超过六成的人认为自己时常受到不尊重，这一比例远远超过其他几类群体，相对而言，离退休人员中认为自己受到不尊重的比例最小（见表 4—111）。

表 4—111　职业与“您时常有没有不被尊重的感觉”交叉分析

	单位和百分比	职业									合计
		务农者	务工者	企业员工	公职人员	学生	经商者	离退休者	无业失业者	其他	
选择	（人）	1 028	1 228	1 129	1 112	2 259	501	170	192	373	7 992
	（%）	66.3	63.9	51.7	47.7	53.9	55.4	46.2	62.7	57.7	55.5
未选	（人）	523	695	1 053	1 219	1 934	403	198	114	273	6 412
	（%）	33.7	36.1	48.3	52.3	46.1	44.6	53.8	37.3	42.3	44.5
合计	（人）	1 551	1 923	2 182	2 331	4 193	904	368	306	646	14 404
	（%）	100.0	100.0	100.0	100.0	100.0	100.0	100.0	100.0	100.0	100.0

资料来源：“中国大众人权观念调查研究”数据库，卷 A9；A26。

三、民众如何看待他人的尊严

人的尊严主要在人与人交往的过程中展现出来。而交往是一个相互的过程，民众注重自身的人格尊严，也应注重维护他人的人格尊严。为了了解民众是如何看待他人的人格尊严，我们选取了一个法律上有明确规定、理论上有较为确定结果的真实案例评判，即：当碰到卖淫者被抓去游街的时候，怎么看待？

统计结果显示，在有效的 14 488 份问卷中，有 12 079 位调查对象认为卖淫者被抓去游街是不对的，占总调查对象的 83.4%；仅有 2 409 位调查对象认为卖淫者被抓去游街是对的，占总调查对象的 16.6%（见图 4—22）。

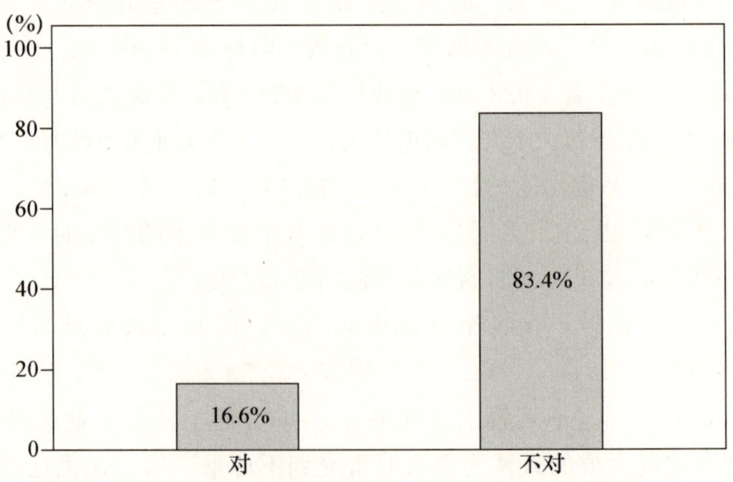

图 4—22　“卖淫者被抓去游街，您感觉对不对”调查结果

资料来源：“中国大众人权观念调查研究”数据库，卷 A24。

即使卖淫者的罪错得到某种程度的证实，其人格尊严也应当受到法律的保护。“罪错应负责任，人格不容侮辱”，这是现代法治社会的一个基本精神。法律可以剥夺人的财产、自由乃至生命，但不可以剥夺人格权利特别是人的尊严。在大众看来，虽然卖淫者从事的并不是什么光彩的职业，但是民众对他们的人格尊严是肯定的。

我们通过交叉分析来进一步呈现民众评价卖淫者游街现象的影响因素：

在受访者中，有84.3%的男性、82.5%的女性感觉卖淫者被抓去游街是不对的，男性和女性在此问题上的观点差别不大（见表4—112）。但是卡方检验结果显示，不同性别的受访者对于“卖淫者被抓去游街，您感觉对不对”的回答存在显著的差异（$x^2=8.427$，$df=1$，$0.05>p>0.01$）。

表4—112　　性别与“卖淫者被抓去游街，您感觉对不对”交叉分析

	单位和百分比	卖淫者被抓去游街，您感觉对不对		
		对	不对	合计
男	（人）	1 169	6 269	7 438
	（%）	15.7	84.3	100.0
女	（人）	1 196	5 628	6 824
	（%）	17.5	82.5	100.0
合计	（人）	2 365	11 897	14 262
	（%）	16.6	83.4	100.0

资料来源：“中国大众人权观念调查研究”数据库，卷A1；A24。

通过年龄因素与“卖淫者被抓去游街，您感觉对不对”的交叉分析，我们发现，不同年龄段的民众对卖淫者的态度存在较大差异，大部分民众认为卖淫者被抓去游街是不对的，不过，年龄越大的民众选择“不对”的比例越低，越年轻的人选择“不对”的比例越高（见表4—113）。相关分析显示，不同年龄段的受访者对于“卖淫者被抓去游街，您感觉对不对”的回答存在极其显著的差异（$x^2=195.562$，$df=5$，$p<0.01$）。

表4—113　　年龄与“卖淫者被抓去游街，您感觉对不对”交叉分析

	单位和百分比	年龄						合计
		18岁以下	19～29岁	30～39岁	40～49岁	50～59岁	60岁以上	
对	（人）	145	853	517	520	205	136	2 376
	（%）	11.1	13.2	19.2	21.2	23.8	25.5	16.6

续前表

	单位和百分比	年龄						合计
		18岁以下	19～29岁	30～39岁	40～49岁	50～59岁	60岁以上	
不对	（人）	1 162	5 608	2 172	1 938	655	398	11 933
	（%）	88.9	86.8	80.8	78.8	76.2	74.5	83.4
合计	（人）	1 307	6 461	2 689	2 458	860	534	14 309
	（%）	100.0	100.0	100.0	100.0	100.0	100.0	100.0

资料来源："中国大众人权观念调查研究"数据库，卷A2；A24。

汉族受访者认为"卖淫者被抓去游街"不对的比例为83.4%，少数民族则为84.1%，相差不大（见表4—114）。也就是说，汉族与少数民族在对待卖淫者人格尊严的态度方面差别不大。卡方检验结果亦显示，不同民族的受访者对于"卖淫者被抓去游街，您感觉对不对"的回答存在极其显著的差异（$x^2=0.491$，$df=1$，$p>0.05$）。

表4—114　　民族与"卖淫者被抓去游街，您感觉对不对"交叉分析

	单位和百分比	卖淫女被抓去游街，您感觉对不对		
		对	不对	合计
汉族	（人）	2 157	10 818	12 975
	（%）	16.6	83.4	100.0
少数民族	（人）	210	1 113	1 323
	（%）	15.9	84.1	100.0
合计	（人）	2 367	11 931	14 298
	（%）	16.6	83.4	100.0

资料来源："中国大众人权观念调查研究"数据库，卷A3；A24。

从政治面貌的角度考察，相关分析显示，不同政治面貌的受访者对于"卖淫者被抓去游街，您感觉对不对"的回答存在极其显著的差异（$x^2=240.486$，$df=3$，$p<0.01$）。共青团员受访者当中认为"卖淫者被抓去游街不对"的占87.8%，是各个政治面貌受访者当中比例最高的，最低的则是民主党派成员，为76.6%，另外，中共党员受访者的比例接近共青团员，为87.5%（见表4—115）。也就是说，不同政治面貌的民众对卖淫者的态度存在较大差异，中共党员和共青团员对卖淫者的人格持较为尊重的态度，一般群众和民主党派成员对卖淫者的评价略低于前者。

表 4—115　政治面貌与“卖淫者被抓去游街，您感觉对不对”交叉分析

	单位和百分比	政治面貌				合计
		群众	共青团员	中共党员	民主党派成员	
对	（人）	1 369	624	351	29	2 373
	（%）	21.9	12.2	12.5	23.4	16.6
不对	（人）	4 875	4 508	2 468	95	11 946
	（%）	78.1	87.8	87.5	76.6	83.4
合计	（人）	6 244	5 132	2 819	124	14 319
	（%）	100.0	100.0	100.0	100.0	100.0

资料来源：“中国大众人权观念调查研究”数据库，卷 A4；A24。

通过受教育水平因素与“卖淫者被抓去游街，您感觉对不对”的交叉分析，我们发现，不同文化程度的民众对卖淫者的态度存在较大差异，而且，与学历高低基本成正相关关系，以大学学历为中点，没有上过大学的高中或中专、初中和小学及以下文化程度的民众选择“不对”的比例相对较低，而上过大学的本科或大专、硕士和博士学历的民众选择“不对”的比例则高达 90%以上（见表 4—116）。相关分析显示，不同受教育水平的受访者对于“卖淫者被抓去游街，您感觉对不对”的回答存在极其显著的差异（$x^2=649.482$，$df=5$，$p<0.01$）。

表 4—116　受教育水平与“卖淫者被抓去游街，您感觉对不对”交叉分析

	单位和百分比	受教育水平						合计
		小学及以下	初中	高中或中专	本科或大专	硕士	博士	
对	（人）	349	749	627	572	54	7	2 358
	（%）	32.1	27.2	16.4	10.0	7.1	9.1	16.5
不对	（人）	737	2 007	3 203	5 169	708	70	11 894
	（%）	67.9	72.8	83.6	90.0	92.9	90.9	83.5
合计	（人）	1 086	2 756	3 830	5 741	762	77	14 252
	（%）	100.0	100.0	100.0	100.0	100.0	100.0	100.0

资料来源：“中国大众人权观念调查研究”数据库，卷 A5；A24。

通过个人年收入水平因素与“卖淫者被抓去游街，您感觉对不对”的交叉分析，我们发现，不同收入层次的民众对卖淫者的态度存在较大差异，基本态势是：收入越高的人对卖淫者的人格尊严的评价越高。2 000 元以下这一群体中大学生所占比例较高，对卖淫者人格尊严的评价相对较高（见表 4—117）。相关分析显示，不同个人收入的受访者对于“卖淫者

被抓去游街，您感觉对不对”的回答存在极其显著的差异（$x^2=142.727$，$df=5$，$p<0.01$）。

表 4—117　个人年收入与“卖淫者被抓去游街，您感觉对不对”交叉分析

	单位和百分比	个人年收入						合计
		2 000 元以下	2 000～5 000 元	5 000～1 万元	1 万～3 万元	3 万～8 万元	8 万元以上	
对	（人）	663	390	366	551	228	54	2 252
	（%）	15.9	21.4	25.0	17.6	11.9	10.5	17.3
不对	（人）	3 510	1 435	1 099	2 578	1 681	462	10 765
	（%）	84.1	78.6	75.0	82.4	88.1	89.5	82.7
合计	（人）	4 173	1 825	1 465	3 129	1 909	516	13 017
	（%）	100.0	100.0	100.0	100.0	100.0	100.0	100.0

资料来源：“中国大众人权观念调查研究”数据库，卷 A6；A24。

从宗教信仰的因素来看，没有宗教信仰的受访者认为“卖淫者被抓去游街不对”的受访者占 84.4%，而有宗教信仰的受访者的这一比例为 79.9%，相差不到 5%，也就是说，有没有宗教信仰对卖淫者人格尊严的评价有轻微的影响（见表 4—118）。但是卡方检验结果显示，有宗教信仰的受访者与没有宗教信仰的受访者对于“卖淫者被抓去游街，您感觉对不对”的回答存在极其显著的差异（$x^2=25.404$，$df=1$，$p<0.01$）。

表 4—118　宗教信仰与“卖淫者被抓去游街，您感觉对不对”交叉分析

	单位和百分比	卖淫女被抓去游街，您感觉对不对		
		对	不对	合计
没有	（人）	1 889	10 190	12 079
	（%）	15.6	84.4	100.0
有	（人）	415	1 653	2 068
	（%）	20.1	79.9	100.0
合计	（人）	2 304	11 843	14 147
	（%）	16.3	83.7	100.0

资料来源：“中国大众人权观念调查研究”数据库，卷 A7；A24。

从户籍的角度考察，相关分析显示，不同户籍的受访者对于“卖淫者被抓去游街，您感觉对不对”的回答存在极其显著的差异（$x^2=138.755$，$df=1$，$p<0.01$）。户籍对卖淫者人格尊严的评价影响较大，户籍为农村的受访者选择“对”的比例比城镇的高约 7 个百分点（见表 4—119）。

表 4—119　　户籍与“卖淫者被抓去游街，您感觉对不对”交叉分析

	单位和百分比	卖淫女被抓去游街，您感觉对不对		
		对	不对	合计
农村	（人）	1 329	5 200	6 529
	（%）	20.4	79.6	100.0
城镇	（人）	1 007	6 723	7 730
	（%）	13.0	87.0	100.0
合计	（人）	2 336	11 923	14 259
	（%）	16.4	83.6	100.0

资料来源：“中国大众人权观念调查研究”数据库，卷 A8；A24。

从职业的角度考察，相关分析显示，不同职业的受访者对于“卖淫者被抓去游街，您感觉对不对”的回答存在极其显著的差异（$x^2=569.960$，$df=8$，$p<0.01$）。职业因素对卖淫者人格尊严的评价影响较大，学生群体选择“不对”的比例最高，为 90%，比最低的务农群体做这一选择的比例高近 30 个百分点（见表 4—120）。

表 4—120　　职业与“卖淫者被抓去游街，您感觉对不对”交叉分析

	单位和百分比	职业									合计
		务农者	务工者	企业员工	公职人员	学生	经商者	离退休者	无业失业者	其他	
对	（人）	510	443	318	280	419	157	55	81	104	2 367
	（%）	33.6	23.1	14.6	12.1	10.0	17.5	14.9	26.4	16.1	16.5
不对	（人）	1 009	1 477	1 854	2 042	3 759	738	314	226	541	11 960
	（%）	66.4	76.9	85.4	87.9	90.0	82.5	85.1	73.6	83.9	83.5
合计	（人）	1 519	1 920	2 172	2 322	4 178	895	369	307	645	14 327
	（%）	100.0	100.0	100.0	100.0	100.0	100.0	100.0	100.0	100.0	100.0

资料来源：“中国大众人权观念调查研究”数据库，卷 A9；A24。

四、小结

人格尊严是指公民的名誉和公民作为一个人应当受到他人最起码的尊重的权利。对于人格尊严观念，我们主要考察自身人格尊严受尊重体验和对他人人格尊严尊重程度两个方面，以立体地呈现中国民众对于人格尊严的态度。通过数据分析我们可以发现，我国大众有着强烈的人格尊严意识，占调查对象总人数的八成以上认为人格尊严是一项重要人权，这一比例远高于响应频率第二位的生命健康权，这一数据反映出，当下民众对个人尊严的需要胜过了对其他具体权利的需要。法治社会的构建已经步入正轨，对权利的保护，无论在实体上，还是在程序上，都越发地成熟。但以上数据反映出来的结论是民众对个人尊严的需要胜过了对其他具体权利的需要，可见，社会发展、经济实力提升、维权意识强化引发了人们对尊严的呼唤。

在看待自身尊严感方面，与大多数人认为个人尊严是一项重要人权相对比，一半以上的民众在日常生活中尊严感不高，有一半以上的人认为自己时常感到不被尊重，相比较而言认为自己没有不被尊重的受访者就少一些了。在民众对尊严的感受上，整体而言，虽然个人出身不同、社会身份地位不同、生存条件不同，在尊严的感受上有一定的差别，但这种差别并不表现得特别明显。

在对待他人尊严的尊重问题上，统计结果显示，绝大多数受访民众认为卖淫女被抓去游街是不对的。即使卖淫女的罪错得到某种程度的证实，其人格尊严也应当受到法律的保护。“罪错应负责任，人格不容侮辱”，这是现代法治社会的一个基本精神。法律可以剥夺人的财产、自由乃至生命，但不可以剥夺人格权利特别是人的尊严。在大众看来，虽然卖淫女并不是什么光彩的职业，但是民众对他们的人格尊严是肯定的。

此外，我们运用调查数据，重点分析了中国大众环境权利观念在不同性别、不同教育程度、不同收入水平、不同居住地等方面的主要表现和差异。可以发现，这些因素对环境权利观念造成的影响并不是等值等量的，其间同样有着相当的差异。首先，在个人属性方面，性别和年龄这两个因素对个人自由与尊严的看法影响度较大，民族和宗教信仰相对而言影响较小。对每一个属性进行分析发现：女性比男性更加重视个人自由与尊严；随着年龄的增长，人们对于个人自由与尊严的重要性认识逐渐减弱。其次，社会身份方面，有无职业对于个人自由与尊严的看法影响度较大，政治面貌和户籍并无太大影响。相比而言，有无职业经历对于个人自由与尊严的影响度在整个九项自变量中影响度也很大，排在受教育状况之后。受教育状况与个人收入状况作为社会条件因素，对个人自由与尊严影响度最大，受教育程度越高，就越发认为个人自由与尊严是一项重要人权。对个人自由与尊严在人权中的重要性认识影响最大的是受教育状况，最小的是个人收入状况。说明对于独立个体而言，经济收入的高低并不对尊严感受形成任何影响，对于自由尊严的需要、对于人人平等的需要存在于任何一个主体的观念中，反而是教育让我们观念提升，受教育程度越高，越能激发对个人价值的追求与实现，越能认识人性尊严的重要性。

第八节　知情权观念

知情权的核心是“政府采取各种有效措施切实保障公民全面及时了解政府工作情况和有关政务信息的权利”①，知情权不仅本身具有独立的价值，还是公民其他权利得以正确行使和实现的先决条件，只有知情权得以充分行使，其他的权利才能得到充分的实现。政府信息公开是公民知情权实现的重要途径。随着政治、经济的不断发展，人们对信息的需求越来越强烈，也越来越清楚地认识到政府信息公开与否、公开的内容充实与否同知情权的保障与否息息相关，同人权的实现与否紧密相连。研究中国大众的人权观念，就必须研究中国大众对待知情权的态度，就必须研究大众怎样看待政府信息公开。所以，此次调查，我们也对中国大众关于政府信息公开的认知的相关情况进行采集和分析。

一、民众的知情权观念

在此次调查中，针对中国大众对政府信息公开的态度，我们设计了一个问题“您怎么看待政府信息公开?”给定“应当公开与公民切身利益相关的信息”“不涉及国家机密和他人隐私的都应当公开”“不需要公开”以及“不清楚”四个选项，进行单项选择。

如表4—121所示，48.6%的人选择了“应当公开与公民切身利益相关的信息”；37.7%的人认为“不涉及国家机密和他人隐私的都应当公开”；12.1%的人处于权利意识不明的状态，表示自己不清楚政府信息是否应该公开；仅有1.6%的人认为政府信息“不需要公开”。在所调查人群中，虽然仍有13.7%的人对待政府信息公开的态度是消极的，认为没有必要公开或者不清楚是否应当公开政府信息，但认为政府信息应当公开的占所有被调查者的绝大多数，为86.3%。民众对知情权有较为明确的认识和较为强烈的主张。

① 董云虎、常健主编：《中国人权建设60年》，98页，南昌，江西人民出版社，2009。

表 4—121 您怎么看待政府信息公开

	频次（人）	有效百分比（%）
应当公开与公民切身利益相关的信息	6 454	48.6
不涉及国家机密和他人隐私的都应当公开	5 003	37.7
不需要公开	211	1.6
不清楚	1 605	12.1
合计	13 273	100

资料来源："中国大众人权观念调查研究"数据库，卷 A30。

不过，主张知情权时，关注自己切身利益的人占了所调查人数的绝大多数，关注与自己切身利益相关信息的公开的人占了绝对的第一位，关注其他信息公开的人相对少约十个百分点，表明我国目前多数民众的知情权意识较多地局限于与自身密切相关的范畴内，对公共信息和公共事务关注不够。

二、民众知情权观念的影响因素

性别、年龄、民族、政治面貌、户籍、职业的不同，有无宗教信仰，受教育程度或者个人年收入的不同都可能导致人们对知情权观念有不同的认知。但影响究竟如何，需要引入这些可能因素进行深入分析。

一般而言，男性会比女性更加关注国家和社会事务，更关注政治。然而调查显示，男性与女性关心政府信息公开的人均占各自人口的大多数，其中要求公开与切身利益相关的信息的人分别为 48.2%和 49.4%，两者相差不多；认为不涉及国家机密和他人隐私的都应公开的分别为 38.8%和 36.3%；认为政府信息不应当公开的男性比女性更多，男性为 1.7%，女性为 1.5%；不清楚政府信息是否应当公开的女性比男性多，女性为 12.8%，男性为 11.4%（见表 4—122）。可发现，现阶段，女性的权利意识也有了很大的提高，女性并不比男性更少地关注社会和政治以及自身的权利。虽然认为政府信息应当公开的男性和女性的比例相差无几，但是女性认为应当公开与公民自身利益相关的信息的比例比男性高，而男性认为不涉及国家机密和他人隐私的信息都应当公开的比例比女性高。这表明，男性可能更多地关注社会和国家的信息，女性更多地关注与公民自身利益相关的信息，两者所关注的侧重点有所不同。也就是说，性别对于民众的知情权观念有略微的影响，而卡方检验结果显示，不同性别的受访者对于"您怎么看待政府信息公开"的回答存在显著的差异（$x^2=13.115$，$df=3$，$0.01<p<0.05$）。

表 4—122　　性别与“您怎么看待政府信息公开”交叉分析

	单位和百分比	您怎么看待政府信息公开				
		应当公开与公民切身利益相关的信息	不涉及国家机密和他人隐私的都应当公开	不需要公开	不清楚	合计
男	（人）	3 310	2 662	116	780	6 868
	（%）	48.2	38.8	1.7	11.4	100.0
女	（人）	3 062	2 247	92	795	6 196
	（%）	49.4	36.3	1.5	12.8	100.0
合计	（人）	6 372	4 909	208	1 575	13 064
	（%）	48.8	37.6	1.6	12.1	100.0

资料来源：“中国大众人权观念调查研究”数据库，卷 A1；A30。

我们假设的是 19～49 岁的青年人和成年人基于自身利益的需要应该是更关注国家和社会、更关注政治的人群，也应该是权利意识最强的人群，所以应该是对政府信息公开持最积极态度的人群；而 18 岁以下的未成年人因为教育和心智的原因，50 岁以上尤其是 60 岁以上的老年人由于年龄和社会环境的改变，可能是不太会关注政府信息公开等政治和自身权利的群体。

从年龄的角度考察，相关分析显示，不同年龄段的受访者对于“您怎么看待政府信息公开”的回答存在极其显著的差异（$x^2=216.652$，$df=15$，$p<0.01$）。根据我们调查所得的数据，各个年龄段的人群认为应当公开与公民切身利益相关的信息的比例是最高的，均是 48%左右。认为不涉及国家机密和他人隐私的信息都应当公开的比例也比较高。其中，19～29 岁这个年龄段的人群选择此项的最多，占本年龄段的 40.7%，也与本年龄段选择应当公开与公民切身利益相关的信息的 48.9%相差最少。这可能与这个年龄段的人群大多是大学生这一因素有关：学生因其教育或者生活环境等原因，相较其他人群，更有激情、时间和精力去关注国家大小事务而不仅仅是关注与公民自己的切身利益相关的事情。在各个年龄段中不清楚政府信息是否应该公开的人均在 10%左右，但是，40～49 岁的人群却高达 15.7%，50～59 岁的人群达 17.4%，60 岁以上的人群达 22.2%，都远高出了平均比例 12.1%，表现出对政府信息的淡漠和缺乏关注与了解，也暴露出了我国公民权利意识的薄弱环节。18 岁以下以及 40 岁以上各年龄段中认为不需要政府信息公开的人的比例都在 2%及以

上，也是超出平均水平的，显示出这部分群体权利意识的薄弱。这些人要么年纪较小，要么年纪已经太大，其知识背景中缺乏知情权相关的内容，对政府信息与自己的权利的密切关联也缺乏了解，对公共事务缺乏关注，因此在其观念中没有形成知情权的权利意识（见表 4—123）。

表 4—123　　年龄与“您怎么看待政府信息公开”交叉分析

	单位和百分比	年龄						合计
		18 岁以下	19～29 岁	30～39 岁	40～49 岁	50～59 岁	60 岁以上	
应当公开与公民切身利益相关的信息	（人）	585	2 821	1 211	1 091	423	245	6 376
	（%）	48.1	48.9	48.7	47.0	52.6	47.7	48.6
不涉及国家机密和他人隐私的都应当公开	（人）	483	2 347	937	819	220	138	4 944
	（%）	39.7	40.7	37.6	35.3	27.4	26.8	37.7
不需要公开	（人）	24	65	34	46	21	17	207
	（%）	2.0	1.1	1.4	2.0	2.6	3.3	1.6
不清楚	（人）	125	534	307	363	140	114	1 583
	（%）	10.3	9.3	12.3	15.7	17.4	22.2	12.1
合计	（人）	1 217	5 767	2 489	2 319	804	514	13 110
	（%）	100.0	100.0	100.0	100.0	100.0	100.0	100.0

资料来源：“中国大众人权观念调查研究”数据库，卷 A2；A30。

我国是由 56 个民族组成的大家庭，其中汉族居最大多数，分布于全国的各个地区。在较长一段时期，少数民族因为历史传统和民族习惯的原因散居在比较偏远的各个地区，其也比较习惯于封闭式的内部生活。汉族的经济水平相对较为发达，与外界的交流也更为频繁和广泛，而少数民族的生活地区比较偏远、交通不方便、与外界的沟通也会不方便，所以在调查之初，我们假设，相较于遍布于国家各个地区的汉族，少数民族可能不太关注外界的信息，知情权意识可能会薄弱一些。

然而，在我们所调查的 1 181 名少数民族中，有 1 023 名群众选择了应当公开政府信息，占总人数的 86.6%，其中 49.2%的人选择了应当公开与公民的切身利益相关的信息，37.4%的人认为不涉及国家机密和他人隐私的信息都应当公开。只有 13.3%的人消极对待政府信息公开。这种情况与汉族被调查者的情况基本类似。在汉族被调查的人群中，有 48.6%的人选择了应当公开与公民切身利益相关的信息，37.8%的人认为不涉及国家机密和他人隐私的信息都应当公开，也仍然有13.6%的人消极对待政府信息公开（见表4—124）。这说明，随着我国经济、政治、文化的不断发展，我国各民族的不断交流和融合，我国少数民族权利意识和维权的积极性都在不断提高，并且与汉族处于同一个水平上。民族的差异对大众知情权观念的影响基本上是微乎其微的。卡方检验结果亦显示，不同民族的受访者对于“您怎么看待政府信息公开”的回答不存在显著的差异（$x^2=1.734$，$df=3$，$p>0.05$）。

表4—124　　民族与“您怎么看待政府信息公开”交叉分析

	单位和百分比	您怎么看待政府信息公开				
		应当公开与公民切身利益相关的信息	不涉及国家机密和他人隐私的都应当公开	不需要公开	不清楚	合计
汉族	（人）	5 788	4 502	182	1 442	11 914
	（%）	48.6	37.8	1.5	12.1	100.0
少数民族	（人）	581	442	23	135	1 181
	（%）	49.2	37.4	1.9	11.4	100.0
合计	（人）	6 369	4 944	205	1 577	13 095
	（%）	48.6	37.8	1.6	12.0	100.0

资料来源：“中国大众人权观念调查研究”数据库，卷A3；A30。

一般认为，中共党员都是各行各业中的先锋队，所以我们预设中共党员相较于民主党派的成员、共青团员和普通人民群众，应该更关注国家和社会，更能维护自己的知情权，更支持政府信息公开。

从政治面貌的角度考察，相关分析显示，不同政治面貌的受访者对于“您怎么看待政府信息公开”的回答存在极其显著的差异（$x^2=455.601$，$df=9$，$p<0.01$）。数据结果所示，群众选择公开与公民切身利益相关的信息的人占了绝对的多数。中共党员选择不涉及国家机密和他人隐私的信息都应该公开的比例是最大的，符合我们的预设。共青团员选择不涉及国家机密和他人隐私的信息都应公开的比例较大，这或许可以说明我国现阶段教育下的学生的维权意识普遍很高，其而且也更关注国家和社会的公共信息和公共事务。民主党派的成员中选择政府信息不需要公开的人数的比例是最低的，为0.9%，但是这一人群中不清楚政府信息是否应当公开的人所占本人群的比例却是所有这类比例中最高的，高达19.6%，甚至比普通群众中的这一比例都高，普通群众为18.0%，两者都高于平均水平12.1%（见表4—125）。

表 4—125　　政治面貌与“您怎么看待政府信息公开”交叉分析

	单位和百分比	政治面貌				合计
		群众	共青团员	中共党员	民主党派成员	
应当公开与公民切身利益相关的信息	（人）	2 862	2 273	1 211	46	6 392
	（%）	48.1	49.9	48.4	41.1	48.7
不涉及国家机密和他人隐私的都应当公开	（人）	1 901	1 905	1 093	43	4 942
	（%）	32.0	41.8	43.7	38.4	37.7
不需要公开	（人）	115	44	45	1	205
	（%）	1.9	1.0	1.8	0.9	1.6
不清楚	（人）	1 069	331	153	22	1 575
	（%）	18.0	7.3	6.1	19.6	12.0
合计	（人）	5 947	4 553	2 502	112	13 114
	（%）	100.0	100.0	100.0	100.0	100.0

资料来源：“中国大众人权观念调查研究”数据库，卷 A4；A30。

宗教信仰，是指信奉某种特定宗教的人们对所信仰的神圣对象（包括特定的教理、教义等），由崇拜认同而产生的坚定不移的信念及全身心的皈依。这种思想信念和全身心的皈依表现和贯穿于特定的宗教仪式和宗教活动中，并用来指导和规范自己在世俗社会中的行为。它属于一种特殊的社会意识形态和文化现象。有无宗教信仰直接影响着人们的世界观、价值观和人生观的不同。这些人之最根本的观念的不同也就直接导致了人们看待世界、事物和周围的人的不同。有宗教信仰的群体可能会基于宗教信仰内部的不同规定和习俗而对自己的权利有不同的认识和态度。所以，我们认为，有无宗教信仰的两类群体对自己的权利的认识可能是不同的，对待自己权利的态度也会有差异。

根据表 4—126 所显示的数据可以看出，没有宗教信仰的人有 49.3%选择了应当公开与公民切身利益相关的信息，37.6%的人认为不涉及国家机密和他人隐私的信息都应当公开。与此相应的，有宗教信仰的人选择应当公开与公民切身利益相关的信息的人所占的比例为 45.8%，认为不涉及国家机密和他人隐私的信息都应该公开的占 38.8%。在没有宗教信仰的人群中，有 13.1%的人消极对待政府信息公开，认为政府信息不需要公开的占 1.5%，不清楚政府信息是否应当公开的占 11.6%。然而在有宗教信仰的人群中，有 2.1%的人认为政府信息是不需要公开的，有 13.2%的人选择了不清楚政府信息是否应当公开（见表 4—126）。也就是说，宗教信仰因素对民众关于政府信息公开的态度有所影响，但不是很明显。卡方检验结果亦显示，有宗教信仰的受访者与没有宗教信仰的受访者对于“您怎么看待政府信息公开”的回答不存在显著的差异（$x^2=12.263$，$df=3$，$p>0.05$）。

表 4—126 有没有宗教信仰与“您怎么看待政府信息公开”交叉分析

	单位和百分比	您怎么看待政府信息公开				
		应当公开与公民切身利益相关的信息	不涉及国家机密和他人隐私的都应当公开	不需要公开	不清楚	合计
没有	（人）	5 464	4 161	165	1 290	11 080
	（%）	49.3	37.6	1.5	11.6	100.0
有	（人）	856	724	40	247	1 867
	（%）	45.8	38.8	2.1	13.2	100.0
合计	（人）	6 320	4 885	205	1 537	12 947
	（%）	48.8	37.7	1.6	11.9	100.0

资料来源：“中国大众人权观念调查研究”数据库，卷 A5；A30。

受教育情况的不同对于对待政府信息公开的态度的影响是很明显的，因为受教育情况直接影响了公民的权利意识。一般认为，受教育的程度越高，个人的权利意识也就越强，也就越懂得维护自己的合法权利。

从受教育水平的角度考察，相关分析显示，不同受教育水平的受访者对于“您怎么看待政府信息公开”的回答存在极其显著的差异（$x^2=853.529$，$df=15$，$p<0.01$）。根据表 4—127 所显示的数据可以看出，本科或大专文凭的人群选择应当公开与切身利益相关信息的人的比例是最高的，选择不涉及国家机密和他人隐私的信息都应当公开的人数所占的比例居第三位，仍然是比较关心与切身利益相关的信息。但是在硕士、博士这两类人群中，选择不涉及国家机密和他人隐私的信息都应当公开的人，比选择应当公开与切身利益相关的信息的人多，这部分人群的视野比较开阔，他们关心的不仅是自己也包括自己周围所生活的社会，以及作为权利的向对方的国家，相对而言具有更强的公共意识。初中和小学以及小学以下学历的这两类人群消极对待政府信息公开的人数所占的本人群的比例是很高的，远超过平均水平。认为政府信息不需要公开的初中和小学及以下的比例分别为 2.2%和 2.4%，不清楚政府信息是否应该公开的比例分别是 20.8%和 29.7%，说明小学及以下的学历的人群的维权意识是最薄弱的。这两类人群对这两项的选择是远高于高中或中专以上的人的，这很有力地说明高教育水平的人群具有更强的维权意识和政治素养，更关心

自己以及社会的各种信息。然而，在博士生中，却有高达15.9%的人并不清楚政府信息是否应当公开，这或许是因为博士样本极小，未能准确反映出这一群体的观念状况（见表4—127）。

表4—127　　受教育水平与“您怎么看待政府信息公开”交叉分析

	单位和百分比	年龄						合计
		小学及以下	初中	高中或中专	本科或大专	硕士	博士	
应当公开与公民切身利益相关的信息	（人）	466	1 230	1 757	2 572	279	24	6 328
	（%）	43.9	46.3	49.5	50.7	43.6	34.8	48.5
不涉及国家机密和他人隐私的都应当公开	（人）	256	812	1 341	2 160	332	33	4 934
	（%）	24.1	30.6	37.8	42.6	51.9	47.8	37.8
不需要公开	（人）	25	59	56	55	7	1	203
	（%）	2.4	2.2	1.6	1.1	1.1	1.4	1.6
不清楚	（人）	315	553	395	283	22	11	1 579
	（%）	29.7	20.8	11.1	5.6	3.4	15.9	12.1
合计	（人）	1 062	2 654	3 549	5 070	640	69	13 044
	（%）	100.0	100.0	100.0	100.0	100.0	100.0	100.0

资料来源：“中国大众人权观念调查研究”数据库，卷A6；A30。

一般认为，个人年收入与个人的维权意识是成正比的。个人年收入越高，其权利意识也应该越强。其一个原因是，年收入高者的受教育水平一般较高，知识面广，观念更新快，对权利的认识程度较高；另一个原因是，年收入高者更迫切地需要关注政府的信息公开，更重视维护自己的知情权，他们需要大量地获取信息以判断自己的周边环境并作出正确的选择来维护自己的利益。而年收入低者一是或者受教育程度不高，较少关注政府信息公开，更少关注这些信息与自己各种权利的关系；二是多致力于维持自己的生存，没有精力和时间去关心并不与自己的利益直接相关的信息与事物。

从收入水平的角度考察，相关分析显示，不同收入水平的受访者对于“您怎么看待政府信息公开”的回答存在极其显著的差异（$x^2=115.837$，$df=15$，$p<0.01$）。根据回收的有效问卷的数据，个人年收入在3万～8万元、8万元以上的人不清楚政府信息公开的占本人群的比例远低于

个人年收入在 3 万元以下的人，仅为 8.2%和 7.8%，而且是年收入越高者所占比例就越少。而且在这两类人群中认为政府信息不需要公开的人也占很小比例，为 1%左右。在年收入超过 3 万元的人群中，关注政府公开与自身切身利益相关的信息的人与关注公开除涉及国家机密与他人隐私以外的信息的人的比例基本持平，均占本人群 40%以上的比例。而年收入 3 万元以下的人群，基于自身利益的需要，明显更关注与切身利益相关的信息，所占比例较大，都在 46%以上，尤其是 1 万～3 万元的人群中选择应当公开与公民切身利益相关的信息的人数比例为 51.4%。年收入低于 3 万元的人群中对政府信息公开持消极态度的占本人群的比例明显比 3 万元以上的人群高。正如前面所述，收入少于 2 000 元的人群中，因有相当部分的人是学生，所以对社会及权利的关注度较高，也具有较高的知情权意识（见表 4—128）。

表 4—128　收入水平与“您怎么看待政府信息公开”交叉分析

	单位和百分比	年龄						合计
		2 000 元以下	2 000～5 000 元	5 000～1 万元	1 万～3 万元	3 万～8 万元	8 万元以上	
应当公开与公民切身利益相关的信息	（人）	1 825	807	637	1 490	854	221	5 834
	（%）	48.3	48.1	46.0	51.4	48.3	46.4	48.7
不涉及国家机密和他人隐私的都应当公开	（人）	1 445	577	480	1 031	745	211	4 489
	（%）	38.3	34.4	34.7	35.6	42.1	44.3	37.5
不需要公开	（人）	58	32	26	37	25	7	185
	（%）	1.5	1.9	1.9	1.3	1.4	1.5	1.5
不清楚	（人）	448	262	241	340	145	37	1 473
	（%）	11.9	15.6	17.4	11.7	8.2	7.8	12.3
合计	（人）	3 776	1 678	1 384	2 898	1 769	476	11 981
	（%）	100.0	100.0	100.0	100.0	100.0	100.0	100.0

资料来源：“中国大众人权观念调查研究”数据库，卷 A7；A30。

城镇居民和农村居民由于所生存的环境等因素的不同，所形成的理念也就不同，所关注的利益也就有所差别。一般来讲，城镇的现代化进程比农村要快，城镇居民的思想也就比农村居民的思想更开放。针对权利意识，在调查之前，我们预设城镇居民的权利意识要高于农村居民，更关注政府信息公开，而且，二者关注方向也可能有所不同，城镇居民可能相较农村居民而言更关注国家、社会，而农村居民可能更关注与公民切身利益相关的信息的公开。

从户籍的角度考察，相关分析显示，不同户籍的受访者对于“您怎么看待政府信息公开”的回答存在极其显著的差异（$x^2=181.227$，$df=3$，$p<0.01$）。根据所得数据统计，在被调查者中，户籍为农村的，有48.5%的人选择应当公开与公民切身利益相关的信息，34.1%的人选择不涉及国家机密和他人隐私的信息都应当公开，对政府信息公开持消极态度的17.4%的人中有15.9%的人是不清楚政府信息是否应当公开、1.5%的人认为不需要公开。户籍为城镇的人群中，选择应当公开与公民切身利益相关的信息的为49.0%，选择不涉及国家机密和他人隐私的信息都应当公开的是40.8%，有10.2%的人对政府信息公开持消极态度，其中8.6%的人不清楚政府信息是否应当公开，1.6%的人认为政府信息不需要公开。由此可见，在城镇人群中，不清楚政府信息公开的人占本人群的比例远低于同一人群在农村人群中的比例，低7.3个百分点。在城镇人群中，关心除与自身切身利益相关的其他信息的人也多于农村人群。但城镇和农村中，同时存在约1.5%的人认为政府信息不需要公开。城镇和农村的人群都是最关注应当公开与自身利益相关的信息，这类人占被调查人群的最大多数。但是，总体来说，由数据可见，经过我国多年的社会主义现代化的建设，农村居民的权利意识与城镇居民的权利意识基本持平，差距逐步缩小（见表4—129）。

表4—129　户籍与“您怎么看待政府信息公开”交叉分析

	单位和百分比	您怎么看待政府信息公开				
		应当公开与公民切身利益相关的信息	不涉及国家机密和他人隐私的都应当公开	不需要公开	不清楚	合计
农村	（人）	2 937	2 066	89	960	6 052
	（%）	48.5	34.1	1.5	15.9	100.0
城镇	（人）	3 431	2 855	115	603	7 004
	（%）	49.0	40.8	1.6	8.6	100.0
合计	（人）	6 368	4 921	204	1 563	13 056
	（%）	48.8	37.7	1.6	12.0	100.0

资料来源：“中国大众人权观念调查研究”数据库，卷A8；A30。

不同的职业人群受其职业的影响，权利意识可能有所不同。一般而言，公职人员和学生应该更会积极对待政府信息公开，并且不仅仅是关注与公民切身利益相关的信息的公开，而且也关注其他不涉及国家机密和他人隐私的信息的公开。企业员工和经商者，尤其是经商者可能会更多地关注与公民切身利益相关的信息的公开。务农、务工、无业失业者以及离退休人群对不涉及国家机密和他人隐私的信息的公开的关注度可能会不高，不清楚政府信息是否应当公开或者认为政府信息不需要公开的人所占的比例可能会更大。

从职业的角度考察，相关分析显示，不同职业的受访者对于“您怎么看待政府信息公开”的回答存在极其显著的差异（$x^2=632.988$，$df=24$，$p<0.01$）。数据显示，离退休者和无业失业者的知情权意识是最低的，他们中认为政府信息不需要公开的均占 2.9%，不清楚政府信息是否应当公开的占本职业的比例分别为 13.3%和 19.4%。在不清楚政府信息是否应当公开的人群中，务农群体的比例是最高的，无业失业者其次，务工群体再次。这说明，务农这一职业群体是权利观念培育的薄弱环节，其权利意识有很大的提升空间，无业失业者和务工者的权利意识也都应加强。公职人员和学生的维权意识最强，不仅关心与自身利益相关的信息，也关注其他信息的公开情况，基本持平。其中，选择应当公开与公民切身利益相关的信息的比例分别为 49.6%和 49.1%，选择不涉及国家机密和他人隐私的信息都应当公开的比例分别为 43.6%和 42.5%。在公职人员和学生中，虽然认为政府信息不需要公开和不清楚政府信息是否应当公开的人的比例很低，但也仍然存在。经商者中选择应当公开与公民切身利益相关的信息的人明显多于认为不涉及国家机密和他人隐私的信息都应当公开的人，分别占 48.8%和 36.4%，说明经商者更关注切身利益。然而，在企业员工中，选择应当公开与公民切身利益相关的信息和认为除涉及国家机密和他人隐私的信息都应当公开的人所占的比例相差不大，分别为 49.1%和 40.1%，仅有 10.8%的人对政府信息公开持消极态度，仅次于公职人员的 6.8%和学生的 8.4%，这表明现阶段我国企业员工的权利认知和维权意识都是很高的。离退休人群可能由于年龄和生活环境以及心态的改变，其不关心政府信息公开以及不清楚的人占有相当比例，关注政府公开与公民切身利益相关的信息的人所占的比例也很高，达 54.5%（见表 4—130）。

表 4—130 职业与“您怎么看待政府信息公开”交叉分析

	单位和百分比	职业								合计
		务农者	务工者	企业员工	公职人员	学生	经商者	离退休者	无业失业者	其他	
应当公开与公民切身利益相关的信息	(人)	670	923	964	1 047	1 799	418	188	130	262	6 401
	(%)	45.2	50.2	49.1	49.6	49.1	48.8	54.5	46.8	44.4	48.8
不涉及国家机密和他人隐私的都应当公开	(人)	395	559	786	920	1 559	312	101	86	229	4 947
	(%)	26.6	30.4	40.1	43.6	42.5	36.4	29.3	30.9	38.8	37.7
不需要公开	(人)	29	43	31	27	41	10	10	8	4	203
	(%)	2.0	2.3	1.6	1.3	1.1	1.2	2.9	2.9	0.7	1.5
不清楚	(人)	389	313	181	115	267	116	46	54	95	1 576
	(%)	26.2	17.0	9.2	5.5	7.3	13.6	13.3	19.4	16.1	12.0
合计	(人)	1 483	1 838	1 962	2 109	3 666	856	345	278	590	13 127
	(%)	100.0	100.0	100.0	100.0	100.0	100.0	100.0	100.0	100.0	100.0

资料来源：“中国大众人权观念调查研究”数据库，卷 A9；A30。

三、小结

知情权是政治民主化的一种必然要求和结果。通过分析发现，民众对知情权有较为明确的认识和较为强烈的主张，不过，主张知情权时，关注与自己切身利益相关信息的公开的人占了绝对的第一位，关注其他信息公开的人相对少约十个百分点，表明我国目前多数民众的知情权意识仍然局限于与自身密切相关的范畴内，对公共信息和公共事务关注不够。经过对数据的分析我们可以发现，每个不同的交叉分析中，认为政府应当公开与公民切身利益相关的信息的比例都是最高的，均为四成以上，大多接近五成；而认为不涉及国家机密和他人隐私的都应该公开的人紧随其后，选择比例也有三成以上，只有少数情况下，如高学历人群中关注除涉及国家机密和他人隐私的信息外的其他信息的人才会多于关注与公民自身切身利益相关的信息的人。这表明，在现阶段，我国公民对知情权的认识有一定的提高，维权意识也不断增强，大部分人表现出对自己权利较为强烈的关注、对政府动态和公共事务的关注，此外，大家最迫切关心的仍然是与公民自己利益迫切相关的信息，然而，仍有小部分人权利意识很薄弱，不知道维护自己的知情权，不清楚政府信息公开的相关信息，也有很小一部分人认为政府信息不需要公开甚至是不希望政府信息公开。

此外，我们运用调查数据，重点分析了中国大众环境权利观念在不同性别、不同教育程度、不同收入水平、不同居住地等方面的主要表现和差异。可以发现，这些因素对环境权利观念造成的影响并不是等值等量的，其间同样有着相当的差异。首先，性别、民族、宗教、户籍等因素对于民众知情权意识的影响是微弱的。其次，受教育水平、政治面貌、年龄、职业、收入水平等因素的影响是相对明显的。因此，要最大化地保障公民的知情权，就应当注意以下问题。

第一，应提高公众对自身权利以及国家相关政策和规定的认知度。从对回收的有效数据的统计分析可以看出，仍有一成以上的人不清楚政府信息是否应当公开，这部分人可能由于年龄和认识水平的问题不关心权利和法律，导致自身权利意识淡漠、维权意识薄弱，这就需要更进一步普法宣传，从而提高公众的权利认知水平。

第二，通过统计分析不难看出，接近五成的人选择了政府应公开与自身切身利益相关的信息，三成以上的人选择了不涉及国家机密和个人隐私的一切信息都应该公开。这揭示出在我国已步入信息化时代的现阶段，公众对信息的迫切需求，也代表着我国公民的权利意识的增强。究其原因，是由于我们国家经济、文化、政治的不断发展带动公民视野拓宽、知识增长从而权利意识增强。随着经济的发展，我国的教育水平和范围不断增长和拓宽，加之近年来不断施行的政府职能转型，不断地扩大公民的政治参与面，采取各种措施保障公民的各项权利，也是公民维权意识不断增长的重要原因。由此可以看出公民主张知情权的意识还是有了很大发展的。

第三，通过受教育情况与公民看待政府信息公开的态度的交叉对比，可以看出受教育程度越高的人关注政府信息公开的也就越多，而且受教育程度高的人关注与切身利益相关的信息和公共信息的比例大致持平，个人权利意识和公共意识都比较强。而相对的，受教育程度很低的人群也是维权意识薄弱人群的所在。因此，要有效提高公民的权利意识和保障公民的政治参与等，就必须着手公民教育水平的提高。扩大教育普及，才能提高公民的自身素质，提高公民的权利意识和维权的积极性，才能更有效地保障公民的各项权利。

第四，通过分析可以看出，城镇中的弱势群体包括进城务工以及无业失业人员。农村中的务农人员中对政府信息公开不清楚、不关心甚至不知道自己有知情权的比例较高。这部分人群之所以权利意识淡漠，一是由于缺乏教育、自身权利认知能力有限，二是由于政府宣传力度不足。

第五，年收入高的人比年收入低的人更关注自己的权利的保障和实现，对各种信息也更为关注。年收入低的人较少关心社会事务甚至与自己密切相关的事物，一方面是因为年收入低的群体一般受教育水平较低，自身认识能力有限，另一方面可能是由于收入水平较低的群体将大部分时间精力用于维持生存，没有更多的时间考虑维权和政治参与等相关事务。

第五章　中国大众经济、社会和文化权利观念

第一节　工作权利观念

劳动是公民得以维持生存的基本手段，“是行使其他权利的物质上的前提”①，与经济、社会、文化等的发展紧密相关。《经济、社会及文化权利国际公约》对工作权利的相关内容作出了明确规定，我国《宪法》第四十二条第一款规定中华人民共和国公民有劳动的权利和义务。虽然学界存在劳动权和工作权的概念及范畴争议②，但无论是劳动权还是工作权，它们都是一项基本人权，并已经获得国际社会的广泛认可。中国大众的人权观念在劳动领域的体现如何呢？我们将从公民工作权利的几个组成部分进行细致的考察。这几个组成部分包括劳动报酬、工作环境、五险一金、就业机会和休息休假。

一、民众对工作权的基本认识

我们首先就大众对自己劳动权利的各个部分的基本满意度进行了初步考察。

大众对劳动报酬满意的占受访人群的21.3%，认为一般的占52.9%，

---

① 胡锦光、韩大元：《中国宪法》，295页，北京，法律出版社，2007。

② 劳动法学者通常将劳动权与工作权等同，认为劳动权就是工作权，是宪法和劳动法保障下的劳动者获得劳动就业机会并在劳动过程中得到基本保障的权利，它是人权的一项基本内容。而宪法学者认为，作为宪法权利的“劳动权”与作为劳动法权利的“劳动权”并不是同一概念。参见王德志：《论我国宪法劳动权的理论构建》，载《中国法学》，2014（3）。本书中沿用《经济、社会及文化权利国际公约》的表述，使用了“工作权利”一词。

不满意的占 25.8%。目前劳动报酬的组成多样化，但是大众对自己劳动报酬的满意度并不是十分高，不满意的人群也并没有占多数，五成左右的受访者认为一般（见图 5—1）。

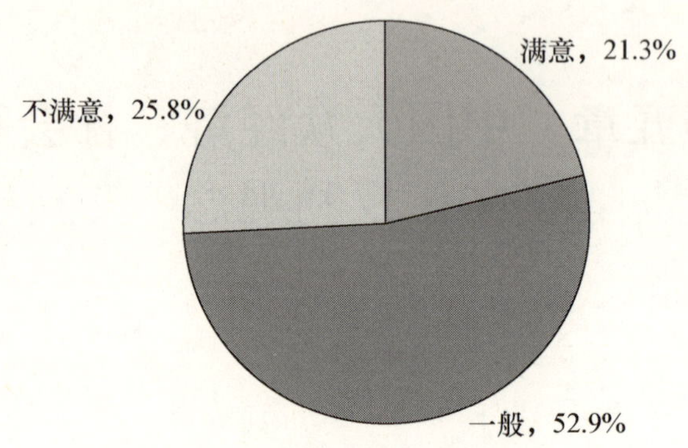

图 5—1　劳动报酬（是否满意）

资料来源："中国大众人权观念调查研究"数据库，卷 A25（一）。

在工作环境的满意度方面，数据分析显示，大众对工作环境满意的人群占受访人群的 23.2%，一般的占 58.6%，不满意的占 18.2%（见图 5—2）。与劳动报酬、休息休假以及五险一金等内容的不满意程度相比，工作环境中不满意的频数是最低的。

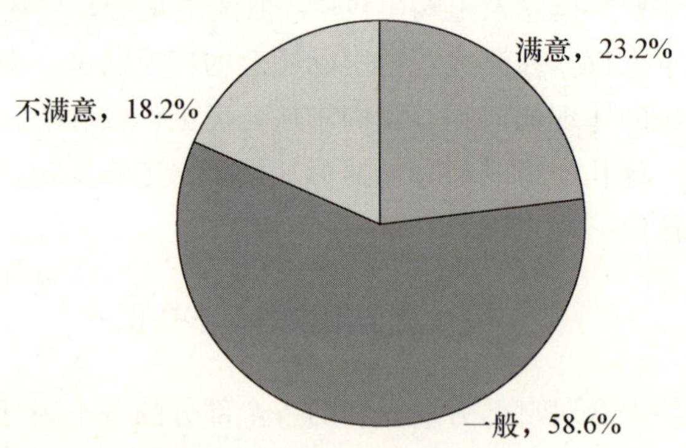

图 5—2　工作环境（是否满意）

资料来源："中国大众人权观念调查研究"数据库，卷 A25（二）。

休息休假方面，大众对休息休假满意的人群占受访人群的 25.3%，一般的占 45.5%，不满意的占 29.1%（见图 5—3）。

关于五险一金，满意的人群占受访人群的 27.1%，一般的占 44.4%，不满意的占 28.5%（见图 5—4）。社会保险法近些年才渐渐成系统，保险的城乡覆盖率也是在逐年上升，社会保险是国家法律的强制性规定，但现实中仍然

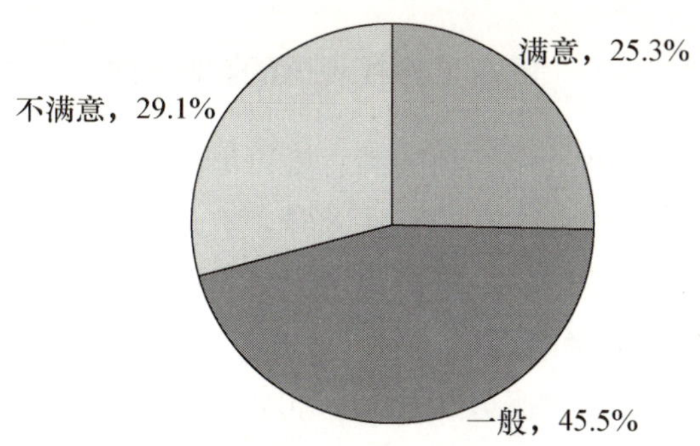

图 5—3 休息休假（是否满意）

资料来源："中国大众人权观念调查研究"数据库，卷 A25（三）。

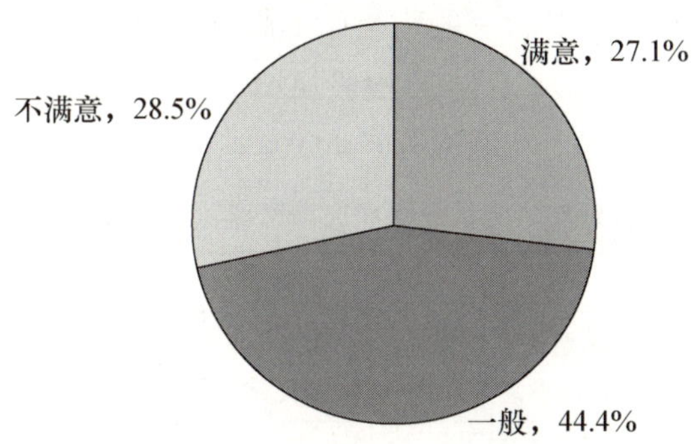

图 5—4 五险一金（是否满意）

资料来源："中国大众人权观念调查研究"数据库，卷 A25（四）。

会有不少劳动者没有享受到应有的待遇，民众对五险一金的满意度并不是很高。

在就业机会的满意度方面，18.1%的受访者表示满意，不满意的人有30%，51.9%选择了一般（见图 5—5）。在我们所考察的五项内容中，就业机会的满意度最低。

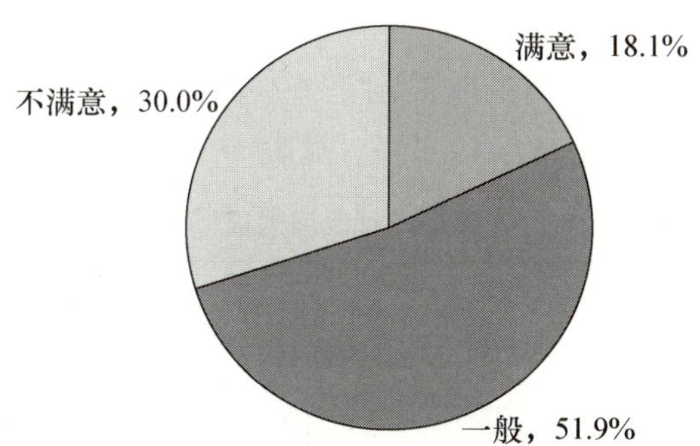

图 5—5 就业机会（是否满意）

资料来源："中国大众人权观念调查研究"数据库，卷 A25（五）。

二、民众工作权观念的影响因素

一般而言，民众对工作权利的满意度可能因职业、性别、收入等因素不同而存在差异，它们是否真的存在差异，有多大差别，是否还受到其他变量的影响，需要我们进一步分析检定。

（一）劳动报酬的影响因素

以性别变量考察，数据分析显示，男性的选择中“满意”“一般”与“不满意”的比例分别为 23.3%、51.5%和 25.2%，女性的选择分别为 18.6%、54.9%和 26.5%，男性对“满意”一项的选择要高于女性，相差近 5 个百分点，女性对“一般”与“不满意”的选择要略高于男性，不过差别不大（见表 5—1）。但卡方检验显示，不同性别者对劳动报酬的满意程度差异极其显著（$x^2=28.437$，$df=2$，$p<0.01$）。

表 5—1　　性别与“劳动报酬状况满意度”交叉分析

	单位和百分比	劳动报酬状况			合计
		满意	一般	不满意	
男	（人）	1 156	2 560	1 255	4 971
	（%）	23.3	51.5	25.2	100.0
女	（人）	738	2 176	1 049	3 963
	（%）	18.6	54.9	26.5	100.0
合计	（人）	1 894	4 736	2 304	8 934
	（%）	21.2	53.0	25.8	100.0

资料来源：“中国大众人权观念调查研究”数据库，卷 A1；A25（一）。

从年龄的角度看，不同年龄阶段的人对劳动报酬状况满意度的回答存在明显的差异（$x^2=34.860$，$df=10$，$p<0.01$）。三个选项中比例最高的是“一般”，满意度最高的年龄层是 60 岁以上，为 30.7%，最低的为 19～29 岁年龄阶层的人，为 19.6%（见表 5—2）。

表 5—2　　年龄与“劳动报酬状况满意度”交叉分析

	单位和百分比	年龄						合计
		18 岁以下	19～29 岁	30～39 岁	40～49 岁	50～59 岁	60 岁以上	
满意	（人）	58	706	543	411	130	69	1 917
	（%）	20.2	19.6	24.0	21.0	20.5	30.7	21.4
一般	（人）	145	1 929	1 190	1 034	328	105	4 731
	（%）	50.5	53.6	52.7	52.8	51.7	46.7	52.8

续前表

	单位和百分比	年龄						合计
		18 岁以下	19～29 岁	30～39 岁	40～49 岁	50～59 岁	60 岁以上	
不满意	（人）	84	966	527	513	176	51	2 317
	（%）	29.3	26.8	23.3	26.2	27.8	22.7	25.8
合计	（人）	287	3 601	2 260	1 958	634	225	8 965
	（%）	100.0	100.0	100.0	100.0	100.0	100.0	100.0

资料来源："中国大众人权观念调查研究"数据库，卷 A2；A25（一）。

以民族变量进行考察，数据显示，少数民族对劳动薪酬状况的满意度要高于汉族，但差别很小（见表 5—3）。卡方检验表明，不同民族的人对劳动报酬状况满意度回答的差异不具有显著性（$x^2=3.229$，$df=2$，$p>0.05$）。

表 5—3　民族与"劳动报酬状况满意度"交叉分析

	单位和百分比	民族		合计
		汉族	少数民族	
满意	（人）	1 705	183	1 888
	（%）	20.8	23.6	21.1
一般	（人）	4 355	399	4 754
	（%）	53.2	51.4	53.1
不满意	（人）	2 125	194	2 319
	（%）	26.0	25.0	25.9
合计	（人）	8 185	776	8 961
	（%）	100.0	100.0	100.0

资料来源："中国大众人权观念调查研究"数据库，卷 A3；A25（一）。

从政治面貌看，民主党派成员对劳动报酬的满意度最高，为 34.9%；群众对劳动报酬的满意度最低，在"不满意"一项中选择比例为 28.8%（见表 5—4）。卡方检验显示，不同政治面貌的人对劳动报酬状况满意度的回答的差异极其显著（$x^2=122.497$，$df=6$，$p<0.01$）。

表 5—4　政治面貌与"劳动报酬状况满意度"交叉分析

	单位和百分比	政治面貌				合计
		群众	共青团员	中共党员	民主党派成员	
满意	（人）	858	391	617	37	1 903
	（%）	18.9	18.4	28.0	34.9	21.2

续前表

	单位和百分比	政治面貌				合计
		群众	共青团员	中共党员	民主党派成员	
一般	(人)	2 382	1 214	1 109	46	4 751
	(%)	52.4	57.2	50.4	43.4	52.9
不满意	(人)	1 309	517	475	23	2 324
	(%)	28.8	24.4	21.6	21.7	25.9
合计	(人)	4 549	2 122	2 201	106	8 978
	(%)	100.0	100.0	100.0	100.0	100.0

资料来源："中国大众人权观念调查研究"数据库，卷 A4；A25（一）。

以受教育水平为变量进行考察，在"满意"一项中，选择比例最高的是获得硕士学历的人，为 29.3%，最低的是只受过初中阶段教育的人，为 19.1%，小学及以下学历的人所选的比例为 24.5%，排在第三位；在"不满意"一项中，选择比例最高的是博士，占 40%（见表 5—5）。卡方检验显示，受教育水平不同的人对劳动报酬状况满意度的回答的差异极其显著（$x^2=68.452$，$df=10$，$p<0.01$）。

表 5—5　　受教育水平与"劳动报酬状况满意度"交叉分析

	单位和百分比	受教育水平						合计
		小学及以下	初中	高中或中专	本科或大专	硕士	博士	
满意	(人)	139	360	502	786	95	15	1 897
	(%)	24.5	19.1	20.4	21.6	29.3	25.0	21.2
一般	(人)	241	979	1 348	1 966	167	21	4 722
	(%)	42.5	52.0	54.9	54.0	51.5	35.0	52.9
不满意	(人)	187	543	606	890	62	24	2 312
	(%)	33.0	28.9	24.7	24.4	19.1	40.0	25.9
合计	(人)	567	1 882	2 456	3 642	324	60	8 931
	(%)	100.0	100.0	100.0	100.0	100.0	100.0	100.0

资料来源："中国大众人权观念调查研究"数据库，卷 A5；A25（一）。

以个人年收入为变量进行考察，在"满意"一项中，选择最少的是收入在 1 万至 3 万元区间的人，为 15.3%，在"不满意"一项中，选择最多的是收入在 2 000 元以下的人，为 32.8%，满意度最高的是收入在 8 万元以上的人，为 49.8%（见表 5—6）。卡方检验显示，不同收入水平的人对劳动报酬状况满意度的回答的差异极其显著（$x^2=403.990$，$df=10$，$p<0.01$）。

表 5—6　　个人年收入与"劳动报酬状况满意度"交叉分析

	单位和百分比	个人年收入						合计
		2 000 元以下	2 000～5 000 元	5 000～1 万元	1 万～3 万元	3 万～8 万元	8 万元以上	
满意	(人)	251	271	243	410	461	220	1 856
	(%)	17.5	19.3	23.6	15.3	27.2	49.8	21.4
一般	(人)	713	784	511	1 487	936	169	4 600
	(%)	49.7	55.8	49.6	55.4	55.2	38.2	52.9
不满意	(人)	471	349	277	787	299	53	2 236
	(%)	32.8	24.9	26.9	29.3	17.6	12.0	25.7
合计	(人)	1 435	1 404	1 031	2 684	1 696	442	8 692
	(%)	100.0	100.0	100.0	100.0	100.0	100.0	100.0

资料来源："中国大众人权观念调查研究"数据库，卷 A6；A25（一）。

以宗教信仰为变量进行考察，在"满意"一项中，选择结果存在明显差异，没有宗教信仰的群体的选择为 19.8%，有宗教信仰的受访者的选择比例为 27%，要高于没有宗教信仰的人；在"一般"的选项中，没有宗教信仰的人群的选择要高出有宗教信仰的群体近 7 个百分点；在"不满意"一项中，二者的差别不大，分别为 26% 和 25.4%（见表 5—7）。卡方检验显示，有无宗教信仰者对劳动报酬状况满意度的回答的差异极其显著（$x^2=38.819$，$df=2$，$p<0.01$）。

表 5—7　　宗教信仰与"劳动报酬状况满意度"交叉分析

	单位和百分比	有没有宗教信仰		合计
		没有	有	
满意	(人)	1 477	374	1 851
	(%)	19.8	27.0	20.9
一般	(人)	4 050	660	4 710
	(%)	54.2	47.6	53.2
不满意	(人)	1 942	352	2 294
	(%)	26.0	25.4	25.9
合计	(人)	7 469	1 386	8 855
	(%)	100.0	100.0	100.0

资料来源："中国大众人权观念调查研究"数据库，卷 A7；A25（一）。

以户籍为变量进行考察，城镇户籍的人对劳动报酬的满意度要高出农村户籍的人 4 个百分点，在"一般"一项中，二者的差别不大（见表 5—8）。卡方检验显示，不同户籍的人对劳动报酬状况满意度的回答的差异具有显著性（$x^2=26.083$，$df=2$，$p<0.01$）。

表 5—8 户籍与“劳动报酬状况满意度”交叉分析

	单位和百分比	户籍		合计
		农村	城镇	
满意	（人）	674	1 178	1 852
	（%）	18.4	22.4	20.8
一般	（人）	1 963	2 790	4 753
	（%）	53.6	53.0	53.3
不满意	（人）	1 024	1 294	2 318
	（%）	28.0	24.6	26.0
合计	（人）	3 661	5 262	8 923
	（%）	100.0	100.0	100.0

资料来源：“中国大众人权观念调查研究”数据库，卷 A8；A25（一）。

从职业看，不同职业群体的人对劳动报酬状况的满意度存在极为显著的差别（$x^2=264.098$，$df=16$，$p<0.01$），满意度最高的是经商人群，为36.8%；在“不满意”一项中，选择比例最高的是无业失业者，为47.2%，其次是务工人群，为32.7%（见表5—9）。

表 5—9 职业与“劳动报酬状况满意度”交叉分析

	单位和百分比	职业									合计
		务农者	务工者	企业员工	公职人员	学生	经商者	离退休者	无业失业者	其他	
满意	（人）	174	243	415	547	139	222	53	14	82	1 889
	（%）	21.7	14.2	20.1	24.5	18.5	36.8	28.3	9.9	17.0	21.0
一般	（人）	390	910	1 152	1 187	400	300	88	61	269	4 757
	（%）	48.6	53.1	55.9	53.1	53.3	49.7	47.1	43.0	55.9	53.0
不满意	（人）	239	560	495	501	211	82	46	67	130	2 331
	（%）	29.8	32.7	24.0	22.4	28.1	13.6	24.6	47.2	27.0	26.0
合计	（人）	803	1 713	2 062	2 235	750	604	187	142	481	8 977
	（%）	100.0	100.0	100.0	100.0	100.0	100.0	100.0	100.0	100.0	100.0

资料来源：“中国大众人权观念调查研究”数据库，卷 A9；A25（一）。

（二）工作环境的影响因素

以性别为变量进行考察，在“满意”“一般”与“不满意”三个选项中，男性与女性选择的差别都不大（见表5—10）。不过，卡方检验显示，不同性别的人对工作环境的满意度的差异仍具有显著性（$x^2=6.694$，

$df=2$，$0.01<p<0.05$）。

表 5—10　　性别与“工作环境状况满意度”交叉分析

	单位和百分比	性别		合计
		男	女	
满意	（人）	1 139	895	2 034
	（%）	23.3	23.0	23.2
一般	（人）	2 814	2 336	5 150
	（%）	57.6	59.9	58.6
不满意	（人）	933	668	1 601
	（%）	19.1	17.1	18.2
合计	（人）	4 886	3 899	8 785
	（%）	100.0	100.0	100.0

资料来源：“中国大众人权观念调查研究”数据库，卷 A1；A25（二）。

从年龄的角度看，在“满意”一项中，选择比例最高的是 60 岁以上的人，为 30.7%，19～59 岁年龄层的人所选的比例差别不大；在“一般”一项的选择上，除了 60 岁以上的人所占的比例低于 50%以外，剩下年龄阶段的人的选择都在 60%左右；对工作环境最不满意的是 18 岁以下的人（见表 5—11）。卡方检验显示，不同年龄阶层的人对工作环境的满意度存在显著的差异（$x^2=42.007$，$df=10$，$p<0.01$）。

表 5—11　　年龄与“工作环境状况满意度”交叉分析

	单位和百分比	年龄						合计
		18 岁以下	19～29 岁	30～39 岁	40～49 岁	50～59 岁	60 岁以上	
满意	（人）	38	822	544	449	129	63	2 045
	（%）	13.1	22.9	24.4	23.5	21.5	30.7	23.2
一般	（人）	178	2 145	1 299	1 105	343	98	5 168
	（%）	61.2	59.8	58.3	57.9	57.3	47.8	58.6
不满意	（人）	75	621	385	355	127	44	1 607
	（%）	25.8	17.3	17.3	18.6	21.2	21.5	18.2
合计	（人）	291	3 588	2 228	1 909	599	205	8 820
	（%）	100.0	100.0	100.0	100.0	100.0	100.0	100.0

资料来源：“中国大众人权观念调查研究”数据库，卷 A2；A25（二）。

以民族为变量进行考察，汉族与少数民族在“满意”“一般”和“不满意”三个选项中的选择差异很小，卡方检验显示，不同民族的人对工作环境的满意度的差异不具有显著性（$x^2=1.794$，$df=2$，$p>0.05$），即不同民族对工作环境的满意情况没什么差别，近六成的受访者都认为工作环境一般（见表5—12）。

表5—12 民族与“工作环境状况满意度”交叉分析

	单位和百分比	民族		合计
		汉族	少数民族	
满意	（人）	1 858	184	2 042
	（%）	23.1	23.8	23.2
一般	（人）	4 730	437	5 167
	（%）	58.8	56.5	58.6
不满意	（人）	1 451	152	1 603
	（%）	18.0	19.7	18.2
合计	（人）	8 039	773	8 812
	（%）	100.0	100.0	100.0

资料来源：“中国大众人权观念调查研究”数据库，卷A3；A25（二）。

以政治面貌为变量进行考察，中共党员对工作环境的满意度最高，为33.4%；民主党派成员认为“一般”的程度最高，为61.9%；群众的不满意度最高，为22%（见表5—13）。卡方检验显示，不同政治面貌的人对工作环境的满意度存在极为显著的差异（$x^2=232.718$，$df=6$，$p<0.01$）。

表5—13 政治面貌与“工作环境状况满意度”交叉分析

	单位和百分比	政治面貌				合计
		群众	共青团员	中共党员	民主党派成员	
满意	（人）	860	437	724	27	2 048
	（%）	19.4	20.6	33.4	25.7	23.2
一般	（人）	2 600	1 306	1 199	65	5 170
	（%）	58.6	61.7	55.3	61.9	58.6
不满意	（人）	978	375	246	13	1 612
	（%）	22.0	17.7	11.3	12.4	18.3
合计	（人）	4 438	2 118	2 169	105	8 830
	（%）	100.0	100.0	100.0	100.0	100.0

资料来源：“中国大众人权观念调查研究”数据库，卷A4；A25（二）。

从受教育水平来看，在“满意”一项中，选择最多的是硕士，为38.6%，最少的是初中水平的受访者，为14.7%；在“一般”一项中，选择最多的是初中水平的受访者，为61.5%，比例最小的是硕士，为48.6%；对工作环境状况不满意度最高的是小学及以下学历的人，为

31.2%（见表5—14）。卡方检验显示，受不同教育水平的人对工作环境的满意度存在极为显著的差异（$x^2=305.530$，$df=10$，$p<0.01$）。

表5—14　　受教育水平与“工作环境状况满意度”交叉分析

	单位和百分比	受教育水平						合计
		小学及以下	初中	高中或中专	本科或大专	硕士	博士	
满意	（人）	86	268	513	1 038	124	15	2 044
	（%）	16.0	14.7	21.1	28.7	38.6	24.6	23.3
一般	（人）	284	1 117	1 455	2 108	156	31	5 151
	（%）	52.8	61.5	59.9	58.2	48.6	50.8	58.6
不满意	（人）	168	432	462	474	41	15	1 592
	（%）	31.2	23.8	19.0	13.1	12.8	24.6	18.1
合计	（人）	538	1 817	2 430	3 620	321	61	8 787
	（%）	100.0	100.0	100.0	100.0	100.0	100.0	100.0

资料来源：“中国大众人权观念调查研究”数据库，卷A5；A25（二）。

以个人年收入为变量进行考察，数据交叉后呈现的整体趋势是个人年收入的多少与工作环境的满意度之间有着相关性，并且是正相关关系，但在收入为2 000～5 000元这一群体中出现了不一样的情形（见表5—15）。卡方检验显示，受不同教育水平的人对工作环境的满意度存在极为显著的差异（$x^2=240.569$，$df=10$，$p<0.01$）。

表5—15　　个人年收入与“工作环境状况满意度”交叉分析

	单位和百分比	个人年收入						合计
		2 000元以下	2 000～5 000元	5 000～1万元	1万～3万元	3万～8万元	8万元以上	
满意	（人）	233	302	182	572	543	177	2 009
	（%）	16.8	21.9	18.2	21.5	32.2	40.3	23.5
一般	（人）	827	845	605	1 573	930	220	5 000
	（%）	59.7	61.2	60.4	59.2	55.2	50.1	58.5
不满意	（人）	326	233	214	513	213	42	1 541
	（%）	23.5	16.9	21.4	19.3	12.6	9.6	18.0
合计	（人）	1 386	1 380	1 001	2 658	1 686	439	8 550
	（%）	100.0	100.0	100.0	100.0	100.0	100.0	100.0

资料来源：“中国大众人权观念调查研究”数据库，卷A6；A25（二）。

以宗教信仰为变量进行考察，在“满意”一项中，有宗教信仰的人比没有宗教信仰的人的选择高出近3.5个百分点；针对“一般”这一选项，没有宗教信仰的人比有宗教信仰的人高出3个左右的百分点；在“不满意”这一项中，二者的选择相近（见表5—16）。卡方检验显示，有无宗教信仰者对工作环境的满意度存在显著的差异（$x^2=7.800$，$df=2$，$0.01<p<0.05$）。

表5—16　　宗教信仰与“工作环境状况满意度”交叉分析

	单位和百分比	有没有宗教信仰		合计
		没有	有	
满意	（人）	1 673	354	2 027
	（%）	22.7	26.1	23.3
一般	（人）	4 348	756	5 104
	（%）	59.1	55.8	58.6
不满意	（人）	1 339	244	1 583
	（%）	18.2	18.0	18.2
合计	（人）	7 360	1 354	8 714
	（%）	100.0	100.0	100.0

资料来源：“中国大众人权观念调查研究”数据库，卷A7；A25（二）。

从户籍来看，农村户口的受访者对“满意”的选择要比城镇户口的受访者低近9个百分点，对“不满意”的选择要比城镇户口受访者高近10个百分点，二者在“一般”这一选项上的选择比例接近（见表5—17）。卡方检验显示，不同户籍的人对工作环境的满意度存在极为显著的差异（$x^2=172.491$，$df=2$，$p<0.01$）。

表5—17　　户籍与“工作环境状况满意度”交叉分析

	单位和百分比	户籍		合计
		农村	城镇	
满意	（人）	640	1 404	2 044
	（%）	18.0	26.9	23.3
一般	（人）	2 071	3 050	5 121
	（%）	58.2	58.5	58.4
不满意	（人）	850	760	1 610
	（%）	23.9	14.6	18.3
合计	（人）	3 561	5 214	8 775
	（%）	100.0	100.0	100.0

资料来源：“中国大众人权观念调查研究”数据库，卷A8；A25（二）。

以职业为变量进行考察，不同职业人群的选择差异较大，在“满意”一项中，选择最多的是公职人员，占32.4%，最少的是务工人员，为12.4%；在“不满意”一项中，选择最多的是无业失业者，为34.5%，其次是务农者（见表5—18）。卡方检验显示，不同职业的人对工作环境的满意度存在极为显著的差异（$x^2=474.697$，$df=16$，$p<0.01$）。

表5—18　　职业与“工作环境状况满意度”交叉分析

	单位和百分比	职业									合计
		务农者	务工者	企业员工	公职人员	学生	经商者	离退休者	无业失业者	其他	
满意	（人）	114	210	529	718	103	169	52	20	122	2 037
	（%）	15.5	12.4	25.8	32.4	13.5	28.5	30.4	14.4	25.9	23.1
一般	（人）	416	1 021	1 218	1 250	483	342	86	71	287	5 174
	（%）	56.5	60.5	59.4	56.4	63.5	57.8	50.3	51.1	60.9	58.6
不满意	（人）	206	457	305	249	175	81	33	48	62	1 616
	（%）	28.0	27.1	14.9	11.2	23.0	13.7	19.3	34.5	13.2	18.3
合计	（人）	736	1 688	2 052	2 217	761	592	171	139	471	8 827
	（%）	100.0	100.0	100.0	100.0	100.0	100.0	100.0	100.0	100.0	100.0

资料来源：“中国大众人权观念调查研究”数据库，卷A9；A25（二）。

（三）休息休假的影响因素

以性别为变量进行考察，男女对休息休假的满意度差别不大，认为满意的都在25%左右，不满意率约为30%，觉得一般的都在45%左右（见表5—19）。卡方检验显示，不同性别的人对休息休假的满意度不具有显著差异（$x^2=3.804$，$df=2$，$p>0.05$）。

表5—19　　性别与“休息休假状况满意度”交叉分析

	单位和百分比	性别		合计
		男	女	
满意	（人）	1 210	999	2 209
	（%）	25.0	25.8	25.3
一般	（人）	2 183	1 792	3 975
	（%）	45.1	46.2	45.6
不满意	（人）	1 451	1 088	2 539
	（%）	30.0	28.0	29.1
合计	（人）	4 844	3 879	8 723
	（%）	100.0	100.0	100.0

资料来源：“中国大众人权观念调查研究”数据库，卷A1；A25（三）。

从年龄的角度看，不同年龄段的人对休息休假的满意程度存在一定差别，60岁以上的人对休息休假的满意程度最高，为32.4%；18岁以下的人对休息休假的不满意程度最高，超过了40%；剩下年龄段的人对三个选项的选择存在差异，但差别比例均在5个百分点以内（见表5—20）。卡方检验显示，不同年龄段的人对休息休假的满意度存在显著差异（$x^2=52.506$，$df=10$，$p<0.01$）。

表5—20　　年龄与“休息休假状况满意度”交叉分析

	单位和百分比	年龄						合计
		18岁以下	19～29岁	30～39岁	40～49岁	50～59岁	60岁以上	
满意	（人）	44	852	619	482	154	67	2 218
	（%）	15.2	23.8	27.9	25.7	26.1	32.4	25.3
一般	（人）	122	1 644	991	856	281	88	3 982
	（%）	42.1	46.0	44.7	45.6	47.6	42.5	45.5
不满意	（人）	124	1 077	605	540	155	52	2 553
	（%）	42.8	30.1	27.3	28.8	26.3	25.1	29.2
合计	（人）	290	3 573	2 215	1 878	590	207	8 753
	（%）	100.0	100.0	100.0	100.0	100.0	100.0	100.0

资料来源：“中国大众人权观念调查研究”数据库，卷A2；A25（三）。

以民族为变量进行考察，不同民族的人对休息休假的满意度的选择差别不大，在“满意”“一般”和“不满意”三项中的选择都比较接近，满意度都在25%左右（见表5—21）。卡方检验显示，不同民族的人对休息休假的满意度不存在显著差异（$x^2=0.930$，$df=2$，$p>0.05$）。

表5—21　　民族与“休息休假状况满意度”交叉分析

	单位和百分比	民族		合计
		汉族	少数民族	
满意	（人）	2 029	185	2 214
	（%）	25.4	24.3	25.3
一般	（人）	3 634	360	3 994
	（%）	45.5	47.3	45.7
不满意	（人）	2 320	216	2 536
	（%）	29.1	28.4	29.0
合计	（人）	7 983	761	8 744
	（%）	100.0	100.0	100.0

资料来源：“中国大众人权观念调查研究”数据库，卷A3；A25（三）。

从政治面貌看，不同政治面貌的人认为休息休假状况一般的都超过了四成；中共党员对休息休假的满意度最高，为35.2%；政治面貌为群众的人群对休息休假的不满意度最高，为 33.2%（见表 5—22）。卡方检验显示，不同政治面貌的人对休息休假的满意度存在极为显著的差异（$x^2=188.869$，$df=6$，$p<0.01$）。

表 5—22　　政治面貌与“休息休假状况满意度”交叉分析

	单位和百分比	政治面貌				合计
		群众	共青团员	中共党员	民主党派成员	
满意	（人）	954	483	761	26	2 224
	（%）	21.7	23.0	35.2	24.8	25.4
一般	（人）	1 985	1 020	940	46	3 991
	（%）	45.1	48.5	43.5	43.8	45.5
不满意	（人）	1 458	600	458	33	2 549
	（%）	33.2	28.5	21.2	31.4	29.1
合计	（人）	4 397	2 103	2 159	105	8 764
	（%）	100.0	100.0	100.0	100.0	100.0

资料来源：“中国大众人权观念调查研究”数据库，卷 A4；A25（三）。

以受教育水平为变量进行考察，不同教育程度的人对休息休假状况满意度的选择存在明显的不同，本科或大专及以上的人对休息休假的满意度要高于小学及以下到高中或中专学历的人，满意度最高的是硕士，为 38.6%，其次是博士，为 37.7%；满意度最低的是初中，为 17%，其次是小学及以下，为 17.4%（见表 5—23）。卡方检验显示，不同政治面貌的人对休息休假的满意度存在极为显著的差异（$x^2=300.806$，$df=10$，$p<0.01$）。

表 5—23　　受教育水平与“休息休假状况满意度”交叉分析

	单位和百分比	受教育水平						合计
		小学及以下	初中	高中或中专	本科或大专	硕士	博士	
满意	（人）	92	305	566	1 109	123	23	2 218
	（%）	17.4	17.0	23.5	30.7	38.6	37.7	25.4
一般	（人）	218	788	1 117	1 701	128	20	3 972
	（%）	41.1	43.9	46.3	47.2	40.1	32.8	45.5
不满意	（人）	220	701	729	797	68	18	2 533
	（%）	41.5	39.1	30.2	22.1	21.3	29.5	29.0
合计	（人）	530	1 794	2 412	3 607	319	61	8 723
	（%）	100.0	100.0	100.0	100.0	100.0	100.0	100.0

资料来源：“中国大众人权观念调查研究”数据库，卷 A5；A25（三）。

从收入看，不同收入水平的人对休息休假的满意度不同，在“满意”

一项的选择上，整体而言受访者的选择频率与收入水平成正比（收入在2 000～5 000元者除外），比例最高的是收入在8万元以上的人，为37.7%；在“一般”中，除了收入8万元以上人群的比例为37.7%以外，剩下的都在40%以上；在“不满意”中，选择比例最高的是收入在5 000元到1万元的人群，为37.6%（见表5—24）。卡方检验显示，不同收入水平的人对休息休假的满意度存在极为显著的差异（$x^2=182.406$，$df=10$，$p<0.01$）。

表5—24　　个人年收入与“休息休假状况满意度”交叉分析

	单位和百分比	个人年收入						合计
		2 000元以下	2 000～5 000元	5 000～1万元	1万～3万元	3万～8万元	8万元以上	
满意	（人）	270	324	220	661	544	165	2 184
	（%）	19.5	23.7	22.0	25.1	32.5	37.7	25.7
一般	（人）	625	688	405	1 204	766	165	3 853
	（%）	45.2	50.4	40.5	45.7	45.7	37.7	45.3
不满意	（人）	487	353	376	771	366	108	2 461
	（%）	35.2	25.9	37.6	29.2	21.8	24.7	29.0
合计	（人）	1 382	1 365	1 001	2 636	1 676	438	8 498
	（%）	100.0	100.0	100.0	100.0	100.0	100.0	100.0

资料来源：“中国大众人权观念调查研究”数据库，卷A6；A25（三）。

以宗教信仰为变量进行考察，有无宗教信仰的人在“满意”“一般”和“不满意”三项中的选择差异很小，即有无宗教信仰对休息休假的满意度没有多大影响（见表5—25）。卡方检验显示，有无宗教信仰者对休息休假的满意度没有显著的差异（$x^2=1.995$，$df=2$，$p>0.05$）。

表5—25　　宗教信仰与“休息休假状况满意度”交叉分析

	单位和百分比	有没有宗教信仰		合计
		没有	有	
满意	（人）	1 834	357	2 191
	（%）	25.1	26.5	25.3
一般	（人）	3 361	594	3 955
	（%）	46.0	44.0	45.7
不满意	（人）	2 104	398	2 502
	（%）	28.8	29.5	28.9
合计	（人）	7 299	1 349	8 648
	（%）	100.0	100.0	100.0

资料来源：“中国大众人权观念调查研究”数据库，卷A7；A25（三）。

从户籍看，除了在“一般”这一项农村户口和城镇户口的人所做的选择接近以外，在“满意”和“不满意”这两项的选择差异较大，城镇户口的人对“满意”的选择要比农村户口的人高 11 个百分点，对“不满意”的选择要比农村户口的人低 13.5 个百分点（见表 5—26）。数据显示了不同户籍的人对休息休假的满意度存在很大的差别，卡方检验也显示，户籍对休息休假的满意度存在极为显著的影响（$x^2=237.031$，$df=2$，$p<0.01$）。

表 5—26　　户籍与“休息休假状况满意度”交叉分析

	单位和百分比	户籍		合计
		农村	城镇	
满意	（人）	666	1 551	2 217
	（%）	18.9	29.9	25.5
一般	（人）	1 558	2 419	3 977
	（%）	44.2	46.7	45.7
不满意	（人）	1 303	1 212	2 515
	（%）	36.9	23.4	28.9
合计	（人）	3 527	5 182	8 709
	（%）	100.0	100.0	100.0

资料来源：“中国大众人权观念调查研究”数据库，卷 A8；A25（三）。

以职业为变量进行考察，不同职业的人选择差异较大，公职人员的满意程度最高，不满意度最低，分别为 38.2%和 17%；无业失业者的不满意度最高，满意度最低，分别为 47.8%和 12.5%；除了无业失业者外，其他职业的人认为休息休假状况一般的比例都超过 40%（见表 5—27）。卡方检验显示，不同职业的人对休息休假的满意度存在极为显著的差异（$x^2=538.150$，$df=16$，$p<0.01$）。

表 5—27　　职业与“休息休假状况满意度”交叉分析

	单位和百分比	职业									合计
		务农者	务工者	企业员工	公职人员	学生	经商者	离退休者	无业失业者	其他	
满意	（人）	131	224	529	843	140	139	60	17	135	2 218
	（%）	18.1	13.5	25.8	38.2	18.5	23.7	34.7	12.5	28.9	25.3
一般	（人）	304	758	978	990	367	270	74	54	194	3 989
	（%）	42.1	45.6	47.7	44.8	48.6	46.1	42.8	39.7	41.5	45.5
不满意	（人）	287	681	545	375	248	177	39	65	138	2 555
	（%）	39.8	41.0	26.6	17.0	32.8	30.2	22.5	47.8	29.6	29.2
合计	（人）	722	1 663	2 052	2 208	755	586	173	136	467	8 762
	（%）	100.0	100.0	100.0	100.0	100.0	100.0	100.0	100.0	100.0	100.0

资料来源：“中国大众人权观念调查研究”数据库，卷 A9；A25（三）。

（四）五险一金的影响因素

以性别为变量进行考察，数据分析显示，男女在五险一金满意度的选择上差别不大，选择“满意”和“不满意”的都不超过三成，超过四成的男女在五险一金的满意度问题上选择了“一般”（见表5—28）。卡方检验也显示，不同性别的人对五险一金的满意度没有显著的差异（$x^2=3.640$，$df=2$，$p>0.05$）。

表5—28　　性别与“五险一金状况满意度”交叉分析

	单位和百分比	性别		合计
		男	女	
满意	（人）	1 332	991	2 323
	（%）	28.0	26.2	27.2
一般	（人）	2 097	1 690	3 787
	（%）	44.0	44.7	44.3
不满意	（人）	1 333	1 103	2 436
	（%）	28.0	29.1	28.5
合计	（人）	4 762	3 784	8 546
	（%）	100.0	100.0	100.0

资料来源：“中国大众人权观念调查研究”数据库，卷A1；A25（四）。

从年龄的角度看，不同年龄段的人对五险一金的满意状况不同，满意度最高的是60岁以上的人群，在“满意”一项中的选择为34.9%，满意度最低的是18岁以下的人，在“不满意”一项中的选择比例为37.3%，其中的原因之一可能是60岁以上的人已经退休，享受五险一金的状况较好，而18岁以下的人群中很多还没有五险一金（见表5—29）。卡方检验显示，不同性别的人对五险一金的满意度有非常显著的差异（$x^2=51.051$，$df=10$，$p<0.01$）。

表5—29　　年龄与“五险一金状况满意度”交叉分析

	单位和百分比	年龄						合计
		18岁以下	19～29岁	30～39岁	40～49岁	50～59岁	60岁以上	
满意	（人）	46	900	649	509	153	68	2 325
	（%）	17.0	25.6	29.9	27.6	26.6	34.9	27.1
一般	（人）	124	1 615	969	800	237	66	3 811
	（%）	45.8	45.9	44.7	43.4	41.1	33.8	44.4
不满意	（人）	101	1 004	551	535	186	61	2 438
	（%）	37.3	28.5	25.4	29.0	32.3	31.3	28.4
合计	（人）	271	3 519	2 169	1 844	576	195	8 574
	（%）	100.0	100.0	100.0	100.0	100.0	100.0	100.0

资料来源：“中国大众人权观念调查研究”数据库，卷A2；A25（四）。

就民族而言，汉族和少数民族对五险一金的满意状况差别不大，在“满意”“一般”和“不满意”三项上的选择差距都在1个百分点以内，接近五成的人在五险一金的满意度上都认为一般（见表5—30）。卡方检验显示，不同民族的人对五险一金的满意度没有显著的差异（$x^2=0.132$，$df=2$，$p>0.05$）。

表5—30　民族与“五险一金状况满意度”交叉分析

	单位和百分比	民族		合计
		汉族	少数民族	
满意	（人）	2 104	203	2 307
	（%）	26.9	27.3	27.0
一般	（人）	3 478	332	3 810
	（%）	44.5	44.7	44.5
不满意	（人）	2 235	208	2 443
	（%）	28.6	28.0	28.5
合计	（人）	7 817	743	8 560
	（%）	100.0	100.0	100.0

资料来源：“中国大众人权观念调查研究”数据库，卷A3；A25（四）。

以政治面貌为变量考察，中共党员对五险一金的满意度最高，为40.9%，其次是民主党派成员，为38.5%，群众对五险一金的不满意度最高，为34.9%（见表5—31）。卡方检验显示，不同政治面貌的人对五险一金的满意度有非常显著的差异（$x^2=394.184$，$df=6$，$p<0.01$）。

表5—31　政治面貌与“五险一金状况满意度”交叉分析

	单位和百分比	政治面貌				合计
		群众	共青团员	中共党员	民主党派成员	
满意	（人）	914	493	874	40	2 321
	（%）	21.3	24.1	40.9	38.5	27.0
一般	（人）	1 881	966	920	41	3 808
	（%）	43.8	47.1	43.0	39.4	44.4
不满意	（人）	1 496	590	345	23	2 454
	（%）	34.9	28.8	16.1	22.1	28.6
合计	（人）	4 291	2 049	2 139	104	8 583
	（%）	100.0	100.0	100.0	100.0	100.0

资料来源：“中国大众人权观念调查研究”数据库，卷A4；A25（四）。

从受教育水平看，在“满意”一项中，从整体上看，除了初中教育水平的人比小学及以下教育水平的人低0.1个百分点以外，受访者的受教育程度与对“满意”的选择频率基本成正比，博士的满意度最高，为48.4%；小学及以下的不满意度最高，为45.6%（见表5—32）。卡方检验显示，不同教育水平的人对五险一金的满意度有非常显著的差异（$x^2=516.486$，$df=10$，$p<0.01$）。

表5—32　受教育水平与“五险一金状况满意度”交叉分析

	单位和百分比	受教育水平						合计
		小学及以下	初中	高中或中专	本科或大专	硕士	博士	
满意	(人)	87	290	554	1 210	138	30	2 309
	(%)	16.8	16.7	23.6	34.0	43.1	48.4	27.0
一般	(人)	194	714	1 072	1 653	134	19	3 786
	(%)	37.5	41.1	45.7	46.5	41.9	30.6	44.3
不满意	(人)	236	733	722	691	48	13	2 443
	(%)	45.6	42.2	30.7	19.4	15.0	21.0	28.6
合计	(人)	517	1 737	2 348	3 554	320	62	8 538
	(%)	100.0	100.0	100.0	100.0	100.0	100.0	100.0

资料来源：“中国大众人权观念调查研究”数据库，卷A5；A25（四）。

不同收入水平的人对五险一金的满意度存在非常显著的差异（$x^2=404.409$，$df=10$，$p<0.01$）。在“满意”一项中，受访者的选择比例基本与其收入的多少成正比，收入越高，满意的数值越高；收入在2 000～5 000元的人群选择“一般”的超过了50%；对五险一金最不满意的是收入在2 000元以下的人群，为40%（见表5—33）。

表5—33　个人年收入与“五险一金状况满意度”交叉分析

	单位和百分比	个人年收入						合计
		2 000元以下	2 000～5 000元	5 000～1万元	1万～3万元	3万～8万元	8万元以上	
满意	(人)	255	312	247	649	618	202	2 283
	(%)	19.0	23.5	25.3	24.9	37.3	47.3	27.4
一般	(人)	551	666	354	1 191	757	154	3 673
	(%)	41.0	50.2	36.2	45.8	45.7	36.1	44.1
不满意	(人)	537	350	376	762	281	71	2 377
	(%)	40.0	26.4	38.5	29.3	17.0	16.6	28.5
合计	(人)	1 343	1 328	977	2 602	1 656	427	8 333
	(%)	100.0	100.0	100.0	100.0	100.0	100.0	100.0

资料来源：“中国大众人权观念调查研究”数据库，卷A6；A25（四）。

以宗教信仰为变量进行考察，有宗教信仰和没有宗教信仰的人在“满意”“一般”和“不满意”三个选项中的选择差别不大，“满意”和“不满意”的选择比例都在三成以下，“一般”的选择比例在四成以上（见表5—34）。卡方检验显示，有无宗教信仰对五险一金的满意度没有显著的影响（x^2＝3.069，df＝2，p＞0.05）。

表 5—34 宗教信仰与“五险一金状况满意度”交叉分析

	单位和百分比	有没有宗教信仰		合计
		有	没有	
满意	（人）	1 904	379	2 283
	（%）	26.6	28.8	27.0
一般	（人）	3 216	564	3 780
	（%）	45.0	42.9	44.7
不满意	（人）	2 030	372	2 402
	（%）	28.4	28.3	28.4
合计	（人）	7 150	1 315	8 465
	（%）	100.0	100.0	100.0

资料来源：“中国大众人权观念调查研究”数据库，卷 A7；A25（四）。

从户籍上看，农村户口与城镇户口的人在五险一金的满意度上存在非常显著的差异（x^2＝445.132，df＝2，p＜0.01）。城镇户口的人在“满意”上的选择比农村户口的人高 15.5 个百分点，在“不满意”上的选择比农村户口的人低 18.9 个百分点（见表 5—35）。

表 5—35 户籍与“五险一金状况满意度”交叉分析

	单位和百分比	户籍		合计
		农村	城镇	
满意	（人）	606	1 686	2 292
	（%）	17.6	33.1	26.9
一般	（人）	1 460	2 338	3 798
	（%）	42.5	45.9	44.5
不满意	（人）	1 371	1 068	2 439
	（%）	39.9	21.0	28.6
合计	（人）	3 437	5 092	8 529
	（%）	100.0	100.0	100.0

资料来源：“中国大众人权观念调查研究”数据库，卷 A8；A25（四）。

以职业为变量进行考察，不同职业的人对五险一金的满意度存在极其显著的差别（x^2＝979.176，df＝16，p＜0.01）。在“满意”一项中，公职人员的选择比例最高，为 43%，务工人员选择的最少，为 11.7%，二者相差超过30个百分点；在“不满意”一项中，无业失业者的选择比例最高，超过了50%（见表5—36）。

表5—36　职业与“五险一金状况满意度”交叉分析

	单位和百分比	职业									合计
		务农者	务工者	企业员工	公职人员	学生	经商者	离退休者	无业失业者	其他	
满意	（人）	98	191	630	933	119	148	69	25	109	2 322
	（%）	14.1	11.7	31.0	43.0	16.3	25.9	41.1	18.4	24.2	27.1
一般	（人）	273	694	948	966	377	253	61	41	193	3 806
	（%）	39.2	42.6	46.7	44.5	51.7	44.3	36.3	30.1	42.9	44.3
不满意	（人）	326	746	452	273	233	170	38	70	148	2 456
	（%）	46.8	45.7	22.3	12.6	32.0	29.8	22.6	51.5	32.9	28.6
合计	（人）	697	1 631	2 030	2 172	729	571	168	136	450	8 584
	（%）	100.0	100.0	100.0	100.0	100.0	100.0	100.0	100.0	100.0	100.0

资料来源：“中国大众人权观念调查研究”数据库，卷A9；A25（四）。

（五）就业机会的影响因素

通常而言，很多人都认为男性的就业机会和满意度都要高于女性，二者差别很大，但是数据分析表明，男女在就业机会的满意度上没有多大差别，超过五成的男女都认为就业机会一般，选择“满意”的都不到20%，30%左右的受访男女都对现有的就业机会表示不满意（见表5—37）。卡方检验也显示，不同性别的人对就业机会满意度的选择没有显著差异（$x^2=10.091, df=2$，$p>0.05$）。

表5—37　性别与“就业机会满意度”交叉分析

	单位和百分比	性别		合计
		男	女	
满意	（人）	914	631	1 545
	（%）	19.2	16.7	18.1
一般	（人）	2 423	2 021	4 444
	（%）	50.8	53.6	52.0
不满意	（人）	1 432	1 121	2 553
	（%）	30.0	29.7	29.9
合计	（人）	4 769	3 773	8 542
	（%）	100.0	100.0	100.0

资料来源：“中国大众人权观念调查研究”数据库，卷A1；A25（五）。

从年龄看，不同年龄的人对就业机会满意度的选择存在非常显著的差异（x^2=75.757，df=10，p<0.01），对就业机会满意度最高的是60岁以上的人，为21.4%，剩下的受访者中除了30～39岁年龄段的人为20.5%以外，都在20%以下；认为就业机会一般所占的比例都在40%以上；对就业机会最不满意的是18岁以下的人群，为44.8%（见表5—38）。

表5—38　年龄与"就业机会满意度"交叉分析

	单位和百分比	年龄						合计
		18岁以下	19～29岁	30～39岁	40～49岁	50～59岁	60岁以上	
满意	（人）	40	608	442	310	109	42	1 551
	（%）	14.3	17.2	20.5	17.0	19.0	21.4	18.1
一般	（人）	114	1 846	1 169	980	257	87	4 453
	（%）	40.9	52.2	54.1	53.8	44.7	44.4	52.0
不满意	（人）	125	1 081	550	532	209	67	2 564
	（%）	44.8	30.6	25.5	29.2	36.3	34.2	29.9
合计	（人）	279	3 535	2 161	1 822	575	196	8 568
	（%）	100.0	100.0	100.0	100.0	100.0	100.0	100.0

资料来源："中国大众人权观念调查研究"数据库，卷A2；A25（五）。

以民族为变量进行考察，汉族与少数民族在"满意"一项的回答差别不大，分别为18%和18.4%，在选项"一般"中，汉族所占比例为52.6%，比少数民族高5.9个百分点，同时，少数民族对"不满意"的选择比汉族高5.5个百分点（见表5—39）。卡方检验显示，不同民族的人对就业机会满意度的选择存在显著差异（x^2=11.524，df=2，0.01<p<0.05）。

表5—39　民族与"就业机会满意度"交叉分析

	单位和百分比	民族		合计
		汉族	少数民族	
满意	（人）	1 404	139	1 543
	（%）	18.0	18.4	18.0
一般	（人）	4 097	353	4 450
	（%）	52.6	46.7	52.0
不满意	（人）	2 295	264	2 559
	（%）	29.4	34.9	29.9
合计	（人）	7 796	756	8 552
	（%）	100.0	100.0	100.0

资料来源："中国大众人权观念调查研究"数据库，卷A3；A25（五）。

不同政治面貌的人对就业机会的满意度存在非常显著的差异（x^2=146.317，df=6，p<0.01）。在"满意"一项中，四种政治面貌的受访

者的选择都在30%以下，满意度最高的是中共党员，为25.5%，最低的是群众，为15.1%；在“不满意”中，选择比例最高的是民主党派成员，为40.2%；群众、共青团员和中共党员对“一般”的选择都在50%以上，民主党派成员为36.3%（见表5—40）。

表5—40　政治面貌与“五险一金状况满意度”交叉分析

	单位和百分比	政治面貌				合计
		群众	共青团员	中共党员	民主党派成员	
满意	（人）	651	341	536	24	1 552
	（%）	15.1	16.5	25.5	23.5	18.1
一般	（人）	2 241	1 082	1 087	37	4 447
	（%）	52.1	52.4	51.7	36.3	51.9
不满意	（人）	1 410	642	478	41	2 571
	（%）	32.8	31.1	22.8	40.2	30.0
合计	（人）	4 302	2 065	2 101	102	8 570
	（%）	100.0	100.0	100.0	100.0	100.0

资料来源：“中国大众人权观念调查研究”数据库，卷A4；A25（五）。

以受教育水平为变量进行考察，就业机会满意度与受教育水平并不成正比，初中教育水平的人对“满意”的选择低于小学及以下，博士的满意度低于硕士，满意度最高的是硕士，为27.3%；在“不满意”一项中选择比例最高的是受教育水平为小学及以下的人群，为40.5%，其次为博士，占36.1%（见表5—41）。卡方检验显示，受教育水平不同的人对就业机会的满意度存在极为显著的差异（$x^2=169.672$，$df=10$，$p<0.01$）。

表5—41　受教育水平与“就业机会满意度”交叉分析

	单位和百分比	受教育水平						合计
		小学及以下	初中	高中或中专	本科或大专	硕士	博士	
满意	（人）	74	229	374	768	87	15	1 547
	（%）	14.1	13.0	15.9	21.8	27.3	24.6	18.1
一般	（人）	238	910	1 207	1 893	156	24	4 428
	（%）	45.4	51.7	51.4	53.8	48.9	39.3	51.9
不满意	（人）	212	620	765	860	76	22	2 555
	（%）	40.5	35.2	32.6	24.4	23.8	36.1	30.0
合计	（人）	524	1 759	2 346	3 521	319	61	8 530
	（%）	100.0	100.0	100.0	100.0	100.0	100.0	100.0

资料来源：“中国大众人权观念调查研究”数据库，卷A5；A25（五）。

从收入情况看，个人收入与对就业机会满意度的选择存在极为显著的差异（$x^2=232.554$，$df=10$，$p<0.01$）。选择“满意”最多的是收入在8万元以上的人，为32.5%，最少的是收入在2 000元以下的人群，为14.7%；在“不满意”一项中，选择最多的是收入在2 000元以下的人，为39.7%，最少的是收入为3万～8万元的人，为20.7%（见表5—42）。

表5—42　　个人年收入与“就业机会满意度”交叉分析

	单位和百分比	个人年收入						合计
		2 000元以下	2 000～5 000元	5 000～1万元	1万～3万元	3万～8万元	8万元以上	
满意	（人）	198	222	162	407	395	140	1 524
	（%）	14.7	16.8	16.6	15.7	24.1	32.5	18.3
一般	（人）	617	705	473	1 430	906	195	4 326
	（%）	45.7	53.3	48.5	55.2	55.2	45.2	52.1
不满意	（人）	536	395	340	755	339	96	2 461
	（%）	39.7	29.9	34.9	29.1	20.7	22.3	29.6
合计	（人）	1 351	1 322	975	2 592	1 640	431	8 311
	（%）	100.0	100.0	100.0	100.0	100.0	100.0	100.0

资料来源：“中国大众人权观念调查研究”数据库，卷A6；A25（五）。

以宗教信仰为变量进行考察，数据分析显示，有宗教信仰的人在“满意”一项的选择比没有宗教信仰的人高3.6个百分点，对“一般”的选择低6个百分点，对“不满意”的选择高2.4个百分点（见表5—43）。卡方检验显示，有无宗教信仰者对就业机会满意度的选择存在显著的差异（$x^2=17.741$，$df=2$，$p<0.01$）。

表5—43　　宗教信仰与“就业机会满意度”交叉分析

	单位和百分比	有没有宗教信仰		合计
		没有	有	
满意	（人）	1 257	280	1 537
	（%）	17.6	21.2	18.2
一般	（人）	3 766	619	4 385
	（%）	52.8	46.8	51.9
不满意	（人）	2 110	424	2 534
	（%）	29.6	32.0	30.0
合计	（人）	7 133	1 323	8 456
	（%）	100.0	100.0	100.0

资料来源：“中国大众人权观念调查研究”数据库，卷A7；A25（五）。

从户籍上看，农村户口和城镇户口的人对就业机会满意度的选择明显不同，农村户口的人对“满意”的选择比城镇户口的人低 7.2 个百分点，对“一般”的选择低 2.9 个百分点，对“不满意”的选择高 10.1 个百分点（见表 5—44）。卡方检验显示，不同户籍者对就业机会满意度的选择存在极为显著的差异（$x^2=130.940$，$df=2$，$p<0.01$）。

表 5—44　　户籍与“就业机会满意度”交叉分析

	单位和百分比	户籍		合计
		农村	城镇	
满意	（人）	484	1 064	1 548
	（%）	13.9	21.1	18.2
一般	（人）	1 737	2 671	4 408
	（%）	50.0	52.9	51.7
不满意	（人）	1 253	1 311	2 564
	（%）	36.1	26.0	30.1
合计	（人）	3 474	5 046	8 520
	（%）	100.0	100.0	100.0

资料来源：“中国大众人权观念调查研究”数据库，卷 A8；A25（五）。

以职业为变量进行考察，不同职业群体的人对就业机会满意度的选择存在极为显著的差异（$x^2=456.117$，$df=16$，$p<0.01$）。对就业机会满意度最高的是离退休人员，为 26.8%，其次是公职人员，占 26.6%；对就业机会不满意度最高的是无业失业者，占 48.5%，其次是学生，为 45.6%；所有群体对就业机会一般的选择都在 40%以上，其中选择比例最高的是企业员工，为 56.3%（见表 5—45）。

表 5—45　　职业与“就业机会满意度”交叉分析

	单位和百分比	职业									合计
		务农者	务工者	企业员工	公职人员	学生	经商者	离退休者	无业失业者	其他	
满意	（人）	98	187	361	566	83	124	44	13	75	1 551
	（%）	13.6	11.3	18.0	26.6	11.2	21.4	26.8	9.7	16.5	18.1
一般	（人）	323	848	1 130	1 176	320	290	77	56	233	4 453
	（%）	45.0	51.5	56.3	55.4	43.2	50.1	47.0	41.8	51.3	52.0
不满意	（人）	297	613	517	382	338	165	43	65	146	2 566
	（%）	41.4	37.2	25.7	18.0	45.6	28.5	26.2	48.5	32.2	29.9
合计	（人）	718	1 648	2 008	2 124	741	579	164	134	454	8 570
	（%）	100.0	100.0	100.0	100.0	100.0	100.0	100.0	100.0	100.0	100.0

资料来源：“中国大众人权观念调查研究”数据库，卷 A9；A25（五）。

三、小结

工作权利是人权的重要组成部分，我们以劳动报酬、工作环境、休息休假、五险一金以及就业机会的满意度为题对大众的工作权利观念进行了考察。数据分析显示，大众对五项内容的选择存在不同程度的差异，但所占比例最高的项均为“一般”，选择“满意”的都在三成以下。比较而言，“满意”所占比例最高的是五险一金，最低的是就业机会。

同时，我们运用调查数据，分析了大众工作权利观念在不同性别、年龄、民族、政治面貌、受教育程度、户籍等方面的主要表现和差异。研究发现，这些不同自变量对大众的工作权利观念产生了不同的影响。劳动报酬层面，不同性别、年龄、政治面貌、受教育水平、个人收入、宗教信仰、户籍以及职业对劳动报酬的满意度有着显著而深刻的影响，尤其是在个人收入上体现得极为明显。不同民族对劳动报酬满意度的影响并不明显。工作环境层面，性别和宗教对劳动报酬的满意度有着较为明显的影响，年龄、政治面貌、受教育水平、个人收入、户籍、职业等因素对劳动报酬满意度的影响极为明显，其中职业这一因素体现得最为明显，民族对劳动报酬满意度的影响不明显。休息休假方面，年龄、政治面貌、受教育水平、个人收入、户籍、职业等因素对休息休假的满意度有着极为显著的影响，并且以职业的影响表现得最为突出，性别、民族、宗教信仰等因素对休息休假满意度的影响并不明显。五险一金方面，年龄、政治面貌、受教育水平、个人收入、户籍、职业等因素对五险一金的满意度有着显著而深刻的影响，其中职业的影响体现得最为明显，性别、民族和宗教信仰对五险一金满意度的影响并不明显。就业机会方面，民族对就业机会的满意度有着较为明显的影响，年龄、政治面貌、受教育水平、个人收入、宗教信仰、户籍、职业等因素对就业机会的满意度有着极为显著的影响，其中职业的影响表现得最为突出，性别这一因素对就业机会的满意度影响并不显著，即男女在就业机会满意度的选择上并没有明显的差异。

公民的工作权利是否得到保障，关乎人民的生存、经济的发展和社会的稳定。虽然总体而言目前我国的经济社会在稳步向前发展，但公民工作权利保障方面还存在不少问题，提高劳动报酬、增加就业机会、落实五险一金等难题仍需进一步解决。十八届三中全会改革决议明确提出要健全促进就业创业体制机制和建立更加公平可持续的社会保障制度。2014 年 12 月，机关事业单位养老保险制度改革方案经国务院常务会议和中央政治局常委会审议通过，养老金“并轨”开始实行，工作权利保障在稳步推进。未来应加大对工作权利的保障力度，逐步提高劳动报酬，保障劳动者的工作环境和休息休假，落实五险一金和扩大就业机会，确保作为基本人权范畴的工作权利得到尊重和保障。

第二节 财产权观念

关于财产权，《中华人民共和国宪法》明确规定，公民合法的私有财产不受侵犯，国家依照法律规定保护公民的私有财产权和继承权，国家为了公共利益的需要，可以依照法律规定对公民的私有财产实行征收或者征用并给予补偿。毫无疑问，民众都具有财产权观念，但在财产权与人权的关系上，以及对财产权的深入认知和主张上，民众的观念是否清楚就需要考察了。

一、大众关于财产权的基本认识

我们首先设计了“您觉得财产权是否是人权”一题考察民众对财产权的权利认知状况。

调查结果显示，78.4%的受访者认为财产权是人权，这一数据表明，在当下，大多数民众在观念中建立起来了对私有财产的权利意识，但与此同时，仍然有21.6%的受访者并不认同财产权属于人权的范畴（见图5—6）。

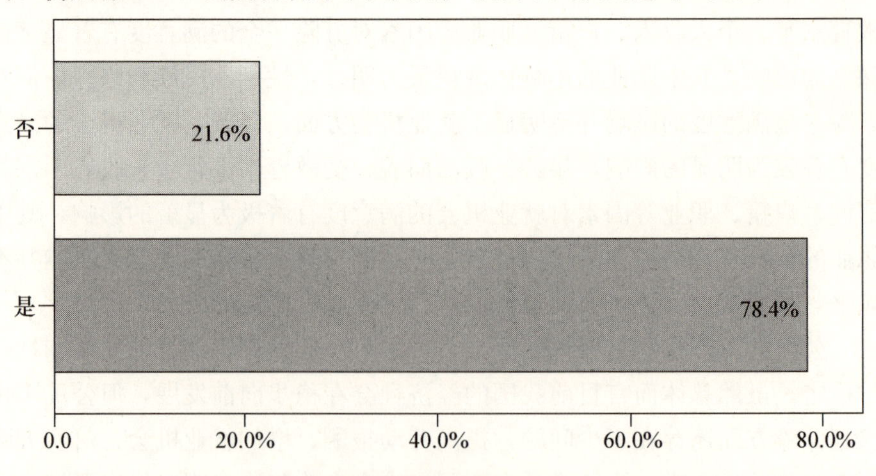

图5—6 “您觉得财产权是否是人权”调查结果

资料来源：“中国大众人权观念调查研究”数据库，卷A13。

接近四分之一的受访者不认为财产权属于人权，如此高的比例使得我们不能简单地将它弃之不顾。因此，我们需要考察究竟有哪些因素对于财产权利的认同具有影响，这些因素各自又在多大程度上产生作用。

二、大众财产权认知的影响因素

以性别为变量进行考察，数据分析显示，男性中有78.1%的人认为财产权是人权的内容，21.9%的人予以否认；女性中78.8%的人同意财产权是人权，有21.2%的人认为财产权不是人权（见表5—46）。无论承认财产权是人权还是否认财产权是人权，男女的选择差异都很小。卡方检验也显示，性别对财产权是否属于人权范畴的选择并不存在显著差异（$x^2=0.849$，$df=16$，$p>0.05$）。

表5—46 性别与“您觉得财产权是否是人权”交叉分析

	单位和百分比	您觉得财产权是否是人权		合计
		是	否	
男	（人）	5 533	1 549	7 082
	（%）	78.1	21.9	100.0
女	（人）	5 189	1 398	6 587
	（%）	78.8	21.2	100.0
合计	（人）	10 722	2 947	13 669
	（%）	78.4	21.6	100.0

资料来源：“中国大众人权观念调查研究”数据库，卷A1；A13。

就年龄而言，一方面，由于各年龄段的人群无论从物质条件方面或者是在各自的社会阅历与见识方面均有所不同，所以关涉到财产权是否为人权这个根本论题方面是否存在着某种程度上的一致则至为重要。另一方面，从国家发展的角度看，不同年龄段的人经历了差异巨大的历史环境，尤其是由于计划经济与市场经济之间存在着对待私有财产的完全不同的态度，两种不同的经济体制与经济环境对人们在关于财产权的根本问题上究竟能够产生多大的影响，这也构成对于年龄因素关注的另一个重要的方面。

通过年龄因素与“您觉得财产权是否是人权”的交叉分析，我们发现那些经历新旧社会两种不同的社会制度、计划经济与市场经济两种不同的经济体制的50岁以上的受访者中，认同“财产权是人权”的比例要低于29岁以下的受访者，这部分证明了年龄因素，尤其是基于我国特殊的国情，不同年龄段的受访者所经历的完全不同的外部环境确实影响着人们关于私有财产的观念。在不同年龄段的受访者之中，对财产权作为人权持最为认同态度的年龄段为19～29岁，这些受访者生于改革开放之后，他们所成长的环境、对国家经济建设成就的切身感受等方面使得他们更加认同将对私有财产的保护视为人的基本权利的论断（见表5—47）。卡方检验显示，不同年龄段的人对财产权是否属于人权的选择存在显著的差异（$x^2=23.004$，$df=5$，$p<0.01$）。

表5—47　　年龄与“您觉得财产权是否是人权”交叉分析

	单位和百分比	年龄						合计
		18岁以下	19～29岁	30～39岁	40～49岁	50～59岁	60岁以上	
是	（人）	977	5 001	2 012	1 797	591	381	10 759
	（%）	77.4	80.1	78.4	76.8	74.8	75.4	78.5
否	（人）	285	1 246	553	543	199	124	2 950
	（%）	22.6	19.9	21.6	23.2	25.2	24.6	21.5
合计	（人）	1 262	6 247	2 565	2 340	790	505	13 709
	（%）	100.0	100.0	100.0	100.0	100.0	100.0	100.0

资料来源：“中国大众人权观念调查研究”数据库，卷A2；A13。

以民族为变量进行考察，不同民族对“您觉得财产权是否是人权”的回答存在极其显著的差异（$x^2=16.634$，$df=1$，$p<0.01$）。汉族中有78.9%的人认为财产权是人权，21.1%的人否认财产权是人权；少数民族中承认和否认的比例分别为74%和26%。在认可财产权是人权方面，汉族的比例比少数民族高出近5个百分点，相应的，在否认财产权是人权方面，汉族比少数民族低了近5个百分点，即通过数据我们可以看到，汉族比少数民族更认为财产权是人权的内容（见表5—48）。

表5—48　　民族与“您觉得财产权是否是人权”交叉分析

	单位和百分比	您觉得财产权是否是人权		合计
		是	否	
汉族	（人）	9 827	2 622	12 449
	（%）	78.9	21.1	100.0
少数民族	（人）	936	329	1 265
	（%）	74.0	26.0	100.0
合计	（人）	10 763	2 951	13 714
	（%）	78.5	21.5	100.0

资料来源：“中国大众人权观念调查研究”数据库，卷A3；A13。

从政治面貌的角度看，不同政治面貌的人对于财产权是否属于人权的选择存在极其显著的差异（$x^2=41.973$，$df=3$，$p<0.01$）。共青团员和中共党员对财产权是否属于人权的选择一致，赞成和否认的比例分别为80.5%和19.5%；群众中有76%的人认为财产权是人权，24%的人否认财产权是人权；民主党派成员中有73.2%的人承认财产权是人权，26.8%的人不认为财产权是人权。所考察的不同政治面貌的群体中，共青团员和中共党员认为财产权是人权的比例最高，民主党派最低，与共青团员和中共党员相比，低出7.3个百分点（见表5—49）。

表5—49 政治面貌与“您觉得财产权是否是人权”交叉分析

	单位和百分比	政治面貌				合计
		群众	共青团员	中共党员	民主党派成员	
是	（人）	4 500	4 007	2 185	90	10 782
	（%）	76.0	80.5	80.5	73.2	78.5
否	（人）	1 420	970	530	33	2 953
	（%）	24.0	19.5	19.5	26.8	21.5
合计	（人）	5 920	4 977	2 715	123	13 735
	（%）	100.0	100.0	100.0	100.0	100.0

资料来源：“中国大众人权观念调查研究”数据库，卷A4；A13。

通过对“受教育水平”的考察，我们发现一个大致的趋势是，受访者中随着受教育程度从“小学及以下”到“博士”的逐次提升，认同“财产权是人权”的比例（除“初中”学历的受访者的比例要低于“小学及以下”的受访者外）逐渐增高。“初中”学历的受访者只有72.5%的比例认为“财产权是人权”，“小学及以下”的受访者中这一比例为76.9%，与此相对的是，有博士学历的受访者中认同“财产权是人权”的比例则高达86.8%。在此基础上，我们发现由于受教育水平的影响，不同类别的受访者之间对财产权利的认同的差别较大，认同比例最高者与最低者之间差14.3个百分点。从这样的数据对比中，受教育程度对“财产权为人权”这一论断的巨大影响明显地表现了出来。卡方检验也显示，受教育水平对财产权是否属于人权的选择存在极其显著的差异（$x^2=139.375$，$df=5$，$p<0.01$）。除此之外，一个有必要注意的方面是，博士学历的受访者中，有13.2%人并不认同“财产权为人权”的论断（见表5—50）。

表 5—50 受教育水平与“您觉得财产权是否是人权”交叉分析

	单位和百分比	受教育水平						合计
		小学及以下	初中	高中或中专	本科或大专	硕士	博士	
是	(人)	781	1 880	2 739	4 612	628	66	10 706
	(%)	76.9	72.5	75.6	82.2	84.9	86.8	78.4
否	(人)	234	712	885	1 001	112	10	2 954
	(%)	23.1	27.5	24.4	17.8	15.1	13.2	21.6
合计	(人)	1 015	2 592	3 624	5 613	740	76	13 660
	(%)	100.0	100.0	100.0	100.0	100.0	100.0	100.0

资料来源：“中国大众人权观念调查研究”数据库，卷 A5；A13。

以个人年收入为变量进行考察，分析结果显示，不同收入水平的人对财产权是否为人权的选择存在极为显著的差异（$x^2=49.742$，$df=5$，$p<0.01$）。在财产权是人权这一选项中，选择比例最高的是收入在 3 万～8 万元区间的群体，占 82.7%，其次是收入为 8 万元以上的人，为 81%，选择比例最低的是收入在 5 000 到 1 万元区间的人，为 74.0%，比最高比例低 8.7 个百分点。总体而言，无论处于哪一收入阶段，认为财产权是人权的比例都在 70%以上（见表 5—51）。

表 5—51 个人年收入与“您觉得财产权是否是人权”交叉分析

	单位和百分比	个人年收入						合计
		2 000 元以下	2 000～5 000 元	5 000～1 万元	1 万～3 万元	3 万～8 万元	8 万元以上	
是	(人)	3 162	1 320	1 014	2 377	1 530	400	9 803
	(%)	78.7	75.3	74.0	79.4	82.7	81.0	78.6
否	(人)	854	433	357	617	321	94	2 676
	(%)	21.3	24.7	26.0	20.6	17.3	19.0	21.4
合计	(人)	4 016	1 753	1 371	2 994	1 851	494	12 479
	(%)	100.0	100.0	100.0	100.0	100.0	100.0	100.0

资料来源：“中国大众人权观念调查研究”数据库，卷 A6；A13。

从宗教信仰的角度看，有无宗教信仰者对“您觉得财产权是否是人权”的选择存在显著的差异（$x^2=12.032$，$df=1$，$p<0.01$）。没有宗教信仰的受访者中 79%的人认为财产权是人权，有宗教信仰的人中认为财产权是人权的比例为 75.5%。在财产权是人权这一选项中，没有宗教信仰的人比有宗教信仰的人的选择比例要高 3.5 个百分点（见表 5—52）。

表 5—52　　宗教信仰与“您觉得财产权是否是人权”交叉分析

	单位和百分比	您觉得财产权是否是人权		合计
		是	否	
没有	(人)	9 184	2 446	11 630
	(%)	79.0	21.0	100.0
有	(人)	1 478	480	1 958
	(%)	75.5	24.5	100.0
合计	(人)	10 662	2 926	13 588
	(%)	78.5	21.5	100.0

资料来源：“中国大众人权观念调查研究”数据库，卷 A7；A13。

以户籍为变量进行考察，农村户口的人中有 77%的人认为财产权是人权，23%的人否认财产权是人权；城镇户口的人认为财产权是人权的比例为 79.6%，否认比例为 20.4%。从数据分析可以看出，城镇户口的人认为财产权是人权的比例要高于农村户籍的受访者（见表 5—53）。卡方检验显示，不同户籍者对“您觉得财产权是否是人权”的选择存在显著的差异（$x^2=13.417$，$df=1$，$p<0.01$）。

表 5—53　　户籍与“您觉得财产权是否是人权”交叉分析

	单位和百分比	您觉得财产权是否是人权		合计
		是	否	
农村	(人)	4 788	1 430	6 218
	(%)	77.0	23.0	100.0
城镇	(人)	5 939	1 523	7 462
	(%)	79.6	20.4	100.0
合计	(人)	10 727	2 953	13 680
	(%)	78.4	21.6	100.0

资料来源：“中国大众人权观念调查研究”数据库，卷 A8；A13。

基于职业因素对“财产权是否是人权”的影响进行分析，我们发现，在确定的职业群体中（排除“其他”这一选项），务农与务工的受访者中认同“财产权是人权”的比例最低，均为 74.0%；其次是处于无业失业状态的受访者，选择比例为 74.7%；公职人员认为财产权是人权的比例在所有受访群体中最高，为 82.8%；同时，学生中认同财产权为人权的比例也达到了 81.1%。公职人员和学生这两个群体一般具有较高的文化程度，很多公职人员还具有较高的社会地位，这些都在很大程度上影响了他们的权利观念（见表 5—54）。卡方检验显示，不同职业者对“您觉得财产权是否是人权”的选择存在极为显著的差异（$x^2=98.077$，$df=8$，$p<0.01$）。

表 5—54 职业与“您觉得财产权是否是人权”交叉分析

	单位和百分比	职业									合计
		务农者	务工者	企业员工	公职人员	学生	经商者	离退休者	无业失业者	其他	
是	（人）	1 057	1 346	1 647	1 847	3 292	657	258	221	454	10 779
	（%）	74.0	74.0	78.9	82.8	81.1	76.5	75.9	74.7	72.9	78.4
否	（人）	372	473	440	384	765	202	82	75	169	2 962
	（%）	26.0	26.0	21.1	17.2	18.9	23.5	24.1	25.3	27.1	21.6
合计	（人）	1 429	1 819	2 087	2 231	4 057	859	340	296	623	13 741
	（%）	100.0	100.0	100.0	100.0	100.0	100.0	100.0	100.0	100.0	100.0

资料来源：“中国大众人权观念调查研究”数据库，卷 A9；A13。

三、大众的财产权主张

前文数据揭示了在大多数民众中存在着关于财产权利的基本认知。除此之外，我们还有必要了解民众的财产权利主张。鉴于个人权利与国家或公共利益之间存在着冲突的可能性，因此相对于国家或公共利益的要求，个人权利能够承受的程度成为对个人权利尤其是财产权利主张进行分析的重要标志。因此，我们设计了一个具体问题“在下列哪种情况下您会同意政府征收您的土地或拆迁您的房屋”，对民众的财产权观念进行进一步调查。

调查结果显示，认为应当“全价补偿”的占了大多数，比例为 58.8%；然后是“大致弥补我的损失就行”和“完全按我的要求补偿”，分别占 16.1%和 11.5%；而无论就征收或拆迁本身还是具体的赔偿标准都完全按照政府的意志行事的民众仅占一成；同时有 3.6%的民众“无论怎样都不愿意”接受政府征收土地或者拆迁房屋（见表 5—55）。可见，绝大多数受访者都选择了在一定的条件得以满足的前提下同意政府的征收或拆迁。

表 5—55 在下列哪种情况下您会同意政府征收您的土地或拆迁您的房屋

	频次（人）	有效百分比（%）
全价补偿	8 331	58.8
大致弥补我的损失就行	2 283	16.1
完全按我的要求补偿	1 634	11.5

续前表

	频次（人）	有效百分比（%）
听从政府安排	1 419	10.0
无论怎样都不愿意	506	3.6
合计	14 173	100

资料来源："中国大众人权观念调查研究"数据库，卷 A14。

在上述分析的基础上，我们将性别、年龄、民族等因素作为自变量，与"在下列哪种情况下您会同意政府征收您的土地或拆迁您的房屋"进行了交叉研究，试图揭示哪些因素会对大众的选择产生影响。

以性别为变量进行考察，不同受访者对"在下列哪种情况下您会同意政府征收您的土地或拆迁您的房屋"的选择并不存在明显差异（$x^2=7.632$，$df=4$，$p>0.05$）。男性和女性在"全价补偿"这一选项上的选择均为58.8%；剩下的选项中，除了"完全按我的要求补偿"这一项男性比女性高 1.1 个百分点以外，其他选项的相差都在 1 个百分点以内（见表 5—56）。

表 5—56　性别与"在下列哪种情况下您会同意政府征收您的土地或拆迁您的房屋"交叉分析

	单位和百分比	在下列哪种情况下您会同意政府征收您的土地或拆迁您的房屋					合计
		全价补偿	大致弥补我的损失就行	完全按我的要求补偿	听从政府安排	无论怎样都不愿意	
男	（人）	4 273	1 155	878	716	239	7 261
	（%）	58.8	15.9	12.1	9.9	3.3	100.0
女	（人）	3 934	1 091	735	674	260	6 694
	（%）	58.8	16.3	11.0	10.1	3.9	100.0
合计	（人）	8 207	2 246	1 613	1 390	499	13 955
	（%）	58.8	16.1	11.6	10.0	3.6	100.0

资料来源："中国大众人权观念调查研究"数据库，卷 A1；A14。

基于对年龄因素的考察，我们发现，不同年龄者对是否同意征收或拆迁的选择存在极其显著的差异（$x^2=219.309$，$df=20$，$p<0.01$）。任何一个年龄段的受访者在满足一定条件下同意政府的征收或拆迁的比例都超过了75%；选择"无论怎样都不愿意"项的比例均不高于 5%；而选择了"听从政府安排"这一项的最高比例亦不超过 20%。与此同时，我们发现 60 岁以上的受访者中选择"听从政府安排"这一项的比例要明显地高于其他年龄段的受访者，为 17.4%，而与之相对应的是 19～29 岁区间的受访者中选择这一项的比例最低，为 7.4%。值得注意的是 60 岁以上的受访者中选择"无论怎样都

不愿意”项的比例要略高于其他年龄段的受访者，可能的解释是他们由于年老而不愿再忍受迁移奔波之苦，宁愿固守旧居、安土重迁（见表5—57）。

表5—57　年龄与“在下列哪种情况下您会同意政府征收您的土地或拆迁您的房屋”交叉分析

	单位和百分比	年龄						合计
		18岁以下	19～29岁	30～39岁	40～49岁	50～59岁	60岁以上	
全价补偿	（人）	669	3 795	1 565	1 455	491	273	8 248
	（%）	52.5	59.9	59.7	60.2	58.5	52.3	58.9
大致弥补我的损失就行	（人）	302	1 082	373	324	100	78	2 259
	（%）	23.7	17.1	14.2	13.4	11.9	14.9	16.1
完全按我的要求补偿	（人）	128	743	330	251	105	54	1 611
	（%）	10.0	11.7	12.6	10.4	12.5	10.3	11.5
听从政府安排	（人）	138	466	281	313	110	91	1 399
	（%）	10.8	7.4	10.7	12.9	13.1	17.4	10.0
无论怎样都不愿意	（人）	37	252	71	75	34	26	495
	（%）	2.9	4.0	2.7	3.1	4.0	5.0	3.5
合计	（人）	1 274	6 338	2 620	2 418	840	522	14 012
	（%）	100.0	100.0	100.0	100.0	100.0	100.0	100.0

资料来源：“中国大众人权观念调查研究”数据库，卷A2；A14。

以民族为变量进行考察，不同民族的受访者对是否同意征收或拆迁的选择存在较为明显的差异（$x^2=14.889$，$df=4$，$p=0.05$）。民族因素对受访者选择的影响主要表现在：选择“全价补偿”项的汉族受访者的比例要高于少数民族的受访者，其比例分别为59.3%和53.9%；而选择“大致弥补我的损失就行”项的汉族受访者的比例则低于少数民族的受访者，其比例分别为15.9%和18.3%；另外13.1%的少数民族的受访者选择了“完全按我的要求补偿”，略高于汉族受访者；在“听从政府安排”和“无论怎样都不愿意”这两项上，少数民族的选择都略高于汉族（见表5—58）。

表5—58　民族与“在下列哪种情况下您会同意政府征收您的土地或拆迁您的房屋”交叉分析

	单位和百分比	在下列哪种情况下您会同意政府征收您的土地或拆迁您的房屋					合计
		全价补偿	大致弥补我的损失就行	完全按我的要求补偿	听从政府安排	无论怎样都不愿意	
汉族	（人）	7 535	2 020	1 436	1 265	451	12 707
	（%）	59.3	15.9	11.3	10.0	3.5	100.0

续前表

	单位和百分比	在下列哪种情况下您会同意政府征收您的土地或拆迁您的房屋					合计
		全价补偿	大致弥补我的损失就行	完全按我的要求补偿	听从政府安排	无论怎样都不愿意	
少数民族	（人）	693	235	168	136	54	1 286
	（%）	53.9	18.3	13.1	10.6	4.2	100.0
合计	（人）	8 228	2 255	1 604	1 401	505	13 993
	（%）	58.8	16.1	11.5	10.0	3.6	100.0

资料来源："中国大众人权观念调查研究"数据库，卷 A3；A14。

基于政治面貌的考察，我们发现，不同政治面貌的群体对是否同意征收或拆迁的选择存在极为显著的差异（$x^2=104.173$，$df=12$，$p<0.01$）。数据分析显示，"全价补偿"这一项中选择比例最高的是中共党员，占 62.7%，同时，中共党员在"大致弥补我的损失就行""完全按我的要求补偿"和"无论怎样都不愿意"这三项中所占比例均为最低，分别为 14.5%、9.8%和 3.1%；民主党派成员在"全价补偿"中所占的比例最低，为 38.3%，比中共党员的选择低了近 25 个百分点，但民主党派成员在"大致弥补我的损失就行""完全按我的要求补偿""听从政府安排"和"无论怎样都不愿意"中所占的比例均为最高，分别为 26.7%、15.8%、13.3%和 5.8%（见表 5—59）。

表 5—59　　政治面貌与"在下列哪种情况下您会同意政府征收您的土地或拆迁您的房屋"交叉分析

	单位和百分比	政治面貌				合计
		群众	共青团员	中共党员	民主党派成员	
全价补偿	（人）	3 516	2 945	1 730	46	8 237
	（%）	57.4	58.9	62.7	38.3	58.8
大致弥补我的损失就行	（人）	905	925	399	32	2 261
	（%）	14.8	18.5	14.5	26.7	16.1
完全按我的要求补偿	（人）	787	534	271	19	1 611
	（%）	12.8	10.7	9.8	15.8	11.5
听从政府安排	（人）	689	421	274	16	1 400
	（%）	11.2	8.4	9.9	13.3	10.0
无论怎样都不愿意	（人）	232	178	85	7	502
	（%）	3.8	3.6	3.1	5.8	3.6
合计	（人）	6 129	5 003	2 759	120	14 011
	（%）	100.0	100.0	100.0	100.0	100.0

资料来源："中国大众人权观念调查研究"数据库，卷 A4；A14。

以受教育水平为变量进行考察，数据分析显示，受教育程度对是否同意征收或拆迁有着极为显著的影响（$x^2=429.700$，$df=20$，$p<0.01$）。在“全价补偿”这一项中，选择比例随着受教育水平的提高在逐步增加，二者基本呈正相关关系；博士在“大致弥补我的损失就行”这一项中的选择比例最高，为24.7%；小学及以下的群体在“完全按我的要求补偿”中的选择比例最高，为18.2%；在“听从政府安排”这一选项上，随着受教育程度的增加，选择的比例在减少，二者呈反相关关系；在“无论怎样都不愿意”这一项上选择比例最高的是博士，为8.2%（见表5—60）。

表5—60　受教育水平与“在下列哪种情况下您会同意政府征收您的土地或拆迁您的房屋”交叉分析

	单位和百分比	受教育水平						合计
		小学及以下	初中	高中或中专	本科或大专	硕士	博士	
全价补偿	（人）	521	1 446	2 046	3 635	507	40	8 195
	（%）	49.0	53.9	55.1	64.1	67.8	54.8	58.8
大致弥补我的损失就行	（人）	145	447	668	901	76	18	2 255
	（%）	13.6	16.7	18.0	15.9	10.2	24.7	16.2
完全按我的要求补偿	（人）	193	307	429	584	85	8	1 606
	（%）	18.2	11.4	11.6	10.3	11.4	11.0	11.5
听从政府安排	（人）	160	401	456	349	25	1	1 392
	（%）	15.1	14.9	12.3	6.2	3.3	1.4	10.0
无论怎样都不愿意	（人）	44	83	114	198	55	6	500
	（%）	4.1	3.1	3.1	3.5	7.4	8.2	3.6
合计	（人）	1 063	2 684	3 713	5 667	748	73	13 948
	（%）	100.0	100.0	100.0	100.0	100.0	100.0	100.0

资料来源：“中国大众人权观念调查研究”数据库，卷A5；A14。

从个人年收入的角度考察，结果显示，不同收入者对于是否同意征收或拆迁的回答存在极为显著的差异（$x^2=86.543$，$df=20$，$p<0.01$）。在“全价补偿”中，选择比例最高的是收入在3万～8万元区间的群体，为62.9%，选择比例最低的是收入为5 000元到1万元的群体，占53.9%；针对“大致弥补我的损失就行”这一选项，选择最多的是收入在2 000元以下的群体，为18.3%，最少的是收入在1万～3万元区间的人，占13.9%；对于“完全按我的要求补偿”这一选项，选择最多的是5 000元到1万元的群体，为14.6%，所占比例最少的是收入为1万～3万元和3万～8万元的人，均为11.0%；在“听从政府安排”这一选项上，选择最多和最少的分别是收入为5 000元到

1万元和3万～8万元的人，各占12.1%和8.3%。此外，有6.2%的收入在8万元以上的群体选择了“无论怎样都不愿意”，在这一选项中占的比例最高，比收入在2000～5000元的人的选择高出3.2个百分点（见表5—61）。

表5—61　个人年收入与“在下列哪种情况下您会同意政府征收您的土地或拆迁您的房屋”交叉分析

	单位和百分比	个人年收入						合计
		2 000元以下	2 000～5 000元	5 000～1万元	1万～3万元	3万～8万元	8万元以上	
全价补偿	（人）	2 329	1 036	776	1 887	1 188	287	7 503
	（%）	57.0	58.4	53.9	61.7	62.9	56.9	58.8
大致弥补我的损失就行	（人）	746	267	224	424	275	82	2 018
	（%）	18.3	15.0	15.5	13.9	14.6	16.3	15.8
完全按我的要求补偿	（人）	458	223	211	336	207	60	1 495
	（%）	11.2	12.6	14.6	11.0	11.0	11.9	11.7
听从政府安排	（人）	406	196	174	316	157	44	1 293
	（%）	9.9	11.0	12.1	10.3	8.3	8.7	10.1
无论怎样都不愿意	（人）	144	53	56	95	63	31	442
	（%）	3.5	3.0	3.9	3.1	3.3	6.2	3.5
合计	（人）	4 083	1 775	1 441	3 058	1 890	504	12 751
	（%）	100.0	100.0	100.0	100.0	100.0	100.0	100.0

资料来源：“中国大众人权观念调查研究”数据库，卷A6；A14。

以宗教信仰为变量进行考察，不同宗教信仰的人对于是否同意征收或拆迁的选择存在极为显著的差异（$x^2=81.990$，$df=4$，$p<0.01$）。没有宗教信仰的人对“全价补偿”的选择比有宗教信仰的人高出近10个百分点；在“大致弥补我的损失就行”“完全按我的要求补偿”以及“听从政府安排”这三项上，有宗教信仰的人比没有宗教信仰的人的选择分别高1.9个百分点、5.2个百分点和2.6个百分点；此外，没有宗教信仰的人对“无论怎样都不愿意”的选择比有宗教信仰的人高0.6个百分点（见表5—62）。

表5—62　宗教信仰与“在下列哪种情况下您会同意政府征收您的土地或拆迁您的房屋”交叉分析

	单位和百分比	在下列哪种情况下您会同意政府征收您的土地或拆迁您的房屋					合计
		全价补偿	大致弥补我的损失就行	完全按我的要求补偿	听从政府安排	无论怎样都不愿意	
没有	（人）	7 132	1 889	1 265	1 127	433	11 846
	（%）	60.2	15.9	10.7	9.5	3.7	100.0

续前表

	单位和百分比	在下列哪种情况下您会同意政府征收您的土地或拆迁您的房屋					合计
		全价补偿	大致弥补我的损失就行	完全按我的要求补偿	听从政府安排	无论怎样都不愿意	
有	（人）	1 027	358	320	243	63	2 011
	（%）	51.1	17.8	15.9	12.1	3.1	100.0
合计	（人）	8 159	2 247	1 585	1 370	496	13 857
	（%）	58.9	16.2	11.4	9.9	3.6	100.0

资料来源："中国大众人权观念调查研究"数据库，卷 A7；A14。

从户籍的角度看，不同户籍的人对于是否同意征收或拆迁的选择存在极为显著的差异（$x^2=75.881$，$df=4$，$p<0.01$）。在"全价补偿"以及"完全按我的要求补偿"上，城镇户籍的人比农村户籍的人分别高 5.5 个百分点和 0.3 个百分点；在"大致弥补我的损失就行""听从政府安排"以及"无论怎样都不愿意"这三项中，农村户籍的人比城镇户籍的人的选择分别高 1.5 个百分点、3.8 个百分点和 0.6 个百分点（见表 5—63）。

表 5—63　　户籍与"在下列哪种情况下您会同意政府征收您的土地或拆迁您的房屋"交叉分析

	单位和百分比	在下列哪种情况下您会同意政府征收您的土地或拆迁您的房屋					合计
		全价补偿	大致弥补我的损失就行	完全按我的要求补偿	听从政府安排	无论怎样都不愿意	
农村	（人）	3 574	1 086	715	764	248	6 387
	（%）	56.0	17.0	11.2	12.0	3.9	100.0
城镇	（人）	4 662	1 176	872	622	249	7 581
	（%）	61.5	15.5	11.5	8.2	3.3	100.0
合计	（人）	8 236	2 262	1 587	1 386	497	13 968
	（%）	59.0	16.2	11.4	9.9	3.6	100.0

资料来源："中国大众人权观念调查研究"数据库，卷 A8；A14。

以职业为变量进行考察，数据分析显示，不同职业的受访者对于是否同意征收或拆迁的选择存在极为显著的差异（$x^2=226.620$，$df=32$，$p<0.01$）。在"全价补偿"中，选择比例最高的是公职人员，为 64.2%，选择最少的是务农人员，占 49.1%；学生对"大致弥补我的损失就行"的选择比例最高，占 18.6%；在"完全按我的要求补偿"这一项中，选择最多和最少的分别是无业失业者和公职人员，分别占 16.7%和 9.4%；在"听从政府安排"上，选择最多的是务农人员，占 15.3%，最少的是学生，为 7.8%；关于"无论怎样都不愿意"这一

项，选择最多和最少的分别是无业失业者和务工人员，各占 6%和 2.6%（见表 5—64）。

表 5—64　　职业与“在下列哪种情况下您会同意政府征收您的土地或拆迁您的房屋”交叉分析

	单位和百分比	职业									合计
		务农者	务工者	企业员工	公职人员	学生	经商者	离退休者	无业失业者	其他	
全价补偿	（人）	732	1 113	1 315	1 449	2 438	501	205	142	368	8 263
	（%）	49.1	58.6	61.8	64.2	59.6	55.9	56.3	50.4	58.9	58.9
大致弥补我的损失就行	（人）	269	280	301	314	763	157	56	38	77	2 255
	（%）	18.1	14.7	14.2	13.9	18.6	17.5	15.4	13.5	12.3	16.1
完全按我的要求补偿	（人）	197	255	266	213	414	100	38	47	77	1 607
	（%）	13.2	13.4	12.5	9.4	10.1	11.2	10.4	16.7	12.3	11.5
听从政府安排	（人）	228	201	172	220	321	101	54	38	70	1 405
	（%）	15.3	10.6	8.1	9.7	7.8	11.3	14.8	13.5	11.2	10.0
无论怎样都不愿意	（人）	64	50	73	62	157	37	11	17	33	504
	（%）	4.3	2.6	3.4	2.7	3.8	4.1	3.0	6.0	5.3	3.6
合计	（人）	1 490	1 899	2 127	2 258	4 093	896	364	282	625	14 034
	（%）	100.0	100.0	100.0	100.0	100.0	100.0	100.0	100.0	100.0	100.0

资料来源：“中国大众人权观念调查研究”数据库，卷 A9；A14。

四、小结

财产权属于基本人权的范畴。在西方，威廉·皮特 1763 年在英国国会演讲中所说的“风能进，雨能进，国王不能进”的名言耳熟能详，私有财产神圣不可侵犯的观念深入人心，我国 2004 年宪法修正案增加了“公民的合法的私有财产不可侵犯”的规定。随着经济社会的发展和人们权利意识的增长，大众财产权的观念在逐步增强。从我们的调查结果来看，约八成的受访者都认为财产权是人权，还有两成左右的人认为财产权不是人权。

在对“财产权是否是人权”进行总体考察的基础上，我们着重分析了不同性别、年龄、民族、政治面貌、受教育水平等因素对是否认为财产权是人权的影响。数据分析显示，这些不同的自变量因素对财产权是否属于人权的选择的影响存在不同程度的差异。首先，性别对“财产权是否是人权”的影响并不明显，即男女对财产权是否属于人权的选择并不存在显著的差异。其次，宗教和户籍对“财产权是否是人权”的选择存在显著的差异，城镇户口的人认为财产权是人权的比例要高于农村户籍的人，没有宗教信仰的人认为财产权是人权的比例要高于有宗教信仰的人。第三，年龄、民族、政治面貌、受教育程度、个人收入以及职业等因素对“财产权是否是人权”的选择存在极为显著的差异，随着年岁的增大，认同财产权为人权的受访者的比例逐渐减少；汉族受访者对于财产权利的观念要重于少数民族的受访者；政治面貌为共青团员和中共党员的受访者认同“财产权为人权”的比例要高于群众受访者；受教育水平和财产权利观念之间呈正向关系，总体上来说，随着受教育水平由小学及以下到博士之间不断提高，对于财产权的认同度基本也不断增长；在个人年收入与对财产权利的观念之间总体上显示出一种正比例的关系，随着收入的增加，对于财产权的认同也在增加；务农与务工以及处于无业失业状态的受访者认为财产权为人权的比例较低，而与此相对的是，公职人员与学生则最为认同财产权为人权。

在大众的财产权主张方面，绝大多数受访者在满足一定的条件下会同意政府的征收和拆迁行为。通过对不同性别、年龄、民族、政治面貌、受教育水平等因素是否会对同意征收或拆迁产生影响进行分析，我们发现，性别对是否同意征收或拆迁的影响并不明显。民族对是否同意征收或拆迁的选择存在较为明显的影响，选择“全价补偿”的汉族受访者的比例要高于少数民族的受访者，选择“大致弥补我的损失就行”的汉族受访者的比例则低于少数民族的受访者。年龄、政治面貌、受教育水平、收入、宗教信仰、户籍和职业对于是否同意征收或拆迁的选择存在极其显著的影响，年龄层面，60 岁以上的受访者中选择“听从政府安排”这一项的比例要明显地高于其他年龄段的受访者，同时他们选择“无论怎样都不愿意”的比例要略高于其他年龄段的受访者；政治面貌上，中共党员在“大致弥补我的损失就行”“完全按我的要求补偿”和“无论怎样都不愿意”这三项中所占比例均为最低，民主党派成员在“大致弥补我的损失就行”“完全按我的要求补偿”“听从政府安排”和“无论怎样都不愿意”中所占的比例均为最高；受教育水平方面，对“全价补偿”的选择比例随着受教育水平的提高基本在逐步增加，二者呈正向关系；收入层面，在“全价补偿”中，选择比例最高的是收入在 3 万～8 万元的群体，收入在 8 万元以上的群体对“无论怎样都不愿意”的选择最多；宗教信仰上，没有宗教信仰的人对“全价补偿”的选择比有宗教信仰的人高，在“大致弥补我的损失就行”“完全按我的要求补偿”以及“听从政府安排”这三项上，有宗教信仰的人比没有宗教信仰的人的选择比例要高；从户籍的角度看，在“全价补偿”以及“完全按我的要求补偿”的选择上，城镇户籍的人比农村户籍的人高，在“大致弥补我的损失就行”“听从政府安排”以及“无论怎样都不愿意”这三项中，农村户籍的人比城镇户籍的人的选择比例高；职业上，对“全价补偿”选择最多和最少的分别是公职人员和务农人员，在“完全按我的要求补偿”这一项中，选择最多和最少的分别是无业失业者和公职人员，在“听从政府安排”上，选择最多的是务农人员。

财产权是我国宪法明确赋予的基本权利，是人权的重要组成部分，关乎民众的生存和发展。大众关于财产权的意识较强，但目前在对财产权的尊重和保障方面还存在一些问题，较为突出的便是时有发生的暴力拆迁事件，未来应加大对财产权的保护力度，在拆迁过程中多一些理性协商，避免暴力强拆和流血事件的发生，在尊重和保障人权中促进经济社会的健康发展。

第三节　社会保障权观念

社会保障是指国家对社会成员在年老、疾病、伤残、失业、遭受灾害、生活困难等情况时，依法给予物质帮助的制度。一般来说，社会保障由社会保险、社会救济、社会福利、优抚安置等组成，具有法定性、普遍性、社会性、强制性等特点。2004 年宪法修正案在《宪法》第十四条中增加一款，作为第四款：“国家建立健全同经济发展水平相适应的社会保障制度。”到目前为止，我国已经建立起了城乡养老保险制度、医疗保险制度、工伤保险制度、失业保险制度、最低生活保障制度以及一些针对特殊群体的保障制度，基本形成了以社会保险为主，社会救助为辅，兼以社会福利等各方面制度的社会保障体系。那么，大众对社会保障有着怎样的认识和主张呢？

一、大众关于社会保障权的基本认识

我们以“您认为家家有房住是否是人权保障”以及“您觉得国家的医疗卫生工作是否属于人权保障”为题，对大众关于社会保障权的认知进行了调查。

如图 5—7 所示，关于“您认为家家有房住是否是人权保障”这一问

题，65.8%的民众持肯定态度，20.9%的民众持否定态度，二者之间相差近45个百分点。此外，还有13.3%的受访者选择了不知道。

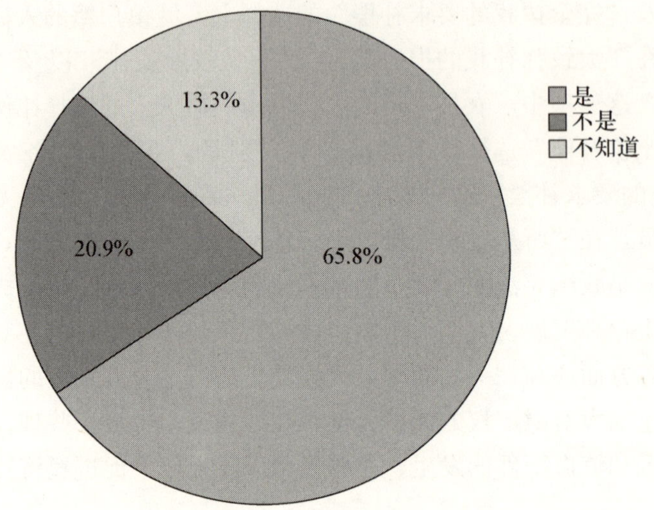

图5—7　“您认为家家有房住是否是人权保障”调查结果

资料来源：“中国大众人权观念调查研究”数据库，卷A28。

在调查问卷最后的开放题“你认为中国人权还有哪些方面需要改进”中，也有很大一部分受访者谈到“要加大社会保障力度”“完善医疗保障”“农村养老保障”“生存保障”“真正地保障我们的生活”等。结合2012年两会期间由人民日报社政治文化部联合人民网推出的“2012两会调查”，各网友对十大热点选项进行投票，超过36万条留言中有245 211票投给了“社会保障”，使其占据热度排行榜的榜首。这些统计都充分说明，在大众观念中社会保障权利意识已经形成，民众开始认识到这是一项属于自己的人权，并希望能有更加积极的保障手段加以落实。

二、大众社会保障权认知的影响因素

以性别为变量进行考察，在承认家家有房住是人权保障的问题上，女性的选择比男性高1.3个百分点，同时，在不认为家家有房住是人权保障的选项上，女性的选择比例比男性低3个百分点。通过数据可以看出，女性比男性更认为家家有房住是人权保障（见表5—65）。卡方检验也显示，不同性别者对于家家有房住是否属于人权保障的选择存在显著的差异（$x^2=23.200$，$df=2$，$p<0.01$）。此外，分别有12.5%的男性和14.1%的女性选择了“不知道”。

表 5—65　　性别与“您认为家家有房住是否是人权保障”交叉分析

	单位和百分比	您认为家家有房住是否是人权保障			合计
		是	不是	不知道	
男	（人）	4 866	1 662	933	7 461
	（%）	65.2	22.3	12.5	100.0
女	（人）	4 568	1 326	971	6 865
	（%）	66.5	19.3	14.1	100.0
合计	（人）	9 434	2 988	1 904	14 326
	（%）	65.9	20.9	13.3	100.0

资料来源：“中国大众人权观念调查研究”数据库，卷 A1；A28。

从年龄层面看，在承认家家有房住是人权保障方面，选择比例最高的是 19～29 岁的人，占 67.4%，选择最少的是 60 岁以上的群体，为 61.2%，二者之间相差 6.2 个百分点；在认为家家有房住并非人权保障的问题上，18 岁以下的群体所占的比例最高，为 21.3%，所占比例最低的是 50～59 岁的受访者，为 19.7%；在“不知道”这一选项中，选择最多和最少的分别是 60 岁以上和 19～29 岁区间的人（见表 5—66）。卡方检验显示，不同年龄段的群体对于家家有房住是否是人权保障的选择存在极为显著的差异（$x^2=35.215$，$df=10$，$p<0.01$）。

表 5—66　　年龄与“您认为家家有房住是否是人权保障”交叉分析

	单位和百分比	年龄						合计
		18 岁以下	19～29 岁	30～39 岁	40～49 岁	50～59 岁	60 岁以上	
是	（人）	837	4 361	1 769	1 618	557	331	9 473
	（%）	63.8	67.4	65.4	65.3	64.0	61.2	65.9
不是	（人）	279	1 345	560	525	171	112	2 992
	（%）	21.3	20.8	20.7	21.2	19.7	20.7	20.8
不知道	（人）	195	767	375	335	142	98	1 912
	（%）	14.9	11.8	13.9	13.5	16.3	18.1	13.3
合计	（人）	1 311	6 473	2 704	2 478	870	541	14 377
	（%）	100.0	100.0	100.0	100.0	100.0	100.0	100.0

资料来源：“中国大众人权观念调查研究”数据库，卷 A2；A28。

以民族为变量进行考察，卡方检验显示，民族对家家有房住是否属于人权保障范畴的选择并不存在明显的影响（$x^2=3.034$，$df=2$，$p>0.05$）。汉族和少数民族中都认为家家有房住是人权保障的比例分别为 66.2%和 63.8%，汉族略高于少数民族；在否认家家有房住是人权保障上，汉族和少数民族所占的比例分别为 20.6%和 22.3%，少数民族稍高于汉族；此外，在“不知道”这一选项上，少数民族的选择比例也略高于汉族（见表 5—67）。

表 5—67 民族与“您认为家家有房住是否是人权保障”交叉分析

	单位和百分比	您认为家家有房住是否是人权保障			合计
		是	不是	不知道	
汉族	（人）	8 621	2 689	1 718	13 028
	（%）	66.2	20.6	13.2	100.0
少数民族	（人）	854	298	186	1 338
	（%）	63.8	22.3	13.9	100.0
合计	（人）	9 475	2 987	1 904	14 366
	（%）	66.0	20.8	13.3	100.0

资料来源：“中国大众人权观念调查研究”数据库，卷 A3；A28。

从政治面貌的角度看，不同政治面貌的受访者对于家家有房住是否属于人权保障的选择存在极为显著的差异（x^2=162.701，df=6，p<0.01）。在认同家家有房住属于人权保障方面，选择比例最高的是中共党员，占 69.6%，占比最低的是民主党派成员，为 51.6%，二者之间相差 18 个百分点；否认家家有住房是人权保障方面，选择最多的是民主党派成员，占 31.3%，最少的是群众，为 19.6%，两者相差 11.7 个百分点；在“不知道”这一选项上，占比最高和最低的分别是民主党派成员和中共党员（见表 5—68）。

表 5—68 政治面貌与“您认为家家有房住是否是人权保障”交叉分析

	单位和百分比	您认为家家有房住是否是人权保障			合计
		是	不是	不知道	
群众	（人）	4 005	1 233	1 057	6 295
	（%）	63.6	19.6	16.8	100.0
共青团员	（人）	3 451	1 096	588	5 135
	（%）	67.2	21.3	11.5	100.0
中共党员	（人）	1 968	630	228	2 826
	（%）	69.6	22.3	8.1	100.0
民主党派成员	（人）	66	40	22	128
	（%）	51.6	31.3	17.2	100.0
合计	（人）	9 490	2 999	1 895	14 384
	（%）	66.0	20.8	13.2	100.0

资料来源：“中国大众人权观念调查研究”数据库，卷 A4；A28。

以受教育水平为变量进行考察，数据分析显示，不同教育程度者对家家有房住是否属于人权保障的选择存在极为显著的差异（$x^2=387.503$，$df=10$，$p<0.01$）。在承认家家有房住属于人权保障层面，选择比例最高的是硕士群体，为 76.9%，受教育水平为小学及以下的受访者选择比例最低，为 59.1%，最高和最低之间相差 17.8 个百分点；否认家家有房住是人权保障层面，选择最多和最少的分别是博士和小学及以下的群体，分别为 24.7%和 17.3%；在“不知道”这一选项上，选择最多和最少的分别是小学及以下和硕士群体，二者相差近 20 个百分点（见表 5—69）。

表 5—69　受教育水平与“您认为家家有房住是否是人权保障”交叉分析

	单位和百分比	受教育水平					
		小学及以下	初中	高中或中专	本科或大专	硕士	博士
是	（人）	651	1 662	2 421	4 060	584	52
	（%）	59.1	59.8	63.0	70.5	76.9	67.5
不是	（人）	190	574	856	1 199	144	19
	（%）	17.3	20.7	22.3	20.8	19.0	24.7
不知道	（人）	260	541	564	502	31	6
	（%）	23.6	19.5	14.7	8.7	4.1	7.8
合计	（人）	1 101	2 777	3 841	5 761	759	77
	（%）	100.0	100.0	100.0	100.0	100.0	100.0

资料来源：“中国大众人权观念调查研究”数据库，卷 A5；A28。

从收入的角度进行分析，卡方检验显示，不同收入者对于家家有房住是否属于人权保障的选择存在极其显著的差异（$x^2=107.341$，$df=10$，$p<0.01$）。在认为家家有房住是人权保障这一选项上，选择最多的是收入在 3 万～8 万元区间的人，所占比例为 70.1%，选择最少的是收入在5 000 元到 1 万元区间的人，为 59.8%，二者相差约 10 个百分点；在否认家家有房住是人权保障这一选项上，选择最多的是收入在 2 000～5 000 元区间的人，占 23.6%，收入在 1 万～3 万元区间的群体所占的比例最少，为 18.2%；关于不知道家家有房住是否为人权保障这一选项，选择最多和最少的分别是收入为 5 000 元到 1 万元的人和 3 万～8 万元的人（见表 5—70）。

表 5—70　个人年收入与“您认为家家有房住是否是人权保障”交叉分析

	单位和百分比	个人年收入						合计
		2 000 元以下	2 000～5 000 元	5 000～1 万元	1 万～3 万元	3 万～8 万元	8 万元以上	
是	（人）	2 733	1 109	881	2 192	1 343	344	8 602
	（%）	65.4	60.7	59.8	69.5	70.1	66.9	65.8
不是	（人）	865	432	344	575	399	121	2 736
	（%）	20.7	23.6	23.3	18.2	20.8	23.5	20.9
不知道	（人）	580	287	249	387	175	49	1 727
	（%）	13.9	15.7	16.9	12.3	9.1	9.5	13.2
合计	（人）	4 178	1 828	1 474	3 154	1 917	514	13 065
	（%）	100.0	100.0	100.0	100.0	100.0	100.0	100.0

资料来源：“中国大众人权观念调查研究”数据库，卷 A6；A28。

以宗教信仰为变量进行考察，有无宗教信仰者对家家有房住是否为人权的选择存在极其显著的差异（$x^2=53.150$，$df=2$，$p<0.01$）。没有宗教信仰的人中认为家家有房住是人权保障的占 67.1%，有宗教信仰的人所占比例为 58.9%，二者相差 8.2 个百分点；在不认为家家有房住是人权保障这一选项上，没有宗教信仰的人占 20.2%，有宗教信仰的人占 24.9%，有宗教信仰的人比没有宗教信仰的人高 4.7 个百分点；在“不知道”这一选项上，有宗教信仰的人比没有宗教信仰的人高 3.5 个百分点（见表 5—71）。

表 5—71　宗教信仰与“您认为家家有房住是否是人权保障”交叉分析

	单位和百分比	您认为家家有房住是否是人权保障			合计
		是	不是	不知道	
没有	（人）	8 145	2 447	1 541	12 133
	（%）	67.1	20.2	12.7	100.0
有	（人）	1 223	516	336	2 075
	（%）	58.9	24.9	16.2	100.0
合计	（人）	9 368	2 963	1 877	14 208
	（%）	65.9	20.9	13.2	100.0

资料来源：“中国大众人权观念调查研究”数据库，卷 A7；A28。

从户籍上看，不同户籍者对家家有房住是否为人权的选择存在较为显著的差异（$x^2=38.961$，$df=2$，$p<0.01$）。在认可家家有房住是人权保障这一选项上，城镇户籍的人比农村户籍的人高 0.8 个百分点；否认家家有房住属于人权保障方面，城镇户籍的人比农村户籍的人高 2.4 个百分点；农村户籍的人在“不知道”这一选项上的选择比例比城镇户籍的人高

3.3 个百分点（见表 5—72）。

表 5—72　　户籍与“您认为家家有房住是否是人权保障”交叉分析

	单位和百分比	您认为家家有房住是否是人权保障			合计
		是	不是	不知道	
农村	（人）	4 306	1 286	970	6 562
	（%）	65.6	19.6	14.8	100.0
城镇	（人）	5 158	1 709	896	7 763
	（%）	66.4	22.0	11.5	100.0
合计	（人）	9 464	2 995	1 866	14 325
	（%）	66.1	20.9	13.0	100.0

资料来源：“中国大众人权观念调查研究”数据库，卷 A8；A28。

以职业为变量进行考察，不同职业的受访者对于家家有房住是否属于人权保障的选择存在极为显著的差异（$x^2=226.596$，$df=16$，$p<0.01$）。在认同方面，选择最多的是公职人员，所占比例为 72.6%，无业失业者选择最少，为 55.9%，二者之间相差 16.7 个百分点；在不认同这一选项上，选择最多和最少的分别是无业失业者和务农人员，各占 23.5%和 19.1%；此外，在不知道家家有房住是否为人权保障这一选项上，选择最多和最少的分别为无业失业者和公职人员，二者相差 12.6 个百分点（见表 5—73）。

表 5—73　　职业与“您认为家家有房住是否是人权保障”交叉分析

	单位和百分比	职业									合计
		务农者	务工者	企业员工	公职人员	学生	经商者	离退休者	无业失业者	其他	
是	（人）	943	1 182	1 407	1 688	2 884	581	234	171	398	9 488
	（%）	60.6	61.2	64.6	72.6	69.1	64.6	62.7	55.9	61.1	65.9
不是	（人）	297	424	496	452	846	192	82	72	137	2 998
	（%）	19.1	21.9	22.8	19.4	20.3	21.3	22.0	23.5	21.0	20.8
不知道	（人）	315	326	275	185	446	127	57	63	116	1 910
	（%）	20.3	16.9	12.6	8.0	10.7	14.1	15.3	20.6	17.8	13.3
合计	（人）	1 555	1 932	2 178	2 325	4 176	900	373	306	651	14 396
	（%）	100.0	100.0	100.0	100.0	100.0	100.0	100.0	100.0	100.0	100.0

资料来源：“中国大众人权观念调查研究”数据库，卷 A9；A28。

三、小结

社会保障权是人权的重要内容。《世界人权宣言》第二十五条第一款明确指出："人人有权享受为维持他本人和家属的健康和福利所需的生活水准，包括食物、衣着、住房、医疗和必要的社会服务；在遭到失业、疾病、残废、守寡、衰老或在其他不能控制的情况下丧失谋生能力时，有权享受保障"。我国《宪法》第四十五条第一款规定："中华人民共和国公民在年老、疾病或者丧失劳动能力的情况下，有从国家和社会获得物质帮助的权利。国家发展为公民享受这些权利所需要的社会保障、社会救济和医疗卫生事业。"我们以"家家有房住是否是人权保障"为题，对大众关于社会保障权的认知情况进行了调查。调查结果显示，绝大多数受访者都认为家家有住房和国家的医疗卫生工作属于人权保障的内容之一，但仍有两成左右的受访者对此予以否认，还有一成左右的人表示不知道。

同时，我们以数据为依托，重点分析了社会保障权在不同性别、年龄、民族、政治面貌、收入、职业等方面的表现和差异。数据分析显示，这些因素对于大众的社会保障权观念存在不同程度的影响。首先，民族对于大众选择的影响并不显著，汉族和少数民族的看法差异较小；其次，性别、年龄和户籍对民众的选择存在显著的影响，在认同家家有房住是人权保障这一项上，女性的选择比例要高于男性，城镇户籍的人要多于农村户籍的人，60 岁以上人口的比例要低于其他年龄层次的人；再次，政治面貌、受教育水平、个人收入、宗教信仰以及职业对大众的选择存在极其显著的影响，其中受教育水平和职业体现得极为明显。受教育层面，整体而言，随着受教育程度的提高，认为家家有房住是人权保障的比例也在增加。职业方面，公职人员和无业失业者的选择差异较大。

建立同经济发展水平相适应的社会保障制度是尊重和保障人权的重要体现。同我国的经济发展水平相比，目前的社会保障制度还相对滞后。近年来，国家在不断完善相应的社会保障制度、加大对社会保障的投入，未来应当进一步统筹推进城乡社会保障体系建设，真正做到病有所医、老有所养、住有所居。

第四节　健康权观念

一、大众对于健康权的基本认识

健康权是指公民对于自己的身体组织、器官的完整性和生理机能以及心理状态的健康所享有的权利。它是公民享有的最基本人权，是行使一切其他权利的前提和基础。《世界卫生组织宪章》序言规定："享受最高而能获致之健康标准，为人人基本权利之一。不因种族、宗教、政治信仰、经济或社会情境各异，而分轩轾"。《经济、社会及文化权利国际公约》第十二条规定明确了缔约国应创造保证人人在患病时能得到医疗照顾的条件。

为保障公民的健康权，国家应当提供必要的医疗卫生保障。大众是否认为国家的医疗卫生工作是人权保障的内容之一？我们对此进行了调查。

调查结果显示，在"您觉得国家的医疗卫生工作是否属于人权保障"这一问题上，66.6%的民众持肯定态度，即大多数受访者认为国家的医疗卫生工作属于人权保障范畴。但也有12.1%的民众持否定态度，不认为医疗卫生工作是人权保障的内容。同时，还有21.3%的民主选择了不知道（见图5—8）。

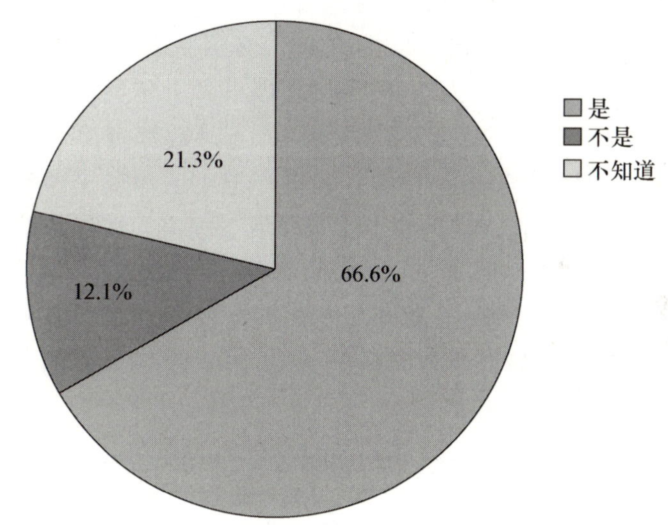

图5—8　"您觉得国家的医疗卫生工作是否属于人权保障"调查结果

资料来源："中国大众人权观念调查研究"数据库，卷A18。

二、健康权观念的认知影响因素

以性别为变量进行考察，分析结果显示，男女对于国家的医疗卫生工作是否属于人权保障的选择存在显著的差异（$x^2=34.712$，$df=2$，$p<0.01$）。在认同医疗卫生工作属于人权保障这一选项上，男性和女性的选择分别为67.5%和65.9%，男性比女性高1.6个百分点；在否认医疗卫生工作属于人权保障这一选项上，男性比女性高1.9个百分点。同时，不

知道医疗卫生工作是否属于人权保障的女性要比男性多（见表 5—74）。

表 5—74　性别与“您觉得国家的医疗卫生工作是否属于人权保障”交叉分析

	单位和百分比	您觉得国家的医疗卫生工作是否属于人权保障			合计
		是	不是	不知道	
男	（人）	5 033	965	1 457	7 455
	（%）	67.5	12.9	19.5	100.0
女	（人）	4 528	754	1 590	6 872
	（%）	65.9	11.0	23.1	100.0
合计	（人）	9 561	1 719	3 047	14 327
	（%）	66.7	12.0	21.3	100.0

资料来源：“中国大众人权观念调查研究”数据库，卷 A1；A18。

从年龄的角度看，不同年龄段的群体对医疗卫生工作是否属于国家人权保障的选择存在极其显著的差异（$x^2=61.266$，$df=10$，$p<0.01$）。18 岁以下的受调查对象中有 66.1%人选择“是”，19 岁到 29 岁这一年龄段中有 69.3%人选择“是”，以下各个年龄段的同比比例分别是 65.3%、64.4%、62.0%和 59.9%，通过数据可以看出，随着年龄的增加（18 岁以下群体除外），认为医疗卫生工作属于国家人权保障范围的人越来越少。在否认医疗卫生工作属于国家人权保障范围这一选项上，选择比例最高的是 30～39 岁的群体，占 13.4%，最低的是 18 岁以下的人，为 10.5%，二者相差近 3 个百分点。在“不知道”这一选项上，占比最高和最低的分别是 60 岁以上和 19～29 岁的群体，两者相差 8.1 个百分点（见表 5—75）。

表 5—75　年龄与“您觉得国家的医疗卫生工作是否属于人权保障”交叉分析

	单位和百分比	年龄						合计
		18 岁以下	19～29 岁	30～39 岁	40～49 岁	50～59 岁	60 岁以上	
是	（人）	867	4 494	1 755	1 595	541	323	9 575
	（%）	66.1	69.3	65.3	64.4	62.0	59.9	66.6
不是	（人）	138	742	360	318	107	69	1 734
	（%）	10.5	11.4	13.4	12.8	12.3	12.8	12.1
不知道	（人）	307	1 247	574	564	224	147	3 063
	（%）	23.4	19.2	21.3	22.8	25.7	27.3	21.3
合计	（人）	1 312	6 483	2 689	2 477	872	539	14 372
	（%）	100.0	100.0	100.0	100.0	100.0	100.0	100.0

资料来源：“中国大众人权观念调查研究”数据库，卷 A2；A18。

以民族为变量进行考察，在认同医疗卫生工作属于人权保障范畴这一选项上，汉族比少数民族高 4 个百分点，二者分别为 67.1%和 63.1%；在“不是”这一选项上汉族和少数民族的选择差异较小，少数民族比汉族略高（高 0.8 个百分点）。此外，分别有 24.1%的少数民族和 20.9%的汉族选择了“不知道”，二者相差 3.2 个百分点（见表 5—76）。卡方检验显示，民族对于国家医疗卫生工作是否属于人权保障的选择存在显著的差异（$x^2=9.294$，$df=2$，$p=0.01$）。

表 5—76　民族与“您觉得国家的医疗卫生工作是否属于人权保障”交叉分析

	单位和百分比	民族		合计
		汉族	少数民族	
是	（人）	8 742	843	9 585
	（%）	67.1	63.1	66.8
不是	（人）	1 556	170	1 726
	（%）	11.9	12.7	12.0
不知道	（人）	2 726	322	3 048
	（%）	20.9	24.1	21.2
合计	（人）	13 024	1 335	14 359
	（%）	100.0	100.0	100.0

资料来源：“中国大众人权观念调查研究”数据库，卷 A3；A18。

从政治面貌的角度进行分析，不同政治面貌的群体对于国家的医疗卫生工作是否属于人权保障的选择存在极其显著的差异（$x^2=267.937$，$df=6$，$p<0.01$）。在认同医疗卫生工作是人权保障这一选项中，不同群体的选择差别较大，中共党员所占的比例最高，为 73.6%，排在第二位和第三位的分别是共青团员和群众，分别占 70%和 61.1%，认同度最低的是民主党派成员，为 59.7%，中共党员和民主党派成员之间相差 13.9 个百分点。民主党派成员在“不是”这一选项上所占的比例最高，比选择最少的共青团员高出近 8 个百分点。在“不知道”这一选项中，群众所占的比例最高，为 26.7%，比选择最少的中共党员高 13.8 个百分点（见表 5—77）。

表 5—77　政治面貌与“您觉得国家的医疗卫生工作是否属于人权保障”交叉分析

	单位和百分比	政治面貌				合计
		群众	共青团员	中共党员	民主党派成员	
是	（人）	3 846	3 588	2 081	74	9 589
	（%）	61.1	70.0	73.6	59.7	66.7

续前表

	单位和百分比	政治面貌				合计
		群众	共青团员	中共党员	民主党派成员	
不是	（人）	764	558	384	23	1 729
	（%）	12.1	10.9	13.6	18.5	12.0
不知道	（人）	1 683	981	364	27	3 055
	（%）	26.7	19.1	12.9	21.8	21.3
合计	（人）	6 293	5 127	2 829	124	14 373
	（%）	100.0	100.0	100.0	100.0	100.0

资料来源："中国大众人权观念调查研究"数据库，卷 A4；A18。

以受教育水平为变量进行考察，不同教育程度的群体对于国家的医疗卫生工作是否属于人权保障的选择存在极其显著的差异（$x^2=609.813$，$df=10$，$p<0.01$）。在"是"这一选项中，受访者的选择比例随着受教育程度的提高在增加（博士除外），选择最多的是硕士，为83.1%，选择最少的是受教育程度为小学及以下的群体，占51%，二者之间相差32.1个百分点。在否认国家的医疗卫生工作属于人权保障这一选项上，选择最多和最少的分别是受教育程度为小学及以下和硕士群体，各占16.2%和9.8%。在"不知道"这一选项中，选择最少的是硕士，为7.1%，占比最高的是受教育程度为小学及以下的群体，为32.8%，二者之间相差25.7个百分点（见表5—78）。

表5—78　　受教育水平与"您觉得国家的医疗卫生工作是否属于人权保障"交叉分析

	单位和百分比	受教育水平						合计
		小学及以下	初中	高中或中专	本科或大专	硕士	博士	
是	（人）	561	1 545	2 427	4 322	636	57	9 548
	（%）	51.0	56.0	63.3	74.8	83.1	74.0	66.7
不是	（人）	178	350	519	585	75	8	1 715
	（%）	16.2	12.7	13.5	10.1	9.8	10.4	12.0
不知道	（人）	360	862	887	870	54	12	3 045
	（%）	32.8	31.3	23.1	15.1	7.1	15.6	21.3
合计	（人）	1 099	2 757	3 833	5 777	765	77	14 308
	（%）	100.0	100.0	100.0	100.0	100.0	100.0	100.0

资料来源："中国大众人权观念调查研究"数据库，卷 A5；A18。

从收入的层面看，个人收入对国家的医疗卫生工作是否属于人权保障的选择有较大影响。在“是”这一选项上，选择比例最高的是收入在 8 万元以上的群体，占 73.7%，收入在 5 000 元到 1 万元区间的人选择比例最低，为 58.4%，收入在 5 000 元以上的群体中，随着收入的增加，认可医疗卫生工作属于人权保障的比例也在增加。值得说明的是，收入在 2 000 元以下的群体中有 67.3%的人选择了“是”这一选项，部分原因是，在我们的调查中很多学生也选择了“2 000 元以下”这一选项，这就可能造成这一区段中选择“是”的人的比例偏高。在“不是”这一选项上，选择最多的是收入在5 000元到 1 万元区间的人，占 15.5%，收入在 2 000 元以下的群体占比最少，为 11.2%。在“不知道”这一选项上，收入在 3 万元以上的群体所占的比例都在 20%以下，3 万元以下的群体所占比例均在 20%以上（见表 5—79）。卡方检验也显示，不同收入者对于国家的医疗卫生工作是否属于人权保障的选择存在极其显著的差异（$x^2=125.223$，$df=10$，$p<0.01$）。

表 5—79　　个人年收入与“您觉得国家的医疗卫生工作是否属于人权保障”交叉分析

	单位和百分比	个人年收入						合计
		2 000 元以下	2 000～5 000 元	5 000～1 万元	1 万～3 万元	3 万～8 万元	8 万元以上	
是	（人）	2 806	1 114	857	2 146	1 368	378	8 669
	（%）	67.3	60.7	58.4	67.8	71.7	73.7	66.4
不是	（人）	467	261	227	356	231	62	1 604
	（%）	11.2	14.2	15.5	11.3	12.1	12.1	12.3
不知道	（人）	896	461	384	662	310	73	2 786
	（%）	21.5	25.1	26.2	20.9	16.2	14.2	21.3
合计	（人）	4 169	1 836	1 468	3 164	1 909	513	13 059
	（%）	100.0	100.0	100.0	100.0	100.0	100.0	100.0

资料来源：“中国大众人权观念调查研究”数据库，卷 A6；A18。

以宗教信仰为变量进行考察，没有宗教信仰的人中有 67.8%认为国家的医疗卫生工作属于人权保障，11.5%的人予以否认；有宗教信仰的人中 61.4%的人认为国家的医疗卫生工作属于人权保障，14.4%的人认为不属于。此外，没有宗教信仰的人和有宗教信仰的人分别有 20.7%和 24.2%的人选择了“不知道”（见表 5—80）。卡方检验显示，有否宗教信仰者对医疗卫生工作是否属于人权保障的选择存在极其显著的差异（$x^2=32.954$，$df=2$，$p<0.01$）。

表 5—80　　宗教信仰与“您觉得国家的医疗卫生工作是否属于人权保障”交叉分析

	单位和百分比	有没有宗教信仰		合计
		没有	有	
是	（人）	8 228	1 272	9 500
	（%）	67.8	61.4	66.9
不是	（人）	1 399	298	1 697
	（%）	11.5	14.4	11.9
不知道	（人）	2 509	500	3 009
	（%）	20.7	24.2	21.2
合计	（人）	12 136	2 070	14 206
	（%）	100.0	100.0	100.0

资料来源：“中国大众人权观念调查研究”数据库，卷 A7；A18。

以户籍为变量进行考察，我们看到，在 6 546 位农村居民中，有 4 160 位被调查者认为国家的医疗卫生工作属于人权保障的范畴，占到了总数的 63.6%；而表示“不知道”的人数为 1 626 人，占到了总数的 24.8%。与之相对应，在城镇居民中有 69.5%的人对这个问题作了肯定回答，比农村居民高出近 6 个百分点；而只有 18.2%的城镇居民表示“不知道”，这一数据比农村居民的数字低了近 7 个百分点。可见，与城镇居民相比，农村居民对医疗卫生与人权保障之间的关系更为陌生或者认识不足（见表 5—81）。卡方检验也显示，不同户籍者对国家的医疗卫生工作是否属于人权保障的选择存在极其显著的差异（$x^2=93.465$，$df=2$，$p<0.01$）。

表 5—81　　户籍与“您觉得国家的医疗卫生工作是否属于人权保障”交叉分析

	单位和百分比	您觉得国家的医疗卫生工作是否属于人权保障			合计
		是	不是	不知道	
农村	（人）	4 160	760	1 626	6 546
	（%）	63.6	11.6	24.8	100.0
城镇	（人）	5 403	952	1 416	7 771
	（%）	69.5	12.3	18.2	100.0
合计	（人）	9 563	1 712	3 042	14 317
	（%）	66.8	12.0	21.2	100.0

资料来源：“中国大众人权观念调查研究”数据库，卷 A8；A18。

以职业为变量进行考察，不同职业者对于国家的医疗卫生工作是否属于人权保障的选择存在极其显著的差异（$x^2=473.286$，$df=16$，$p<0.01$）。在“是”这一选项中，公职人员所占比例最高，为76.6%，学生中也有73.2%的人选择了认同，二者所占比例都在七成以上；企业员工和离退休人员所占比例均在六成以上；务农、务工、经商、无业失业者以及其他群体的选择都在五成以上。在“不是”这一选项上，选择最多的是务农人员，占15.3%，其次是务工人员，为15%，即务农和务工人员在否认国家的医疗卫生工作属于人权保障方面所占的比重最大；选择比例最低的是学生群体，占8.9%。在“不知道”这一项上，选择最多和最少的分别是务农人员和公职人员，二者相差约18个百分点（见表5—82）。

表5—82　　职业与“您觉得国家的医疗卫生工作是否属于人权保障”交叉分析

	单位和百分比	职业									合计
		务农者	务工者	企业员工	公职人员	学生	经商者	离退休者	无业失业者	其他	
是	（人）	827	1 128	1 489	1 786	3 057	525	228	170	388	9 598
	（%）	53.5	58.6	68.2	76.6	73.2	58.1	62.0	57.0	59.2	66.7
不是	（人）	237	289	297	239	370	130	54	40	70	1 726
	（%）	15.3	15.0	13.6	10.3	8.9	14.4	14.7	13.4	10.7	12.0
不知道	（人）	482	509	396	306	752	249	86	88	197	3 065
	（%）	31.2	26.4	18.1	13.1	18.0	27.5	23.4	29.5	30.1	21.3
合计	（人）	1 546	1 926	2 182	2 331	4 179	904	368	298	655	14 389
	（%）	100.0	100.0	100.0	100.0	100.0	100.0	100.0	100.0	100.0	100.0

资料来源：“中国大众人权观念调查研究”数据库，卷A9；A18。

三、小结

健康权的保障状况会对一个国家的人权保护状况产生最直接和最现实的影响，世界上所有尊重和保障人权的国家都以法定权利或推定权利的形式规定了健康权的保护，我国《宪法》第二十一条规定：“国家发展医疗卫生事业，发展现代医药和我国传统医药，鼓励和支持农村集体经济组织、国家企业事业组织和街道组织举办各种医疗卫生设施，开展群众性的卫生活动，保护人民健康。”我们以“您觉得国家的医疗卫生工作是否属于人权保障”对大众进行了调查，调查结果显示，大多数民众对此持肯定态度，但仍有一成左右的人予以否认，两成左右的人表示不知道。

同时，我们以数据为依托，重点分析了健康权在不同性别、年龄、民族、政治面貌、收入、职业等方面的表现和差异。数据分析显示，这些因素对于大众的社会保障权观念存在不同程度的影响。首先，性别、民族、年龄和宗教信仰因素对于民众的选择存在显著的影响，男性的认同度比女性高，汉族的认同度比少数民族高，无宗教信仰的人的认可度比有宗教信仰的人高；随着年龄的增加，认为医疗卫生工作属于国家人权保障范围的人总体上越来越少。其次，政治面貌、受教育水平、个人收入、户籍和职业对于民众的选择存在极其显著的影响，其中尤其以受教育水平和职业表现得特别突出。受教育水平方面，总体而言，受访者的选择比例随着受教育程度的提高在增加；职业层面，认同度最高的国家公职人员和最低的务农人员之间选择差距较大。

健康是促进人的全面发展的必然要求。近年来我国公民的健康状况在逐步提升，但仍存在不少急需解决的难题，看病难、看病贵、医疗保障制度不健全、药品安全等问题对民众的健康权造成了很大影响。未来国家应当进一步健全全民医保体系，建立重特大疾病保障和救助制度，提高医疗卫生队伍服务能力，使民众能够“病有所医”。

第五节　受教育权观念

受教育权作为一项基本人权，关系到公民个人的前途和幸福，也关系到国家的前景和未来，因而备受关注。《中华人民共和国义务教育法》明确规定了保障适龄儿童、少年受教育的权利。该法第五条规定：“各级人民政府及其有关部门应当履行本法规定的各项职责，保障适龄儿童、少年接受义务教育的权利。适龄儿童、少年的父母或者其他法定监护人应当依法保证其按时入学接受并完成义务教育。依法实施义务教育的学校应当按照规定标准完成教育教学任务，保证教育教学质量。社会组织和个人应当为适龄儿童、少年接受义务教育创造良好的环境。”同时，该法第 11 条规定：“凡年满六周岁的儿童，其父母或者其他法定监护人应当送其入学接受并完成义务教育；条件不具备的地区的儿童，可以推迟到七周岁。适龄儿童、少年因身体状况需要延缓入学或者休学的，其父母或者其他法定监护人应当提出申请，由当地乡镇人民政府或者县级人民政府教育行政部门批准。”

一、民众对我国教育存在的问题的认识

我国民众对教育以及教育问题究竟持一种什么样的态度，对受教育权

的观念是怎样的？我们选取了大众认为当前我国教育中存在的一些问题去考察。

从表 5—83 可以看出，关于“您认为目前我国教育存在以下哪些问题”的调查中，仅有 5.8％的民众表示对我国的教育状况满意，其他 94.2％都认为我国的教育存在不同程度的问题。总的来看，民众对我国的教育状况并不满意。

表 5—83　　您认为目前我国教育存在以下哪些问题

	频次（人）	个案百分比（％）
学校收费贵	8 879	60.6
教育政策不公平	8 299	56.6
教育质量差	8 072	55.1
国家投入不足	6 585	44.9
学校安全隐患大	6 349	43.3
满意，没有问题	850	5.8
合计	39 034	266.3

资料来源：“中国大众人权观念调查研究”数据库，卷 A16。

同时，我国是一个拥有 960 多万平方公里陆上国土面积的大国，在自然环境、经济发展水平、社会环境等方面呈现出东、中、西的差异格局。不同的经济发展水平、不同的社会环境对人们的受教育权观念有什么影响，这种影响具体包括哪些方面、表现在哪些方面等，都是我们希望通过对比东、中、西部省份的数据寻求解答的问题。为此，我们把调查问卷得出的数据按东中西部省份的划分，单独列出来加以分析。结果如下：

我们在东部地区总共发放了 3 770 份问卷。关于“您认为目前我国教育存在以下哪些问题”这个问题，有效问卷是 3 598 份，占到了东部问卷总数的 95.4％，缺失问卷是 172 份，缺失率是 4.6％。数据调查结果显示，表示“满意，没问题”的受访者有 6.4％；56％的受访者选择了“学校收费贵”；有 1 989 人表示我国目前的教育存在“教育政策不公平”的现象，占到了东部地区受访者的 55.3％；50.8％的人认为我国目前的教育存在“教育质量差”的问题；43.2％的人认为我国教育目前存在“国家投入不足”的问题；最后是 41.7％的东部地区受访者认为我国教育目前存在“学校安全隐患大”的问题（见表 5—84）。

表 5—84　　　　您认为目前我国教育存在以下哪些问题（东部卷）

	频次（人）	百分比（%）	个案百分比（%）
教育质量差	1 827	20.0	50.8
学校收费贵	2 015	22.1	56.0
学校安全隐患大	1 500	16.5	41.7
教育政策不公平	1 989	21.8	55.3
国家投入不足	1 555	17.1	43.2
满意，没问题	229	2.5	6.4
总计	9 115	100.0	253.4

资料来源："中国大众人权观念调查研究"数据库，卷 A16。

我们可以发现，东部地区的民众对我国教育状况满意的占东部地区受访者总数的 6.4%，这略高于全国 5.8%的平均满意度，其余的受访者都认为我国教育状况或多或少、或轻或重地存在一些问题。选项中所列的我国教育目前存在的问题，基本上一半的受访者都认为存在。其中最让人诟病的是"学校收费贵"的问题，然后是"教育政策不公平"的问题，这也与全国受访者的关注点一致。

中部地区的问卷一共发放了 4 031 份，在这个问题上，有效卷是 3 863 份，占到了中部地区总问卷数的 95.8%，缺失卷是 168 份，缺失率为 4.2%。从表 5—85 可以看出，中部地区有 203 位受访者表示"满意，没问题"，占到了中部地区受访者的 5.3%；有 2 313 人表示我国目前的教育存在"教育政策不公平"的问题，占到了中部地区受访者的 59.9%；有 2 296 人表示我国目前的教育存在"学校收费贵"的问题，占到了中部地区受访者的 59.4%；58.0%的人认为我国目前的教育存在"教育质量差"的问题；45.5%的人认为我国教育目前存在"国家投入不足"的问题；最后是 45.2%的中部地区受访者认为我国教育目前存在"学校安全隐患大"的问题。

表 5—85　　　　您认为目前我国教育存在以下哪些问题（中部卷）

	频次（人）	百分比（%）	个案百分比（%）
教育质量差	2 241	21.2	58.0
学校收费贵	2 296	21.8	59.4
学校安全隐患大	1 745	16.5	45.2
教育政策不公平	2 313	21.9	59.9
国家投入不足	1 757	16.6	45.5
满意，没问题	203	1.9	5.3
合计	10 555	100.0	273.3

资料来源："中国大众人权观念调查研究"数据库，卷 A16。

总体来说，中部地区受访者认为我国教育存在的最大的两个问题是教育政策不公平和学校收费贵，这与东部地区受访者的态度是一致的。相较于东部地区的受访者而言，中部地区的受访者只有5.3%的人对教育表示满意，低于东部地区的6.4%。从表格对比中，我们也可以看出，中部地区的受访者显示出了对教育更多的不满意。从最高比例的59.9%到最低比例的45.2%，都要高于东部地区的最高比例56%和最低比例41.7%将近4个百分点。

我们在西部地区10个省、自治区一共发放了问卷7 193份，在"您认为目前我国教育存在以下哪些问题"这个问题上，有效卷是6 917份，占到了西部地区总问卷数的96.2%，缺失卷是276份，缺失率为3.8%。从表5—86可以看出，西部地区有409位受访者表示"满意，没问题"，占到了西部地区受访者的5.9%；有4 388人表示我国目前的教育存在"学校收费贵"的问题，占到了西部地区受访者的63.4%；有3 872人表示我国目前的教育存在"教育质量差"的问题，占到了西部地区受访者的56%；有3 826人表示我国目前的教育存在"教育政策不公平"的问题，占到了西部地区受访者的55.3%；有45.3%的人认为我国目前的教育存在"国家投入不足"的问题；有43.5%的西部地区受访者认为我国教育目前存在"学校安全隐患大"的问题。

可以看出，西部地区的民众认为我国目前的教育存在的最大的两个问题是学校收费贵和教育质量差，与东部和中部民众的选择存在一定的差异。

表5—86　　　　您认为目前我国教育存在以下哪些问题（西部卷）

	频次（人）	百分比（%）	个案百分比（%）
教育质量差	3 872	20.8	56.0
学校收费贵	4 388	23.5	63.4
学校安全隐患大	3 007	16.1	43.5
教育政策不公平	3 826	20.5	55.3
国家投入不足	3 131	16.8	45.3
满意，没问题	409	2.2	5.9
合计	18 633	100.0	269.4

资料来源："中国大众人权观念调查研究"数据库，卷A16。

二、教育问题的认知影响因素

民众对教育存在的问题的选择呈现不同的样态，并且东中西部民众的选择存在一定的差异。大众对于教育问题的认知受哪些因素的影响，我们对此进行了考察。

以性别为变量进行考察，男女对教育质量存在哪些问题的选择差距较小，除了在学校安全隐患大这一项上女性的选择比例比男性多出近 3 个百分点之外，剩余选项中的选择差距都在 1 个百分点左右。同时，受访的男女都认为教育方面存在的最大问题是学校收费太贵（见表 5—87）。

表 5—87　性别与“您认为目前我国教育存在以下哪些问题”交叉分析

	单位和百分比	您认为目前我国教育存在以下哪些问题					
		教育质量差	学校收费贵	学校安全隐患大	教育政策不公平	国家投入不足	满意，没问题
男	（人）	4 198	4 523	3 143	4 277	3 365	416
	（%）	56.0	60.3	41.9	57.0	44.9	5.5
女	（人）	3 754	4 230	3 101	3 917	3 135	423
	（%）	54.2	61.1	44.8	56.5	45.3	6.1

资料来源：“中国大众人权观念调查研究”数据库，卷 A1；A16。

从年龄的角度看，不同年龄段的人对我国教育存在问题的选择存在较大的差异。18 岁以下的群体中，认为教育方面存在的最大问题是教育政策不公平，占 65.9%；18 岁以上的受访者中，选择比例最高的都是学校收费贵。通过数据可以看出，18 岁以下和以上的群体对教育存在的最大问题有不同的选择，18 岁以下的人更注重教育政策的公平与否，18 岁以上的群体更关心教育收费问题。同时，在“满意，没问题”这一选项上，60 岁以上的受访者的选择比例高于其他群体，超过 10%，其他所有年龄段的人的选择都在 10%以下（见表 5—88）。

表 5—88　年龄与“您认为目前我国教育存在以下哪些问题”交叉分析

	单位和百分比	您认为目前我国教育存在以下哪些问题					
		教育质量差	学校收费贵	学校安全隐患大	教育政策不公平	国家投入不足	满意，没问题
18 岁以下	（人）	737	785	655	867	594	64
	（%）	56.0	59.6	49.7	65.9	45.1	4.9
19～29 岁	（人）	3 947	4 092	3 001	4 085	3 154	270
	（%）	60.5	62.7	46.0	62.6	48.3	4.1

续前表

	单位和百分比	您认为目前我国教育存在以下哪些问题					
		教育质量差	学校收费贵	学校安全隐患大	教育政策不公平	国家投入不足	满意，没问题
30～39 岁	（人）	1 391	1 569	1 139	1 395	1 199	189
	（%）	51.3	57.8	42.0	51.4	44.2	7.0
40～49 岁	（人）	1 223	1 465	923	1 256	1 051	181
	（%）	48.9	58.6	36.9	50.2	42.0	8.0
50～59 岁	（人）	435	546	331	386	344	71
	（%）	49.3	61.9	37.5	43.8	39.0	8.0
60 岁以上	（人）	231	316	223	200	175	66
	（%）	42.8	58.5	41.3	37.0	32.4	12.2

资料来源："中国大众人权观念调查研究"数据库，卷 A2；A16。

以民族为变量进行考察，从表 5—89 中我们可以看出，汉族和少数民族都认为学校收费贵是最大的问题。在教育质量、学校收费以及学校安全问题上，少数民族的受访者相比汉族受访者都表现出了更高比例的不满意。在教育政策是否公平以及国家投入是否充足的问题上，少数民族受访者的选择比例略低于汉族受访者，分别是 56.1%对 56.8%以及 44.6%对 45.1%。

表 5—89　　民族与"您认为目前我国教育存在以下哪些问题"交叉分析

	单位和百分比	您认为目前我国教育存在以下哪些问题					
		教育质量差	学校收费贵	学校安全隐患大	教育政策不公平	国家投入不足	满意，没问题
汉族	（人）	7 185	7 899	5 624	7 461	5 916	764
	（%）	54.7	60.2	42.8	56.8	45.1	5.8
少数民族	（人）	803	876	651	752	598	73
	（%）	59.9	65.3	48.5	56.1	44.6	5.4

资料来源："中国大众人权观念调查研究"数据库，卷 A3；A16。

从政治面貌的角度看，民主党派人士对我国教育的现状满意的人占了民主党派总受访者的 15.3%；紧随其后的是 7.4%的群众对我国的教育表示满意；然后是 5%的共产党员和 4%的共青团员认为我国的教育没有问题。这组数据表明，民主党派人士和群众相较于共产党员和共青团员来说，表现出了对我国教育更高的满意度（见表 5—90）。

表 5—90　政治面貌与“您认为目前我国教育存在以下哪些问题”交叉分析

	单位和百分比	您认为目前我国教育存在以下哪些问题					
		教育质量差	学校收费贵	学校安全隐患大	教育政策不公平	国家投入不足	满意，没问题
群众	（人）	3 177	3 786	2 427	3 023	2 492	468
	（%）	50.1	59.7	38.3	47.7	39.3	7.4
共青团员	（人）	3 112	3 271	2 501	3 371	2 512	207
	（%）	60.2	63.2	48.3	65.2	48.6	4.0
中共党员	（人）	1 608	1 665	1 278	1 765	1 476	141
	（%）	56.5	58.5	44.9	62.1	51.9	5.0
民主党派成员	（人）	77	66	64	64	53	19
	（%）	62.1	53.2	51.6	51.6	42.7	15.3

资料来源：“中国大众人权观念调查研究”数据库，卷 A4；A16。

在认为我国教育存在问题的所有人中，中共党员和共青团员也表现出了比普通群众更多的对教育问题的担忧。在目前我国教育存在的五个问题之中，中共党员和共青团员选择的比例大都高于普通群众。在教育政策不公平的问题上，中共党员和共青团员选择的比例都远远高于普通群众，在教育质量差、学校安全隐患大、国家投入不足的问题上亦是如此，普通群众相对更关注教育收费贵的问题。另外，民主党派人士更多地关注我国教育质量的问题；在学校安全的问题上，民主党派人士也表现出了更多的担忧。

以受教育程度为变量进行考察，不同教育程度的受访者对我国教育存在哪些问题的选择存在显著的差异。受教育程度为小学及以下、初中、高中或中专的人认为教育方面存在的最大问题是学校收费贵，并且对这一选项的选择比例远远高于其他选项，都在 60%左右，尤其是在受教育状况为小学及以下的受访者中，学校收费贵这一项与其他选项的差距体现得极为明显。学历为本科或大专、硕士、博士的人认为教育领域存在的最大问题是教育政策不公平（见表 5—91）。

表 5—91　受教育程度与“您认为目前我国教育存在以下哪些问题”交叉分析

	单位和百分比	您认为目前我国教育存在以下哪些问题					
		教育质量差	学校收费贵	学校安全隐患大	教育政策不公平	国家投入不足	满意，没问题
小学及以下	（人）	475	673	370	422	355	131
	（%）	43.2	61.2	33.6	38.4	32.3	11.9

续前表

	单位和百分比	您认为目前我国教育存在以下哪些问题					
		教育质量差	学校收费贵	学校安全隐患大	教育政策不公平	国家投入不足	满意，没问题
初中	(人)	1 333	1 579	1 094	1 119	870	272
	(%)	47.6	56.4	39.1	40.0	31.1	9.7
高中或中专	(人)	1 994	2 373	1 670	2 067	1 653	209
	(%)	51.6	61.4	43.2	53.5	42.7	5.4
本科或大专	(人)	3 572	3 612	2 768	3 939	3 105	188
	(%)	61.4	62.1	47.6	67.7	53.4	3.2
硕士	(人)	510	465	307	575	453	21
	(%)	66.8	60.9	40.2	75.3	59.3	2.8
博士	(人)	39	42	35	54	48	5
	(%)	51.3	55.3	46.1	71.1	63.2	6.6

资料来源："中国大众人权观念调查研究"数据库，卷 A5；A16。

通过数据可以看到，以本科或大专为界，受教育程度不同的人对教育领域存在的问题的选择存在明显的不同，本科或大专以下的人将教育收费问题作为首要选择，而本科或大专及其以上的人更关注教育政策的公平与否。

从个人收入的角度看，数据分析显示，不同经济地位的群体对我国教育中存在的问题的关注点存在差异。整体而言，在"学校收费贵"这一选项上，随着收入的增长，选择比例总体在降低；与此同时，人们对于"教育政策不公平"的关注随着收入的增加总体在逐步增强。即低收入群体更关系教育收费问题，收入较高的群体更注重教育政策的公平问题（见表5—92）。

表 5—92　个人年收入与"您认为目前我国教育存在以下哪些问题"交叉分析

	单位和百分比	您认为目前我国教育存在以下哪些问题					
		教育质量差	学校收费贵	学校安全隐患大	教育政策不公平	国家投入不足	满意，没问题
2 000 元以下	(人)	2 423	2 643	1 929	2 569	1 946	245
	(%)	57.7	62.9	45.9	61.2	46.3	5.8
2 000～5 000 元	(人)	976	1 113	753	879	734	125
	(%)	52.8	60.2	40.7	47.6	39.7	6.8
5 000～1 万元	(人)	738	933	614	637	523	109
	(%)	49.5	62.6	41.2	42.7	35.1	7.3
1 万～3 万元	(人)	1 698	1 875	1 346	1 788	1 449	167
	(%)	53.5	59.1	42.4	56.3	45.6	5.3

续前表

	单位和百分比	您认为目前我国教育存在以下哪些问题					
		教育质量差	学校收费贵	学校安全隐患大	教育政策不公平	国家投入不足	满意，没问题
3万～8万元	（人）	1 064	1 101	797	1 172	935	104
	（%）	55.2	57.1	41.3	60.8	48.5	5.4
8万元以上	（人）	282	266	221	318	301	42
	（%）	54.8	51.7	42.9	61.7	58.4	8.2

资料来源：“中国大众人权观念调查研究”数据库，卷A6；A16。

以宗教信仰为变量进行考察，从表5—93中我们可以看出，没有宗教信仰的人对我国教育的满意比例为5.5%，有宗教信仰的人对我国教育状况的满意率是7.4%，高出了近2个百分点。从另外一个层面看，没有宗教信仰的人，认为我国教育存在教育质量差、学校收费贵、教育政策不公平、国家投入不足的比例分别达到了56.1%、61.1%、57.9%、45.5%；而有宗教信仰的人，认为我国教育存在这四个问题的人的比例则相对较低，分别为49.9%、58.3%、51.6%、43.4%，有宗教信仰的人相较于没有宗教信仰的人对我国的教育状况有更高的满意度，认为教育中的问题更少（见表5—93）。

表5—93　　宗教信仰与“您认为目前我国教育存在以下哪些问题”交叉分析

	单位和百分比	您认为目前我国教育存在以下哪些问题					
		教育质量差	学校收费贵	学校安全隐患大	教育政策不公平	国家投入不足	满意，没问题
没有	（人）	6 848	7 463	5 258	7 072	5 557	671
	（%）	56.1	61.1	43.1	57.9	45.5	5.5
有	（人）	1 050	1 227	943	1 086	913	156
	（%）	49.9	58.3	44.8	51.6	43.4	7.4

资料来源：“中国大众人权观念调查研究”数据库，卷A7；A16。

以户籍为变量进行考察，从表5—94可以看出，农村居民中，有61.3%的人认为我国的教育存在学校收费贵的问题，占到了几个选项中的最高比例；然后是教育质量差的问题，占到了农村受访者总数的54.8%。而城镇居民中，60.2%的人认为我国教育存在教育政策不公平的问题，然后是学校收费贵的问题。可见，在城镇和农村，居民认为的我国教育存在的首要问题是不一致的：农村居民认为最大的问题是学校收费贵，而城镇居民认为最大的问题是教育政策不公平（见表5—94）。

表 5—94　　户籍与“您认为目前我国教育存在以下哪些问题”交叉分析

	单位和百分比	您认为目前我国教育存在以下哪些问题					
		教育质量差	学校收费贵	学校安全隐患大	教育政策不公平	国家投入不足	满意，没问题
农村	（人）	3 617	4 045	2 793	3 508	2 637	424
	（%）	54.8	61.3	42.4	53.2	40.0	6.4
城镇	（人）	4 340	4 709	3 456	4 713	3 873	413
	（%）	55.4	60.1	44.1	60.2	49.4	5.3

资料来源：“中国大众人权观念调查研究”数据库，卷 A8；A16。

虽然首要的关注点不一样，但总的来说，不管是城镇还是农村，教育都存在收费贵的问题，城乡居民都相当关心教育收费的问题。另外，从各项数据来看，农村居民对教育现状的满意度基本都要高于城镇居民。农村居民中，有 6.4%的人表示对我国的教育满意；而城镇居民中，这一比例下降到了 5.3%。从另一个侧面来看，城镇居民对我国目前教育中存在的各项问题，选择的比例也大都高于农村居民（学校收费贵的问题例外，61.3%的农村居民认为学校收费贵，而城镇居民认为学校收费贵的占 60.1%）。城镇居民对我国的教育现状表示出了相对于农村居民更多的不满意。

从职业的角度看，不同职业群体的人对于教育问题的选择存在显著差异。首先，对于目前我国教育中存在的问题，学生群体可谓感触最深。对于选项中列举的五个我国教育目前存在的问题，学生群体几乎半数以上的人认为都存在这些问题。其中 64.4%的学生认为存在“学校收费贵”的问题，认为“教育政策不公平”的学生受访者的比例更是高达 69.3%，同时有 61.9%的学生受访者选择了“教育质量差”的问题。我们可以看出，因为学生群体正在亲历教育过程，我国的教育行业存在哪些问题关涉到他们切身的利益，因而他们表现出比其他职业人群对教育更多的关注和担忧。

其次，通过其他职业间的对比，我们发现，有超过 60%以上的“务农者”“务工者”和“无业失业者”认为存在着“学校收费贵”的问题。与此有很大差别的是，上述三个群体中认为目前我国教育中存在着“教育政策不公平”问题的受访者比例分别只有 34.4%、46.6%和 46.7%，而这三个群体中选择了“教育质量差”的比例分别为 47.4%、51.3%和 46.1%。这三类人群都属于围绕农业为生的劳动者或无业失业者，相对而言，经济地位比较弱势，因此在教育问题上关注更多的是教育的收费问题。也正是由于关注点不一样，所以在他们看来，首要的问题是教育收费贵，然后是学校教育质量差的问题。其他的更深层次的、更宏观的问题，比如说国家投入、教育政策是否公平等，对他们而言，感触则没有那么明显。

再次，一个值得注意的数据是公职人员（包括公务员和国有企事业单位的人员）的受访者中选择存在着“教育政策不公平”问题的比例是63.9%，仅次于学生受访者对这一问题的认同。另外，选择了“学校收费贵”问题的企业员工和离退休的受访者的比例为62.2%和59.0%。务农人员和离退休人员则表现出了对我国的教育更高的满意度，分别占到了各自职业群体的11.6%和10.1%（见表5—95）。

表5—95　职业与“您认为目前我国教育存在以下哪些问题”交叉分析

	单位和百分比	您认为目前我国教育存在以下哪些问题全国卷					
		教育质量差	学校收费贵	学校安全隐患大	教育政策不公平	国家投入不足	满意，没问题
务农者	(人)	736	938	570	535	445	180
	(%)	47.4	60.4	36.7	34.4	28.7	11.6
务工者	(人)	997	1 259	739	906	766	138
	(%)	51.3	64.8	38.0	46.6	39.4	7.1
企业员工	(人)	1 227	1 366	987	1 266	1 033	104
	(%)	55.9	62.2	45.0	57.7	47.1	4.7
公职人员	(人)	1 343	1 255	1 055	1 503	1 246	85
	(%)	57.1	53.3	44.8	63.9	53.0	3.6
学生	(人)	2 601	2 706	2 017	2 915	2 142	140
	(%)	61.9	64.4	48.0	69.3	51.0	3.3
经商者	(人)	462	507	363	455	366	74
	(%)	50.7	55.6	39.8	49.9	40.1	8.1
离退休者	(人)	161	222	160	158	141	38
	(%)	42.8	59.0	42.6	42.0	37.5	10.1
无业失业者	(人)	141	191	122	143	118	21
	(%)	46.1	62.4	39.9	46.7	38.6	6.9
其他	(人)	322	350	262	358	270	61
	(%)	49.0	53.3	39.9	54.5	41.1	9.3

资料来源：“中国大众人权观念调查研究”数据库，卷A9；A16。

可见，不同的经济地位、不同的经济基础的民众，对教育问题的关注点是不一样的，因而也就导致了对教育问题的认识的差异。不同的群体教育诉求也不一样。在这个问题上，我们选择“个人年收入”与“您认为目前我国教育存在以下哪些问题”进行交叉分析，其结论也印证了这一点。

三、小结

受教育权是一项基本的人权，关系到个人的前途与幸福，也关系到国家和社会的未来发展，因此备受民众关注、国家重视。计划经济时代背景下，我国把教育作为一项纯粹的公益事业来看待，教育完全是政府的事，教育规划由政府统一制定，教育投入由政府全权负担，教育资源由政府统一使用和管理，高校所培养的人才由政府统一分配。然而，在市场经济已经成为我国主要资源分配方式的背景下，教育具有了新的特点，政府不再对教育大包大揽，政府对学校的管理走向间接和宏观，学校自主权不断扩大，教育筹资渠道多样化，教育投入主体多元化，教育所培养的人才走向市场，进行双向选择。在这种背景下，民众究竟需要什么样的教育，民众的教育诉求究竟是些什么，这些都是政府在对教育进行宏观调控的时候、政策制定者在制定教育政策的时候、政府在进行教育投入的时候需要考虑的问题。只有知道了这些问题的答案，才能有针对性地制定教育政策，才能有针对性地对教育各领域进行投入，符合市场经济条件下的人财物力等各种资源在各地区、各领域的优化配置要求。在我们的调研中，受教育权是受访者普遍关注的一个问题。民众对于我国教育的满意度较低，大都认为目前的教育存在不少问题，学校收费贵、教育质量差以及教育政策不公平是受访者的主要关注点。

同时，我们以数据为切入点，着重分析了教育现存问题在不同性别、年龄、民族、受教育程度、户籍等因素上的表现和差异，数据分析显示，这些因素对教育现存问题的选择存在不同程度的影响。首先，性别对于教育现存问题的选择没有显著的影响，男女的选择差异较小。其次，从满意度上看，汉族对教育的满意度略高于少数民族，农村居民要高于城镇居民，有宗教信仰的人高于没有宗教信仰的人。再次，从受访者普遍关心的教育收费和教育政策的公平性问题上看，18 岁以下的人更注重教育政策的公平与否，18 岁以上的群体更关心教育收费问题；中共党员和共青团员注重教育政策是否公平，普通群众更关注教育收费贵的问题；本科或大专以下的人将教育收费问题作为首要选择，而本科或大专及其以上的人更关注教育政策的公平与否；随着收入的增加，人们对于教育收费问题的关注度在降低，对教育政策公平性问题的关注度在增强；公职人员和学生更关注教育政策的公平问题，其他群体更关系收费问题。

近年来，国家对于教育的关注和投入在不断增加，但教育方面还存在不少问题，民众对教育的满意度较低，未来国家应当进一步加大对教育的投入，完善相关政策，切实保障公民的受教育权。第一，加大国家在教育方面的投入，降低教育收费。从数据分析的结果来看，在目前我国教育存在的问题中，最受民众诟病的是教育收费的问题。民众对教育的首要诉求就是希望我国加大教育投入，降低教育收费。第二，注重教育公平。我国《教育法》第九条第二款规定："公民不分民族、种族、性别、职业、财产状况、宗教信仰等，依法享有平等的受教育机会。"第三十六条也规定："受教育者在入学、升学、就业等方面依法享有平等权利。"《国家中长期教育改革和发展规划纲要（2010—2020 年）》也明确地提出"把促进公平作为国家基本教育政策"。目前教育公平方面存在不少问题，突出表现在教育资源分配不均，城乡教育不公平，各省份、各地区之间不公平，未来要完善实施更加公平的教育政策。第三，提高教育质量。目前的教育质量问题也为许多人所诟病，教育质量是教育的生命，提高教育质量是各级教育发展环节的核心内容，是各级学校应该贯彻始终的中心工作。只有教育质量提高了，学生才能追逐更高的的梦想，学生才能变成社会所需要的人才，人民群众才会对我国的教育表示满意，才能最终使得国家和社会的人力资源需求得以满足，才能促进国家和社会的发展。

第六节　环境权利观念

党的十八大报告首次专章阐述生态文明，并把"美丽中国"作为未来生态文明建设的宏伟目标，站在总体布局的高度来论述，不但将生态环境质量纳入基本公共产品范畴，在理论上明确了生态环境的显性价值，而且表明了提供具有公共服务属性功能的环境产品是政府不可推卸的职责。

环境权从字面上理解就是"人们对享有良好环境所具有的一种权利"，是在环境问题越发凸显而人类的技术不断改善以及人们的观念逐渐改变的情况下应运而生的。1970 年 3 月，国际社会科学评议会在东京召开了"公害问题国际座谈会"，会后发表的《东京宣言》更为明确地提出了环境权的要求："我们请求，把每个人享有其健康和福利等要素不受侵害的环境的权利和当代传给后代的遗产应是一种富有自然美的自然资源的权利，作为一项基本人权，在法律体系中确定下来。”1972年召开的联合国斯德哥尔摩人类环境会议通过了《人类环境宣言》，庄严宣告：“人类有权在一种能够过着尊严和福利的生活的环境中，享有自由、平等和充足的生活条件的基本权利，并且负有保护和改善这一代和将来的世世代代的环境的庄严责任。”如今，环境关涉公民权益似已成为社会共识，由官方主导的环保风暴和民间自发开展的抵制具有污染风险的项目等事件使环境权利成为人们关注的焦点。那么，中国大众的环境权利观念究竟怎样，他们对自己的环境权利有着怎样的认识、面对可能侵犯其环境权利的情况时会有怎样的反应，这些问题都有待进一步认识。

一、民众的环境权基本意识

我们设计“您觉得政府在您的居住区附近建设污染环境的工厂该不该征求您的意见”这一问题，希望通过考察大众对生活中可能出现的具体环境情景的态度来揭示其环境权基本意识。

如图5—9所示，在14 564位有效受访对象中，认为政府在居住区附近建设污染环境的工厂应该征询周边居民意见的受访者的比例为85.2%，认为不该的占8.1%，认为无所谓的占6.7%。

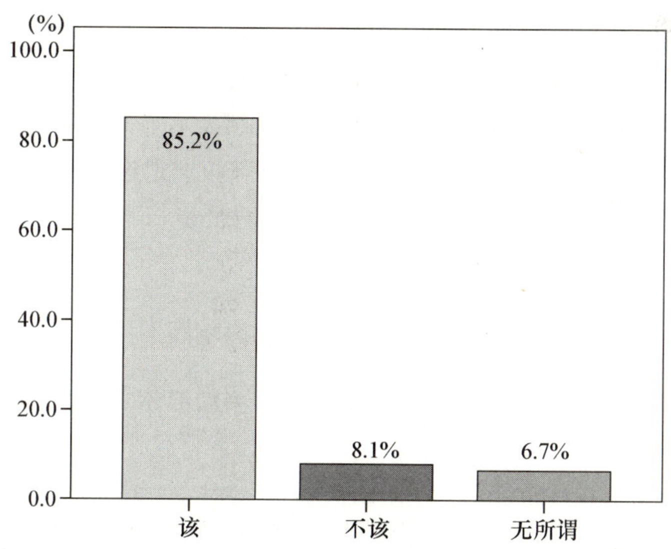

图5—9　“您觉得政府在您的居住区附近建设污染环境的工厂该不该征求您的意见”调查结果

资料来源：“中国大众人权观念调查研究”数据库，卷A21。

我国宪法和法律没有明确承认和宣告公民的环境权，但对民众在环境保护领域的知情、参与、监督和诉讼权利予以了确认。[①]《中华人民共和国环境影响评价法》第八条规定："国务院有关部门、设区的市级以上地方人民政府及其有关部门，对其组织编制的工业、农业、畜牧业、林业、能源、水利、交通、城市建设、旅游、自然资源开发的有关专项规划（以下简称专项规划），应当在该专项规划草案上报审批前，组织进行环境影响评价，并向审批该专项规划的机关提出环境影响报告书。"国务院《规划环境影响评价条例》第十三条补充规定："规划编制机关对可能造成不良环境影响并直接涉及公众环境权益的专项规划，应当在规划草案报送审批前，采取调查问卷、座谈会、论证会、听证会等形式，公开征求有关单位、专家和公众对环境影响报告书的意见。但是，依法需要保密的除外。""有关单位、专家和公众的意见与环境影响评价结论有重大分歧的，规划编制机关应当采取论证会、听证会等形式进一步论证。""规划编制机关应当在报送审查的环境影响报告书中附具对公众意见采纳与不采纳情况及其理由的说明。"可见，我国法律认为，政府规划建设有可能污染环境的工厂时"应该"（不是"可以"）征求公众意见，而且，如果有关单位、专家和公众的意见与环境影响评价结论有重大分歧的，规划编制机关还应当采取论证会、听证会等形式进一步论证，最后，对于公众意见，无论采纳不采纳，都必须说明理由。所以，虽然最终决定权仍然在政府机关手中，但征求公众意见却是必经的程序。

85.2%的民众认为应当征求公众意见无疑显示了大众环境权利观念已然觉醒，但遗憾的是，仍有8.1%的人群没有认识到这一权利或者根本不认为这应该是一种权利，还有6.7%的人群对环境权利持一种无所谓的冷漠态度。

二、民众环境权观念的影响因素

民众为什么会有这样的环境权利观念？不同群体之间的环境权利观念

① "中国大众人权观念调查研究"项目开展时，新的环境保护法还未出台，本书对大众环境权观念的分析以此为背景展开。第十二届全国人民代表大会常务委员会第八次会议于2014年4月24日修订通过了修订后的《中华人民共和国环境保护法》，虽然没有明确承认和宣告公民的环境权，但专门设立了信息公开和公众参与制度，并且建立了环境公益诉讼制度，从实践上保障了公民的知情权、参与权、监督权和诉讼权，可能会对大众的环境权利观念产生新的影响。

是否存在差异？这需要我们对相关因素进行交叉综合分析之后才可能了解。

以性别为变量考察，数据显示，认为应该征求公众意见的，男性占84.3%，女性占86.4%；认为不该征求公众意见的，男性占8.7%，女性占7.3%；认为无所谓的，男性占7.0%，女性占6.3%。很显然，男女之间在居住区附近建设污染环境的工厂该不该征求公众意见这一问题上分歧不大，只是略有差异而已，这一微弱的差异表现在女性的环境权利意识比男性较为积极和强烈（见表5—96）。不过，卡方检验显示，不同性别的受访者对于“您觉得政府在您的居住区附近建设污染环境的工厂该不该征求您的意见”的回答之间的差异仍然具有显著性（$x^2=13.063$，$df=2$，$p<0.01$）。

表5—96　性别与“您觉得政府在您的居住区附近建设污染环境的工厂该不该征求您的意见”交叉分析

	单位和百分比	您觉得政府在您的居住区附近建设污染环境的工厂该不该征求您的意见			合计
		该	不该	无所谓	
男	（人）	6 291	648	521	7 460
	（%）	84.3	8.7	7.0	100.0
女	（人）	5 941	500	435	6 876
	（%）	86.4	7.3	6.3	100.0
合计	（人）	12 232	1 148	956	14 336
	（%）	85.3	8.0	6.7	100.0

资料来源：“中国大众人权观念调查研究”数据库，卷A1；A21。

从年龄的角度考察，相关分析显示，不同年龄段的受访者对于“您觉得政府在您的居住区附近建设污染环境的工厂该不该征求您的意见”的回答存在极其显著的差异（$x^2=46.451$，$df=10$，$p<0.01$）。认为应该征求公众意见的，比例最高的是18岁以下和40～49岁这两个年龄段的人群，均为86.8%；比例最低的是60岁以上的老年人群体，为81.4%；19～29岁、50～59岁、30～39岁这三个年龄段的人群介于其间，比例由高至低依次为85.3%、84.5%、83.4%。可见，无论是哪一个年龄阶段，都有较为强烈的环境权利意识，最高比例与最低比例之间相差只有5个左右的百分点。18岁以下和19～29岁这两个年龄段的受访对象中学生群体尤其是大学生较多，受教育程度高，比较容易接受新生事物，观念更新快，对于作为新型权利的环境权的态度就较为明确和坚定。而60岁以上

的老年人群体，由于年龄的原因，较少接触环境权利这样的说法，比较难与社会观念更新同步，大多持一种应该保护环境的朴素的观念，而相对较少形成明确而坚定的权利观念（见表5—97）。

表5—97　年龄与“您觉得政府在您的居住区附近建设污染环境的工厂该不该征求您的意见”交叉分析

	单位和百分比	年龄						合计
		18岁以下	19～29岁	30～39岁	40～49岁	50～59岁	60岁以上	
该	(人)	1 134	5 530	2 248	2 152	740	442	12 246
	(%)	86.8	85.3	83.4	86.8	84.5	81.4	85.1
不该	(人)	114	523	239	183	59	41	1 159
	(%)	8.7	8.1	8.9	7.4	6.7	7.6	8.1
无所谓	(人)	59	427	209	145	77	60	977
	(%)	4.5	6.6	7.8	5.8	8.8	11.0	6.8
合计	(人)	1 307	6 480	2 696	2 480	876	543	14 382
	(%)	100.0	100.0	100.0	100.0	100.0	100.0	100.0

资料来源：“中国大众人权观念调查研究”数据库，卷A2；A21。

以民族为变量考察，数据显示，认为应该征求公众意见的，汉族占85.9%，少数民族占79.9%；认为不该征求公众意见的，汉族占7.7%，少数民族占10.9%；认为无所谓的，汉族占6.4%，少数民族占9.2%。可见，汉族与少数民族民众之间在居住区附近建设污染环境的工厂该不该征求公众意见这一问题上的认识有一定的差异，少数民族可能由于民族传统文化的影响，权利观念的形成本就较为晚近，对于作为新兴的权利类型的环境权的意识还不够明确和坚定，因此，汉族民众对于环境权利有着更为明确的观念和更为坚定的主张（见表5—98）。卡方检验显示，不同民族的受访者对于“您觉得政府在您的居住区附近建设污染环境的工厂该不该征求您的意见”的回答之间的差异具有显著性（$x^2=34.928$，$df=2$，$p<0.01$）。

表5—98　民族与“您觉得政府在您的居住区附近建设污染环境的工厂该不该征求您的意见”交叉分析

	单位和百分比	您觉得政府在您的居住区附近建设污染环境的工厂该不该征求您的意见			合计
		该	不该	无所谓	
汉族	(人)	11 203	1 008	831	13 042
	(%)	85.9	7.7	6.4	100.0

续前表

	单位和百分比	您觉得政府在您的居住区附近建设污染环境的工厂该不该征求您的意见			合计
		该	不该	无所谓	
少数民族	（人）	1 060	145	122	1 327
	（%）	79.9	10.9	9.2	100.0
合计	（人）	12 263	1 153	953	14 369
	（%）	85.3	8.0	6.6	100.0

资料来源："中国大众人权观念调查研究"数据库，卷A3；A21。

从政治面貌的角度考察，相关分析显示，不同政治面貌的受访者对于"您觉得政府在您的居住区附近建设污染环境的工厂该不该征求您的意见"的回答存在极其显著的差异（$x^2=127.792$，$df=6$，$p<0.01$）。数据显示，认为应当征求公众意见的，比例最高的是中共党员，占88.0%，最低的是民主党派成员，占74.4%，介于其间的是共青团员和群众，分别占87.6%和82.6%；认为不该征求公众意见的，比例最高的是民主党派成员，占16.0%，最低的是中共党员，占7.2%，介于其间的是共青团员和群众，分别占7.7%和8.5%；认为无所谓的，比例较高的是民主党派成员和群众，分别占9.6%和9.0%，较低的是共青团员和中共党员，分别占4.6%和4.8%（见表5—99）。

表5—99　政治面貌与"您觉得政府在您的居住区附近建设污染环境的工厂该不该征求您的意见"交叉分析

	单位和百分比	您觉得政府在您的居住区附近建设污染环境的工厂该不该征求您的意见			合计
		该	不该	无所谓	
群众	（人）	5 207	534	566	6 307
	（%）	82.6	8.5	9.0	100.0
共青团员	（人）	4 491	397	236	5 124
	（%）	87.6	7.7	4.6	100.0
中共党员	（人）	2 492	203	136	2 831
	（%）	88.0	7.2	4.8	100.0
民主党派成员	（人）	93	20	12	125
	（%）	74.4	16.0	9.6	100.0
合计	（人）	12 283	1 154	950	14 387
	（%）	85.4	8.0	6.6	100.0

资料来源："中国大众人权观念调查研究"数据库，卷A4；A21。

可以观察到的一个趋势是，中共党员和共青团员对于环境权利有着较为积极和强烈的意识，群众和民主党派成员对环境权利的态度则相对较为消极。在受访的共青团员群体中，有较多数量的学生，而中共党员一般也是在社会各行各业中地位较高的群体，较高的受教育程度和社会地位使得这些群体更容易对作为新的人权类型的环境权利产生认同，从而表现出较高的权利意识，而普通群众囿于自身认识能力和认识程度，环境权利观念稍微弱于前面两个群体。至于民主党派，一般情况下，其成员多为社会精英，因此，应该会具有相当强烈的权利意识才符合常识。但是，民主党派的受访人员只有 125 人，与群众 6 307 人、共青团员 5 124 人和中共党员 2 831人这样庞大的样本相比几乎可以忽略不计，或许正是因为这一群体的样本太小而受访对象分布又过于集中，因此产生了统计上的误差，没有呈现出民主党派成员环境权利意识的真实景状。

从文化程度的角度考察，相关分析显示，不同学历的受访者对于“您觉得政府在您的居住区附近建设污染环境的工厂该不该征求您的意见”的回答存在极其显著的差异（$x^2=392.961$，$df=10$，$p<0.01$）。通过对“受教育水平”的分析，我们发现，随着受教育水平从“小学及以下”到“本科或大专”的提升，受访者中认为政府应该在修建有污染的工厂时征求居住区居民意见的比例也在逐渐上升，具有“本科或大专”学历的受访者中的比例最高，达到了 90.3%。值得注意的是，受教育水平在“小学及以下”的受访者中认为当该事件出现时政府应该征求意见的比例仅为 71.3%，同时选择“无所谓”的受访者的比例则高达 16.4%。因此，可以约略地认为，相对于受教育程度较低的群体，受教育程度较高的受访者更倾向于主张政府建设污染环境的工厂时应该征求公众意见，高学历群体整体上的环境权利意识更为强烈（见表 5—100）。

表 5—100　受教育水平与“您觉得政府在您的居住区附近建设污染环境的工厂该不该征求您的意见”交叉分析

	单位和百分比	受教育水平						合计
		小学及以下	初中	高中或中专	本科或大专	硕士	博士	
该	（人）	783	2 263	3 230	5 194	682	63	12 215
	（%）	71.3	81.3	84.0	90.3	90.0	81.8	85.3
不该	（人）	135	272	319	360	50	9	1 145
	（%）	12.3	9.8	8.3	6.3	6.6	11.7	8.0
无所谓	（人）	180	248	298	201	26	5	958
	（%）	16.4	8.9	7.7	3.5	3.4	6.5	6.7
合计	（人）	1 098	2 783	3 847	5 755	758	77	14 318
	（%）	100.0	100.0	100.0	100.0	100.0	100.0	100.0

资料来源：“中国大众人权观念调查研究”数据库，卷 A5；A21。

从收入水平的角度考察，相关分析显示，不同年收入的受访者对于“您觉得政府在您的居住区附近建设污染环境的工厂该不该征求您的意见”的回答存在极其显著的差异（$x^2=149.185$，$df=10$，$p<0.01$）。在考察收入因素对这一问题的影响时，我们发现：大体来说，随着年收入从“5 000～1 万元”到“3 万～8 万元”的逐步上升，认为政府在修建有污染的工厂时应当征求居住区居民意见的受访者比例也在逐渐上升。这是不难理解的，社会存在决定社会意识，公民的权利意识实际上是商品经济一系列运行原则和规范在政治生活中的运用和反映。从宏观上讲，改革开放以后，随着商品经济的形成和发展，我国公民权利意识缓慢地走上了健康发展的道路。从微观上讲，人们的权利意识层次随着收入的增加也会逐渐提升。然而，有两项数据与这一规律不符，也与我们基于常识的一般预设相违背，如，收入在 2 000 元以下的群体认为应该征求公众意见的比例是 85.1%，高于收入在 2 000～5 000 元和 5 000 元到 1 万元这两个收入阶段的群体。这可能是因为收入在 2 000 元以下的受访者中绝大多数为学生，他们收入较低或者根本没有收入，但他们有着较高的文化程度，从而有着较高的环境权利意识。而收入在 8 万元以上的群体认为应该征求公众意见的比例低于收入在 1 万～3 万元和 3 万～8 万元区间的群体，则可能是因为受访者中收入在 8 万元以上的人数较少，未能准确地反映出这一群体的真实观念状况（见表 5—101）。

表 5—101　个人年收入与“您觉得政府在您的居住区附近建设污染环境的工厂该不该征求您的意见”交叉分析

	单位和百分比	个人年收入						合计
		2 000 元以下	2 000～5 000 元	5 000～1 万元	1 万～3 万元	3 万～8 万元	8 万元以上	
该	(人)	3 551	1 467	1 162	2 761	1 715	445	11 101
	(%)	85.1	79.9	78.9	87.5	89.2	86.4	84.9
不该	(人)	375	191	155	179	117	45	1 062
	(%)	9.0	10.4	10.5	5.7	6.1	8.7	8.1
无所谓	(人)	246	177	156	217	90	25	911
	(%)	5.9	9.6	10.6	6.9	4.7	4.9	7.0
合计	(人)	4 172	1 835	1 473	3 157	1 922	515	13 074
	(%)	100.0	100.0	100.0	100.0	100.0	100.0	100.0

资料来源：“中国大众人权观念调查研究”数据库，卷 A6；A21。

从宗教信仰的角度考察，相关分析显示，有无宗教信仰者对于“您觉得政府在您的居住区附近建设污染环境的工厂该不该征求您的意见”的回答存在极其显著的差异（$x^2=144.858$，$df=2$，$p<0.01$）。引入宗教信仰的因素考察，统计数据显示，没有宗教信仰的人中认为应该征求公众意见的占87.0%，有宗教信仰的人中认为应该征求公众意见的却只有77.2%，比前者低了近10个百分点，相应的，有宗教信仰的人认为不该征求公众意见和无所谓的比例分别为11.5%和11.3%，都远高于没有宗教信仰者认为不该和无所谓的比例（见表5—102）。这样的统计结果给人一种印象：宗教信仰会影响到大众的环境权利观念，而且，没有宗教信仰者往往比有宗教信仰者拥有更为积极和强烈的权利意识。

表5—102　　宗教信仰与“您觉得政府在您的居住区附近建设污染环境的工厂该不该征求您的意见”交叉分析

	单位和百分比	您觉得政府在您的居住区附近建设污染环境的工厂该不该征求您的意见			合计
		该	不该	无所谓	
没有	（人）	10 560	893	686	12 139
	（%）	87.0	7.4	5.7	100.0
有	（人）	1 606	240	234	2 080
	（%）	77.2	11.5	11.3	100.0
合计	（人）	12 166	1 133	920	14 219
	（%）	85.6	8.0	6.5	100.0

资料来源：“中国大众人权观念调查研究”数据库，卷A7；A21。

从城乡差别的角度考察，相关分析显示，不同户籍的受访者对于“您觉得政府在您的居住区附近建设污染环境的工厂该不该征求您的意见”的回答存在极其显著的差异（$x^2=9.604$，$df=2$，$p<0.01$）。考察户籍因素的影响，如表5—103所示，农村户籍的受访者中认为应该征求公众意见的比例为84.6%，城镇户籍的受访者中这一比例则为86.5%，略高于农村。可以一般性地认为，拥有城镇户籍的受访者比拥有农村户籍的受访者更多地选择认为政府在修建污染环境的工厂时应当征求居住区居民的意见，城镇居民的环境权利意识略高于农村居民。事实上，户籍对环境权利观念的影响只是形式上的和标签意义上的，实际对两个不同的群体的环境权利观念产生影响的是户籍背后的利益配置机制和在此基础上形成的社会

阶层区隔。

表 5—103　户籍与“您觉得政府在您的居住区附近建设污染环境的工厂该不该征求您的意见”交叉分析

	单位和百分比	您觉得政府在您的居住区附近建设污染环境的工厂该不该征求您的意见			合计
		该	不该	无所谓	
农村	（人）	5 558	561	448	6 567
	（%）	84.6	8.5	6.8	100.0
城镇	（人）	6 716	587	465	7 768
	（%）	86.5	7.6	6.0	100.0
合计	（人）	12 274	1 148	913	14 335
	（%）	85.6	8.0	6.4	100.0

资料来源：“中国大众人权观念调查研究”数据库，卷 A8；A21。

从职业的角度考察，相关分析显示，不同职业的受访者对于“您觉得政府在您的居住区附近建设污染环境的工厂该不该征求您的意见”的回答存在极其显著的差异（$x^2=338.719$，$df=16$，$p<0.01$）。通过对职业的比较，我们发现，企业员工、公职人员（包括公务员、国有企事业单位）以及学生受访者相比较其他职业的受访者而言认为政府在修建污染环境的工厂时应当征求居住区居民的意见的比例更高，其中，公职人员（包括公务员、国有企事业单位）的受访者以 90.8%的比例成为所有职业受访者中最为认同政府应该为此而征询意见的；与此相对的是，职业为务农的受访者中仅有 75.1%比例的认为政府应该为此而征询居住区居民的意见，为所有职业中最低；同时，务农者认为政府无须为此而征求居民的意见的比例最高，为 14.5%（见表 5—104）。公职人员以 90.8%的比例居第一，这与大众对公职人员在环境保护中的评价有所不同：在很多环境事件中，被推上风口浪尖的不是有可能造成污染的企业，而是背后推动项目建设的政府机构，因此，政府机构和公职人员往往被认为在环境保护方面不负责任。而如上的调查数据显示，情况并非如此。事实上，公职人员在所有的职业群体中拥有最强的环境权利观念，只是在经济利益和环保利益发生冲突时，他们可能优先选择了前者。

表 5—104　职业与“您觉得政府在您的居住区附近建设污染环境的工厂该不该征求您的意见”交叉分析

	单位和百分比	职业									合计
		务农者	务工者	企业员工	公职人员	学生	经商者	离退休者	无业失业者	其他	
该	(人)	1 165	1 556	1 863	2 113	3 737	732	312	248	564	12 290
	(%)	75.1	80.4	85.4	90.8	89.6	80.9	83.6	81.3	86.6	85.3
不该	(人)	225	170	161	130	284	95	28	24	43	1 160
	(%)	14.5	8.8	7.4	5.6	6.8	10.5	7.5	7.9	6.6	8.1
无所谓	(人)	161	209	157	85	152	78	33	33	44	952
	(%)	10.4	10.8	7.2	3.7	3.6	8.6	8.8	10.8	6.8	6.6
合计	(人)	1 551	1 935	2 181	2 328	4 173	905	373	305	651	14 402
	(%)	100.0	100.0	100.0	100.0	100.0	100.0	100.0	100.0	100.0	100.0

资料来源：“中国大众人权观念调查研究”数据库，卷 A9；A21。

三、小结

环境权利包括实体意义上的公民环境权和程序意义方面的公民环境权。一般来说，公民环境权的程序内容应该包括对有关环境信息的知情权、环境决策的参与权以及在发生环境侵权时获得救济的权利。通过数据分析，我们可以发现，我国大众有着强烈的环境保护意识，环境维权意识和能力也日渐提高，绝大部分受访民众认为政府在居住区附近建设可能污染环境的工厂应该征询周边居民意见，对于可能对其生活环境造成污染的状况，绝大多数民众认为自己有知情和参与决策的权利。

此外，我们运用调查数据，重点分析了中国大众环境权利观念在不同性别、不同教育程度、不同收入水平、不同居住地等方面的主要表现和差异。可以发现，这些因素对环境权利观念造成的影响并不是等值等量的，其间同样有着相当的差异。首先，性别、民族、宗教信仰、政治面貌等因素对环境权利观念的影响力一般。男女之间对于在居住区附近建设污染环境的工厂该不该征求公众意见这一问题上分歧不大，只是略有差异而已，表现在女性的环境权利意识比男性较为积极和强烈。少数民族可能由于民族传统文化的影响，权利观念的形成本就较为晚近，对于作为新兴的权利类型的环境权的意识还不够明确和坚定，而汉族民众对于环境权利有着更为明确的观念和更为坚定的主张。相较而言，有信仰宗教者对环境权利持有的态度不如无宗教信仰者积极和强烈。其次，受教育程度、经济收入水平、户籍、职业等因素对环境权利观念有着显著而深刻的影响，特别是受教育程度，在认为应该征求公众意见的比例上，小学及以下群体与本科或大专群体相差悬殊。而且，在这几个影响力较大的因素中，受教育程度和经济收入水平是对观念意识最直接和最有力的影响因子，而户籍和职业只是标签性的和间接的影响因素，它们之所以能够产生影响力，事实上仍然是因为不同户籍和职业的群体背后文化程度和经济水平存在的差异。因此，可以说，在我们考量的影响环境权利观念的可能因素中，文化资本和经济资本的影响是最直接和最有力的。这也为民众的环境权利观念培育指明了方向。

依托自然环境生存和发展，并要求环境质量能够保障人体健康，这是人类尊严的基本底线，本质上属于人权的范畴。我国目前正处在社会转型的关键时期，如何处理好经济发展与环境保护之间的关系，实现经济和社会的可持续发展，构建人与自然和谐相处的社会氛围，是我们必须面对和努力解决的重要问题。我国大众有着强烈的环境保护意识和明确的环境保护主张，但公民环境权却并没有得到我国宪法和法律的明确。以宪法法律的形式明确公民环境权的基本权利地位，并把环境权纳入立法、行政和司法的考量范围之内，实现环境权的宪法化、公民权化和具体化，是建设美丽中国的必由之路。

第六章　结论

大众人权观念，是一个社会中的成员对自我基本权利的认知、主张和要求，表现形式为关于人权的心理、知识和理论。由此，其构成可以从两个层面理解：一是按认识层次，可将人权观念分为人权心理、人权知识和人权理论三种形态；二是按知识要素，可将人权观念分为人权认知、人权主张和人权要求三个要素。观念是可以用语词表达的思想，人们通过它们传递某种意义，进行思考和沟通，通过社会化形成公认的普遍意义，并由此建立思想理论体系。相对于人权观念的概念界定，实际测量人权观念状况要复杂很多，我们将人权观念划分为三大部分：大众的一般人权观念，公民基本权利和政治权利观念，经济、社会及文化权利观念，对这些权利观念以及这些权利所涵摄的其他一系列观念体系进行考察的同时，我们也就特殊群体的权利问题考察了大众的人权平等观念与特殊保护观念。

人权观念的研究与人权理论的构建和人权保障的推进休戚相关。人权的主体是人，对于人权观念的研究必须建基于对现实的人的实际考察。把人权观念当做一个可以抽象、分析、概括的概念而不去探究民众的实际认识，会导致人权主体的失语。基于此，我们直接面向民众，对他们的人权认知、人权主张和人权要求做了多角度、大范围的社会调查，全景式展示了中国大众人权观念的现实样态。

一、大众人权观念的价值转换

20 多年来的人权宣传教育与人权保障实践，使得“国家尊重和保障人权”逐渐成为社会共识，个人自由与尊严在大众的人权清单重要性序列中占据了优位。

调查显示，中国大众的人权观念发生了价值转换，个人的自由与尊严超越了经济性、社会性权利，在大众人权清单重要性序列中占据了优位，不过，大众对两类人权的认识还存有诸多模糊地带。

生存权和发展权是首要的基本人权，是享受其他人权的前提，没有生存权、发展权，其他一切人权均无从谈起，这是长期以来我国在人权问题上的基本观点。1991 年 10 月，中国国务院新闻办公室发布第一份人权白皮书，明确提出“生存权是中国人民长期争取的首要人权”。此后，“生存权”概念一直被中国政府在各种人权领域广泛使用。生存权和发展权是首要的基本人权这一观点是符合人权发展的基本理论逻辑的，同时，也是中国人民从自己的历史和国情出发，在人权问题上得出的一个基本结论。如马克思在《德意志意识形态》中所指出：“我们首先应当确定一切人类生存的第一个前提，也就是一切历史的第一个前提，这个前提是：人们为了能够‘创造历史’，必须能够生活。但是为了生活，首先就需要吃喝住穿以及其他一些东西。”① 人必须首先解决好吃、喝、住、穿的问题，然后才能从事政治、科学、艺术哲学、宗教等活动。人们只有获得了生存权，才具有现实条件有效地行使其他人权。

不过，随着中国社会的快速发展和中国人权事业的持续推进，中国人民的人权观念发生了重大转变。

“中国大众人权观念调查”项目在全国 30 个省、自治区、直辖市（港、澳、台及海南除外）对通过概率抽样选取的 15 111 位居民进行了面访问卷调查。其中，问题“您认为哪些方面的人权最为重要”选取 8 项具体人权组成一个人权清单，考察各项人权在中国大众人权观念中的重要性位阶。统计数据显示，在 8 项备选权利中，选择“个人自由和尊严”（81.1%）的受访者比例排在第一位，远高于排名其后的“生命健康权”（65.2%）、“社会保障权”（58.2%）、“劳动权”（45.8%），乃至“言论自由权”（45.1%）和“选举权与被选举权”（39.4%），以及“通过法律途径获得救助的权利”（39.0%）和“宗教信仰自由权”（20.0%）。

调查结果显示，由于中国社会取得了举世公认的巨大进步，中国人民的命运发生了翻天覆地的巨大变化，随着中国政府采取切实有效的措施不断推进人权事业发展，广大人民群众物质文化生活水平得到了显著的提高，当下，中国民众的人权观念已然发生了价值转换，个人的自由与尊严超越了经济性、社会性权利，在民众人权清单重要性序列中占据了优位。中国民众的人权诉求不再仅限于经济、社会、文化以及生产、生活的需要，而是更多地主张个人的自由和尊严。个人自由与尊严在民众人权观念

① 《马克思恩格斯选集》，中文 3 版，第 1 卷，158 页，北京，人民出版社，2012。

中的重要性位阶不但远远超越社会保障权、劳动权这些与其社会生产、生活密切相关的权利，而且也超越了生命健康权这一人之为人的最基本、最原始的权利类型。希望活得更加自由、更有尊严成为中国人民第一位的人权诉求。

同时，我们结合人作为主体所应具备的要素，从个人属性、社会身份和社会条件三个方面进行了逻辑回归分析，结果显示，对个人自由与尊严在人权清单中的重要性认识影响最大的是受教育状况，最小的是个人收入状况。说明对于独立个体而言，经济收入的高低并不对自由与尊严感受形成有统计意义的影响，对于自由尊严的需要存在于任何一个主体的观念中。而教育让我们观念提升，受教育程度越高，越能激发对个人价值的追求与实现，越能认识人之尊严的重要性。

但是，该结果也透露出中国民众人权观念还存在诸多模糊地带。虽然个人自由与尊严在民众人权观念中重要性居于首位，但作为保障个人自由与尊严能够切实得到实现的重要权利，宗教信仰自由、通过法律途径获得救济的权利、选举权与被选举权、言论自由在人权清单中则分别位列倒数第一、二、三、四位，远低于社会保障权与劳动权。概言之，虽然民众非常渴望个人自由与尊严，但民众的权利主张和要求更多地倾向于与其生产生活密切相关的经济、社会权利，对公民权利和政治权利没有强烈的要求，政治参与和司法参与的积极性较低。

对作为生民之本的自由和尊严而言，权利是一种辅助和实现机制，只有有了完整的权利观念、明确的权利主张和积极的权利行动，才能将纸上的权利化为手中的权利，才能得享自由和尊严。正如1993年世界人权大会所通过的《维也纳宣言与行动纲领》（Vienna Declaration and Programme of Action）所宣示的，公民权利和政治权利与经济、社会及文化权利彼此之间是相互依存、相互关联的，应给予同等的关注。[①] 民众不重视公民权利和政治权利，对经济、社会及文化权利的重要性评价较高，意味着民众的人权观念可能还比较初步，民众没有充分认识到公民权利和政治权利同经济、社会及文化权利这两代、两类人权之间的内在关联，也没有通过政治参与主张自己的权利、通过司法参与保障和救济自己的权利，从而更好地实现自己的经济、社会及文化权利，进而获得自由和尊严的自觉意识。

① 参见《维也纳宣言与行动纲领》，联合国文件集第A/CONF.157.23号，1993年7月。

二、模糊的公民权利和政治权利观念

中国大众关于公民权利和政治权利的观念表达得较为模糊。公民权利和政治权利与经济、社会及文化权利之间存在密切关联，充分的公民权利和政治权利保障有利于经济、社会及文化权利的充分实现。因此，一般认为，中国人并没有充分认识到经济性权利与政治权利之间所存在的不可分割的联系是民众不重视政治权利的原因之一。① 但问题并非仅仅如此，中国民众模糊的公民权利和政治权利观念形态有其语境化的形成机理，同时，这也给中国人权保障事业的持续更新与全面推进提出了新的课题。

从人权的演进历程看，如果以法国《人权宣言》所指出的“自由、财产、安全和反抗压迫是人的自然的和不可动摇的权利”为起点，迄今为止已经出现了三代人权，即：形成于美国和法国大革命时期，要求保护公民自由免遭国家侵害的公民权利和政治权利；形成于俄国革命时期，要求国家积极发展社会福利事业，保障公民经济生活的经济、社会及文化权利；以及 20 世纪中后期在反殖民主义过程中所形成的民族自决权、发展权、环境权等集体人权。传统的西方人权观念往往否认经济、社会及文化权利的重要性，将经济、社会及文化权利看成非典型的、不标准的、次要的人权，认为公民权利和政治权利在价值位阶上优于经济、社会及文化权利，并将其置于优先保障的地位。

在中国人权保障事业中，中国政府采取了不同于西方的人权发展策略，将经济、社会及文化权利保障放置于优先位置。在中国历年发布的人权白皮书中，中国政府一再强调，生存权是所有权利中最基本的权利，没有生存权利，其他的权利都谈不上，并将保证民众的生存权与发展权作为人权保障的第一要务。通过大力推动经济发展，在发展中解决人民的各种生存发展问题，中国政府取得了一系列的人权成就，如解决了 13 亿人口的温饱问题，建立了基本覆盖城乡的社会保障体系，等等。相比之下，在政治权利保障问题上，中国政府则表现出审慎和渐进的态度，以确保中国民主政治发展的有序性与稳定性。

一个国家在政治发展过程中应当选择什么样的发展策略，是优先发展经济、社会及文化权利，还是进行政治体制改革，都应当充分考虑社会发

① 参见［比］邓肯·弗里曼、古斯塔夫·盖拉茨：《欧洲与中国的人权观差异》，载《欧洲研究》，2011（2）。

展的基本现实、民众的切实需求与不同路径的难易程度。其中一个尤为重要的问题是，中国民众认为目前最迫切需要解决的人权问题是什么，民众更倾向于解决经济、社会权利问题还是公民权利与政治权利问题。

学者在1993—1994年间所进行的一次公民权利意识调查显示，民众对公民权利与政治权利的重视程度明显低于经社文权利，多数民众对现实中政治参与不足并没有表现出强烈不满。夏勇认为，“当很大比例的中国人已经强烈意识到了自己的财产权、婚姻自由和生命安全的权利时，他们的政治参与权利——如自由和公正选举的权利、自由表达的权利——在意识上却大大落后”①。而“世界价值观调查”分别在2001年和2007年对中国的人权认知状况进行了调查。调查结果显示，在欧洲国家，超过20%的受访者将“给人民更多发言权”作为最重要的权利，在多数欧洲国家“保护言论自由”获得的支持率都超过20%。相比之下，只有3.8%的中国受访者将“保护言论自由”作为他们的首选，11.1%的受访者将“给人民更多发言权”作为首选。34.9%的中国受访者选择“保持国内秩序”，26.0%的人选择“控制物价上涨”。② 本课题组在2012年组织的第一波“大众人权观念问卷调查”结果同样显示，民众更为关注社会保障权、工作权等基本经济权利，对选举权、言论自由等政治权利整体关注度要低。这三次人权观念调查时间跨度达到20年，而得出的结果却基本相同。这说明，自改革开放以来，经济、社会及文化权利一直是大多数中国人最优先的选择，相对而言，公民权利与政治权利成为次优选择。

民众的这种价值选择可能与我们国家的经济发展阶段密切相关，物质资源的不丰富一定程度上制约了民众政治参与积极性。如马斯洛所言，只有最基本的生理需要达到维持生存所必需的程度后，其他的需要才能成为新的激励因素。政治生活无法与经济相分离，总是要以经济发展水平为基础，并会受到经济状况的制约。自改革开放以来，我国经济社会得到迅速发展，人民的生活水平大为提高，但我国目前仍处于社会主义初级阶段，生产力水平相对不高，经济发展不够平衡。可能谁都不会去否认选举权、出版自由、司法救济权等权利是重要的人权，但至少在现阶段，很多民众的生活尚未与这些权利类型结成紧密的联系。相反，社会保障权、就业权

① 夏勇：《中国民权哲学》，118页，北京，生活·读书·新知三联书店，2004。

② 参见［比］邓肯·弗里曼、古斯塔夫·盖拉茨：《欧洲与中国的人权观差异》，载《欧洲研究》，2011（2）。

的保障程度时刻影响着民众的日常生活。在这一环境下，人们对温饱问题、生存问题与社会保障等民生问题的关注高于政治参与也是可以想见的。

不过，虽然在民众看来，公民权利和政治权利与经济、社会及文化权利相比处于相对的次优地位，但并不能仅以此就推测中国民众认为公民权利与政治权利并不重要，也不代表中国没有在政治权利保障方面做出足够的努力。在认识到民众对政治参与的相对不重视的同时，应当看到民众人权观念的悄然变化。

如前文所言，民众不再局限于秩序与经济利益，更加关注个人的自由与尊严问题。同时，不同阶层民众的关注点也存在不同。

有关民主政治问题的大量研究成果表明，不同社会阶层的人对权利的关注并不相同。“穷人、社会地位较低的人更关心的是跟人的基本需求相关的一些议题，例如，贫困、工作机会、住房、健康保障、医疗等；而上层人比较关心经济、税收、政府支出等经济问题，以及堕胎等社会问题。”① 这一论断同样适用于目前中国。虽然整体而言，民众对公民权利与政治权利的关注度要低，一般民众更关心的是民生性权利，但在不同人群之间存在较大差异，也就是说，不同年龄阶段、不同受教育水平与不同收入阶层的群体对公民权利与政治权利的认知存在区别。

以言论自由为例，年轻人阶层与受教育水平较高的阶层中，更多的人认为言论自由与选举权是重要的人权，而同时，相比受教育程度较低的阶层与中年人和老年人阶层，年轻人阶层与受教育水平较高的阶层对中国言论自由的基本状况评价较低。一个明显的事实和原因是，网络时代的到来扩大了普通人的言论自由渠道，而其中，高教育水平阶层与年轻人阶层形成了相对更为强烈的权利意识与批判意识。

这种状况在选举权问题上也有所体现。在 18 岁以下到 60 岁以上的六个年龄段中，选择选举权的比例最高的是 19～29 岁的年轻人群体，选择比例为 42.2%。而受教育水平对政治参与的影响非常明显，随着学历水平提高，认为选举权和被选举权是一项重要权利的比重逐渐上升，并且，参加选举的比重也呈现出上升趋势，且差异非常显著，受过大学及以上教育的群体认为选举权是重要权利的比例比仅受过初中及以下教育的群体高出两成以上，同样，参选率也高出接近两成。

亨廷顿曾指出，发展中国家政治参与的发展应避免参与不足和参与过

① 王绍光：《民主四讲》，219 页，北京，生活·读书·新知三联书店，2008。

度，前者使得政治制度建设滞后于其他经济和社会发展，后者造成公共资源的浪费和政治的混乱。[①] 对于发展中国家而言，如何稳妥地处理政治稳定与政治参与是一个大课题，过多的政治参与可能会造成社会混乱，而政治参与途径的不畅则会造成怨恨积累，导致非正式政治参与大量出现。而中国民众对公民权利与政治权利的相对不够重视事实上在一定程度上有利于改革进程的推进，为改革留下了一定的缓冲空间。但同时应当认识到，随着中国社会的不断发展和人权保障事业的持续推进，在可预见的未来，中国民众对公民权利与政治权利的态度很可能会发生改变，而因制度供给不足导致的制度化政治参与匮乏与非制度化政治参与过度现象将会涌现，这将会为未来社会稳定留下隐患。目前看来，政治参与途径的相对不完善所导致的非制度化政治参与已经大量存在，例如，通过网络进行政治参与，通过上访、群体性事件等非正式政治参与方式进行利益诉求的表达。

在人权保障问题上，基于国情、民情的不同，中国没有完全借鉴西方的人权经验，而是开创出一种有中国特色的人权发展模式，并取得了巨大成功。新中国成立后到改革开放之前，中国政府着力解决了民族独立与国家稳定问题，建立了一个稳定强大的国家政权，为人权保障创造了良好的国际国内环境。改革开放 30 多年间，中国政府大力发展经济，以保障民众的生存权与发展权，也取得了巨大成就。而伴随着民众政治参与意识的不断提升，如何进一步完善公民的政治权利问题将日益成为中国人权保障事业议程的重心。对中国而言，如何把握好转型时期的政治供给问题是对执政党的一大考验。

三、积极的经济、社会及文化权利诉求

毫无疑问，经济、社会及文化权利是一类重要的乃至基础性的人权，若经济来源、健康等基本的生存要求得不到保障，其他权利便无从谈起。但经济、社会及文化权利的确立和演进并非一帆风顺，在其发展的历程中它与公民权利和政治权利经历了积极权利和消极权利的二元划分。

在西方权利二分理论下，消极权利对应于权利相对人消极的不干预义务，积极权利则要求权利相对人采取一定的措施积极作为，只有消极权利才是真正的或“纯粹的”权利。公民权利和政治权利被视为消极权利，经

① 参见［美］塞缪尔·P·亨廷顿：《变化社会中的政治秩序》，王冠华、刘为等译，42页，上海，上海世纪出版集团，2010。

济、社会及文化权利则被归为积极权利。经济、社会及文化权利被划为积极权利的做法使其被视为一种不能即刻实现的权利，并且不具有司法救济性，这给经济、社会及文化权利的发展造成了很大障碍，“由于经济、社会和文化权利被视为逐步实现的、积极的、纲领性的、需要大量资源投入的、不可诉的人权，因此，在国际层面，始终缺乏相关的国际标准及能够受理个人和国家申诉的实施机制，造成国家所负有的保障这类权利的实体性责任与程序性责任之间存在不对称性的问题，致使经济、社会和文化权利在国际层面的保障和发展严重滞后于公民、政治权利”①。但正如美国学者 Henry Shue 所指出的那样，人身自由权或者生存权都不能简单地被划分为“消极权利”和“积极权利”两种，有时公民权利和政治权利比经济、社会及文化权利更加“积极”，而有时经济、社会及文化权利比公民权利和政治权利更加“积极”。② 随着人们认识的逐步深化，经济、社会和文化权利的积极权利属性不再被绝对化，它被视为整体性人权中不可分割的一部分，其司法性问题也逐步得到解决。

对经济、社会及文化权利的重视程度不断加强也在一定层面表明了国家职权的转向，尤其是现代福利国家的兴起，改变了传统上基于自由主义理论的国家是“政治守夜人”的角色，要求国家行动起来，在经济、社会及文化等方面承担积极作为的义务。发展并使民众享有经济、社会及文化方面的权利是国家在推进人权保障工作上应当承担的义务，并且在一定程度上反映了国家能力的强弱。享有经济、社会及文化权利，是享有人权的基本要求，正如《经济、社会及文化权利国际公约》指出的：“按照世界人权宣言，只有在创造了使人可以享有其经济、社会及文化权利，正如享有其公民和政治权利一样的条件的情况下，才能实现自由人类享有免于恐惧和匮乏的自由的理想”。

“从社会主义国家宪法的规定来看，公民的基本权利是以劳动、休息、生存、受教育权等社会经济权利为核心内容的，这种权利构造强调的是国家帮助和促使公民权利实现的积极义务，与资产阶级宪法格外强调防御国家、排除国家的侵害是不同的。”③ 中国历来重视保障公民在经济、社会及文化方面的权利，《中华人民共和国宪法》对经济、社会及文化权利的

---

① 孙萌：《〈经济、社会及文化权利国际公约〉的实施机制解析》，载《人权》，2013（3）。

② Henry Shue，*Basic Rights*：*Subsistence*，*Affluence and U. S. Foreign Policy*，2nd Ed，Princeton University Press，1996，p. 37.

③ 张翔：《基本权利的规范建构》，57 页，北京，高等教育出版社，2008。

相关内容作了明确规定。同时，中国积极践行相关国际公约。1997 年 10 月 27 日，中国签署了《经济、社会及文化权利国际公约》，2001 年 2 月 28 日，九届全国人大常委会第二十次会议正式批准了该公约。整体而言，公约的基本要求和主张与中国的法律、政策和实践是一致的。中国政府一直致力于推进对公民经济、社会及文化权利的保障，近年来国家的经济在持续健康快速发展，“建立健全同经济发展水平相适应的社会保障制度”以及“公民的合法的私有财产不受侵犯”在 2004 年被写入宪法，《就业促进法》《劳动合同法》《社会保险法》等法律相继出台，覆盖城乡居民的社会养老保障体系基本建立，基本医疗保险制度基本上实现了对城乡的全覆盖，城乡免费义务教育真正实现。2013 年 11 月 12 日，中国共产党第十八届中央委员会第三次全体会议通过的《中共中央关于全面深化改革若干重大问题的决定》中提出的健全城乡发展一体化体制机制、推进社会事业改革创新以及推进文化体制机制创新等内容都与经济、社会及文化权利密切相关。

本次调查中，我们对中国大众的人权观念进行了总体性和具体性的考察，总体性层面，考察了各项人权的重要性位阶问题。调查结果显示，虽然“个人自由和尊严”这一项以 81.1%的受访者比例排在第一位，但“生命健康权”“社会保障权”以及“劳动权”等属于经社文范畴的权利仍然为受访者所重视，各自所占的比例分别为 65.2%、58.2%和 45.8%，超过了属于公民权利和政治权利范畴的“言论自由权”（45.1%）、“选举权与被选举权”（39.4%）和“宗教信仰自由权”（20.0%）。

在经济、社会及文化权利的具体考察上，我们从工作权、财产权、社会保障权、健康权以及受教育权等方面对大众进行了调查：

工作权利观念。我们从劳动报酬、工作环境、五险一金、就业机会和休息休假五个层面入手，对大众的工作权利观念进行了考察。调查结果显示，民众对工作中各项权利满意度普遍较低，对“休息休假”“工作环境”“五险一金”“就业机会”“劳动报酬”五项工作权利表示满意的比例均在 30%以下，其中尤以对“就业机会”的满意度最低，所占比例在两成以下。从受访者的职业来看，除无业失业者外，务工的群体对工作权利的满意度最低。

财产权观念。国家在保护公民合法私有财产方面先后出台了系列法律法规，2004 年宪法修正案中增加了“公民的合法的私有财产不受侵犯”，2007 年《物权法》颁布实施，2011 年《国有土地上房屋征收与补偿条例》

颁布实施。我们对大众的财产权观念进行了一般性和具体性的考察，调查结果显示，在一般性层面，80%左右的受访者都认为财产权属于人权范畴。具体考察上，我们以是否同意政府征收土地或拆迁房屋为题进行了调查，86.4%的受访者同意附条件的征收土地或拆迁房屋，只有3.6%人表示无论怎样都不愿意。

财产权观念的分析表明：一方面，当前大众中普遍存在着对于私有财产的权利观念，对于财产权有着相当的认知水平；另一方面，这种财产权观念并不坚持绝对至上性，它是一种相对温和的权利主张，公民在主张私有财产权的前提下，允许基于正当性的公益干预。

社会保障权观念。总体性考察结果显示，社会保障权对于民众的重要性仅次于个人自由和尊严以及生命健康权。具体问题上，我们以“您认为家家有房住是否是人权保障”为题对大众进行了调查，调查结果显示，65.8%的受访者认可家家有房住是人权保障的说法。同时，在对调查问卷最后的开放性问题“你认为中国人权还有哪些方面需要改进”的回答中，也有很大一部分受访者谈到要“加大社会保障力度”“完善医疗保障”“农村养老保障”“生存保障”“真正地保障我们的生活”等。

健康权观念。健康权方面，65.2%的人认为生命健康权是最为重要的人权。针对“您觉得国家的医疗卫生工作是否属于人权保障”这一问题，有2/3以上的人作了肯定回答，认为国家的医疗工作属于人权保障范畴的比例占到了66.6%。同时，通过对数据的进一步分析，我们发现，女性对于自己应当享有的医疗卫生方面的权利的意识比男性要淡漠；认为医疗卫生工作属于国家人权保障范围的人与年龄成反比，与受教育水平基本成正比；国家推进医疗卫生事业的发展对社会弱势群体（务工、务农、无业失业者等）意义最为重大，但是这些群体中有相当一部分人没有意识到医疗卫生权利是一项基本人权；与城镇居民相比，农村居民对医疗卫生与人权保障之间的关系更为陌生或者认识不足。

受教育权观念。调查结果显示，我国大众对受教育权不但有着较高的权利认知水平，而且有着相对较为明确的权利主张和改革要求。90%以上的受访者都认为目前我国的教育存在不同程度的问题，按照大众的不满意程度和权利诉求的强烈程度，学校收费贵、教育政策不公平以及教育质量差等问题位列前三位。

环境权利观念。随着环境问题的日益突出，民众的环境维权意识日渐增强。调查结果显示，我国大众有着强烈的环境保护意识，认为政府在居住区附近建设可能污染环境的工厂应该征询周边居民意见的受访者的比例达到 85.2%；对于可能对其生活环境造成污染的状况，绝大多数民众认为自己有知情和参与决策的权利。同时，进一步的研究发现，文化资本和经济资本等因素对大众的环境权观念产生了最直接和最有力的影响。

此外，通过对性别、年龄、民族、政治面貌、受教育情况、个人年收入、宗教信仰、户籍、职业等因素与工作权、财产权、社会保障权、健康权、受教育权以及环境权的交叉分析，我们发现这些因素对大众的经济、社会及文化权利观念产生了不同程度的影响。

通过对大众经济、社会及文化权利观念的考察，我们可以看到：

首先，中国大众对于经济、社会及文化权利有着强烈的权利认知和需求。在人权的重要性位阶上，虽然“个人自由和尊严”排在了第一位，在一定程度上表明中国大众的人权观念已经发生了价值转换，但是经济、社会及文化权利仍然占有举足轻重的地位，大众对其有着强烈的认知和明确的诉求。同时，虽然国家对经济、社会及文化权利的保障在不断加强，但民众仍然在一些具体权利上表现出不同程度的不满，发展和需求之间的矛盾仍旧突出，此亦印证了“人权问题，没有最好，只有更好”，未来国家仍需加大对经济、社会及文化权利的保障力度。

其次，中国大众对于经济、社会及文化权利的需求仍高于对公民权利和政治权利的主张。公民权利和政治权利以及经济、社会及文化权利同为整体性人权的重要内容，缺一不可，但实践中民众对于经济、社会及文化权利的关注度往往高于公民权利和政治权利，这尤其在发展中国家体现得较为明显，正如亨廷顿等人曾指出的，“穷人通常很少参与政治，因为参与政治似乎与他们所关心的主要问题无关，也无助于解决他们的主要问题”①。虽然近年来民众对公民权利和政治权利的需求和表达都在不断增加，但经济、社会及文化权利仍然处于选择上的优位。二者同为完整人权不可分割的重要组成部分，对二者的需求和重视应当是并行不悖，不能顾此失彼，更不应是非此即彼，未来的人权保障中要找到问题的深层原因，坚持人权发展的全面性。

从计划经济到市场经济，从解决人民的温饱问题到全面建设小康社会，几十年来，中国对经济、社会及文化权利的保障在不断增强，大众对

① ［美］塞缪尔·P·亨廷顿、琼·纳尔逊：《难以抉择——发展中国家的政治参与》，汪晓寿等译，124 页，北京，华夏出版社，1989。

经济、社会及文化权利已有强烈的认知，也提出了更高的要求，未来应当进一步加强对经济、社会及文化权利的保障力度，并推动它与其他层面人权的协调发展。

四、大众人权观念的空缺结构

一般意义上的人权平等思想在大众观念中基本形成，但这种观念有其脆弱的一面，道德判断经常僭越于法权评价之上，民众心中的道德否认有时会盖过其并不坚定的平等观念。因此，在“相互承认的法权”的意义上，中国大众人权观念呈现出一种空缺结构。

单纯的权利概念是苍白无力的，必须要植根于不同的文化传统和历史语境中才能获得丰富的意义。传统的权利理论尤其是自然权利观一般都是从某种外在于人的社会生活或远离人的生活实践来界定和理解权利，而不是从个人、群体与社会之间的多重关系的视角来理解法律。传统权利理论存在的最致命的问题就是它们均建立在无法证实的假定之上，所以，最后要么陷入一种绝对的普遍主义之中，要么陷入虚无的自毁逻辑之中。

辛格从现实主义的视角出发，借助米德的“社会化自我”① 理论发展出了“可操作法权”学说。首先，法权应是可操作的。辛格认为，法权如果在现实中无法操作，就不能称其为法权；只要是法权，都应该能够操作。即权利可否实证化对于权利是否存在可能具有根本上的决定作用。不过，与一般观念不同，她认为一项法权具有可操作性不是社会的法律强制力使然，而是社会成员自愿接受、尊重并实施它的产物。其次，法权是一种关系。一个完整的法权观念，也就是应得权利（entitlement）和对该权利尊重的义务（obligation）以及社会（普遍化他者，“generalized other”）构成的三元关系。具体说来，只有一个社会的成员才能够参与进法权关系，一个成员通过分有（share）普遍化他者的态度（the attitude of the generalized other）享有应得权利，同时他要承担起尊重该应得权利的义务，并要求其他人也这么做。辛格认为，参与法权关系就意味着任何分有普遍化他者态度的成员能够采取适宜于每一个角色的态度，也就会承担起尊重他人应得权利的义务并要求其他人也这么做。如果不能采取尊重他人权利的态度，则法权关系就难以成立。另外，自我的形成有赖于主我（I）

---

① 参见［美］乔治·H·米德：《心灵、自我与社会》，赵月瑟译，上海，上海译文出版社，2005。

和宾我（me）的交互性对话这种互动形式，成员间彼此以类似的方式相互作用，则普遍化他者的态度就逐渐产生出来，成员分有普遍化他者的态度后依然需要对话交往的形式，最终规范社会（普遍化他者）应运而生。这个原则是自我、普遍化他者的态度和社会形成的原则，同时也是解决个人与社会以及诸社会间权利冲突的原则。这两个原则是法权关系的内在原则，缺少了二者，法权关系就随之消失。①

在米德看来，普遍化的他者能够满足个体权利的要求，权利内含着共同体成员之间的“承认”关系。② 辛格也引用米德的话说：“权利存在只是就它们得到承认而言的，并且只是在这个程度上权利才存在，即那些要求有权的人也承认别人的权利。”③ 因此，就可操作的法权而言，权利的承载者并非绝对自治的主体，权利的真正实现必须要依赖于承载者人格所具有的共同体维度。权利既是共同体成员各方就彼此利益所达成的一种相互谅解，也是建立在彼此持续性共同体成员身份基础上的一种相互期待和相互包容。如霍耐特所论，通过采取“普遍化他者”的立场，我们承认共同体的其他成员也是权利的承担者，我们也才能在确信自己的具体要求会得到满足的意义上把自己理解为法人。④

然而，在调查中我们发现，在中国大众的人权观念中，受诸多因素影响，普遍化他者的态度还远未形成，并没有建立起成熟的基于相互承认的法权关系和法权观念。

问题“您认为个人权利应当得到怎样的尊重和保障”的结果显示，在四个选项中，选择“所有人的权利都应当得到平等对待”的占总数的71.9%，有18%的人选了“大多数人的权利应当得到平等对待”，4.2%的人选择“应当根据每个人的社会地位对他们的权利予以不同程度的对待”，还有5.9%的人选择了“应当根据每个人的社会贡献对他们的权利予以不同程度的对待”。而另一个问题“您认为哪些人的权利应该得到保护”有十个备选项：妇女儿童，残疾人，吸毒人员，卖淫人员，罪犯，同

---

① 参见［美］贝思·J·辛格：《可操作的权利》，邵强进、林艳译，上海，上海人民出版社，2005。

② 参见［德］阿克塞尔·霍耐特：《为承认而斗争》，胡继华译，86页，上海，世纪出版集团·上海人民出版社，2005。

③ ［美］贝思·J·辛格：《实用主义、权利和民主》，王守昌、王海泉等译，23页，上海，上海译文出版社，2001。

④ 参见［德］阿克塞尔·霍耐特：《为承认而斗争》，胡继华译，115页，上海，世纪出版集团·上海人民出版社，2005。

性恋者，婴儿，乞讨、流浪人员，“第三者”，老年人。结果显示，在以上十个群体中，选择妇女儿童的比例最高，占总数的 89.5%，其次是老年人，占 82.8%，残疾人占 80.4%，婴儿占 64.5%，乞讨、流浪人员占 45.4%，选择人数最少的依次是“第三者”，占 14.4%，卖淫人员占 14.6%，吸毒人员占 15.6%，罪犯占 17.6%，同性恋者占 22.7%。所谓人权，依其本义，是指每个人都享有或都应该享有的权利。因此，上题的“标准答案”应该是十项全选，一个都不能少。但据我们统计，所有有效问卷中，十项全选的只占 10%左右，也即只有 10%的民众认识到，所有人都应享有人之为人的基本权利。其次，对于“第三者”、卖淫人员、吸毒人员、同性恋者、罪犯这些不容于一般道德观念或者受到法律负面评价的群体，绝大多数的受访者直接将其排除出了权利应受保护的范围。再者，更为让人诧异的是，即使是在第一道题目中选择了“所有人的权利都应当得到平等对待”的人，在做第二题时仍然有很大一部分没有认可所有候选群体的权利都应该得到保护。交叉分析的结果显示，在第一题中选择了“所有人的权利都应当得到平等对待”的人在第二题中有 84.2%没有选择“第三者”这一选项。这种前后矛盾的现象可能是出于受访者的理解偏差，但也在一定程度上说明了道德评价对民众的平等观念的影响；在没有具体指向的时候，大部分人都能坚持人人平等的一般观念，但在针对有争议的具体群体时，民众心中的道德否认很容易就盖过其并不坚定的平等观念，使得道德判断经常僭越于法权评价之上，从而肢解掉现代人原本就脆弱的平等观念。

公民只有超越“自我中心性”立场，涵化出“普遍化他者”意识，即把每个社会成员都看成与自己平等的资格主体，以“主体间性”立场理性审视自己的规范性期待，成熟的法权观念才得以建立，而只有建立在相互承认的法权观念基础上的法律，才能够真正保障人的自由与尊严。如霍耐特所言，“在法律上被承认的同时，不仅个人面对道德规范自我导向的抽象能力得到了尊重，而且个人为占有必要社会生活水平而应当具备的具体人性特征也得到了尊重”①。其结果是，在法律（公共普遍性）中认可的权利可以促进被“尊重”的个体意识，以至于他们普遍地作为道德责任个人而相互承认。

中国民众倾向于在一般意义上承认每个人的权利都应该受到平等对待，而在面对如“第三者”、卖淫人员、吸毒人员、同性恋者、罪犯等具

---

① ［德］阿克塞尔·霍耐特：《为承认而斗争》，胡继华译，115 页，上海，世纪出版集团·上海人民出版社，2005。

体群体时，选择的立场不是承认，而是霍耐特所谓的“蔑视”，倾向于将这些不容于一般道德观念或者受到法律负面评价的群体排除出权利应受保护的范围。这意味着，在大众人权观念中，“普遍化他者”的态度还远未形成，人们之间还难以形成一种相互承认的法权关系。

五、大众人权观念的影响因素

在对一般人权观念和具体权利观念进行考察的同时，我们也对可能影响民众人权观念的变量进行了相关分析，对形塑民众人权观念的宏观因素进行了分析探讨。历时性的分析显示，现代的政治安排、经济水平和社会状况是形塑当下中国大众人权观念的真正母体，作为集体记忆的传统文化在现代人内心的投射对大众的人权观念依然具有强大的形塑力。

在微观方面，根据我们的调查可以发现，性别、年龄、民族、政治面貌、受教育情况、个人年收入、宗教信仰、户籍、职业等因素对中国大众人权观念的形成和发展都发挥着不同程度的影响力。性别对大众人权观念的影响比较微弱，在很小的程度上，男性对公民权利与政治权利的关注度高于女性，女性对经济社会权利的关注度高于男性；年龄对大众人权观念的影响较为显著，一般而言，年龄越大的群体对人权现状评价越高，而在权利的主张和要求上则越保守；民族对大众人权观念的影响也很微弱，与少数民族相比，汉族在人权的认知水平和人权的主张与要求上略显积极；政治面貌对大众人权观念有一些细微的影响，表现在中共党员和共青团员群体在人权的认知水平和人权的主张与要求上略高于民主党派成员和群众；受教育情况对大众人权观念有着显著的影响，一般而言，受教育程度越高，对人权现状的评价就越低，而在权利的主张和要求上则越强烈；收入水平对大众人权观念的影响也较大，一般而言，收入越高，对人权现状评价越低，而在权利的主张和要求上则越强烈；宗教信仰对大众人权观念略有影响，表现在有宗教信仰者在人权认知和人权要求上要比无宗教信仰者消极一些；户籍对大众人权观念也有影响，表现为城市居民的人权观念比农村居民更积极一些；职业对大众人权观念的影响也比较显著，一般而言，公职人员和学生群体对人权的认知水平较高，而务农和务工群体对人权的认知则相对薄弱。

结合变量进行分析之后，我们发现，这些对大众人权观念构成影响的微观因素大多只是标签性的，事实上，真正发挥影响力的是这些标签性因素背后的政治、经济、社会、文化力量。

首先，社会存在决定社会意识，现代的政治安排、经济水平和社会状况才是形塑当下中国大众人权观念的真正母体。个人收入的增长、受教育水平的提高以及城市化进程的推进，都是展现一个社会现代化水平的重要标志。具体来说，个人收入的增长，反映着经济的现代化水平；民众受教育水平高低，也是文化现代化水平的一个侧影；城市化进程的推进，则是社会经济、政治和文化现代化综合水平的直观反映。民众对人权有着怎样的认知、主张和要求，无一不是其关于自身所在的政治、经济、社会、文化背景的投射。

其次，厚重的传统文化也从遥远的历史深处对大众的人权观念发挥着持续的影响。年龄、民族、宗教信仰对人权观念的影响在不同程度上说明了这一问题。年龄越长，经历的社会发展阶段越多，感受历史越多，在认知事物和作出评价时，能进行历时性比较的空间就越广。不同的民族有着不同的民族传统，少数民族进入现代化的时间与汉族相比较为晚近，其身上承载的历史传统更为深厚，对其人权观念的影响也就更为明显。根据《中国宗教报告 2011》的统计，今日中国，信徒最多的是佛教，在全体人口中所占比例最大，约为 18%，而佛教属于“拒绝现世的宗教”，其态度和主张多为出世，追求属灵的生活，避免世俗事物的羁绊，这种宗教传统必然影响到一部分人尤其是信教者的人权观念。

概而言之，影响人权观念的因素是多方面的，现代中国的政治、经济、社会、文化状况和中国传统文化在现代人内心的投射共同塑造了中国大众人权观念的总体图景和当下样态。

总之，充分认识权利才能实现权利。中国大众人权观念是中国特色人权保障实践的结果，也是推动中国人权事业进一步发展的动力。从 1949 年至今，党和国家在人权的理论上和实践中取得了历史性进步，人权事业已经进入了周密计划、持续稳健、全面推进的新阶段。中国大众的人权观念也明显增强，形成了促进中国社会发展的正能量。中国大众的人权观念发生了价值转换，个人的自由与尊严超越了经济性、社会性权利，在大众人权清单重要性序列中占据了优位。不过，大众对两类人权的认识还存有诸多模糊地带。中国大众对于经济、社会及文化权利有着强烈的权利认知和明确的权利诉求，同时，大众对于经济、社会及文化权利的需求高于对公民权利和政治权利的主张。中国大众关于公民权利和政治权利的观念表达得较为模糊。这一观念形态有其语境化的形成机理，同时，这也给中国人权发展战略和人权保障事业的持续更新与全面推进提出了新的课题。一般意义上的人权平等思想在大众观念中基本形成，但这种观念有其脆弱的一面，道德判断经常僭越于法权评价之上，民众心中的道德否认有时会盖过其并不坚定的平等观念。因此，在“相互承认的法权”的意义上，中国大众人权观念呈现出一种空缺结构。影响人权观念的因素是多方面的，现代的政治安排、经济水平和社会状况是形塑当下中国大众人权观念的真正母体，作为集体记忆的传统文化在现代人内心的投射对大众的人权观念依然具有强大的形塑力。但是，人权事业是一项综合性的大工程，也是一项长期艰巨的任务，尊重和保障人权没有终点，人权发展没有最好，只有更好。党的十八大报告将“切实尊重和保障人权”确立为我国全面建成小康社会和全面深化改革开放的重要目标，我国的人权保障事业正在向着更高的目标迈进。中国大众的人权观念和中国的人权保障事业都会随着中国全面深化改革的伟大事业的发展而变得愈发朝气蓬勃。

参考文献

一、中文类参考文献

（一）著作类

［1］夏勇．人权概念起源［M］．北京：中国政法大学出版社，1992.

［2］夏勇．中国民权哲学［M］．北京：生活·读书·新知三联书店，2004.

［3］李步云．走向法治［M］．长沙：湖南人民出版社，1998.

［4］李步云．人权法学［M］．北京：高等教育出版社，2005.

［5］张文显．法理学［M］．北京：北京大学出版社，1999.

［6］陈瑶华．人权不是舶来品——跨文化哲学的人权探究［M］．台北：五南图书出版股份有限公司，2010.

［7］梁治平．法辨：中国法的过去、现在和未来［M］．贵阳：贵州人民出版社，1992.

［8］董云虎，常健．中国人权建设60年［M］．南昌：江西人民出版社，2009.

［9］董和平，韩大元，李树忠．宪法学［M］．北京：法律出版社，2001.

［10］许志雄，等．现代宪法论［M］．台北：元照出版公司，1999.

［11］胡锦光，韩大元．中国宪法［M］．北京：法律出版社，2007.

［12］王绍光．民主四讲［M］．北京：生活·读书·新知三联书店，2008.

［13］张翔．基本权利的规范建构［M］．北京：高等教育出版社，2008.

［14］陈佑武．中国特色社会主义人权理论研究［M］．北京：中国检察出版社，2012.

［15］谷春德．中国特色人权理论与实践研究［M］．北京：中国人民大学出版社，2013.

［16］金观涛．观念史研究——中国现代重要政治术语的形成［M］．北京：法律出版社，2009.

［17］鲜开林．中国特色社会主义人权理论体系研究［M］．北京：人民出版社，2014.

［18］熊万鹏．人权的哲学基础［M］．北京：商务印书馆，2013.

［19］风笑天．社会调查原理与方法［M］．北京：首都经济贸易大学出版社，2008.

［20］白彤东．旧邦新命——古今中西参照下的古典儒家政治哲学［M］．北京：北京大学出版社，2009.

［21］胡适，罗隆基，梁实秋．人权论集［M］．北京：中国长安出版社，2013.

［22］杜钢建．外国人权思想论［M］．北京：法律出版社，2008.

［23］杜钢建．中国近百年人权思想［M］．广州：汕头大学出版社，2007.

［24］张志宏．德性与权利：先秦儒家人权思想研究［M］．北京：人民出版社，2012.

［25］张千帆．为了人的尊严：中国古典政治哲学批判与重构［M］．北京：中国民主法制出版社，2012.

［26］金观涛．观念史研究——中国现代重要政治术语的形成［M］．北京：法律出版社，2009.

［27］赵明．近代中国的自然权利观［M］．济南：山东人民出版社，2003.

［28］赵明．先秦儒家政治哲学引论［M］．北京：北京大学出版社，2004.

［29］李明辉．儒家视野下的政治思想［M］．北京：北京大学出版社，2005.

［30］刘军宁．自由与社群［M］．北京：生活·读书·新知三联书店，1998.

［31］刘军宁．共和·民主·宪政——自由主义思想研究［M］．上海：上海三联书店，1998.

［32］石元康．从中国文化到现代性：典范转移［M］．北京：生活·

读书·新知三联书店，2000.

［33］何信全．儒学与现代民主［M］．北京：中国社会科学出版社，2001.

［34］张佛泉．自由与人权［M］．台北：台湾商务印书馆，1993.

［35］陈弘毅．西方文明中的法治和人权［M］．香港：香港商务印书馆，2013.

［36］陈弘毅．法治、人权与民主宪政的理想［M］．香港：香港商务印书馆，2012.

［37］马克思恩格斯选集：第1卷［M］．北京：人民出版社，2012.

［38］［美］杰克·唐纳利．普遍人权的理论与实践［M］．王浦劬，张文成，等，译．北京：中国社会科学出版社，2001.

［39］［美］阿拉斯代尔·麦金太尔．谁之正义？何种合理性？［M］．万俊人，吴海针，等，译．北京：当代中国出版社，1996.

［40］［英］雷蒙·威廉士．关键词：文化与社会的词汇［M］．刘建基，译．台北：巨流图书出版公司，2003.

［41］［法］布尔迪约，帕斯隆．再生产——一种教育系统的理论要点［M］．邢克超，译．北京：商务印书馆，2002.

［42］［美］戴维·米勒，韦农·波格丹诺．布莱克维尔政治学百科全书［M］．邓正来，译．北京：中国政法大学出版社，2002.

［43］［美］塞缪尔·亨廷顿．变化社会中的政治秩序［M］．王冠华，刘为，等，译．上海：上海世纪出版社，2010.

［44］［美］塞缪尔·亨廷顿，琼·纳尔逊．难以抉择——发展中国家的政治参与［M］．汪晓寿，等，译．北京：华夏出版社，1989.

［45］［美］乔治·米德．心灵、自我与社会［M］．赵月瑟，译．上海：上海译文出版社，2005.

［46］［美］贝思·辛格．可操作的权利［M］．邵强进，林艳，译．上海：上海人民出版社，2005.

［47］［美］贝思·辛格．实用主义、权利和民主［M］．王守昌，王海泉，等，译．上海：上海译文出版社，2001.

［48］［德］阿克塞尔·霍耐特．为承认而斗争［M］．胡继华，译．上海：世纪出版集团·上海人民出版社，2005.

［49］［美］安靖如．人权与中国思想——一种跨文化的探索［M］．黄金荣，黄斌，译．北京：中国人民大学出版社，2012.

［50］［美］戴大为．人权与中国价值观［M］．邓文正，译．香港：牛津大学出版社，1997.

［51］［美］狄百瑞．亚洲价值与人权——儒家社群主义的视角［M］．尹钛，译．北京：社会科学文献出版社，2012.

［52］［美］狄百瑞．儒家的困境［M］．黄水婴，译．北京：北京大学出版社，2009.

［53］［美］狄百瑞．中国的自由传统［M］．李弘祺，译．香港：香港中文大学出版社，1983.

［54］［美］林·亨特．人权的发明：一部历史［M］．沈占春，译．北京：商务印书馆，2011.

［55］［日］大沼保昭．人权、国家与文明——从普遍主义的人权观到文化相容的人权观［M］．北京：生活·读书·新知三联书店，2003.

［56］［英］米尔恩．人的权利与人的多样性——人权哲学［M］．夏勇，等，译．北京：中国大百科全书出版社，1995.

［57］［美］刘禾．帝国的话语政治——从近代中西冲突看现代世界秩序的形成［M］．杨立华，译．北京：生活·读书·新知三联书店，2009.

［58］［加］萨姆纳．权利的道德基础［M］．李茂森，译．北京：中国人民大学出版社，2011.

［59］［美］林·亨特．人权的发明：一部历史［M］．沈占春，译．北京：商务印书馆，2011.

［60］［美］孟旦．早期中国“人”的观念［M］．丁栋，张兴东，译．北京：北京大学出版社，2009.

［61］［美］郝大伟，安乐哲．先贤的民主——杜威、孔子与中国民主之希望［M］．何刚强，译．南京：江苏人民出版社，2004.

［62］［加］贝淡宁．超越自由民主［M］．李万全，译．上海：上海三联书店，2009.

［63］［加］贝淡宁．东方遭遇西方［M］．孔新峰，张言亮，译．上海：上海三联书店，2011.

［64］［美］约翰·罗尔斯．政治自由主义［M］．万俊人，译．南京：译林出版社，2011.

［65］［美］爱德华·希尔斯．论传统［M］．傅铿，吕乐，译．上海：上海人民出版社，2009.

［66］［美］麦金泰尔．追寻美德——道德理论研究［M］．宋继杰，

译. 南京：译林出版社，2011.

［67］［美］桑德尔. 自由主义与正义的局限［M］. 万俊人，等，译. 南京：译林出版社，2001.

（二）论文类

［1］刘小林，盖伊·希斯考特. 试论中欧人权观念的差异与认同要素［J］. 欧洲，2000（5）.

［2］［日］阿部照哉. 在法律之下的平等保障的效果［J］. 法学译丛，1983（2）.

［3］［比］邓肯·弗里曼，古斯塔夫·盖拉茨. 欧洲与中国的人权观差异［J］. 欧洲研究，2011（2）.

［4］［美］裴宜理. 中国的权利概念［J］. 余锎，译. 国外理论动态，2008（3）.

［5］李步云，陈佑武. 论人权和其他权利的差异［J］. 河南社会科学，2007（1）.

［6］李步云. 中国特色社会主义人权理论论纲［J］. 法学研究，2015（2）.

［7］陈佑武，李步云. 中国特色社会主义人权理论体系论纲［J］. 政治与法律，2012（5）.

［8］陈佑武. 中国人权意识三十年发展回顾［J］. 广州大学学报，2008（7）.

［9］陈佑武. 中国特色社会主义人权理论的基本范畴［J］. 人权，2015（1）.

［10］钟会兵. 权利和人权：源流、涵义与区别［J］. 甘肃政法学院学报，2004（4）.

［11］王元华. 非人权范畴的社会权利观念评析——以公民资格理论为主的分析［J］. 江西行政学院学报，2006（2）.

［12］罗晶. 当代中国人权意识研究［D］. 武汉：武汉大学硕士学位论文，2005.

［13］李道刚. 中国传统人权观念再探——一个比较法文化的视角［J］. 法制与社会发展，2005（2）.

［14］马振超. 近代中国对人权观念的认知与解读［J］. 北京科技大学学报：社会科学版，2005（1）.

［15］穆丽霞，刘长欣. 中国儒家文化与现代人权观念的相融与排斥

[J]. 石油大学学报：社会科学版，2002 (4).

[16] 张丽清. 难舍的道德帷幕：近代国人人权观念考论 [D]. 北京：中国政法大学博士学位论文，2007.

[17] 杨成铭. 中国历史上的人权意识和人权思想 [J]. 武汉大学学报：哲学社会科学版，1999 (2).

[18] 蒋薇. 中国传统法律文化中的人权意识与现代人权的发展 [J]. 理论界，2005 (9).

[19] 柴荣. 中国传统法律文化中的"人权"因子 [J]. 社会科学研究，2008 (1).

[20] 徐显明. 人权观念在中国的百年历程 [J]. 社会科学论坛，2005 (3).

[21] 石瑛. 现代人权观念发展过程中的四大渊源 [J]. 中共天津市委党校学报，2005 (4).

[22] 杨寄荣. 人权观念的历史演进 [J]. 中共中央党校学报，2009 (3).

[23] 黎晓平. 中国现代人权观念的起源 [J]. 中国法学，2005 (1).

[24] 易联树，吴佩林. 论我国公民权利意识的觉醒与发展 [J]. 西华师范大学学报：哲学社会科学版，2005 (11).

[25] 董正华. 近代中国人权观念的嬗变——观念史研究举隅 [J]. 史学理论研究，2012 (2).

[26] 李君如. 中国的文化变革与人权事业的进步 [J]. 人权，2012 (2).

[27] 彭中礼. 近现代中国文化自觉的法理逻辑演变——从民权到民生的历史变奏 [J]. 岳麓法学评论，卷 7.

[28] 任允正. 马克思列宁主义的人权观与当代意识形态斗争 [J]. 环球法律评论，1980 (6).

[29] 孙强. 马克思主义视野中的人权意识形态问题反思 [J]. 学术界，2010 (9).

[30] 王志洋. 马克思主义的人权观念 [J]. 江苏市场经济，2001 (11).

[31] 胡义成. 反映为马克思主义劳动价值论的工人阶级人权观念及其在当前的重构 [J]. 海南师范大学学报：社会科学版，1994 (3).

[32] 许静. 中国共产党人权观念的历史演变——以《苏维埃宪法大

纲》和《"八二"宪法》为例［J］. 江西青年职业学院学报，2008（12）.

［33］王兆祥，姜若宁. 既是规律，谈何"改造"？——胡义成先生《反映为马克思主义的工人阶级人权观念及其在当前的重构》置疑［J］. 海南师范大学学报：社会科学版，1996（1）.

［34］苗贵山. 世界历史视域中的人权：从特殊走向普遍——基于马克思人权观念的发展［J］. 理论探索，2013（2）.

［35］付子堂，崔燕.《毛泽东早期文稿》中的人权观念［J］. 毛泽东思想研究，2012（3）.

［36］陈福胜. 论中国法治国情对人权司法保障制度完善的促动［J］. 学术交流，2014（11）.

［37］潘洪刚，肖霖. 当前我国人权意识与和谐社会构建［J］. 理论导刊，2012（3）.

［38］刘海年. 不同文化背景的人权观念［J］. 中国法学，1994（6）.

［39］蒙培元. 从中西传统人权观念看人与自然的关系［J］. 人权，2002（9）.

［40］信春鹰. 东西方人权观念之间的交流和对话——"东亚人权的文化基础"国际研讨会观点综述［J］. 社会科学，1996（10）.

［41］耿喜梅. 人权观念的工具理性与我国人权外交的合理选择［J］. 河南社会科学，2004（6）.

［42］陈淑荣. 中国与西方的人权观念和状况［J］. 石家庄师范专科学校学报，2000（3）.

［43］杨芳. 中西方人权观念比较探析［J］. 发展研究，2011（10）.

［44］王发龙. 试论中美人权观念的分歧［J］. 社科纵横：新理论版，2010（9）.

［45］李清津. 中美人权观念的冲突与中美关系的展开［J］. 北京师范大学学报：社会科学版，1999（7）.

［46］郭道晖. 政治权利与人权观念［J］. 法学，2003（9）.

［47］郭道晖. 人权观念与人权入宪［J］. 法学，2004（4）.

［48］郭道晖. 人权的本性与价值位阶［J］. 政法论坛，2004（4）.

［49］林嘉. 劳动法与现代人权观念［J］. 法学家，1999（12）.

［50］周雄文. 人权观念的彰显和理性回归——对罪刑法定主义历史嬗变的归结［J］. 河北法学，2007（11）.

［51］李震. 人权保护观念下的刑法全球化［J］. 公安研究，2007（4）.

[52] 马念珍. 民警警察意识与人权意识研究 [J]. 政法学刊，2007 (6).

[53] 陈建新. 论公安文明执法的时代性与人权意识的注入 [J]. 湖南公安高等专科学校学报，2003 (10).

[54] 秦惠民. 高校管理法治化趋向中的观念碰撞和权利冲突——当前讼案引发的思考 [J]. 现代大学教育，2002 (2).

[55] 赵修义. 主体觉醒和个人权利意识的增长——当代中国社会思潮的观念史考察 [J]. 华东师范大学学报：哲学社会科学版，2003 (5).

[56] 尹奎杰. 权利观念的限度 [J]. 法制与社会发展，2009 (1).

[57] 曾坚. 对中国公民权利意识的历史考察及反思 [J]. 贵州大学学报：社会科学版，2001 (2).

[58] 李臣. 权利意识论 [J]. 中央政法管理干部学院学报，1998 (9).

[59] 刘月平. 公民权利意识培育与中国民主政治发展 [J]. 前沿，2008 (8).

[60] 吴斌. 我国公民权利意识现状述评 [J]. 云南社会科学，2009 (5).

[61] 秦阿琳. 从维权到参与：农民工权利意识的演进 [J]. 求索，2014 (9).

[62] 谢彦波. 治理现代化背景下公民权利意识及其培育 [J]. 人民论坛，2014 (35).

[63] 杨异，王续琨. 网络时代下公民权利意识培育问题研究 [J]. 湖南社会科学，2013 (4).

[64] 熊易寒. 新生代农民工的权利意识 [J]. 文化纵横，2012 (1).

[65] 郑磊. 论农民的权利意识——从利益体验角度的初步审视 [J]. 浙江社会科学，2003 (6).

[66] 朱永涛. 大学生权利意识的实证分析 [J]. 苏州科技学院学报：社会科学版，2008 (4).

[67] 孙晓媛. 当代大学生权利意识现状评析 [J]. 广西社会科学，2003 (2).

[68] 郑莉佳. 当代中国大学生权利意识研究 [D]. 重庆：西南师范大学硕士学位论文，2005.

[69] 李斌，连宏萍. 征地政策、权利意识与政府工作策略的调

整——基于C市QY社区失地农民的调查［J］．探索与争鸣，2008（4）．

［70］梁亚荣，张梦琳．土地承包中农民权利意识的审视——基于江苏省的实证研究［J］．中国农村观察，2007（5）．

［71］阙祥才，种道平．农村土地流转中的农民权利意识研究［J］．湖北社会科学，2005（6）．

［72］刘戍文．当代中国失地农民的权利意识和社会抗争——福建厦门霞阳村调查［D］．厦门：厦门大学硕士学位论文，2008．

［73］唐杰．当前中国农民政治人权意识分析［J］．长春工业大学学报：社会科学版，2006（3）．

［74］王彩芳．农村妇女的婚姻家庭地位与权利意识［J］．中国农村观察，2007（4）．

［75］林燕玲．中国工人权利意识的发育状况及其原因分析［J］．中国劳动关系学院学报，2010（2）．

［76］冯同庆，林燕玲，苏映红．改革30年来国有企业工人权利意识的发展轨迹及其特征［J］．中国证券期货，2009（2）．

［77］马箭，李斌．农民工权利意识与社会阶层关系的和谐［J］．求索，2007（2）．

［78］徐小菲．中美纳税人权利意识比较研究［D］．武汉：华中师范大学硕士学位论文，2009．

［79］胡杰．北京市区人大代表的政治动机和公民权利意识调查［J］．政治学研究，1988（3）．

［80］孙美堂．首都公民权利意识分析研究［J］．中国政法大学学报，2012（1）．

［81］林莉红，常晓云，严彩艳．从最低生活保障制度实施情况看湖北城市居民权利意识现状［J］．湖北社会科学，2004（1）．

［82］常健，符晓薇．公共政策的公平之度：权利平等与特殊保护［J］．文史哲，2009（3）．

［83］常健，刘坤．论人权的平等保护与特殊保护［J］．人权，2009（3）．

［84］石春玲，张迎秀．婚姻家庭法应当明确规定第三者的民事责任［J］．当代法学，1998（6）．

［85］李志红．第三者侵害婚姻关系民事责任研究［J］．太原：山西大学硕士学位论文，2007．

[86] 林雅. 论婚姻法中的第三者责任 [J]. 政法学刊，2008 (4).

[87] 杨光. 以法律惩罚“第三者”的立法价值评价 [J]. 当代法学，2000 (5).

[88] 周安平. 性爱与婚姻的困惑——“第三者”民事责任的理论与现实之探讨 [J]. 现代法学，2001 (1).

[89] 韩秀义，何欣，安建须. 第三者之权利与公序良俗 [J]. 陕西经贸学院学报，2002 (4).

[90] 孙建. 试论我国中小学人权教育研究综述 [J]. 黑河学刊，2009 (9).

[91] 闫国智. 现代法律中的平等——平等的主体条件、法律平等的本体及价值 [J]. 法学论坛，2003 (5).

[92] 余少祥. 法律语境中弱势群体概念建构分析 [J]. 中国法学，2009 (3).

[93] 熊利，刘国普. “第三者”界定的法社会学思考 [J]. 法制与经济，2007 (7).

[94] 邵志择. 表达自由：言论与行为的两分法——从国旗案看美国最高法院的几个原则 [J]. 美国研究，2002 (1).

[95] 陈兴良. 中国死刑的当代命运 [J]. 中外法学，2005 (5).

[96] 王东阳. 当代中国死刑民意的状况、成因及其变革路径 [J]. 刑法论丛：卷 14.

[97] 莫纪宏. 论人权的司法救济 [J]. 法商研究，2000 (5).

[98] 苗连营. 公民司法救济权的入宪问题研究 [J]. 中国法学，2004 (5).

[99] 黎晓武. 司法救济权研究 [D]. 苏州：苏州大学博士学位论文，2005.

[100] 王德志. 论我国宪法劳动权的理论构建 [J]. 中国法学，2014 (3).

[101] 郭星华. 秩序情结与社会转型 [J]. 学海，2001 (1).

[102] 孙萌. 《经济、社会及文化权利国际公约》的实施机制解析 [J]. 人权，2013 (3).

[103] 陈弘毅. 中国文化传统与现代人权观念 [J]. 法学，1999 (5).

[104] 陈弘毅. 主权和人权的历史和法理学反思 [J]. 二十一世纪，1999 (10).

[105] 谷春德. 关于建构中国特色社会主义人权理论体系的几点思考 [J]. 人权，2011 (1).

[106] 李林. 国际人权与国家主权 [J]. 中国法学，1993 (3).

[107] 刘海年. 不同文化背景的人权观念 [J]. 中国法学，1994 (3).

[108] 刘杰. 人权的多重属性：价值偏好与人权观念的认知差异 [J]. 上海科学院学术季刊，1997 (1).

[109] 钱俊君. 中西人权冲突的伦理分析 [J]. 湖南社会科学，2010 (3).

[110] 盛晓明，吴畏. 人权观念的历史发展与内在逻辑 [J]. 浙江大学学报，1993 (2).

[111] 王丽华. 中国人权观念发轫的本土特性——与西方人权观念比较 [J]. 人民论坛，2010 (10).

[112] 鲜开林. 论中国特色社会主义人权理论体系的逻辑关系 [J]. 人权，2012 (4).

[113] 鞠成伟. 儒家思想对世界新人权理论的贡献——从张彭春对《世界人权宣言》订立的贡献出发 [J]. 环球法律评论，2011 (1).

[114] [美] 安德鲁·内森. 中国权利思想的渊源 [A]. 黄列，译//夏勇. 公法：第1卷 [C]. 北京：法律出版社，1999.

[115] [美] 狄百瑞. "亚洲价值"与儒家人格主义 [A] //国际儒学联合会. 国际儒学研究：第六辑 [C]. 北京：中国社会科学出版社，1999.

[116] [美] 路易斯·亨金. 当代中国的人权观念：一种比较考察 [A]. 张志铭，译//夏勇. 公法：第1卷 [C]. 北京：法律出版社，1999.

[117] [美] 皮文睿. 论权利与利益及中国权利之旨趣 [A]. 张明杰，译//夏勇. 公法：第1卷 [C]. 北京：法律出版社，1999.

[118] [英] 米尔恩. 普遍道德与道德权利 [A]. 夏勇，译//夏勇. 公法：第1卷 [C]. 北京：法律出版社，1999.

[119] [日] 沟口雄三. 中国民权思想的特色 [A]. 孙歌，译校//夏勇. 公法：第1卷 [C]. 北京：法律出版社，1999.

[120] [美] 罗思文. 谁的民主？何种权利？——一个儒家对自由主义的批评 [A]. 商戈令，译//哈佛燕京学社，三联书店. 儒家与自由主

义［M］. 北京：生活·读书·新知三联书店，2001.

［121］［美］萨尼·突维斯. 儒学对世界人权宣言的贡献——一种历史与哲学的观点［A］//国际儒学联合会. 国际儒学研究：第六辑［C］. 北京：中国社会科学出版社，1999.

［122］［美］伊莱娜·布鲁姆. 如何去发现一个普遍原则——孟子论人的尊严［A］//国际儒学联合会. 国际儒学研究：第六辑［C］. 北京：中国社会科学出版社，1999.

［123］［美］郭颖颐. 做人与人权［A］//国际儒学联合会. 国际儒学研究：第六辑［C］. 北京：中国社会科学出版社，1999.

［124］陈祖为. 儒家人权观［A］//夏勇. 公法：第1卷［C］. 北京：法律出版社，1999.

［125］刘广京. 晚清人权论初探——兼论基督教思想之影响［A］//夏勇. 公法：第1卷［C］. 北京：法律出版社，1999.

［126］吴玉章. 自由主义权利观念的产生［A］//夏勇. 公法：第1卷［C］. 北京：法律出版社，1999.

［127］陈弘毅. 权利的兴起：对几种文明的比较研究［A］. 周叶谦，译//夏勇. 公法：第1卷［C］. 北京：法律出版社，1999.

［128］信春鹰. 亚洲价值与人权：一场没有结语的对话［A］//夏勇. 公法：第1卷［C］. 北京：法律出版社，1999.

［129］蒋庆. 从中国儒家立场对全球伦理与普遍人权的几点看法［A］//夏勇. 公法：第1卷［C］. 北京：法律出版社，1999.

［130］朱荣贵. 儒家的容忍观［A］//国际儒学联合会. 国际儒学研究：第六辑［C］. 北京：中国社会科学出版社，1999.

［131］慈继伟. 从正当与善的区分看权利在现代西方和儒家思想中的差异［A］//国际儒学联合会. 国际儒学研究：第六辑［C］. 北京：中国社会科学出版社，1999.

［132］孔繁. 初期儒家人论及儒家人论于近代史上之演变［A］//国际儒学联合会. 国际儒学研究：第六辑［C］. 北京：中国社会科学出版社，1999.

［133］陈来. 儒家伦理与“人权”价值［A］//国际儒学联合会. 国际儒学研究：第六辑［C］. 北京：中国社会科学出版社，1999.

［134］何怀宏. 儒家的平等观及其制度化［A］//国际儒学联合会. 国际儒学研究：第六辑［C］. 北京：中国社会科学出版社，1999.

［135］蒙培元．人对自然界有没有义务——从儒家人学与可持续发展谈起［A］//国际儒学联合会．国际儒学研究：第六辑［C］．北京：中国社会科学出版社，1999．

［136］李明辉．儒家传统与人权［A］//黄俊杰．传统中华文化与现代价值的激荡［C］．北京：社会科学文献出版社，2002．

［137］陈祖为．亚洲的价值观、儒教与人权［A］//刘军宁．直接民主与间接民主［M］．北京：生活·读书·新知三联书店，1998．

［138］徐向东．儒家与人权：普遍权利的复杂性［A］//徐向东．自由主义、社会契约与政治辩护［M］．北京：北京大学出版社，2005．

（三）报纸、文件类

［1］张晓玲．论中国特色社会主义人权观［N］．北京日报，2009-05-04．

［2］夏光志．权利平等是最大的公平——也谈对公平问题的看法［N］．学习时报，2006-09-05．

［3］赵蕾．谁投了两高报告反对票？［N］．南方周末，2009-03-18（001）．

［4］维也纳宣言与行动纲领［R］．联合国文件集第 A/CONF. 157. 23 号，1993．

二、外文类参考文献

［1］Henry Shue，Basic Rights：Subsistence，Affluence and U. S. Foreign Policy，2nd Ed，Princeton University Press，1996.

［2］Marina Svensson，Debating Human Rights in China：a conceptual and political history，Rowman & Littlefield Publishers，2002.

［3］Samuel Moyn，The Last Utopia：Human Rights in History，Belknap Press of Harvard University Press，2010.

［4］Ole Bruun，Michael Jacobsen，Human Rights and Asian Values：Contesting National Identities and Cultural Representations in Asia，Routledge，2000.

［5］Kingsbury，Damien，Leena，Human Rights in Asia：A Reassessment of the Asian Values Debate，Palgrave Macmillan，2008.

［6］Robert Weatherley，"Human rights in China：Between Marx and Confucius"，Critical Review of International Social and Political Philosophy 3 (4)：101－125 (2000).

［7］May Sim，"From Rites to Rights"，Southwest Philosophy Review 23 (1)：1－15 (2007).

［8］Marina Svensson，Debating Human Rights in China：a conceptual and political history，Rowman & Littlefield Publishers，2002.

［9］Stephen Angle，Human Rights and Chinese Thought：A Cross—Cultural Inquiry，Cambridge University Press，2002.

后　记

“人权”概念传入中国，有上百年的时间，如今已然是中国政治、经济、文化领域中的核心词汇。可在长期的人权研究中，我们发现，作为人权主体的大众，却几乎一直处于一种被“失语”的状态。正是这样的忧虑，让我们萌生了对当下中国大众的人权观念进行实证调查的想法。

2011年底，西南政法大学将“当代中国大众人权观念调查研究”（11XZ-ZD-05）批准为校级重大课题，使我们的想法有了落地的可能。基于此，我们在全国范围内抽取了20 000个样本，以大规模问卷调查的方式对中国大众的人权观念进行系统的实证考察。

2013年7月，大众人权观念调查的部分观点在中国人权研究会发布的《人权蓝皮书：中国人权事业发展报告（2013）》中公布，新华社报道指出：“这是我国第一次发布关于人权观念的报告，是本次中国人权蓝皮书的一大亮点，也是迄今为止我国进行的最大规模的人权观念调研。”原全国政协副主席、中国人权研究会会长罗豪才教授及原中央党校副校长、中国人权研究会副会长李君如教授也在多个场合对本研究给予了高度评价。来自媒体和学界的鼓励给了我们更大的动力。

2014年，“中国大众人权观念调查”获得了国家社会科学基金后期资助项目（14FFX002）的资助，我们在前期研究成果的基础上进行了全面的修订和系统的论证，最终形成了本书，作为该项目的最终结项成果。

在此次调查中，众多的西南政法大学博士、硕士研究生和本科生参与了调研的问卷发放工作，名单如下：

博士及硕士研究生：周力、严冬、武阳、陈江、林虹虹、邱春江、赵宝明、王晓东、杨惠琪、王晓晓、陆家俊、张佩璇、唐春燕、周怡、王明辉、孟磊、蔡吉、谭曦、黄海娟、刘宇哲、程丛、邹倩、周敏、刘岸兰、杨敏、张太洲、林蔡春、张倩、方程、吕雅君、王娟、彭雨、闫勺安、黄辛、王近、梁西圣、李远亭、李晓丹、葛立升、聂聪、龙伟、陈浩鹏、李绩、王振华、尚海明、王道冲、段传萍、代加兰、汪泳、史永敏、张涛、张鲲、莫林、杨悦文、龚昕、韩连连、马迪、徐晓玲、齐振、盛子红、周阎小雪、马诗园、乔学敏、张懋原。

本科生：张路伊、田云柳香、陆梓峰、甘建勇、论安克、李茜、邵娜、林佳、丁典、穆川、罗影、应雨馨、卿山、魏抒璇、董子扬、梁绮棻、张蓓、吕棱婷、王晓雪、杨青、景丽丹、巩瑶、颜琴、刘倩、肖苏倩、胡玉、杜勇、易颖、任灿、陈肇新、龙凤、刘婧媛、练文月、周锦、秦悦涵、赵善灵、王燕林、陈庆兴、张琢、方祉一、陈潇、张涵铄、许一鸣、杨璐、刘畅、郑慧敏、潭欣、李静、周敏贞、崔多文、杜诗词、曾浩、曾帅、甘钦灵、刘艳、陈茂莹、游瑞雪、姚青元、王茜茜、周小杰、罗钱瑞、张宇、黄立民、宋美云、李诗嫣、黄秋、吴坤桃、赵忠东、廖贵、胡园渊、陈小桐、崔丽、刘颖、吴淮、孟尚毓、王茜、梁佳祎、王高阳、彭宁、李振龙、黎吉花、金莉歆、温欣、叶嘉怡、贺晓莹、庄艺艺、曹慧婷、高清清、张景、朱禹、孙伟杰、章玉婷、欧阳雪、马炎、高天卓、徐旭芬、乔蕾、洪金凤、任檬佳、张皙梅、刘睿、何青霞、吕晓旭、姚璐、于瑞瑞、闵珠雪子、罗瑶、顿珠曲措、唐秋月、张婧、李睿龙、柯贤凡、付若澜、陈炳辉、徐圆圆、姚宣竹、滕月、文仁玲、徐田蕾、张松珂、王银梅、刘利虹、崔晏玮、唐恬、杨飞林。

西南政法大学人权教育与研究中心兼职研究员、长江师范学院葛天博副教授带领的团队也参与了问卷发放工作。

在此特别感谢以上参与问卷发放的人员，是他们认真负责的工作，才使我们的报告得以顺利完成。

尤其要感谢的是周力、武阳、严冬、张祺乐、贾永健、李国前、闫勺安、孟磊、蔡吉、吕雅君、程丛、邹倩、龙伟、杨悦文、程慧，他们不但组织或参加了问卷调查，而且在前期成果的形成中也付出了大量的辛劳。

此外，也要感谢整个研究过程中接受我们问卷调查和访谈的各位受访人，虽无法在此一一具名，但他们无疑是本次研究的重要参与者。

必须承认的是，本次研究仍留有许多不足，比如评审专家提出的问卷调查的地域应尽量保持平衡的问题。不过，此项调查只是我们“中国大众人权观念系列调查”的第一波，希望后续的更为丰富的研究可以弥补本次研究中留下的遗憾。

张永和
2016 年 3 月 21 日

图书在版编目（CIP）数据

中国大众人权观念调查/张永和等著. —北京：中国人民大学出版社，2016.8
国家社科基金后期资助项目
ISBN 978-7-300-23284-3

Ⅰ.①中… Ⅱ.①张… Ⅲ.①人权-调查研究-中国 Ⅳ.①D621.5

中国版本图书馆 CIP 数据核字（2016）第 195342 号

国家社科基金后期资助项目
中国大众人权观念调查
张永和 等著
Zhongguo Dazhong Renquan Guannian Diaocha

出版发行	中国人民大学出版社		
社　　址	北京中关村大街 31 号	**邮政编码**	100080
电　　话	010－62511242（总编室）		010－62511770（质管部）
	010－82501766（邮购部）		010－62514148（门市部）
	010－62515195（发行公司）		010－62515275（盗版举报）
网　　址	http://www.crup.com.cn		
	http://www.ttrnet.com（人大教研网）		
经　　销	新华书店		
印　　刷	涿州市星河印刷有限公司		
规　　格	165 mm×238 mm　16 开本	**版　　次**	2016 年 9 月第 1 版
印　　张	23.25 插页 2	**印　　次**	2016 年 9 月第 1 次印刷
字　　数	385 000	**定　　价**	68.00 元

版权所有　侵权必究　　印装差错　负责调换

图书在版编目（CIP）数据

http://www.crup.com.cn